KB049324

行政判例研究 XXVIII-1

社團法人 韓國行政判例研究會 編

2023

博英社

Studies on Public Administration Cases

Korea Public Administration Case Study Association

Vol. XXVIII - 1

2023

Parkyoung Publishing & Company

刊 行 辭

유달리 무더위가 기승을 부렸던 2023년 상반기를 마무리하며 『행정판례연구』 제28집 제1호를 발간하게 되었습니다.

1984년 창립된 저희 한국행정판례연구회는 내년이면 창립 40주년을 맞게 됩니다. 그간 저희 연구회에서는 다양한 학자·실무가들의 깊이 있는 연구·토론 및 교류의 장을 제공해 왔으며, 이를 통해 행정법 이론과 실무의 상호작용과 발전에 이바지하여 왔습니다. 과학기술의 발전과 급변하는 대내외 환경은 행정의 기능 및 역할에 대한 대대적인 변모를 요구하고 있는데, 저희 연구회는 그간의 전통을 유지·계승하여 행정법학과 행정실무에 대해 한층 고양된 소통·화합의 공간을 마련함으로써 행정법의 새로운 당면 과제들에 대한 현명한 해결책을 제시하는 데 기여하고자 합니다.

올해 상반기에도 총 5회의 월례발표회가 성황리에 이루어졌습니다. 이번에 발간하는 『행정판례연구』 제28집 제1호에는 그간 월례발표회에서 발표된 판례평석과 일반논문을 비롯하여 독일·일본·프랑스 행정판례 분석 등 총 10편이 엄정한 심사결과를 거쳐 게재되었습니다. 회원 여러분들의 옥고에 깊이 감사드립니다. 이번 『행정판례연구』의 출간을 위해 많은 수고와 노력을 기울여 주신 최진수 간행편집위원장, 김의환 연구윤리위원장 및 편집위원·윤리위원님들과 출판이사 계인국 교수, 이승민 교수, 출판간사 강상우 변호사, 석호영 교수, 장윤영 교수, 황선훈 박사에게 깊은 감사의 말씀을 전합니다.

2023년 6월

사단법인 한국행정판례연구회 회장

박정훈

차 례

Table of Contents

行政法의 基本原理

국민건강보험법상 부당이득징수처분에 대한 행정법적 통제 (최승훈)

국민건강보험법상 부당이득징수처분에 대한 행정법적 통제*

- 공법상 부당이득반환청구권의 관점에서 -

최승훈**

(대상판결: 대법원 2021. 1. 14. 선고 2020두38171 판결)

* 본고는 2022. 12. 16. 서울행정법원에서 개최된 제382차 행정판례연구회 월례발표회에서 발표한 내용을 수정·보완한 것입니다. 지정토론을 맡아주신 박정연 교수님과 익명의 심사위원님들께서 이 글의 초고에 대한 귀중한 의견을 주셨기에 깊은 감사의 말씀을 드립니다.

** 서울남부지방법원 판사

[사실관계]

1. 원고는 X건물 1층 일부, 2~4층에서 요양기관인 A의원(재활의학과의원)을 개설·운영한 의사이고, 甲은 같은 건물의 1층 일부, 5층, 6층에서 다른 요양기관인 B의원(내과의원)을 개설·운영한 의사이다.

2. 원고는 의료시설이나 장비 등을 공동으로 이용하고자 하는 요양기관이 제출하여야 할 서류를 건강보험심사평가원에 제출하지 않은 채, 2011. 9.경부터 2015. 2.경까지 B의원에 있는 병상을 이용하여 A의원 환자들에 대한 입원치료를 하고, B의원 소속 물리치료사로 하여금 A의원 환자들에 대한 물리치료를 하게 하였다.

3. 원고는 A의원 명의로 위 환자들에게 제공한 요양급여와 관련한 급여비용을 청구하여 피고(국민건강보험공단)로부터 지급받았다.

4. 피고는 2018. 2. 12. 원고에게 처분서에 국민건강보험법 제57조, 의료법 제33조 제1항, 제33조 제5항 등을 명시하여 '개설기관 외 입원진료 후 부당청구 및 물리치료 산정기준 위반 부당청구'를 이유로 요양급여비용 996,616,970원을 부당이득으로 징수하는 이 사건 처분을 하였다.

[원고의 주장][1)]

1. 원고는 B의원의 입원실 공동이용에 관한 甲의 동의를 받은 이상 의료법 제33조 제1항, 제5항을 위반하지 않았다.

2. 의료법 제33조 제1항 제5호, 제39조 제1항에 따라 '다른 의료기관의 장의 동의' 요건을 갖춘 경우 다른 의료기관 시설·인력 등의 공동

1) 본고와 관련된 부분만 언급한다.

이용은 허용된다. 따라서 그 공동이용 시 공동이용기관임을 확인할 수 있는 서류를 건강보험심사평가원에 제출하도록 규정한 「요양급여의 적용기준 및 방법에 관한 세부사항」(2008. 1. 24. 보건복지부 고시 제2008-5호) Ⅰ. '일반사항' 중 '요양기관의 시설 · 인력 및 장비 등의 공동이용 시 요양급여비용 청구에 관한 사항' 부분(이하 '이 사건 고시 규정'이라 한다)을 의료기관의 공동이용을 제한하는 규정으로 해석하는 것은 위임입법의 한계를 벗어난 것으로서 위법 · 부당하다.[2)]

3. 의료인에 의하여 이루어진 정상적인 의료행위에 대한 대가를 청구하는 것이 국민건강보험법 제57조의 '속임수나 그 밖의 부당한 방법으로 보험급여 비용으로 받은 경우'로 보는 것은 부당하다.

4. 원고가 이 사건 고시 규정을 위반하였다 하더라도 그것만으로 요양급여비용을 환수할 공익상 필요성이 있다고 볼 수 없고, 의료법 제33조 제1항 및 제39조 제1항을 위반하였다 하더라도 의료법에 따라 개별적 행정처분 등을 하는 외에 요양급여비용을 부당이득으로 징수하여야 할 공익상 필요성이 있다고 볼 수 없다.

5. A의원의 진료를 받는 환자들에 대한 전문재활치료는 모두 A의원 2층에서 이루어졌으므로, 이 사건 처분의 대상이 된 요양급여비용 중 A의원 2층에서 전문재활치료와 관련하여 발생된 요양급여비용 420,681,940원은 그것이 설령 B의원에 입원한 환자들에 대한 것이라 하더라도, 의료법 제33조 제1항, 제5항 위반이 있다고 볼 수 없으므로, 적어도 이 사건 처분 중 위 420,681,940원 부분은 일부 취소되어야 한다.

---

2) 대상판결의 파기환송심(서울고등법원 2021. 8. 19. 선고 2021누31438 판결)에서 원고는 이 사건 고시 규정의 위반사실이 처분사유에 포함되지 않았다거나 처분의 이유제시의무 위반이 있다고 주장하였으나 배척되었다.

[원심판결의 판단]
– 처분사유 인정 및 전액 징수 적법(원고패소)

원심판결은 이 사건 고시 규정이 위임입법의 한계를 일탈하지 않았다고 하면서, 원고가 의료법 제33조 제1항과 국민건강보험법령이 정한 요양급여기준에 위반하여 요양급여를 제공함으로써 국민보건 향상과 사회보장 증진이라는 위 각 법령의 입법 취지를 훼손하고 국민의 건강을 침해할 위험을 발생시켰으므로 의료법상의 제재 이외에 국민건강보험법상 부당이득징수를 하여야 할 공익상 필요성이 있다는 등의 이유로 처분사유가 인정된다고 판시하였다. 그 징수 범위와 관련하여서는 ① 입원환자의 경우 입원과 그 전후에 이루어지는 진찰, 투약, 주사, 물리치료 등 일체의 진료행위는 불가분의 관계에 있다고 보는 것이 자연스럽고 진료의 실제에도 부합하는 점, ② 원고가 주장하는 바와 같이 해석할 경우 의료기관이 허가를 받지 않고 입원실을 증설하여 운영하면서도 적발될 경우 입원비만을 환수당할 뿐 각종 진료행위에 관한 급여비용은 자신이 직접 수행하였다는 사유를 내세워 환수조치를 면할 수 있게 될 터인데 이는 의료기관의 시설기준을 엄격하게 정하여 두고 허가를 받도록 한 의료법을 잠탈하는 결과를 용인하는 것과 다를 바 없어 명백히 불합리한 점 등을 이유로 전액 징수가 적법하다고 판시하였다.

[대상판결의 판단]
- 일부 파기환송(원고 일부승소)[3)]

1. 부당이득징수사유에 해당하는지에 관하여 - 처분사유 인정

가. 구 국민건강보험법(2016. 2. 3. 법률 제13985호로 개정되기 전의 것, 이하 '국민건강보험법'이라 한다) 제57조 제1항은 '속임수나 그 밖의 부당한 방법'으로 보험급여비용을 받은 요양기관에 대하여 그 보험급여비용에 상당하는 금액의 전부 또는 일부를 징수한다고 규정하고 있다. 여기에서 '속임수나 그 밖의 부당한 방법'이란 요양기관이 요양급여비용을 받기 위하여 허위의 자료를 제출하거나 사실을 적극적으로 은폐할 것을 요하는 것은 아니고, 국민건강보험법령과 그 하위 규정들에 따르면 요양급여비용으로 지급받을 수 없는 비용임에도 이를 청구하여 지급받는 행위를 모두 포함한다(대법원 2020. 6. 25. 선고 2019두52980 판결 등 참조).

나. 국민건강보험법 제41조 제2항, 구 국민건강보험 요양급여의 기준에 관한 규칙(2018. 9. 28. 보건복지부령 제595호로 개정되기 전의 것) 제5조 제1항 [별표 1] 제1호 (마)목, 제2항의 위임에 따른 이 사건 고시 규정은 상위법령의 위임에 따라 제정된 '요양급여의 세부적인 적용기준'의 일부로 상위법령과 결합하여 대외적으로 구속력 있는 '법령보충적 행정규칙'에 해당하므로, 요양기관이 이 사건 고시 규정에서 정한 절차와 요건을 준수하여 요양급여를 실시한 경우에 한하여 요양급여비용을 지급받을 수 있다.

다. 국민건강보험법과 의료법은 국민보건이나 국민 건강 보호·증진을 위한 법률이라는 점에서는 목적이 같지만, 국민건강보험법은 국가공동체가 구성원인 국민에게 제공하는 가장 기본적인 사회안전망인 국

---

3) 원심판결 중 '입원실 미신고 공동이용 관련 요양급여비용 954,789,700원 징수처분 부분'을 파기환송하고 나머지 상고를 기각하였다.

민건강보험 제도의 적정한 운영과 그에 필요한 요양급여의 실시에 관하여 규정하는 법률임에 비하여, 의료법은 모든 국민이 수준 높은 의료혜택을 받을 수 있도록 하기 위해 의료인, 의료기관 및 의료행위 등에 관하여 규정하는 법률로서, 입법 목적과 규율대상이 다르다(대법원 2019. 5. 30. 선고 2015두36485 판결 참조).

비록 의료법 제39조 제1항에서 의료기관의 시설 등에 대한 공동이용을 규정하면서 의료법 하위법령에 관련 사항을 위임하고 있지는 않으나, 위 고시 규정이 상위법령인 국민건강보험법의 위임에 근거한 것이고, 특정 의료행위 내지 진료방법이 의료법상 허용되는 의료행위에 포함되는지 여부와 국민건강보험법상 요양급여대상에 해당하는지 여부는 별개의 문제이다. 따라서 요양급여비용과 관련한 이 사건 고시 규정 등이 공동이용기관 신고 및 물리치료와 관련하여 의료법에서 정하지 아니한 절차적인 부분을 규정하고 있더라도 이를 무효로 볼 수 없다.

결국 요양기관이 이 사건 고시 규정에서 정한 절차와 요건을 준수하지 아니하고 요양급여를 실시한 다음 그에 대한 요양급여비용을 청구하여 지급받았다면 국민건강보험법령과 그 하위 규정들에 따르면 요양급여비용으로 지급받을 수 없는 비용임에도 이를 청구하여 지급받는 행위로서 국민건강보험법 제57조 제1항에서 정한 '속임수나 그 밖의 부당한 방법'에 해당한다.

2. 부당이득징수의 범위에 관하여 - 물리치료 및 입원료 부분의 징수만 적법

가. 이 사건 처분에서 정한 요양급여비용 징수금액은 총 996,616,970원인데, 그중 41,827,270원은 원고가 내과의원 소속 물리치료사로 하여금 재활의학과의원의 환자에게 물리치료를 실시하도록 한 후 청구한 물리치료비에 상당하는 금액이고, 나머지 954,789,700원은

물리치료비를 제외하고 원고가 내과의원의 입원실에 입원시킨 환자들에 대한 일체의 요양급여비용에 상당하는 금액임을 알 수 있다.

나. 이 사건 고시 규정 제2항은 물리치료의 경우 타 요양기관과 시설·장비 및 인력의 공동이용은 인정하지 않는다고 분명하게 규정하고 있다. 따라서 물리치료비 부분은 전부 이 사건 고시 규정 제2항 위반으로서 부당이득징수대상이라고 보아야 한다.

다. 이 사건 고시 규정 제1항은 '시설·장비 등을 공동으로 이용하고자 하는 요양기관은 공동이용기관임을 확인할 수 있는 서류를 제출한 후 공동 이용하여야 하며 해당 항목의 요양급여비용은 실제 환자를 진료하고 있는 요양기관에서 청구하여야 함'이라고 규정하고 있고, 국민건강보험법 제41조 제1항은 요양급여의 종류를 진찰·검사, 약제·치료재료의 지급, 처치·수술 및 그 밖의 치료, 예방·재활, 입원, 간호, 이송으로 구분하고 있으므로, 요양기관이 지급받은 요양급여 중 이 사건 고시 규정 제1항을 위반하여 공동이용의 대상이 된 해당 항목의 요양급여비용이 부당이득징수대상이 된다.

이 사건에서 원고가 이 사건 고시 규정 제1항을 위반하여 공동이용한 부분은 시설에 해당하는 입원실이고 입원실 외 다른 시설, 인력(앞서 본 물리치료사 부분은 제외함) 및 장비 등을 공동이용하였음을 인정할 증거가 없으므로 '입원료' 부분만 요양급여비용으로 지급받을 수 없는 비용으로서 부당이득징수대상이라고 보아야 한다. 또한 원고의 경우 내과의원의 입원실을 공동이용하기 위하여 사전 신고절차를 거치지 않아 이 사건 고시 규정 제1항을 위반하였다는 점 외에는 진찰·검사, 약제의 지급, 처치, 간호 등의 요양급여와 관련하여 국민건강보험법령 및 그 하위 규정들에서 정한 요양급여의 적용기준을 위반하였다고 볼 만한 자료가 없다. 설령 위반하였다고 하더라도 별도의 요양급여 적용기준 위반을 이유로 부당이득징수대상이 되는 것일 뿐, 이 사건 고시 규정 제1항 위반을 이유로 부당이득징수대상이 되는 것은 아니다.[4)]

관계 법령

국민건강보험법[5]

제41조(요양급여) ① 가입자와 피부양자의 질병, 부상, 출산 등에 대하여 다음 각 호의 요양급여를 실시한다.

1. 진찰·검사
2. 약제(藥劑)·치료재료의 지급
3. 처치·수술 및 그 밖의 치료
4. 예방·재활
5. 입원
6. 간호
7. 이송(移送)

③ 요양급여의 방법·절차·범위·상한 등의 기준은 보건복지부령으로 정한다.

제47조(요양급여비용의 청구와 지급 등) ① 요양기관은 공단에 요양급여비용의 지급을 청구할 수 있다. 이 경우 제2항에 따른 요양급여비용에 대한 심사청구는 공단에 대한 요양급여비용의 청구로 본다.

② 제1항에 따라 요양급여비용을 청구하려는 요양기관은 심사평가원에 요양급여비용의 심사청구를 하여야 하며, 심사청구를 받은 심사평가원은 이를 심사한 후 지체 없이 그 내용을 공단과 요양기관에 알려야 한다.

---

4) 대상판결의 파기환송심에서는 대상판결과 같은 취지로 판시하였고 대법원 2021두50628호로 심리불속행기각확정되었다. 한편, 대상판결과 같은 날 대법원의 다른 소부에서 선고된 대법원 2021. 1. 14. 선고 2019두57985 판결은 의료급여법에 관한 쟁점을 포함하여 대상판결과 같은 취지의 판단을 하였다.

5) 대상판결은 구법에 관한 것이나, 그 논의가 현행법에도 그대로 적용될 수 있으므로 현행법을 게시한다.

③ 제2항에 따라 심사 내용을 통보받은 공단은 지체 없이 그 내용에 따라 요양급여비용을 요양기관에 지급한다. 이 경우 이미 낸 본인일부부담금이 제2항에 따라 통보된 금액보다 더 많으면 요양기관에 지급할 금액에서 더 많이 낸 금액을 공제하여 해당 가입자에게 지급하여야 한다.

제57조(부당이득의 징수) ① 공단은 속임수나 그 밖의 부당한 방법으로 보험급여를 받은 사람·준요양기관 및 보조기기 판매업자나 보험급여 비용을 받은 요양기관에 대하여 그 보험급여나 보험급여 비용에 상당하는 금액의 전부 또는 일부를 징수한다.

⑤ 요양기관이 가입자나 피부양자로부터 속임수나 그 밖의 부당한 방법으로 요양급여비용을 받은 경우 공단은 해당 요양기관으로부터 이를 징수하여 가입자나 피부양자에게 지체 없이 지급하여야 한다. 이 경우 공단은 가입자나 피부양자에게 지급하여야 하는 금액을 그 가입자 및 피부양자가 내야 하는 보험료등과 상계할 수 있다.[6)]

의료법

제33조(개설 등) ① 의료인은 이 법에 따른 의료기관을 개설하지 아니하고는 의료업을 할 수 없으며, 다음 각 호의 어느 하나에 해당하는 경우 외에는 그 의료기관 내에서 의료업을 하여야 한다.

1. 「응급의료에 관한 법률」 제2조제1호에 따른 응급환자를 진료하는 경우
2. 환자나 환자 보호자의 요청에 따라 진료하는 경우
3. 국가나 지방자치단체의 장이 공익상 필요하다고 인정하여 요청하는 경우

---

6) 이 사건 처분의 징수금액에는 본인부담금이 포함되어 제5항도 그 근거법령에 해당하나, 본고에서는 대상판결에서 논의된 제1항을 중심으로 기술한다.

4. 보건복지부령으로 정하는 바에 따라 가정간호를 하는 경우
5. 그 밖에 이 법 또는 다른 법령으로 특별히 정한 경우나 환자가 있는 현장에서 진료를 하여야 하는 부득이한 사유가 있는 경우

③ 제2항에 따라 의원·치과의원·한의원 또는 조산원을 개설하려는 자는 보건복지부령으로 정하는 바에 따라 시장·군수·구청장에게 신고하여야 한다.

④ 제2항에 따라 종합병원·병원·치과병원·한방병원·요양병원 또는 정신병원을 개설하려면 제33조의2에 따른 시·도 의료기관개설위원회의 심의를 거쳐 보건복지부령으로 정하는 바에 따라 시·도지사의 허가를 받아야 한다. (이하 생략)

⑤ 제3항과 제4항에 따라 개설된 의료기관이 개설 장소를 이전하거나 개설에 관한 신고 또는 허가사항 중 보건복지부령으로 정하는 중요사항을 변경하려는 때에도 제3항 또는 제4항과 같다.

제39조(시설 등의 공동이용) ① 의료인은 다른 의료기관의 장의 동의를 받아 그 의료기관의 시설·장비 및 인력 등을 이용하여 진료할 수 있다.

국민건강보험 요양급여의 기준에 관한 규칙(보건복지부령)

제5조(요양급여의 적용기준 및 방법) ① 요양기관은 가입자등에 대한 요양급여를 별표 1의 요양급여의 적용기준 및 방법에 의하여 실시하여야 한다.

② 제1항에 따른 요양급여의 적용기준 및 방법에 관한 세부사항은 의약계·공단 및 건강보험심사평가원의 의견을 들어 보건복지부장관이 정하여 고시한다.

[별표 1] 요양급여의 적용기준 및 방법(제5조제1항관련)

1. 요양급여의 일반원칙

라. 요양기관은 가입자 등의 요양급여에 필요한 적정한 인력·시설 및 장비를 유지하여야 한다. 이 경우 보건복지부장관은 인력·시설 및 장비의 적정기준을 정하여 고시할 수 있다.

마. 라목의 규정에 불구하고 가입자 등에 대한 최적의 요양급여를 실시하기 위하여 필요한 경우, 보건복지부장관이 정하여 고시하는 바에 따라 다른 기관에 검사를 위탁하거나, 당해 요양기관에 소속되지 아니한 전문성이 뛰어난 의료인을 초빙하거나, 다른 요양기관에서 보유하고 있는 양질의 시설·인력 및 장비를 공동 활용할 수 있다.

요양급여의 적용기준 및 방법에 관한 세부사항(보건복지부 고시 제2008-5호)

Ⅰ. 행위

일반사항

항목	제목	세부인정사항
일반사항	요양기관의 시설·인력 및 장비 등의 공동이용시 요양급여비용 청구에 관한 사항	1. 의료법 제39조(시설 등의 공동이용) 및 국민건강보험 요양급여의 기준에 관한 규칙 [별표1] 요양급여의 적용기준 및 방법 제1호 마목에 의하여 요양기관의 시설·인력 및 장비 공동이용이 가능하도록 규정하고 있는 바, 동 시설·장비 등을 공동으로 이용하고자 하는 요양기관은 공동이용기관임을 확인할 수 있는 서류(요양기관 대표자의 확인이 되어 있는 공동계약서 사본 등)를 건강보험심사평가원에 제출한 후 공동 이용하여야 하며, 해당 항목의 요양급여비용은 실제 환자를 진료하고 있는 요양기관에서 청구하여야 함 2. 다만, 물리치료, 검체검사 및 FULL PACS 등과 같이 「건강보험 행위 급여·비급여 목록표 및 급여 상대가치점수」 등에서 별도의 시설·장비 및 인력에 대한 기준을 규정하고 있는 항목에 대하여는 이를 우선 적용하는 것이 원칙이므로 타 요양기관과 시설·장비 및 인력의 공동이용은 인정하지 아니함[7)]

제1장 기본진료료

항목	제목	세부인정사항
가2 입원료	입원료 세부항목의 의미	1. 입원환자 의학관리료 : 입원환자에게 제공되는 회진, 질병치료 상담, 교육 등의 직접행위와 의무기록 및 진료계획 작성 등 간접행위 포함. 2. 입원환자 간호관리료 : 간호사의 투약, 주사, 간호, 상담 등의 비용 뿐만 아니라 간호기록지 작성, 환자 진료보조 행위 등의 비용 포함. 3. 입원환자 병원관리료 : 비품 및 부대시설을 포함한 공간점유 사용비, 환자복, 침구 등 세탁비용, 비품 및 시설관리비용(인건비, 전기료, 수도료, 수리 비용 등), 시설 감가상각비 등 포함.

7) 이상 앞서 본 '이 사건 고시 규정'이다.

Ⅰ. 들어가며

최근 인구의 고령화로 대표되는 인구구조의 변화 및 사회보험재정의 확대 등으로 인하여 건강보험심사평가원의 요양급여비용 심사실적은 2011년 46조 760억 원에서 2021년 93조 4,984억 원으로 비약적으로 증가하였고,[8] 요양기관의 수는 2011년 82,948개소에서 2021년 98,479개소, 요양기관의 인력은 275,194명에서 440,665명으로 증가하였다.[9] 더불어 의료급여비용 심사실적도 2012년 5조 1,962억 원에서 2021년 9조 7,694억 원으로 대폭 증가하였다.[10] 이에 따라 급여비용 부당청구 사례 역시 상당히 늘고 있고 이에 관한 법적 분쟁도 많아지고 있다.

급여비용 부당청구와 관련된 행정소송은 통상 '속임수나 그 밖의 부당한 방법'으로 요양급여비용(의료급여비용[11])을 지급받은 요양기관(의료급여기관)에 대하여 그 비용 상당액을 환수하는 처분(부당이득징수처분, 국민건강보험법 제57조, 의료급여법 제23조), 업무정지처분(국민건강보험법 제98조, 의료급여법 제28조), 과징금 부과처분(국민건강보험법 제99조, 의료급여법 제29조) 등을 다투는 항고소송의 형태로 나타난다. 장기간에 걸쳐 다수의 환자들에게 제공된 진료·수술·입원 등 다양한 형태의 요양급여에 관하여 지급되는 급여비용의 특성상, 분쟁의 대상이 되는 급여비용 부당청구의 액수가 큰 경우가 많을 뿐만 아니라 부당이득징수처분과 업무정지처분 등이 요양기관의 운영과 존속에 심대한 타격을 주고, 급여

8) 국민건강보험공단/건강보험심사평가원, 2021 건강보험통계연보, 2022, 14면.
9) 위의 책, 4-5면.
10) 국민건강보험공단/건강보험심사평가원, 2021 의료급여통계, 2022, LXVII.
11) 의료급여에 관한 법령체계는 일부 수가체계를 제외하고는 요양급여에 관한 것과 유사하므로[서울행정법원 실무연구회, 행정소송의 이론과 실무 I (도시정비 및 보건·의료), 사법발전재단, 2021, 122면], 국민건강보험법상 부당이득징수처분에 관한 본고의 논의는 의료급여법에도 대체로 적용될 수 있다. 한편, 요양급여제도와 의료급여제도 간 비교는 김정중, "의료급여법상 '임의 비급여 진료행위' 등의 부당성", 이상훈 대법관 재임기념 문집, 사법발전재단, 2017, 899-904면 참조.

비용 부당청구 사안은 사기죄 등의 형사사건으로 이어져 관련자에게 중형이 선고되는 사례가 적지 않다. 이에 부당이득징수처분 등에 관한 법적 분쟁에서 요양기관 측은 사실관계, 법령의 해석·적용 등 전면적으로 처분의 위법성을 다투는 경우가 상당히 많다.

국민이 내는 보험료와 정부지원금 등 공적 재원으로 운영되는 건강보험은 올해를 기점으로 적자로 전환되고 2028년에는 적립금이 바닥날 것이라는 어두운 전망이 제기되는 가운데 급여비용 부당청구 문제는 건강보험재정 누수의 주요 원인으로 꼽히고 있고,[12] 이에 국민건강보험공단 등 관계 행정기관은 건강보험재정의 부실을 막는다는 목적으로 부당이득징수처분을 적극 발령하고 있다. 그런데 이는 최대한 많은 급여비용을 환수하려는 행정청의 지나친 의욕으로 이어져 과잉징수의 논란을 불러일으키고 있다. 건강보험재정의 건전성을 위하여 급여비용 징수행정이 강화되어야 한다고 하더라도, 행정권의 발동은 법치행정의 원리에 따라 이루어져야 함이 자명하므로 이에 위반되는 행정작용에 대한 행정법적 통제는 항시 요청된다.

이와 같이 오늘날 급여비용에 대한 부당이득징수처분은 사건의 증가, 분쟁 양상의 심화, 과잉징수의 논란 등에 비추어 그 징수과정에서 국민의 권익침해가 발생하지 않도록 이에 대한 행정법적 통제가 실로 중요하다고 할 것이다. 이에 본고에서는 의료자원[13]의 공동이용 사안에서 국민건강보험법상 부당이득징수처분에 대한 행정법적 통제를 수행한 대상판결을 살펴보면서 그 통제의 내용과 방법은 어떻게 되어야 하는지 구체적인 사안을 통해 조명하고자 한다. 이를 위한 논의에서 공법상 부당이득반환청구권의 개념은 유용한 도구가 될 수 있으므로 먼저

---

12) "부당 급여 '하마' 사무장병원·면허대여약국 단속 강화...재정누수 막는다", 헤럴드경제 2022. 11. 2. 기사; "[건강보험 개혁] ③ 사무장병원 불법행위 여전…특사경 도입해 단속 강화해야", 뉴스핌 2023. 3. 27. 기사.

13) 의료시설·장비·인력을 통칭하는 용어이다.

공법상 부당이득반환청구권의 관점에서 국민건강보험법상 부당이득징수처분을 살펴보고, 이를 토대로 부당이득징수의 사유 및 범위에 관한 대상판결의 판시를 분석한다.

Ⅱ. 공법상 부당이득반환청구권과 국민건강보험법상 부당이득징수처분

1. 공법상 부당이득반환청구권의 의의

부당이득이란 원래는 사법(私法)상의 관념으로 법률상 원인 없이 타인의 재산 또는 노무로 인하여 이익을 얻고 이로 인하여 타인에게 손해를 가하는 것(민법 제741조)을 말하는데 이는 공법 분야에도 존재하는 것으로서[14] 원상회복적 정의사상에서 나오는 부당이득반환청구권은 민사상의 법률관계뿐만 아니라 행정법상의 법률관계에도 요구되고 이를 공법상 부당이득반환청구권이라 한다.[15] 공익이 압도적인 역할을 담당하는 행정법관계에서 발생하는 부당이득의 반환 문제에는 민법규정을 유추 또는 직접 적용하기 어렵게 되는데,[16] 이러한 공법상 부당이득반환청구권은 독자적이고 고유한 공법상의 제도로서[17] 민법상의 부당이득반환청구권과 구별된다.[18] 현행 법제에서 공법상 부당이득반환청구권을 통할하는 일반법적인 규정은 없고 개별법령에서 관련 규정을 두고

14) 김동희/최계영, 행정법 I (제26판), 박영사, 2021, 136－137면.

15) 정하중/김광수, 행정법개론(제16판), 법문사, 2022, 603면.

16) 정하중, “공법상 부당이득반환청구권의 독자성”, 행정판례연구 제15권 제1집, 2010, 13면.

17) BVerwGE 71, 85, 88; Ossenbühl/Cornils, Staatshaftungsrecht, 6.Aufl. 2013, S. 537 f.; Schoch/Schneider, Verwaltungsrecht VwVfG, 3.Aufl. 2022, §49a Rn. 21.

18) 류지태/박종수, 행정법신론(제18판), 박영사, 2021, 129면.

있는데,[19] 특히 행정주체의 사인에 대한 급부가 빈번히 이루어지는 사회보장행정 영역에서는 행정주체가 사인에게 잘못 지급한 급부를 반환받을 수 있도록 한 다수의 규정을 두고 있다.[20]

공법상 부당이득반환청구권의 요건으로는 ① 재산상 이익의 이동이 있을 것, ② 공법상 법률관계에서 이루어진 재산상 이익의 이동일 것, ③ 이에 관한 법률상 원인(법적 근거)이 없을 것이 꼽히고 있다.[21] 이와 같은 재산상 이익의 이동이 행정행위를 매개로 이루어진 경우에는 그것이 법률상 원인이 될 수 있으므로 해당 행정행위가 무효이거나 이후 실효되거나 또는 권한 있는 기관에 의하여 취소된 경우에 공법상 부당이득반환청구권이 성립한다.[22]

공법상 부당이득반환청구권은 법에 합치하지 않는 재산상태의 조정을 요구하는 것으로서 '행정의 법률적합성 원칙'으로부터 도출된다.[23] 따라서 공법상 부당이득반환청구권의 요건과 효과 등을 해석할 때는 행정의 법률적합성 원칙이 결정적인 역할을 담당한다.[24] 수익자가 행정주체인 경우 국가 등 행정주체는 행정의 법률적합성 원칙과 엄격한 재정

19) 정하중/김광수, 앞의 책, 605면; 홍정선, 행정법원론(상)(제30판), 박영사, 2022, 210면.
20) 국민연금법 제57조, 기초연금법 제19조, 공무원연금법 제37조, 군인연금법 제16조, 사립학교교직원 연금법 제39조, 장애인연금법 제17조, 국민기초생활 보장법 제46조, 고용보험법 제35조, 제62조, 장애인복지법 제51조, 아동복지법 제61조, 아동수당법 제16조, 영유아보육법 제40조, 한부모가족지원법 제25조의2, 제26조, 산업재해보상보험법 제84조, 사회서비스 이용 및 이용권 관리에 관한 법률 제21조, 사회보장급여의 이용·제공 및 수급권자 발굴에 관한 법률 제22조, 재난적의료비 지원에 관한 법률 제17조, 특수임무수행자 보상에 관한 법률 제18조, 고용보험 및 산업재해보상보험의 보험료징수 등에 관한 법률 제21조의2, 공무원 재해보상법 제16조, 석면피해구제법 제21조, 별정우체국법 제30조, 약사법 제86조의5, 노인장기요양보험법 제43조 등 다수.
21) Maurer/Waldhoff, Allgemeines Verwaltungsrecht, 19.Aufl. 2017, S. 838 f.
22) 김동희/최계영, 앞의 책, 138-139면; 류지태/박종수, 앞의 책, 130면; 정하중/김광수, 앞의 책, 605면 참조. 독일에서의 논의도 대체로 같다. Vgl. Maurer/Waldhoff, a.a.O., S. 839; Ossenbühl/Cornils, a.a.O., S. 541.
23) Maurer/Waldhoff, a.a.O., S. 837; NZS 2013, 904 Rn. 28.
24) 하명호, "공법상 부당이득의 법리", 인권과 정의 제490호, 2020, 187면.

법의 기속하에 사인에 대하여 선의의 수익자 항변에 관한 민법 제748조의 적용을 주장할 수 없다.[25] 행정주체 상호 간의 부당이득 유형에서도 이익 상실의 항변은 인정되지 아니한다.[26] 수익자가 사인인 경우 사인이 국가의 수익처분의 적법성과 존속성을 정당하게 신뢰하였다면 수익적 행정행위의 직권취소의 제한 법리에 의해 행정주체의 결정은 사인의 수익에 대한 법률상 원인이 되어 부당이득반환청구권이 성립되지 않을 수 있다.[27]

2. 공법상 부당이득반환청구권으로서의 국민건강보험법상 부당이득징수처분

국민건강보험법에 따른 법률관계는 기본적으로 행정법적 법률관계에 해당한다.[28] 즉, 국민건강보험은 강제보험이자 공보험(公保險)으로서 전국민의 강제가입, 당연지정제, 진료행위에 대한 획일적 통제를 특징으로 하고,[29] 보험자 역할을 수행하는 국민건강보험공단은 공법인으로서 독립적인 행정주체에 해당한다.[30] 이와 같은 국민건강보험법제 내에 마련된 국민건강보험법 제57조 제1항에 따른 국민건강보험공단의 부당이득징수권은 국민건강보험법이 특별히 규정한 법정청구권으로서 공법적 원리가 적용되는 공법상 청구권에 해당한다.[31]

---

25) 정하중/김광수, 앞의 책, 606면.
26) BVerwGE 36, 108, 113.
27) 김동희/최계영, 앞의 책, 139면; 정하중/김광수, 앞의 책, 606면.
28) 최계영, "국민건강보험의 행정법적 쟁점", 서울대학교 법학 제55권 제2호, 2014, 43면.
29) 하명호, "임의비급여 진료행위의 허용여부에 관한 공법적 고찰 – 대법원 2012. 6. 18. 선고 2010두27639, 27646 전원합의체 판결에 대한 평석 –", 의료법학 제14권 제2호, 2013, 180–181면.
30) 최계영, 앞의 글, 45면.
31) 명순구(대표집필) 외, 국민건강보험법: 역사와 해설(개정판), 건강보험심사평가원, 2015, 871면; 국민건강보험공단 법무지원실, 국민건강보험법 해설(증보판), 2016,

그리고 국민건강보험법 제57조 제1항에 따른 부당이득징수처분은 원상회복을 위한 것으로서[32] 사인에게 불법행위책임을 묻는 것이 아니라 부당이득에 대한 징수조치에 해당한다.[33] 헌법재판소도 국민건강보험법상 부당이득징수처분의 근거 법률조항에 관하여 “특수한 형태의 부당이득반환의무에 대한 규정이지 불법행위책임을 묻는 규정이 아니다.” 라고 판시하여 그 처분이 부당이득반환청구권의 성질을 가진다고 밝혔다.[34] 이와 같이 국민건강보험법 제57조 제1항에 따른 부당이득징수처분은 부당이득반환청구권의 성질을 가지고 있고 행정법관계에 적용되는 공법상 청구권에 해당하므로, 결국 공법상 부당이득반환청구권에 해당한다.[35]

3. 요양급여비용 지급결정과의 관계

행정주체가 사인에 대하여 행정행위에 의한 급부의 반환을 구하는 경우 공법상 부당이득반환청구에 관한 결정은 행정행위의 직권취소와 연관되어야 한다.[36] 따라서 국민건강보험법 제57조 제1항에 따른 부당

606면.

32) 최계영, 앞의 글, 55면.

33) 노호창, “공적 건강보장에 있어서의 자유제한과 그 정당성”, 사회보장법연구 제3권 제1호, 2014, 163면.

34) 헌법재판소 2011. 6. 30. 선고 2010헌바375 결정 참조.

35) 국민건강보험법 제57조 제1항과 유사한 일본 건강보험법 제58조 제3항, 국민건강보험법 제65조 제3항은 ‘거짓 그 밖의 부정한 행위’로 보험급여비용을 지급받은 보험의료기관 등에 대하여 그 지급한 금액을 반환시키도록 규정하고 있는데(40%의 가산금도 함께 부과할 수 있음), 민법상 부당이득의 특칙이라고 설명된다(岩村正彦, “社会保障法判例: 介護保険法22条3項の返還金請求の要件”, 社会保障研究, 2012. 6., 99頁). 일본 최고재판소는 사회보장행정 영역에서의 다른 부당이득징수규정인 개호보험법 제22조 제3항에 관하여 ‘부당이득반환의무에 관한 특칙을 마련한 것으로 해석된다’고 판시한 바 있다(最判平成23年7月14日 判時2129号31頁).

36) Ossenbühl/Cornils, a.a.O., S. 551.

이득징수처분이 발령되기 위하여는 요양급여비용 지급의 법률상 원인에 해당하는 행정행위인 국민건강보험공단의 '요양급여비용 지급결정'이 당연무효가 아닌 한 그 취소가 전제되어야 한다. 이와 관련하여 국민건강보험공단이 의료기관 개설명의자 및 실질개설자를 상대로 요양급여비용 상당액의 부당이득반환청구 등을 소로써 구한 사건[37]에서 대법원은 "요양기관의 요양급여비용 수령의 법률상 원인에 해당하는 요양급여비용 지급결정이 취소되지 않았다면, 요양급여비용 지급결정이 당연무효라는 등의 특별한 사정이 없는 한 그 결정에 따라 지급된 요양급여비용이 법률상 원인 없는 이득이라고 할 수 없고, 공단의 요양기관에 대한 요양급여비용 상당 부당이득반환청구권도 성립하지 않는다."라고 판시한 바 있다.[38]

그리고 어느 법률조항에서 수익처분의 취소규정과 기지급 급부의 징수규정을 따로 마련함 없이 단지 징수규정만을 두고 있더라도 수익처분의 취소 및 징수처분의 존재를 각각 관념할 수 있는바,[39] 행정청이 위법한 행정행위에 기초하여 급부를 지급받은 상대방에게 급부의 반환을 구하였다면 그 행정행위를 취소한 것으로 볼 수 있고,[40] 행정행위의 직권취소와 기지급 급부의 반환청구를 하나의 처분서를 통해 발령하는 것은 법적으로 허용된다.[41] 따라서 행정청의 기지급 급부에 대한 징수

---

37) 2013. 5. 22. 국민건강보험법 개정 전에는 무자격자가 의료기관을 개설·운영한 경우 부당이득징수처분의 근거규정인 같은 법 제57조 제2항이 없었기에(대법원 2016. 2. 18. 선고 2014두43707 판결 참조), 위 일자 이전에 지급된 요양급여비용 상당액의 반환을 구한 사안이다.

38) 대법원 2020. 9. 3. 선고 2015다230730 판결, 대법원 2020. 10. 15. 선고 2020다237438 판결.

39) 대법원 2014. 4. 10. 선고 2011두31697 판결, 대법원 2014. 10. 30. 선고 2012두17223 판결, 대법원 2017. 3. 30. 선고 2015두43971 판결, 대법원 2019. 12. 27. 선고 2018두55418 판결, 대법원 2021. 8. 12. 선고 2020두40693 판결 등 다수 판결의 취지가 그러하다.

40) BVerwGE 67, 305, 313.

41) Maurer/Waldhoff, a.a.O., S. 340. 이와 관련하여 일본 최고재판소는, 지방공무원공제

처분은 수익처분의 취소 및 부당이득반환의무의 부과를 겸비한 처분이라고 볼 수 있다.[42] 이에 비추어 보면, 국민건강보험법 제57조 제1항에서는 수익처분의 취소에 관한 내용은 없이 오직 징수처분에 관한 규정만을 두고 있다고 하더라도 이에 근거한 부당이득징수처분이 발령된 경우에는 요양급여비용 지급결정의 직권취소가 내재되어 있다고 볼 수 있다.[43] 이와 같이 국민건강보험법상 부당이득징수처분에는 요양급여비용 지급결정의 직권취소가 전제되어야 하므로, 요양급여비용 지급결정에 의하여 지급된 '급부가 법에 합치하는 것인지' 여부는 부당이득징수처분의 핵심적 요건이 된다. 일반적으로 공법상 부당이득반환청구권에서는 급부를 행하게 하는 법률규정을 올바르게 해석하여 급부의 합법성과 위법성을 확정할 필요가 있는데,[44] 이는 국민건강보험법상 부당이득징수처분에서도 마찬가지로서 행정의 법률적합성 원칙이 중추를 이루는 공법상 부당이득반환청구권으로서의 성질을 잘 보여주고 있다.[45]

조합이 조합원에게 중복지급된 요양비 등을 부당이득반환으로 구한 사안에서, 급부결정의 철회를 명시적으로 인정하는 규정이 없고 그 취지를 명시한 통지도 이루어지지 않았더라도 중복지급 사유가 명시되고 그 반환을 구한 청구서의 교부로써 급부결정의 철회 의사를 표시한 것으로 보고 위 부당이득반환청구를 인용하였다(最判平成24年3月6日 判時2152号41頁).

42) 前田雅子, "社会保障における不正利得の徴収", 法と政治 71巻2号, 2020. 9., 76頁.

43) 이상덕, "사회복지법인 임시이사 해임처분의 방식", 대법원판례해설 제126호, 법원도서관, 2021, 101면; 하명호, "공법상 부당이득의 법리", 193면.

44) 하명호, "공법상 부당이득의 법리", 187면.

45) 부당이득징수요건에 관하여 국민건강보험법 제정 전 구 의료보험법(1999. 2. 8. 법률 제5854호로 폐지되기 전의 것) 제45조 제1항에서는 '사위 기타 부정한 방법'으로 규정했던 것과는 달리 국민건강보험법 제57조 제1항은 '속임수 그 밖에 부당한 방법'이라고 규정하여 부당이득징수요건에는 급부의 위법성 외에 급부의 부당성도 포괄하고 있다(헌법재판소 2015. 7. 30. 선고 2014헌바298 등 결정의 취지 참조). 그런데 요양급여비용의 지급이 '정당'한지 여부는 국민건강보험법 및 그 시행령, 시행규칙, 국민건강보험 요양급여의 기준에 관한 규칙 등을 종합적으로 검토해야 비로소 알 수 있는바(헌법재판소 2011. 6. 30. 선고 2010헌바375 결정 참조), 그 급부의 부당성에 관한 판단 또한 법령의 해석과 본질적으로 맞닿아 있으므로 행정의 법률적합성 원칙과 유리되지 아니한다.

Ⅲ. 부당이득징수의 사유에 관하여

1. 문제의 소재

대상판결은 국민건강보험법 제57조 제1항에 따른 부당이득징수의 사유와 관련하여 "'속임수나 그 밖의 부당한 방법'이란 요양기관이 요양급여비용을 받기 위하여 허위의 자료를 제출하거나 사실을 적극적으로 은폐할 것을 요하는 것은 아니고, 국민건강보험법령과 그 하위 규정들에 따르면 요양급여비용으로 지급받을 수 없는 비용임에도 이를 청구하여 지급받는 행위를 모두 포함한다."라고 판시하였다.[46]

국민건강보험법상 부당이득징수요건을 해석한 위 판시 내용에서는 '급부가 법에 합치하는 것인지'를 핵심적 요건으로 하는 공법상 부당이득반환청구권으로서의 특성이 드러나고 있다. 또한, 급부의 합법성과 위법성을 가리는 법령(국민건강보험법령과 그 하위 규정들)을 거시하고 있는데, 이는 여러 개별법령 가운데 국민건강보험법상 부당이득징수요건의 기준이 되는 법령을 밝힌 것으로서 구체적인 사안에서 공법상 부당이득반환청구권이 문제될 때는 급부의 합법성을 가리는 법령이 무엇인지를 규명하는 것이 중요해진다.

2. 국민건강보험법상 부당이득징수요건의 기준이 되는 법령

가. 판례의 태도

종래 대법원은 국민건강보험법상 부당이득징수요건에 관하여 「'사위 기타 부당한 방법으로 보험급여비용을 받은 경우'라 함은 관련 법령에 의하여 요양급여비용으로 지급받을 수 없는 비용임에도 불구하고,

46) 밑줄은 필자, 이하 같다.

이를 청구하여 지급받는 행위를 모두 포함한다」고 판시하였다.[47] 국민건강보험공단은 보험재정 확충 명목으로 국민건강보험법령과 그 하위 규정들이 아닌 다른 행정법규의 위반에 대하여도 처분사유를 확대해왔고,[48] 법원도 이를 대체로 긍정하면서 위와 같은 '관련 법령'에는 국민건강보험법령 외에 다른 행정법규도 포함된다는 취지의 판결들을 선고해왔다.[49]

그러나 최근 의료기관 이중개설(네트워크 의료기관) 사건에서 대법원은 「국민건강보험법과 의료법은 입법 목적과 규율대상이 같다고 보기 어렵다. 따라서 국민건강보험법에 의하여 요양기관으로 인정되는 '의료법에 따라 개설된 의료기관'의 범위는 이러한 국민건강보험법과 의료법의 차이를 염두에 두고 국민건강보험법에서 정한 요양급여를 실시하는 기관으로서 적합한지를 고려하여 판단하여야 한다. 그리고 비록 의료법 제33조 제8항 본문, 제4조 제2항은 의료인이 둘 이상의 의료기관을 개설·운영하는 것 및 다른 의료인의 명의로 의료기관을 개설하거나 운영하는 행위를 제한하고 있으나, 그 의료기관도 의료기관 개설이 허용되는 의료인에 의하여 개설되었다는 점에서는 본질적인 차이가 있다고 할 수 없고, 또한 그 의료기관의 개설 명의자인 의료인이 한 진료행위도 국민건강보험법에서 정한 요양급여의 기준에 미달하거나 그 기준을 초과하는 등의 다른 사정이 없는 한 정상적인 의료기관의 개설자로서 하

47) 대법원 2008. 7. 10. 선고 2008두3975 판결 등 참조.

48) 김영하, "특수의료장비의 설치 및 운영에 관한 규칙에서 정한 특수의료장비 설치인정기준을 위반한 경우 국민건강보험법상 부당이득징수처분의 사유가 되는지 여부", 대법원판례해설 제126호, 법원도서관, 2021, 16면; 문현호, "비의료인 개설 의료기관('이른바 사무장병원')에 대한 국민건강보험법상 부당이득징수 처분", 사법 제54호, 사법발전재단, 2020, 808면.

49) 의료기사등에관한법률 위반에 관한 대법원 2004. 9. 24. 선고 2004두5874 판결, 약사법 등의 위반에 관한 대법원 2007. 9. 6. 선고 2005두13940 등 판결, 의료법령의 위반에 관한 대법원 2010. 9. 30. 선고 2010두8959 판결 등 참조(업무정지 사례이나 그 처분요건은 부당이득징수처분과 대체로 같다).

는 진료행위와 비교하여 질병의 치료 등을 위한 요양급여로서 질적인 차이가 있다고 단정하기 어렵다. 의료법 제33조 제8항 본문이나 제4조 제2항 규정을 위반하였다는 사정만으로는 위 의료기관이 요양급여비용을 수령하는 행위가 '속임수나 그 밖의 부당한 방법에 의하여 요양급여비용을 받는 행위'에 해당된다는 이유로 요양급여비용 상당액을 환수할 수는 없다」고 하여 위와 같은 의료법 위반사실만으로는 국민건강보험법상 부당이득징수의 사유가 인정되지 않는다고 판시하였다.[50)]

이후 대법원은 여러 판결을 통해 국민건강보험법상 부당이득징수 요건의 기준이 되는 법령이 국민건강보험법령 및 그 하위 규정들에 국한된다는 취지로 다른 행정법규 위반에 기한 부당이득징수사유를 부정하였다.[51)] 대법원 2020. 6. 25. 선고 2019두52980 판결에서는 처음으로 '국민건강보험법령과 그 하위 규정들'을 부당이득징수요건의 기준이 되는 법령으로 명시하였다. 대상판결과 같은 날 선고된 대법원 2019두57985 판결에서는 의료급여법상 부당이득징수처분을 규정한 의료급여법 제23조 제1항의 처분요건과 관련하여 "의료급여법령과 그 하위 규정들에 따르면 의료급여비용으로 지급받을 수 없는 비용임에도 불구하고 이를 청구하여 지급받는 행위를 모두 포함한다."라고 판시하여 그 기준이 되는 법령을 의료급여법령과 그 하위 규정들로 한정하였다.

---

50) 대법원 2019. 5. 30. 선고 2015두36485 판결 참조(요약은 필자).

51) 식품위생법상 사전 신고 의무를 위반한 상태에서 요양급여비용으로 식대를 수령한 사례인 대법원 2019. 11. 28. 선고 2017두59284 판결, 정신보건법령상 정신과의원의 입원실 수를 초과한 상태에서 요양급여가 제공된 사례인 대법원 2020. 3. 12. 선고 2019두40079 판결, 의료법의 위임에 따른 「특수의료장비의 설치 및 운영에 관한 규칙」에서 정한 특수의료장비 설치인정기준의 위반 사례인 대법원 2020. 7. 9. 선고 2020두31668 등 판결, 지역응급의료기관으로 지정된 병원이 「응급의료에 관한 법률 시행규칙」에 따른 응급실 전담간호사 인력기준을 충족하지 못한 사례인 대법원 2020. 10. 15. 선고 2020두36052 판결 등.

나. 검토

공법상 부당이득에서 급부의 합법성을 판단하는 기준이 되는 법령은 해당 급부의 지급 근거가 되는 법령의 해석을 통해 정해진다고 할 것이다. 요양급여비용의 경우 그 지급의 직접적인 법률상 근거는 국민건강보험법 제47조이고 그 위임에 따른 하위 규정들 중에서 의료법 등 다른 행정법규와의 관계에 대하여는 보건복지부 고시인 「요양급여비용 심사·지급업무 처리기준」 제4조 제2항 제1호에서 '건강보험심사평가원은 요양급여비용을 심사함에 있어 의료법, 의료기사 등에 관한 법률, 응급의료에 관한 법률, 보건의료기본법, 약사법, 마약류 관리에 관한 법률 등 보건의료관계법규에 적합한지를 심사하여야 한다'고 규정하고 있다. 그러나 위 규정에서 말하는 '보건의료관계법규'의 범위는 매우 넓어 그에 속한 규정들이 너무나도 많기 때문에 요양급여비용의 지급이 보건의료관계법규의 모든 규정을 준수한 경우에만 적법한 것으로 해석할 수는 없다. 국민건강보험법이 아닌 다른 법령의 위반에까지 환수사유를 만연히 확대하는 것은 부당결부금지원칙 내지 비례원칙의 위반이 문제될 수 있고,[52] 위 「요양급여비용 심사 · 지급업무 처리기준」은 법규명령이 아닌 행정규칙인 고시의 형식으로 제정된 만큼 그 모법인 국민건강보험법령의 목적과 취지에 맞게 해석될 필요가 있기 때문이다. 따라서 의료법 등 보건의료관계법규는 이를 매개할 수 있는 구체적인 근거를 국민건강보험법령 및 그 하위 규정 내에서 마련하고 있고 해당 내용이 국민건강보험법령과 그 목적과 취지를 같이 하는 경우라야 국민건강보험법상 부당이득징수요건의 기준이 되는 법령이 된다고 보아야 한다.[53] 따라서

---

52) 김영하, 앞의 글, 16면.

53) 한편, 처분사유를 국민건강보험법령 위반에 한정하는 취지의 판결들이 선고되자, 입법자는 2020. 12. 29. 국민건강보험법 제57조 제2항 제3호, 제4호의 규정을 신설하여 의료법 제4조 제2항, 제33조 제8항, 약사법 제21조 제1항의 위반, 즉 1개설 위반 및 면허 대여 의료기관 등에 대한 환수근거를 국민건강보험법 내에 마련하였다.

대상판결에서 국민건강보험법 제57조 제1항에 따른 부당이득징수요건의 기준이 되는 법령이 '국민건강보험법령과 그 하위 규정들'임을 토대로 그 처분요건을 해석한 것은 정당하고, 이는 그간에 문제되어 온 과잉징수의 논란을 완화하고 급여비용 징수행정의 적정화를 꾀하는 관점에서 긍정적으로 평가할 수 있다.

다만, 부당이득징수요건의 기준이 되는 법령을 국민건강보험법령 및 그 하위 규정 '일체'라고 새겨서는 아니 된다. 만약 법규성이 없는 행정규칙에 불과한 경우에는 이에 어긋난다고 하여 반드시 법령상 인정되는 요양급여에 해당하지 않는다고 볼 수 없기 때문이다.[54] 따라서 대상판결에서 문제된 이 사건 고시 규정의 법적 성질을 살필 필요가 있다.

3. 이 사건 고시 규정의 성질과 부당이득징수사유의 인정 여부

가. 의료자원 공동이용과 이 사건 고시 규정

과거 의료법은 개설된 의료기관 내에서의 진료만을 인정하였으나 2000년 의료시설·장비·인력 등을 일정한 요건 아래 공동으로 이용할 수 있는 '의료자원 공동이용 제도'를 도입하였다. 이를 통해 장소가 협소하거나 경제적 부담 등의 사유로 시설이나 장비를 구비하지 못한 경우 다른 의료기관의 것을 이용할 수 있고,[55] 이른바 '개방병원 제도'[56]의 도입을 가능하게 해 1차의료 활성화에 기여하고 의료자원의 지역적인 불균형의 시정을 도모한다.[57]

---

54) 대법원 2012. 11. 29. 선고 2008두21669 판결 참조. 다만, 행정규칙에 따른 기준을 요양급여의 적정성 여부를 판단하는 세부기준으로 참작할 수 있다고 한다.

55) 보건복지부, 2019년 의료기관 개설 및 의료법인 설립 운영편람, 2019, 108면.

56) 개방병원이란, 2차·3차 의료기관의 유휴 시설과 장비, 인력을 다른 의원급 의원(개방의원)으로 하여금 계약에 의해 활용하도록 개방하는 병원을 말한다(보건복지가족부 의료제도과, "개방운영 운영 안내", 2007. 4., 2면).

반면, 해당 제도의 취지를 악용하는 탈법의 가능성도 상존한다. 의료기관은 30개 미만의 병상을 갖춘 '의원급 의료기관'과 30개 이상의 병상을 갖춘 '병원급 의료기관' 등으로 구분되고, 의료법 제33조 제3항 내지 제5항, 같은 법 시행규칙 제28조 제1항 전단 제3호에 따라 의원급 의료기관의 개설은 행정청에 대한 '신고'로 족하나 병원급 의료기관의 개설은 행정청의 '허가'가 있어야 하며, 개설된 병원의 입원실에 변경사항이 있는 경우에도 허가를 받아야 한다. 그런데 소규모인 의원급 의료기관에서는 신고된 병상수는 그대로 둔 채 더 많은 환자를 유치하기 위해 다른 의료기관의 병상을 사실상 자신이 이용하는 방법으로 의료자원 공동이용 제도를 악용하는 사례들이 존재한다. 또한, 의료장비나 인력에 관한 규제를 피하기 위하여 그 제도를 악용하는 사례들도 존재한다.

이와 관련하여 이 사건 고시 규정에서는, 의료자원을 공동으로 이용하고자 하는 요양기관은 공동이용기관임을 확인할 수 있는 서류를 건강보험심사평가원에 제출한 후 공동이용을 하여야 하고, 해당 항목의 요양급여비용은 실제 환자를 진료하고 있는 요양기관에서 청구하여야 하며, 물리치료 등의 경우 의료자원의 공동이용을 인정하지 아니한다고 규정하고 있다. 이로써 의료시설·장비·인력 등의 기준에 어긋나게 의료자원 공동이용 제도가 악용되지 않도록 건강보험심사평가원에 미리 신고하게 하는 사전적인 규제를 가하면서 관계 행정기관들로 하여금 의료자원의 공동이용 사실을 인식하게 하여 요양급여비용의 중복지급을 방지하고 있다.

나. 법령보충적 행정규칙으로서의 이 사건 고시 규정

요양급여에 관계된 규정들은 그 형식이 법률, 시행령, 시행규칙, 고시, 심사지침 등에 이르기까지 매우 다양하고 그 범위도 포괄적이어서

57) 한국보건사회연구원(연구책임자: 오영호), "일차의료 활성화를 위한 의료자원 공동활용방안", 보건복지부 제출보고서, 2009, 226면.

법적 성격을 일률적으로 판단하기는 어렵고 구체적인 내용과 성격을 살펴보아야 한다.[58]

대상사안에서 원고는, 이 사건 고시 규정이 의료법 제33조, 제39조의 문언 및 취지와 달리 의료기관의 공동이용을 제한하고 있어 위임입법의 한계를 벗어났다고 주장하였다. 그러나 대상판결이 정당하게 판시한 바와 같이 국민건강보험법 및 의료법 등 다른 행정법규들은 그 목적과 규율대상 등이 같다고 볼 수 없으므로, 이 사건 고시 규정의 위임한계 일탈 여부를 판단할 때 의료법 규정은 그 기준이 될 수 없다. 이 사건 고시 규정은 의료자원 공동이용과 관련한 요양급여의 적용기준 및 방법에 관한 규정으로서 국민건강보험법령의 순차적 위임에 근거하고 있으므로 의료법이 아닌 상위법령인 국민건강보험법령에 따른 위임입법의 한계를 준수하였는지 살펴보아야 한다. 그런데 이 사건 고시 규정은 위 상위법령에 따른 위임입법의 한계 법리를 충분히 준수하고 있고, 의료자원의 공동이용과 관계된 기술적이고 절차적인 내용을 규율하고 있어 행정규칙에 의한 규제 요건을 정한 행정규제기본법 제4조 제2항 단서[59]도 충족하였다고 볼 수 있다. 따라서 이 사건 고시 규정은 적법한 위임에 따라 제정된 법령보충적 행정규칙으로서 상위법령과 결합하여 법규명령의 효력을 가진다.

---

58) 현두륜, "요양급여기준의 법적 성격과 요양급여기준을 벗어난 원외처방행위의 위법성 – 대법원 2013. 3. 28. 선고 2009다78214 판결을 중심으로 –", 의료법학 제15권 제1호, 2014, 131면. 한편, 요양급여 관계 규정의 법령보충적 행정규칙으로서의 효력 내지 법적 구속력을 인정한 사례로는 대법원 2011. 11. 24. 선고 2011두16025 판결, 대법원 2012. 10. 25. 선고 2011두22938 판결, 헌법재판소 2010. 9. 30. 선고 2008헌마758 결정 등 참조.

59) "다만, 법령에서 전문적·기술적 사항이나 경미한 사항으로서 업무의 성질상 위임이 불가피한 사항에 관하여 구체적으로 범위를 정하여 위임한 경우에는 고시 등으로 정할 수 있다."

다. 부당이득징수사유의 인정

이 사건 고시 규정의 문언에 따르면, 의료자원의 공동이용 시 '요양급여비용 청구에 관한 사항'에 관한 '세부인정사항'을 정하고 있으므로, 이 사건 고시 규정에 따른 요양급여비용 청구의 인정 요건을 위반하여 의료자원을 공동이용한 경우에는 요양급여비용을 청구하여 지급받을 수 없다고 할 것이다.[60] 나아가 이 사건 고시 규정의 취지는 의료자원 공동이용 제도의 악용을 방지함과 함께 이에 따른 규제를 어기는 경우 요양급여비용을 청구할 수 없게 하는 것도 포함한다고 볼 수 있다. 이와 달리 이 사건 고시 규정을 위반하였더라도 요양급여비용의 청구가 가능하다고 보는 것은, 이 사건 고시 규정의 문언과 취지에 반할 뿐만 아니라 의료자원 공동이용의 사전신고는 의료법상 의료자원 공동이용의 요건이 아니어서 이 사건 고시 규정을 위반한 행위에 대하여 의료법 등에 따른 어떠한 제재도 가해질 수 없어 이 사건 고시 규정에 의한 규제가 무력화되므로 받아들일 수 없다.

대상사안에서 A의원을 개설한 원고는 B의원의 의료시설과 인력을 공동이용할 때 의료법 제39조 제1항에 따라 B의원의 장인 甲의 동의를 받기는 하였으나, 요양급여비용의 지급이 적법한지는 국민건강보험법령 및 '법규적 효력'이 있는 그 하위 규정들의 차원에서 검토되어야 한다. 원고는 이 사건 고시 규정 제1항에서 정한 공동이용기관임을 확인할 수 있는 서류를 건강보험심사평가원에 제출하지 않았고 물리치료의 경우 이 사건 고시 규정 제2항에 따라 의료자원의 공동이용 자체가 인정되지 않는다. 따라서 국민건강보험법령 및 법규적 효력이 있는 그 하위 규정

---

60) 이 사건 고시 규정 제2항은 물리치료에 관한 공동이용을 명시적으로 인정하지 않고 있으므로 이에 관한 요양급여비용 청구가 애초에 인정되지 아니함은 자명하고, 이와 함께 규정된 이 사건 고시 규정 제1항도 요양급여비용 청구의 인정 요건에 관한 규정에 해당한다.

들에 따라 요양급여비용으로 지급받을 수 없는 비용임에도 이를 청구하여 지급받은 경우에 해당하고, 결국 대상사안에서는 국민건강보험법 제57조 제1항에서 정한 부당이득징수의 사유(속임수나 그 밖의 부당한 방법)가 인정된다.[61)]

Ⅳ. 부당이득징수의 범위에 관하여

1. 문제의 소재

공법상 부당이득에서 기지급 급부의 원상회복이 가능한 범위는 행정의 법률적합성 원칙에 따라 그 재산상의 이동이 법에 저촉되는 범위를 한도로 한다. 원칙적으로 법에 위반되지 않은 급부의 반환은 관념할 수 없기 때문이다. 따라서 요양급여비용에 관하여도 국민건강보험법령 및 법규적 효력이 있는 그 하위 규정들에 저촉되는 범위에서 부당이득징수가 이루어질 수 있다. 대상사안에서는 물리치료의 경우 의료자원 공동이용 자체를 인정하지 않고 있어 해당 요양급여비용(41,827,270원)을 징수하는 것은 당연하나, 공동이용 미신고와 관계된 나머지 요양급여비용(954,789,700원)의 징수 범위에 관하여는 원심판결(전액 징수)과 대상판결(입원료 부분만 징수[62)])에서 큰 차이가 발생하였는바, 행정의 법률적합

61) 「국민건강보험 요양급여의 기준에 관한 규칙」 [별표 1] 1. 라.에서는 '가입자 등에 대한 최적의 요양급여를 실시하기 위하여 필요한 경우' 보건복지부장관이 정하여 고시하는 바에 따라 다른 요양기관에서 보유하고 있는 양질의 의료자원을 공동 활용할 수 있다고 규정하고 있는데, 이에 입각하여 의료자원의 공동이용이 최적의 요양급여를 실시하기 위하여 필요한지 여부를 검토하여 부당이득징수의 사유를 판단할 수도 있을 것이다. 대상판결과 유사한 사안에서 이 사건 고시 규정의 위반사실을 인정함과 함께 위 쟁점을 검토한 서울고등법원 2021. 8. 25. 선고 2020누62688 판결(대법원 2021두51164호로 심리불속행기각확정)이 그러하다.

62) 대상판결의 파기환송심에 의하면 278,848,920원만 환수됨.

성 원칙에 따른 부당이득징수의 범위가 문제된다.

2. 기존의 재판례

종전 하급심 선례들은 대상사안처럼 요양기관이 건강보험심사평가원에 공동이용 관련 서류를 제출하지 않은 채 다른 의원의 병상을 공동이용한 사례에서, 해당 병상을 이용한 환자들에 대한 진찰료·입원료·수술료 등 요양급여비용 전액을 환수하는 처분의 적법성을 인정하였다(서울고등법원 2016. 9. 29. 선고 2016누52950 판결,[63] 서울고등법원 2017. 6. 27. 선고 2016누66782 판결[64] 등). 위 판결들은 원심판결과 비슷하게 입원과 그 전후에 이루어지는 일체의 진료행위는 불가분의 관계에 있다거나 의료법에 따른 의료기관 개설 허가제의 잠탈 우려 등을 전액 징수의 논거로 들었다.

3. 행정의 법률적합성 원칙에 따른 부당이득징수의 범위

가. 의료법 위반과의 관계

대상판결과 원심판결에서 인정한 부당이득징수의 범위에서 차이가 발생하게 된 이유는, 행정의 법률적합성 원칙과 관련하여 법에 합치하지 않는 급부의 범위를 포착함에 있어서 대상판결은 이 사건 고시 규정 제1항 위반에 관계된 급부에 한정한 반면, 원심판결은 의료법 위반에 관계된 급부까지 이를 확장했기 때문이다.

이 사건 처분서에서 의료법 제33조 제1항(의료인은 원칙적으로 그 의료기관 내에서 의료업을 하여야 한다), 같은 조 제5항(의료기관이 개설에 관한

63) 대법원 2016두65411호로 심리불속행기각확정.
64) 상고 없이 확정.

신고 또는 허가사항 중 중요사항을 변경하려는 때에 신고하거나 허가를 받아야 한다)을 근거 법령으로 명시하였으나, 이는 앞서 본 '국민건강보험법령과 법규적 효력이 있는 그 하위 규정들'에 해당하지 아니한다. 또한, 의료법 제33조 제1항, 제5항 위반의 경우 이에 대한 형사처벌, 개설허가 취소, 과태료 부과(같은 법 제90조, 제64조 제1항 제5호, 제92조 제3항 제2호)의 제재가 가능함에도, 국민건강보험법에 따른 부당이득징수까지 이루어진다면 다른 행정법규의 위반을 이유로 한 과잉징수가 될 수 있고, 대상사안에서 A의원 소속 의료인이 B의원의 의료시설을 이용하여 행한 진료행위 자체에는 별다른 문제가 없었을 뿐만 아니라, 위 의료법 규정의 위반사실만으로 국민건강보험법상 부당이득징수의 대상으로 보아야 할 공익상 필요성이 있다고 보기 어렵다. 이러한 사정들을 고려하면, 대상사안에서 개설기관 외에서 이루어진 요양급여와 관련된 모든 급여비용을 부당이득으로 징수하는 것은 타당하다고 볼 수 없고, 이 사건 고시 규정 제1항을 위반한 급부와 관련하여 부당이득징수의 범위를 정하여야 한다.

이 사건 고시 규정 제1항에서는 '시설·장비 등을 공동으로 이용하고자 하는 요양기관은 공동이용기관임을 확인할 수 있는 서류를 제출한 후 공동 이용하여야 하며 해당 항목의 요양급여비용은 실제 환자를 진료하고 있는 요양기관에서 청구하여야 한다'고 정하고 있으므로, 위 규정의 위반 내용은 공동이용의 대상이 된 의료자원과 연관된다. 대상사안에서는 이 사건 고시 규정 제1항과 관련하여 원고가 입원실 외에 다른 의료자원을 공동이용하였다고 볼 만한 증거가 없으므로,[65] 공동이용의 대상이 된 입원실의 이용과 관계된 요양급여비용만이 환수대상이 된다.

---

65) 환수사유의 존재에 관한 증명책임은 원칙적으로 행정청인 국민건강보험공단에 있다(대법원 2008. 9. 11. 선고 2008두6981 판결, 대법원 2011. 11. 24. 선고 2011두16025 판결 등 참조).

나. 대상사안에서의 징수범위 – 입원료

대상판결에서는 이 사건 고시 규정 제1항 위반에 따라 환수되어야 할 요양급여비용을 '입원료'로 보았다. 이 부분 처분사유는 원고가 B의원의 입원실을 이용하여 환자들에 대한 입원치료를 한 것을 내용으로 하고, 국민건강보험법 제41조 제1항은 요양급여의 종류를 진찰·검사, 약제·치료재료의 지급, 처치·수술 및 그 밖의 치료, 예방·재활, '입원', 간호, 이송으로 구분하고 있는바, 여러 종류의 요양급여비용 중 공동이용의 대상이 된 입원실의 이용을 필수적인 전제로 하는 것은 입원료임을 고려할 때, 대상판결의 위 판시는 정당하다.

그런데 대상판결의 파기환송심에서 원고는, 「요양급여의 적용기준 및 방법에 관한 세부사항」에서 입원료의 세부항목으로 '입원환자 의학관리료', '입원환자 간호관리료', '입원환자 병원관리료'를 각각 두고 있는 점에 착안하여 '이 사건 고시 규정 제1항을 위반하여 입원실을 공동이용한 것과 관련하여 지급받은 요양급여비용은 입원료 중 입원환자 병원관리료에 한정된다'고 주장하였다. 이는 공동이용의 대상이 된 의료자원이 B의원의 '시설'에 한정되어 있으므로 A의원 소속 의료인에 의한 의학행위 및 간호행위와 관련된 입원환자 의학관리료, 입원환자 간호관리료 부분은 부당이득징수의 범위에서 제외되어야 한다는 취지이다.

국민건강보험법령에 따라 요양급여비용은 분류항목별로 정한 상대가치점수에 점수당 단가를 곱하여 산정하는데, 보건복지부 고시인 「건강보험 행위 급여·비급여 목록표 및 급여 상대가치점수」에서는 입원료 분류 항목에 관하여 요양기관종별로 하나의 상대가치점수만을 정하고 있다. 이에 따르면, 입원이란 입원환자 의학행위(입원환자 의학관리료와 관련된다), 입원환자 간호행위(입원환자 간호관리료와 관련된다), 입원환자에 대한 시설·비품 등의 제공(입원환자 병원관리료와 관련된다)으로 구성된 하나의 요양급여로서 위 각 요소가 모두 충족될 때에 국민건강보험법상 요양급여로서의 입원이 인정되어 이에 대한 상대가치점수가 산정될 수 있고 이에 따라 구체적인 액수의 요양급여비용이 지급될 수 있다. 즉, 의학행위, 간호행위, 시설·비품 제공에 대하여 개별적으로 상대가치점수를 인정할 수 있는 것은 아니며 입원료의 상대가치점수는 요양기관종별로 하나의 상대가치점수만이 정하고 있을 따름이다.[66] 따라서 입원료의 세부항목으로 정해진 입원환자 의학관리료, 입원환자 간호관리료도 이 사건 고시 규정 제1항의 위반과 관계된 급부에 해당한다고 봄이 타당하다. 대상판결의 파기환송심에서도 이와 비슷한 취지의 이유로 그 징수범위가 입원료 전체라고 판시하였다.

다. 소결

이처럼 행정의 법률적합성 원칙이 지배하는 공법상 부당이득반환청구권에서는 급부가 법에 합치하는지 여부를 가리는 법령의 해석이 중요하고, 그것이 국민건강보험법상 부당이득징수처분과 같이 일상적·반복적으로 행해지는 수익적 급부와 관련된 경우에는 그 해석의 내용에 따라 반환 범위가 크게 달라질 수 있다. 요양급여비용 지급의 기준이 되는 국민건강보험법령 및 그 하위 규정들이 상당히 많고 그 내용 또한 복잡하므로 그 부당이득징수의 범위를 정할 때는 법령에 대한 정밀하고도 체계적인 해석이 필요하다. 대상판결에서는 관계 규정의 정당한 해석에 따라 종전 재판례의 문제점을 극복하고 공법상 부당이득의 범위를 적정하게 제한하여 국민건강보험법상 부당이득징수처분에 대한 행정법적 통제를 효과적으로 수행하였다고 평가할 수 있다.

---

66) 위 서울고등법원 2020누62688 판결의 취지 참조.

Ⅴ. 나오며

노령화로 대표되는 인구구조의 변화로 건강보험재정이 계속 악화되고 있는 가운데 국민건강보험공단 등 관계 행정기관들은 건강보험재정의 건실성을 확보한다는 이유로 부당청구 명목의 급여비용을 적극 환수하려 하고 있다. 그러나 그 과정에서 국민건강보험법이 아닌 다른 행정법규의 위반에까지 처분사유를 넓히거나 국민건강보험법령의 위반사실이 인정되는 경우라도 그 위반 범위보다 더 많은 급여비용을 징수하는 사례들이 빈번히 발생하고 있다. 건강보험재정의 부실을 막는 것이 아무리 중요하다고 하더라도, 급여비용 징수행정이 국민의 권리와 이익을 침해하는 방향으로 이루어질 경우에는 이에 대한 행정법적 통제가 반드시 필요하다.

이에 본고에서는 의료자원 공동이용 사례에서 요양급여비용 전액 징수처분의 위법성을 인정한 대상판결을 공법상 부당이득반환청구권의 관점에서 살펴보면서 국민건강보험법상 부당이득징수처분에 대한 행정법적 통제가 어떠한 내용과 방법으로 이루어져야 하는지 조명하였다. 행정의 법률적합성 원칙을 요체로 하는 공법상 부당이득반환청구권에 관한 논의는 국민건강보험법령 등 관계 규정의 해석과 부당이득징수처분에 대한 행정법적 통제에 있어서 중요한 시사점을 가져다준다. 이러한 논의를 통해 국민건강보험법상 부당이득징수처분에서 논란이 되어온 과잉징수의 문제를 극복하고 법치행정의 원리에 부합하는 급여비용 징수행정이 이루어질 수 있기를 기대해본다.

참고문헌

1. 국내 문헌

가. 단행본

국민건강보험공단/건강보험심사평가원, 2021 건강보험통계연보, 2022.

______, 2021 의료급여통계, 2022.

국민건강보험공단 법무지원실, 국민건강보험법 해설(증보판), 2016.

김남진/김연태, 행정법 I (제26판), 법문사, 2022.

김동희/최계영, 행정법 I (제26판), 박영사, 2021.

류지태/박종수, 행정법신론(제18판), 박영사, 2021.

명순구(대표집필) 외, 국민건강보험법: 역사와 해설(개정판), 건강보험심사평가원, 2015.

박균성, 행정법론(상)(제21판), 박영사, 2022.

보건복지부, 2019년 의료기관 개설 및 의료법인 설립 운영편람, 2019.

서울행정법원 실무연구회, 행정소송의 이론과 실무 I (도시정비 및 보건·의료), 사법발전재단, 2021.

정하중/김광수, 행정법개론(제16판), 법문사, 2022.

홍정선, 행정법원론(상)(제30판), 박영사, 2022.

나. 논문

김영하, "특수의료장비의 설치 및 운영에 관한 규칙에서 정한 특수의료장비 설치인정기준을 위반한 경우 국민건강보험법상 부당이득징수처분의 사유가 되는지 여부", 대법원판례해설 제126호, 법원도서관, 2021.

김정중, "의료급여법상 '임의 비급여 진료행위' 등의 부당성", 이상훈 대법관 재임기념 문집, 사법발전재단, 2017.

노호창, "공적 건강보장에 있어서의 자유제한과 그 정당성", 사회보장법연구 제3권 제1호, 2014.

문현호, “비의료인 개설 의료기관(‘이른바 사무장병원’)에 대한 국민건강보험법상 부당이득징수 처분”, 사법 제54호, 사법발전재단, 2020.
윤민, “행정주체의 공법상 부당이득에 관한 연구”, 서울대학교 석사학위논문, 2012. 2.
이상덕, “사회복지법인 임시이사 해임처분의 방식”, 대법원판례해설 제126호, 법원도서관, 2021.
정하중, “공법상 부당이득반환청구권의 독자성”, 행정판례연구 제15권 제1집, 2010.
최계영, “국민건강보험의 행정법적 쟁점”, 서울대학교 법학 제55권 제2호, 2014.
최규진, “국민건강보험법 제52조 제1항의 해석에 관한 판례 동향”, 법조 제652호, 2011.
하명호, “임의비급여 진료행위의 허용여부에 관한 공법적 고찰 － 대법원 2012. 6. 18. 선고 2010두27639, 27646 전원합의체 판결에 대한 평석 －”, 의료법학 제14권 제2호, 2013.
______, “공법상 부당이득의 법리”, 인권과 정의 제490호, 2020.
현두륜, “요양급여기준의 법적 성격과 요양급여기준을 벗어난 원외처방행위의 위법성 － 대법원 2013. 3. 28. 선고 2009다78214 판결을 중심으로 －”, 의료법학 제15권 제1호, 2014.

다. 정부자료, 보고서

보건복지가족부 의료제도과, “개방운영 운영 안내”, 2007. 4.
한국보건사회연구원(연구책임자: 오영호), “일차의료 활성화를 위한 의료자원 공동활용방안”, 보건복지부 제출보고서, 2009.

라. 기사

“[건강보험 개혁] ③ 사무장병원 불법행위 여전…특사경 도입해 단속 강화해야”, 뉴스핌 2023. 3. 27. 기사
“부당 급여 ‘하마’ 사무장병원·면허대여약국 단속 강화…재정누수 막는

다", 헤럴드경제 2022. 11. 2. 기사

2. 국외 문헌

가. 독문서

Maurer/Waldhoff, Allgemeines Verwaltungsrecht, 19.Aufl. 2017.
Ossenbühl/Cornils, Staatshaftungsrecht, 6.Aufl. 2013.
Schoch/Schneider, Verwaltungsrecht VwVfG, 3.Aufl. 2022.

나. 일문서

岩村正彦, "社会保障法判例: 介護保険法22条3項の返還金請求の要件", 社会保障研究, 2012. 6.
前田雅子, "社会保障における不正利得の徴収", 法と政治 71巻2号, 2020. 9.

국문초록

최근 인구의 고령화와 요양급여비용의 지출 확대 등으로 인해 급여비용 부당청구에 관한 분쟁이 증가하고 그 양상 또한 심화되고 있는 가운데, 국민건강보험공단은 건강보험재정의 건전성을 위한다는 명목 아래 최대한 급여비용을 징수하는 방향으로 국민건강보험법상 부당이득징수처분을 적극 발령하고 있다. 그러나 그 과정에서 과잉징수의 문제가 빈번하게 발생하고 있으므로 법치행정의 원리에 부합하는 징수행정이 이루어질 수 있도록 이에 대한 행정법적 통제가 요청된다.

본고에서는 의료자원의 공동이용 사례에서 요양급여비용 전액 징수처분의 위법성을 인정한 대상판결을 공법상 부당이득반환청구권의 관점에서 살펴보면서 그 행정법적 통제는 어떻게 이루어져야 하는지를 조명하였다. 공법상 부당이득반환청구권은 행정의 법률적합성 원칙으로부터 도출되는 공법상의 독자적인 제도로서 국민건강보험법상 부당이득징수처분은 공법상 부당이득반환청구권의 성질을 가지고 있다. 따라서 그 부당이득징수의 사유와 범위에 관한 해석에서 행정의 법률적합성 원칙이 중추를 이루게 되고, 구체적인 사안에서는 여러 개별법령 중 급부의 합법성과 위법성을 가리는 기준이 되는 법령이 무엇인지를 규명하는 것이 중요해진다.

대상판결에서는 부당이득징수의 사유와 관련하여 그 기준이 되는 법령을 '국민건강보험법령 및 법규적 효력이 있는 그 하위 규정들'이라는 취지로 정당하게 판시하였다. 나아가 부당이득징수의 범위와 관련하여 위 법령에 위반된 범위 내의 요양급여비용만을 적법한 징수대상으로 보고 이를 벗어나 다른 법령의 위반과 관계된 징수 부분의 위법성을 인정하였다. 이와 같이 대상판결은 행정의 법률적합성 원칙에 부합하도록 공법상 부당이득의 범위를 제한함으로써 국민건강보험법상 부당이득징수처분에서 논란이 되어 온 과잉징수 문제에 대한 행정법적 통제를 효과적으로 수행하였다고 평가할 수 있다.

주제어: 부당이득, 공법상 부당이득반환청구권, 국민건강보험법, 부당이득징수처분, 행정의 법률적합성 원칙

Abstract

Administrative Legal Control over the Collection of Unjust Enrichment under the National Health Insurance Act
– From the Perspective of the Claim for Restitution of Unjust Enrichment under Public Law –

Seunghun Choi*

In recent years, there has been an increasing number of disputes regarding unjustified claims for healthcare benefits costs, primarily attributed to the aging population and the consequent rise in expenditures on such benefits. In response, the National Health Insurance Service (NHIS) has actively pursued the collections of unjust enrichment under the National Health Insurance Act, aiming to protect the financial stability of healthcare. However, this initiative has raised concerns about excessive collection, highlighting the need for administrative legal control to ensure that the collection process adheres to the principle of the rule of law in administration.

This article conducts an analysis of a recent judgment by the Supreme Court, which recognized the illegality of collecting the entire costs of healthcare benefits in a case involving the mutual use of medical facilities. It examines this judgment from the perspective of the claim for restitution of unjust enrichment under public law, providing insight into

* Judge, Seoul Southern District Court

the appropriate implementation of administrative legal control. The claim for restitution of unjust enrichment under public law is an independent institution within public law derived from the principle of legality of administration. Considering that the collection of unjust enrichment under the National Health Insurance Act possesses the characteristics of the claim for restitution of unjust enrichment under public law, the principle of legality of administration plays a pivotal role in interpreting the grounds and extent of the collection of unjust enrichment. In specific cases, it becomes crucial to identify the statutes that serve as the criteria for determining the legality or illegality of benefits among various statutes.

In the judgment, the Supreme Court properly concluded that the National Health Insurance Act and its subordinate regulations, possessing the force of law, constitute the criteria for determining the legality of benefits. Additionally, the court established clear boundaries for unjust enrichment, specifically focusing on healthcare benefits costs that fell within the scope of violations under the aforementioned laws. Furthermore, the court acknowledged the illegality of collecting healthcare benefits costs that contravened other laws. Thus, by delineating the scope of unjust enrichment under public law in accordance with the principle of legality of administration, this judgment effectively exercised administrative legal control over the issue of excessive collection under the National Health Insurance Act.

Keywords: Unjust Enrichment, Claim for Restitution of Unjust Enrichment under Public Law, National Health Insurance Act, Collection of Unjust Enrichment, Principle of Legality of Administration

투고일 2023. 6. 10.
심사일 2023. 6. 25.
게재확정일 2023. 6. 29.

行政行爲의 槪念과 種類

악취배출시설설치 · 운영신고의 법적 성격과 인허가의제에 대한 소고 (박종준)

악취배출시설설치·운영신고의 법적 성격과 인허가의제에 대한 소고*

박종준**

– 대법원 2022. 9. 7. 선고 2020두40327 판결 –

Ⅰ. 들어가는 말

대법원 2022. 9. 7. 선고 2020두40327 판결은 「악취방지법」 제8조의2에 따른 악취관리지역 외의 지역에서의 악취배출시설 설치·운영 신고에 대한 대도시의 장 등 관할 행정청의 반려처분 등에 대한 취소소송이다. 본 판결은 대표적인 환경오염물질 중 하나인 악취를 다루고 있다는 점에서 개별 환경법 영역과 필수적으로 관련되어 있으면서도 또 한편으로 행정법상의 중요한 법적 쟁점들에 대한 해석·판단이 원심과 대

* 이 글은 2023년 5월 19일 개최된 2023년 (사)한국행정판례연구회 제386차 월례발표회에서 필자가 발표한 내용을 수정·보완한 것입니다. 본 발표회에서 유익한 토론을 해주신 법무법인 율촌의 송민경 변호사님, 그리고 소중한 심사의견을 주신 익명의 심사위원님들께 진심으로 감사드립니다.

** 강원대학교 법학전문대학원 조교수

법원의 각각 다른 결론에 직접적인 영향을 끼쳤다는 점에서 행정법 일반의 차원에서도 그 의미가 꽤 크다고 평가할 수 있다. 행정법 분야에서 풀리지 않고 있는 실타래와도 같은 문제라고 할 수 있는 신고제와 관련된 법적 쟁점, 규제간소화 정책의 적극적인 추진에 따라 개별 법제마다 마치 당연한 입법수순처럼 경쟁적으로 도입되고 있는 인허가의제에 관한 쟁점 등이 바로 이에 해당한다. 그러다보니 비록 동 판결에서 한 차례도 명시적으로 언급되지는 않았지만, 이러한 행정법상 쟁점을 입법화하여 2021년부터 제정 · 시행된 행정법의 일반법인 「행정기본법」과 동 판결의 연관성도 적지 않다고 할 수 있다.

동 판결의 경우 악취배출시설설치·운영신고의 법적 성격을 두고 원심과 대법원의 판단이 달랐고, 그에 따라 전혀 다른 결론을 도출한 사건이라는 점에서 흥미로운 부분이 많다. 본 고는 원심과 대법원의 각각 다른 결론에 대한 원인을 「악취방지법」의 규율 현황 및 체계 등에 대한 검토를 통해 분석해 보고, 이를 기반으로 원심과 대법원 판결의 의의와 한계 등을 각각 평가해 보고자 한다. 더 나아가 이를 통하여 본 판결에서 드러난 행정법상 쟁점들에 대한 합리적인 대응을 위한 바람직한 제도 개선방향을 모색해 보는 것을 논의의 주요한 목적으로 삼고자 한다.

Ⅱ. 대상 판결 개관

1. 사실관계

가. 처분의 경위

1) 원고는 1973. 11. 17. 대기오염물질 배출시설 설치신고를 하고, 1984. 4.경부터 안양시(주소 생략)에서 아스팔트 콘크리트(이하 '아스콘'이라 한다)를 제조하는 공장(이하 '이 사건 공장'이라 한다)을 운영하고 있

는 회사이다.

2) 경기도지사는 2017. 11. 10. 원고에게 이 사건 공장에 설치된 대기오염물질배출시설의 사용중지 명령을 하였고, 피고(안양시장)는 2017. 6. 15. 악취방지법 제8조의2 제1항에 따라 이 사건 공장의 아스콘 건조시설 1·2호기, 혼합시설, 저장시설 등을 신고대상 악취배출시설로 지정·고시하였다.

3) 원고는 2017. 12. 14. 피고에게 악취방지법 제8조의2 제2항에 따라 악취배출시설 설치운영신고서를 제출하였으나, 피고는 2017. 12. 15. 위 신고를 반려하였다.

4) 한편 원고는 2017. 12. 15. 경기도지사에게 대기오염물질배출시설 설치 허가 등을 신청하였고, 2018. 3. 19. 경기도지사로부터 대기오염물질배출시설 등에 관한 설치 허가를 받았다.

5) 원고는 2018. 5. 3. 피고에게 악취방지법 제8조의2 제2항에 따라 악취배출시설 설치운영신고서를 다시 제출하였으나(이하 '이 사건 제1신고'라 한다), 피고는 2018. 5. 31. 별지 1 기재와 같은 이유로 위 신고를 반려하였다(이하 '이 사건 제1처분'이라 한다).

6) 경기도지사는 2018. 7. 9. 원고의 대기오염물질배출시설 가동개시 신고를 수리하였고, 이에 원고는 2018. 7. 11. 피고에게 악취배출시설 설치운영신고서를 다시 제출하였으나(이하 '이 사건 제2신고'라 하고, 위 2018. 5. 3.자 및 2018. 7. 11.자 각 악취배출시설 설치운영신고를 통틀어 '이 사건 각 신고'라 한다), 피고는 2018. 7. 20. 별지 2 기재와 같은 이유로 위 신고를 반려하였다(이하 '이 사건 제2처분'이라 하고, 위 2018. 5. 31.자 반려처분과 2018. 7. 20.자 반려처분을 통틀어 '이 사건 각 처분'이라 한다).

7) 한편 원고는 2018. 7. 25. 피고에게, 원고가 경기도지사로부터 대기오염물질배출시설 변경허가를 받았고 경기도지사는 피고에게 대기오염물질배출시설 허가를 통보하였다는 이유로 악취방지법 시행규칙 제9조 제2항, 제3항에 따라 악취배출시설 설치운영신고 확인증을 발

급하여 줄 것을 신청하였으나, 피고는 2018. 8. 1. 이 사건 제2처분을 이유로 위 신청을 거부하는 취지의 민원회신(이하 '이 사건 회신'이라 한다)을 하였다.

나. 원고의 주장 요지

1) 이 사건 각 신고는 악취방지법상의 악취배출시설 설치운영신고로서 자기완결적 신고에 해당하므로, 형식적 요건을 갖춘 각 신고서가 접수기관에 도달한 때 곧바로 효력이 발생한다고 보아야 한다. 그럼에도 피고는 이를 반려하는 취지의 이 사건 각 처분을 하였으므로, 이 사건 각 처분은 위법하다.
2) 설령 이 사건 각 신고가 수리를 요하는 신고에 해당한다고 하더라도, 원고는 경기도지사에게 대기오염물질배출시설 설치허가 신청을 하여 경기도지사로부터 허가를 받았고, 위 신청은 악취방지법 시행규칙 제9조 제2항에 따라 악취배출시설 설치운영 신고에 갈음한 것이므로, 위 허가사실을 알게 된 피고로서는 그 이후 이루어진 이 사건 각 신고를 수리하여야 한다. 그럼에도 피고는 이를 반려하는 취지의 이 사건 각 처분을 하였으므로, 이 사건 각 처분은 위법하다.
3) 이 사건 각 처분은, 공장 가동이 금지된 상태에서 원고가 현실적으로 수행할 수 없는 정도의 대응책 마련을 요구하고 있는 점, 이 사건 각 신고 이전에 이루어진 경기도지사의 대기오염물질배출시설 설치 허가의 효력을 사실상 상실시키는 점, 원고는 이미 대기오염물질배출방지를 위한 상당한 조치를 취한 점, 그 밖에 원고가 이 사건 각 처분으로 인하여 입게 되는 재산권, 영업권, 신뢰이익 침해 등에 비추어 볼 때, 재량권을 일탈·남용하여 위법하다.

2. 판결의 요지

가. 1심(수원지방법원 2019. 1. 15. 선고 2018구합68200 판결)

1심은 우선 경기도지사로부터 대기오염물질배출시설 설치허가를 받았고, 그에 따라 「악취방지법 시행규칙」 제9조제2항에 따라 악취배출시설 설치운영 신고에 갈음한 것이므로, 경기도지사로부터 위 허가를 통보받은 피고가 이 사건 각 신고에 대하여 수리를 하여야 함에도 반려하는 취지의 이 사건 각 처분이 위법하다는 원고의 주장에 대하여, "대기오염물질배출시설 설치 허가신청 및 그에 대한 허가가 있었다고 하더라도 악취배출시설 설치운영신고 및 그 수리 여부에 관하여 전혀 검토가 이루어지지 않은 경우까지 대기오염물질배출시설 설치 허가신청을 악취배출시설 설치운영신고에 갈음하는 것으로 해석"하기 어렵다고 보아 받아들이지 않았다. 이 과정에서 1심은 원고가 이 사건 각 신고가 자기완결적 신고에 해당하는 주장을 배척하고 「악취방지법」상 배출시설 설치운영 신고는 '수리를 요하는 신고'에 해당한다고 보았다.

또한 1심은 원고가 이 사건 신고를 '수리를 요하는 신고'로 보더라도 이 사건 각 처분이 공장가동이 금지된 상태에서 원고가 현실적으로 수행할 수 없는 정도의 대응책 마련을 요구하고 있는 점, 선행 대기오염물질배출시설 허가의 효력을 사실상 상실시키는 점, 원고는 이미 대기오염물질배출방지를 위한 상당한 조치를 취한 점, 원고가 악취나 악취물질의 배출자로 보기 어려운 점, 그 밖에 원고가 이 사건 각 처분으로 인하여 입게 되는 재산권, 영업권, 신뢰이익 침해 등에 비추어 볼 때, 재량권을 일탈·남용하여 위법하다고 주장한 것에 대해서는, 악취배출시설 설치운영신고를 받은 행정청은 「악취방지법 시행규칙」 제9조에 따라 신고인이 신고 시 제출한 구비서류를 기초로 당해 신고의 내용이 위 법령에 규정된 일정한 계획과 시설을 갖추고 있는지 여부를 심사하여 적합한 경우 이를 수리하여야 한다는 점에서 기속재량행위의 성격을 가지고 있다고 전제한 다음, 이 경우에도 신고의 목적, 경위, 공익침해의 유형, 정도 등에 비추어 신고의 수리를 거부할 만한 중대한 공익상 필요가 인정되는 등의 특별한 사정이 있는 경우에는 공익상의 이유를 들어 악취배출시설 설치운영신고의 수리를 거부할 수 있다고 보았다. 이를 토대로 1심은 원고가 주장하는 다른 사정을 감안하더라도, 이 사건 처분에 재량권을 일탈·남용한 위법이 있다고 볼 수 없다고 판시하여 원고의 청구를 받아들이지 않았다.[1)]

나. 원심(서울고등법원 2020. 5. 21. 선고 2019누35451 판결)

원심은 "행정관청에 대한 신고는 일정한 법률사실 또는 법률관계에 관하여 관계 행정관청에 일방적인 통고를 하는 것을 뜻하는 것으로 법령에 별도의 규정이 있거나 다른 특별한 사정이 없는 한 행정관청에 대한 통고로써 그치는 것이고, 그에 대한 행정관청의 반사적 결정을 기다릴 필요가 없다"고 하여 수산제조업의 신고를 수리를 요하지 않은 신고로 보았던 대법원 1999. 12. 24. 선고 98다57419, 57426 판결, 의료법에 따른 의원의 개설신고를 자기완결적 신고로 판시한 대법원 1985. 4. 23. 선고 84도2953 판결 등을 전제로 이른바 수리를 요하지 않는 신고, 즉 자기완결적 신고에 대한 기존 판례의 법리를 확인하고 있다. 그리고 이를 기반으로 「악취방지법」 제8조의2 제1항, 제2항, 「악취방지법 시행규칙」 제9조 제1 내지 3항 등에서의 규정 내용과 (구) 대기환경보전법령 하에서 악취유발시설이 규율된 체계, 신설된 악취방지법 제정의 취지와 배경, 악취배출시설 설치운영신고에 관한 실무규정, 악취발생에

1) 1심 및 대법원의 판단과 원심의 판단이 각각 서로 다른 사건인바, 이하에서는 논의의 효율적인 전개를 위하여 일단 1심을 제외하고 원심과 대법원 결정을 중심으로 하여 양자의 판단에 포함된 쟁점을 보다 명확하게 부각시켜 비교·대조해보고자 한다.

대응하는 사후 제재 규정 등을 종합하여, 악취방지법상의 악취배출시설 설치운영신고가 수리를 요하지 않는 자기완결적 신고에 해당한다고 보았다. 따라서 이에 의하면 신고에 필요한 형식적 요건을 갖추어 이루어진 이 사건 각 신고는 피고에게 접수된 때 신고의 효력이 발생하였다고 할 것이므로, 이 사건 각 신고의 수리를 반려한 이 사건 각 처분은 위법하다는 결론을 내렸다.[2)]

그리고 설령 「악취방지법」상의 악취배출시설 설치운영신고를 수리를 요하는 신고에 해당한다고 보더라도, 「악취방지법 시행규칙」 제9조 제2, 3항의 문언과 체계를 비롯한 여러 사정들과 (구) 대기환경보전법령 하에서 악취유발시설이 규율된 체계, 신설된 악취방지법 제정의 취지와 배경, 악취배출시설 설치운영신고에 관한 실무규정, 악취발생에 대응하는 사후 제재 규정 등을 종합하여 볼 때, 경기도지사로부터 대기오염물질배출시설 설치 허가를 받은 원고로서는 「악취방지법 시행규칙」 제9조 제2항에 따라 그 허가신청서의 제출로 악취배출시설의 설치운영신고서 제출이 갈음되었고, 경기도지사의 대기오염물질배출시설 설치허가로 그 악취배출시설 설치운영신고가 이미 수리되어 효력이 발생되었다고 보아야 하므로, 피고 행정청은 그 이후 이루어진 이 사건 각 신고를 반려할 수 없다고 보아야 하며 이러한 점에서도 이 사건 각 처분은 위법하다고 판시하였다. 아울러 원심은 나아가 예비적 판단으로서 이 사건 각 신고가 수리를 요하는 신고에 해당한다고 가정하더라도, 여러 증거자료 및 인정할 수 있는 구체적인 사정을 종합하여 볼 때, 이 사건 각 처분이 재량권을 일탈·남용하여 위법하다고 보아야 한다고 판시

---

2) 원심은 해당 판단의 논거로 각주에서 "미신고의 경우 형사처벌 규정(악취방지법 제27조 제1호)이 있는 점 등에 비추어 보면, 이 사건 각 신고를 자기완결적 신고로 보더라도 그에 대한 반려 처분의 처분성을 인정할 수 있다"고 설명하고 있다(대법원 2011. 6. 10. 선고 2010두7321 판결 등 참조).

했다.

결론적으로 이 사건 소 중 이 사건 회신 취소청구 부분은 부적법하므로 각하하고, 이 사건 각 처분의 취소를 구하는 원고의 청구는 이유 있어 이를 인용하여야 한다는 것이 원심의 판단이었다. 이에 따라 원심은 결론을 일부 달리하는 제1심판결의 부당성을 지적하면서, 원고의 항소를 일부 받아들여 제1심판결 중 이 사건 각 처분의 취소를 구하는 원고 패소 부분을 취소하고, 이 사건 각 처분을 모두 취소하며, 원고의 나머지 항소를 기각한다고 결정하였다.

다. 대법원

1) 「악취방지법」상 악취배출시설 설치·운영신고 수리를 위한 심사권한 주체

대법원은 다음과 같은 이유에서 대도시의 장 등 관할 행정청이 악취배출시설 설치·운영신고의 수리 여부를 심사할 권한이 있다고 보는 것이 타당하다고 판단하였다.

① 악취방지법 제8조의2 제1항에 따르면, 악취관리지역 이외의 지역에 설치된 악취배출시설이 신고대상으로 지정·고시되기 위해서는 해당 악취배출시설과 관련하여 악취 관련 민원이 1년 이상 지속되고 복합악취나 지정악취물이 3회 이상 배출허용기준을 초과하는 경우이어야 한다. 즉, 신고대상 악취배출시설로 지정·고시되었다는 것은 이미 생활환경에 피해가 발생하였다는 것을 의미한다. 이 경우 신고대상으로 지정·고시된 악취배출시설의 운영자가 제출하는 악취방지계획이 적정한지를 사전에 검토할 필요성이 크다. ② 악취방지법 제8조의2 제1항, 제2항, 제3항에 따르면, 신고대상 악취배출시설로 지정·고시되면 해당 악

취배출시설을 운영하는 자는 환경부령이 정하는 바에 따라 대도시의 장 등에게 신고를 해야 하는데, 그때 악취방지계획도 함께 수립·제출해야 한다. 악취방지법 제8조의2 제2항의 위임에 따른 악취방지법 시행규칙 제9조 제1항에 의하면, 악취배출시설의 설치 · 운영신고를 하려는 자는 사업장 배치도, 악취배출시설의 설치명세서 및 공정도, 악취물질의 종류, 농도 및 발생량을 예측한 명세서, 악취방지계획서, 악취방지시설의 연간 유지 · 관리계획서 등을 첨부한 [별지 제2호 서식]의 악취배출시설 설치 · 운영신고서를 제출해야 하는데, 같은 시행규칙 제11조 제1항 [별표 4]에 따르면, 악취방지계획에는 악취를 제거할 수 있는 가장 적절한 조치를 포함해야 하고, [별지 제2호 서식]에서는 악취배출시설 설치·운영신고가 '신고서 작성 → 접수 → 검토 → 결재 → 확인증 발급'의 절차를 거쳐 처리된다고 밝히고 있다. 따라서 악취방지법령에 따라 악취배출시설 설치·운영신고를 받은 관할 행정청은 신고서와 함께 제출된 악취방지계획상의 악취방지조치가 적절한지를 검토할 권한을 갖고 있다. ③ 또 다른 신고대상 악취배출시설 지정권자인 시·도지사의 권한의 위임에 관하여 규정한 악취방지법 제24조 제2항의 위임에 따른 악취방지법 시행령 제9조 제3항은 "시 · 도지사는 법 제24조 제2항에 따라 다음 각호의 권한을 시장 · 군수 · 구청장에게 위임한다."라고 규정하면서, 제1호에서 '법 제8조 제1항에 따른 악취배출시설의 설치신고·변경신고의 수리', 제4호에서 '법 제8조의2 제2항에 따른 악취배출시설의 운영·변경신고의 수리'를 각각 들고 있는데, 이는 악취배출시설 설치·운영신고를 받은 관할 행정청에 신고의 수리 여부를 심사할 권한이 있음을 전제로 한 것이다.

2) 대기오염물질배출시설 설치허가와 악취배출시설 설치·운영 신고와의 관계

대법원은 악취배출시설 설치·운영신고의 수리와 관련하여 「대기환경보전법」에 따른 대기오염물질배출시설 설치허가를 받았다고 하더라도 되어 그 효력이 발생한다고 볼 수 없다고 판단하였다. 그 판단 이유는 세 가지를 제시하고 있는 바, 우선 첫째로 대법원은 “인허가의제 제도는 관련 인허가 행정청의 권한을 제한하거나 박탈하는 효과를 가진다는 점에서 법률 또는 법률의 위임에 따른 법규명령의 근거가 있어야 한다”는 점을 대전제로, 이에 비추어 볼 때 대기환경보전법령에서 대기오염물질배출시설 설치허가를 받으면 악취배출시설 설치·운영신고가 수리된 것으로 의제하는 규정을 명시하고 있지 않다는 점에 주목하는 한편, 그 밖에도 악취방지법 제24조에서 권한의 위임에 관한 사항을 정하면서 대도시의 장의 권한에 관하여는 아무런 규정을 두고 있지 않은 점, 악취방지법 제8조의2 제2항은 신고할 사항과 방법에 관하여만 환경부령으로 정하도록 위임하였을 뿐 대도시의 장이 부여받은 악취배출시설 설치·운영신고의 수리 여부를 심사할 권한까지 환경부령으로 제한할 수 있도록 위임하고 있지는 않은 점 등을 제시하였다.

또한 본 판단의 두 번째 이유로, 대기오염물질배출시설 설치허가로 악취배출시설 설치·운영신고가 수리된 것으로 의제하면, 신고대상 악취배출시설 지정권자와 신고의 수리 여부 심사권한자가 분리되는 상황이 발생하게 된다는 점을 들어서, 이러한 지점이 인구 50만 이상의 대도시의 장에게 악취관리지역 지정 및 해제, 악취관리지역 이외의 지역에서의 신고대상 악취배출시설의 지정 등의 권한을 부여함으로써 지역여건에 맞는 악취관리가 이루어지도록 한 악취방지법의 입법 취지에도 반한다는 부분을 언급하고 있다.

마지막으로, 「악취방지법 시행규칙」 제9조 제2항, 제3항에 의하면, 대도시의 장에게 악취배출시설 설치·운영신고에 관하여 수리 여부를 심사할 권한이 있다는 해석이 충분히 가능하고, 이에 의하면 시·도지사로부터 대기오염물질배출시설 설치허가 사실을 통보받은 대도시의 장은 악취배출시설 설치·운영신고로써 적합한지를 심사하여 악취배출시설 설치·운영신고 확인증을 발급해야 할 의무가 명시되어 있다는 점을 핵심적 논거로 밝히고 있다. 이러한 대법원의 판단에 대한 구체적인 논거는 이하에서 보다 자세하게 살펴보도록 하겠다.

3) 악취배출시설 설치·운영신고 수리 여부 심사의 재량권 범위와 법원의 심사방법

대법원은 악취방지계획의 적정 여부 판단에 관하여 행정청의 광범위한 재량권이 인정되는지 여부와 이때 법원이 행정청의 재량권 일탈·남용 여부를 심사하는 방법에 대해서도 판단하였다. 전자의 경우 악취방지계획이 악취배출시설 설치·운영신고의 수리 여부를 좌지우지하는 결정적인 요소라는 점에서 이러한 악취방지계획의 적정 여부 판단에 대한 행정청의 재량권의 문제는 결국 악취배출시설 설치·운영신고의 수리 여부를 심사하는 행정청의 재량권의 문제라고 보는 것이 타당하다. 이와 관련하여 대법원은 "환경정책기본법 제1조, 제3조, 제6조의2, 제8조 제1항, 제2항, 제12조 제1항, 제2항과 악취방지법 제6조, 제7조 제2항, 제8조 제1항, 제2항, 제8조의2 제1항, 제2항, 악취방지법 시행규칙 제11조 제1항 [별표 4]의 입법 취지, 내용과 체계에 비추어 보면, 행정청은 사람의 건강이나 생활환경에 미치는 영향을 두루 검토하여 악취방지계획의 적정 여부를 판단할 수 있고, 이에 관해서는 행정청의 광범위한 재량권이 인정된다"고 보았다. 그리고 이러한 판단을 전제로 하여 "법원이 악취방지계획의 적정 여부 판단과 관련한 행정청의 재량권 일탈·남용 여부를 심사할 때에는 해당 지역 주민들의 생활환경 등 구체적 지역 상황, 상반되는 이익을 가진 이해관계자들 사이의 권익 균형과 환경권의 보호에 관한 각종 규정의 입법 취지 등을 종합하여 신중하게 판단해야" 하고, "행정청의 재량적 판단은 그 내용이 현저히 합리적이지 않다거나 상반되는 이익이나 가치를 대비해 볼 때 형평이나 비례의 원칙에 뚜렷하게 배치되는 등의 사정이 없는 한 폭넓게 존중될 필요가 있다"고 판시하였다. 대법원의 판단은 결과적으로 악취배출시설 설치·운영신고와 같은 수리를 요하는 신고에 있어서 그 수리 여부에 대한 행정청의 재량권은 매우 광범위하며 따라서 이에 대한 사법부의 심사 또한 행정청의 신고 수리 여부의 심사권에 대한 행정청의 재량권을 최대한 존중하여 제한적으로 이루어질 필요가 있다는 결론에 이르게 된다.

Ⅲ. 원심과 대법원의 각각 다른 결론에 대한 원인 분석

이처럼 본 사건에서 원심과 대법원은 각기 다른 결론에 이르렀다. 그리고 이에 대한 원인은 무엇보다도 이 사건 처분의 근거가 된 「악취방지법」 등 유관 법령상 규율에 기인한 바가 크다고 할 수 있다. 이하에서는 이러한 문제의식을 기반으로 「악취방지법」 등 유관 법령의 규율체계·내용·한계 등을 분석함으로써 원심과 대법원 판결에 대한 평가의 토대를 마련하고자 한다.

1. 「악취방지법」상 악취배출시설의 설치·운영 신고 관련 규정의 해석

가. 「악취방지법」의 제정 목적 · 규율 체계

「악취방지법」은 "사업활동 등으로 인하여 발생하는 악취를 방지함으로써 국민이 건강하고 쾌적한 환경에서 생활할 수 있게 함”(제1조)을 목적으로 2004. 2. 9. 법률 제7170호로 제정되어 2005. 2. 10.부터 시행되어 온 대기오염 분야의 대표적인 법률 중 하나이다. 본 법률은 제정 당시 “악취는 일반적인 대기오염과는 달리 그 원인물질이 다양하고 복합적으로 국지적·순간적으로 발생·소멸하는 특성이 있으므로 현행 대기환경보전법에 따른 대기오염 관리 차원에서 관리하고 있는 악취를 그 특성에 맞도록 체계적으로 관리하려는 것”이 제정 이유임을 밝히고 있는바,[3] 법률 제정 시점에서부터 이미 「대기환경보전법」과의 규율 관계가 중요한 이슈이었다는 점을 알 수 있다. 그도 그럴 것이 「악취방지법」이 2004년 제정되기 전에는 악취에 관한 국가 차원에서의 대응에 관한 사항이 「대기환경보전법」에 규정되어 있었기 때문이다.

제정 당시의 (구) 「악취방지법」은 “악취”의 개념을 “황화수소·메르캅탄류·아민류 그 밖에 자극성이 있는 기체상태의 물질이 사람의 후각을 자극하여 불쾌감과 혐오감을 주는 냄새”로 정의하고(제2조제1호), 이러한 악취의 원인이 되는 물질로서 환경부령으로 정하는 것을 “지정악취물질”(제2조제2호)로, “악취를 유발하는 시설·기계·기구 그 밖의 것으로서 환경부장관이 관계 중앙행정기관의 장과 협의하여 환경부령으로 정하는 것”(제2조제3호)을 “악취배출시설”로 각각 정의한 다음, 악취방지시책 추진에 관한 국가·지방자치단체 등의 책무(제3조)와 악취실태조사(제4조) 등에 관한 사항을 총칙에 포함하는 한편, 크게 사업장 악취의 규제에 관한 부분(제2장)과 생활악취의 방지(제3장)에 관한 부분으로 나누어 악취방지를 위한 행정상 규제에 관한 사항을 규정하였다.

3) 악취방지법(법률 제7170호) 제정이유, 대한민국 관보 제15615호, 2004. 2. 9. 116~117면.

나. 「악취방지법」상 악취배출시설의 설치·운영 신고 관련 규율 연혁

2004년 「악취방지법」 제정 당시에 악취배출시설 설치 관련 진입규제는 시·도지사가 주민의 생활환경을 보전하기 위하여 사업장에서 배출되는 악취를 규제할 필요가 있다고 인정되는 지역인 악취관리지역을 전제로, 이러한 악취관리지역 안의 사업장에 악취배출시설을 설치하고자 하는 자에 부과된 신고제로 법적으로 설계되었다. 이에 따라 악취배출시설의 신고 또는 변경신고를 하는 자는 당해 시설에서 배출되는 악취가 「악취방지법」 제7조의 규정에 따른 배출허용기준[4] 이하로 배출될 수 있도록 악취방지시설의 설치 등 악취를 방지할 수 있는 계획(이하 "악취방지계획")을 수립하여 그 신고 시에 함께 제출하여야 할 의무가 부여되었다(제8조). 악취배출시설의 신고 또는 변경신고를 한 자는 악취방지계획에 따라 당해 악취배출시설의 가동 전에 악취방지에 필요한 조치를 하여야 할 의무가 추가로 있었고, 또 한편으로 악취관리지역을 지정·고시할 당시 당해 지역에서 악취배출시설을 운영하고 있는 자는 그

---

4) (구) 「악취방지법」(법률 제7170호, 2004. 2. 9., 제정, 2005. 2. 10. 시행) 제7조 (배출허용기준) ① 악취관리지역안의 사업장에서 배출되는 악취의 배출허용기준은 환경부장관이 관계 중앙행정기관의 장과 협의하여 환경부령으로 정한다.
② 특별시·광역시 또는 도(이하 "시·도"라 한다)는 제1항의 규정에 따른 배출허용기준으로는 주민의 생활환경을 보전하기 어렵다고 인정되는 경우에는 환경부령이 정하는 범위 안에서 조례로 제1항의 규정에 따른 배출허용기준보다 엄격한 배출허용기준을 정할 수 있다.
③ 시·도는 제2항의 규정에 따라 엄격한 배출허용기준을 정하고자 하는 때에는 환경부령이 정하는 바에 따라 이해관계인의 의견을 들어야 한다.
④ 시·도지사는 제2항의 규정에 따라 배출허용기준을 정하거나 변경한 때에는 이를 지체 없이 환경부장관에게 보고하여야 한다.
⑤ 시장·군수·구청장은 주민의 생활환경을 보전하기 위하여 필요하다고 인정하는 경우에는 당해 관할구역 안에 있는 악취관리지역에 대하여 시·도에 제2항의 규정에 따른 엄격한 배출허용기준을 정하여 줄 것을 요청할 수 있다.

고시된 날부터 6월 이내에 악취배출시설의 신고와 함께 악취방지계획을 제출하고, 그 고시된 날부터 1년 이내에 악취방지계획에 따라 악취방지에 필요한 조치를 하여야 할 의무가 명시되었다.[5] 동 조항은 이하에서 다시 검토하게 될 「대기환경보전법」상의 악취 관련 규제가 생활악취시설에 대한 진입규제를 전혀 설정하지 않고 이미 해당 시설을 소유 또는 관리하고 있는 자의 1차적 자율적 조치에 오로지 의존하고 있었던 한계를 벗어났다는 점에서 환경법 규제 차원에서 분명 긍정적인 의의가 있다고 평가할 수 있다. 그러나 이러한 초기의 「악취방지법」은 악취관리지역이 시·도지사의 지정을 전제로 한 일종의 구역 규제(Zone Regulation)의 규율방식을 채택함으로써 해당 구역에 포함되지 않는 곳에 대해서는 사실상 악취규제를 방임하였다는 점에서 본질적으로 필연적 한계를 노정하고 있었다.

이후, 악취관리지역 외의 지역에서도 악취배출시설로 인한 민원이 끊임없이 제기되고 그 증가추세가 심상치 않으며,[6] 무엇보다도 해당 지역이 악취관리지역으로 지정되지 아니하여 주민의 건강과 생활환경에 피해를 주는 문제점이 발생하고 있다는 지적에 따라 악취관리지역 외의 지역의 악취배출시설로서 시·도지사 또는 대도시의 장이 고시하는 시설을 운영하는 자는 시·도지사 또는 대도시의 장에게 신고를 하도록 의무화하는 조항이 2010년 「악취방지법」 법률 제10031호 일부개정을 통하여 도입되기에 이르렀다.[7] 「악취방지법」 제8조의2에 신설된 이와

5) 「악취방지법」은 수범자의 규제부담을 고려하여 제정 당시의 본 법률 제8조제4항 단서조항을 통하여 “그 조치에 특수한 기술이 필요한 경우 등 대통령령이 정하는 사유에 해당하는 경우에는 시·도지사의 승인을 얻어 6월 이내의 범위에서 그 조치기간을 연장할 수 있다”고 규정하였다. 동 조항은 현행 「악취방지법」에서도 그대로 유지되고 있다.

6) 국회 환경노동위원회 수석전문위원, 악취방지법 일부개정법률안 검토보고서, 2009. 12, 5~6면.

7) 악취방지법(법률 제10031호) 개정이유, 대한민국 관보 제17189호, 2010. 2. 4.

같은 규율은, "악취관리지역 외의 지역에 설치된 악취배출시설로서 악취 관련 민원이 1년 이상 지속되고, 지정악취물질이 3회 이상 배출허용기준을 초과하여 시·도지사 또는 대도시의 장이 지정·고시한 시설을 운영하는 자는 시·도지사 또는 대도시의 장에게 신고하고 악취방지계획을 수립하여 신고 시에 제출"하도록 명시하고 있고, 이는 현행 「악취방지법」에서도 고스란히 유지되고 있다.[8]

다. 「악취방지법」상 악취배출시설의 설치·운영 신고 관련 규율 내용

본 사건에 적용된 「악취방지법」(2021. 1. 5. 법률 제17845호로 개정되기 전의 법률, 이하 동일함) 제8조의2는 악취관리지역 외의 지역에서의 악취배출시설 신고 등에 관한 사항을 규정하고 있다. 이에 의하면 앞서 확인한 것처럼 시·도지사 또는 대도시의 장이 악취관리지역 외의 지역에 설치된 악취배출시설과 관련하여 일정한 요건을 충족하는 경우 해당 악취배출시설을 신고대상시설로 지정·고시할 수 있고(제8조의2제1항), 이에 따라 지정、고시된 악취배출시설을 운영하는 자는 그 지정·고시된 날부터 6개월 이내에 환경부령으로 정하는 바에 따라 시·도지사 또는 대도시의 장에게 신고(변경신고 포함)하여야 한다. 악취배출시설의 운영을 신고하는 자는 악취방지계획을 수립하여 신고할 때 함께 제출하여야 하며, 해당 악취배출시설이 신고대상시설로 지정·고시된 날부터 1년 이내에 악취방지계획에 따라 악취방지에 필요한 조치를 하여야 한다(제8조의2제3항 본문). 이때 그 조치에 특수한 기술이 필요한 경우 등 대통령령으로 정하는 사유에 해당하는 경우에는 시·도지사 또는 대도시의 장의 승인을 받아 6개월의 범위에서 조치기간을 연장할 수 있으며

272~273면.

8) 국회 환경노동위원회 수석전문위원, 악취방지법 일부개정법률안 검토보고서, 2009. 12, 3면.

(제8조의2제3항 단서), 시장·군수·구청장은 주민의 생활환경을 보전하기 위하여 필요한 경우에는 시·도지사에게 특정 악취배출시설을 신고대상 시설로 지정·고시를 하여 줄 것을 요청할 수 있다(제8조의2제4항). 이처럼 「악취방지법」 제8조의2에 따른 악취관리지역 외의 지역에서의 악취배출시설 신고 등의 의무는, 앞서 살펴본 것처럼 같은 법 제8조에 따른 악취관리지역에 악취배출시설을 설치하려는 경우의 신고(변경신고 포함) 의무(제8조제1항)와 악취관리지역을 지정·고시할 당시 해당 지역에서 악취배출시설을 운영하고 있는 경우에 그 고시된 날부터 6개월 이내에 이행하여야 하는 신고 의무(제8조제5항)와 더불어 악취배출시설에 대한 설치·운영 규제의 핵심을 이루고 있다.

한편 「악취방지법 시행령」(2020. 3. 3. 대통령령 제30505호로 일부개정 개정되기 전의 대통령령, 이하 동일함)에서는 악취배출시설의 설치·운영신고와 관련하여 특별한 규율 사항이 보이지는 않으며, 다만 신고대상 악취배출시설 지정권자인 시·도지사의 권한의 위임 사항과 관련하여 "법 제8조제1항에 따른 악취배출시설의 설치신고·변경신고의 수리"(제9조제3항제1호)에 관한 권한과 "법 제8조의2제2항에 따른 악취배출시설의 운영·변경신고의 수리"에 관한 권한을 시장·군수·구청장에 위임하는 법령상 근거를 명시하고 있다(제9조제3항제4호). 「악취방지법」 제8조의2에 따른 또 다른 소관 행정청인 대도시의 장의 권한 위임에 대해서는 명문의 규정이 없지만, 대법원은 동 조항이 악취배출시설 설치·운영신고를 받은 관할 행정청에 신고의 수리 여부를 심사할 권한이 있음을 전제로 하고 있다는 점에 주목하여 해당 신고를 수리를 요하는 신고로 보는 논거로 삼고 있다.

「악취방지법」은 악취배출시설의 설치·운영 신고와 관련한 구체적 사항을 환경부령으로 직접 위임하고 있다. 「악취방지법 시행규칙」(2020.

3. 3. 환경부령 제856호로 일부개정 되기 전의 환경부령, 이하 동일함) 제9조에 의하면, 우선 악취배출시설의 설치신고 또는 운영신고를 하려는 자는 별지 제2호서식의 악취배출시설 설치·운영신고서(전자문서로 된 신고서를 포함)에 ① 사업장 배치도 1부, ② 악취배출시설의 설치명세서 및 공정도(工程圖) 1부, ③ 악취물질의 종류, 농도 및 발생량을 예측한 명세서 1부, ④ 악취방지계획서 1부, ⑤ 악취방지시설의 연간 유지·관리계획서 1부를 첨부하여 특별자치시장, 특별자치도지사, 대도시의 장 또는 시장(특별자치시장, 대도시의 장은 제외한다. 이하 같다)·군수·구청장(자치구의 구청장을 말한다. 이하 같다)에게 제출하여야 한다(제1항). 그리고 이러한 악취배출시설의 설치、운영 신고의 원칙적 규율에 대한 예외를 「악취방지법 시행규칙」 제9조제2항에서 명시하고 있는바, 이에 의하면 "제1항에도 불구하고 악취배출시설에 대하여 「대기환경보전법」 제23조에 따른 대기오염물질배출시설 설치 허가신청 또는 신고를 하거나 같은 법 제44조에 따른 휘발성유기화합물 배출시설 설치신고를 한 경우에는 그 허가신청서 또는 신고서의 제출로 제1항에 따른 신고서 제출을 갈음할 수 있다."고 하여 대기오염물질배출시설 설치 등의 허가신청서 또는 신고서를 제출하면 악취배출시설의 설치·운영 신고서를 제출한 것으로 간주하는 명시적인 규정을 두고 있다. 아울러 "허가신청서 또는 신고서를 받은 시·도지사는 허가를 하거나 신고를 수리하였을 때에는 관할 대도시의 장 또는 시장·군수·구청장에게 이를 통보하여야 한다"(제9조제2항 단서)고 명시하여 시·도지사 외에 악취배출시설의 설치·운영 신고에 관한 권한을 보유하고 있는 대도시의 장 또는 시장·군수·구청장과의 법 적용 관계를 밝히고 있다. 더 나아가 "특별자치시장, 특별자치도지사, 대도시의 장 또는 시장·군수·구청장은 제1항에 따른 신고를 수리하거나 제2항에 따른 통보를 받았을 때에는 별지 제3호서식의 악취배출시설 설치·운영신고 확인증을 발급하여야 한다."(제9조제3항)고 명시함으로써 「대기환경보전법」에 따른 대기오염물질배출시설 설치 등의

허가를 받거나 신고를 수리하게 되면 「악취방지법」에 따른 악취배출시설의 설치·운영 신고도 사실상 그 법적 효력을 발생하는 것으로 규정하고 있다. 이는 특히 본 사건과 같이 시·도지사가 관할 대도시의 장 등에게 대기오염물질배출시설 설치 등의 허가를 한 경우에 미치는 파장이 더욱 크다고 할 것인바, 동일한 행정주체가 아닌 다른 행정주체 간에 각각 보유하고 있는 권한이 시행규칙상의 서류 제출 갈음 규정을 통하여 제한 내지 박탈당하는 결과가 발생하기 때문이다.

원심의 경우 이러한 「악취방지법 시행규칙」 제9조제2항을 핵심적 논거로 하여 악취방지법상의 악취배출시설 설치운영신고는 수리를 요하지 않는 자기완결적 신고에 해당한다고 보아야 하므로 신고에 필요한 형식적 요건을 갖추어 이루어진 이 사건 각 신고는 피고에게 접수된 때 신고의 효력이 발생하였다고 할 것이므로, 이 사건 각 신고의 수리를 반려한 이 사건 각 처분은 위법하다고 보았다. 반대로 설령 악취방지법상의 악취배출시설 설치운영신고를 수리를 요하는 신고에 해당한다고 보더라도, 경기도지사로부터 대기오염물질배출시설 설치 허가를 받은 원고로서는 「악취방지법 시행규칙」 제9조 제2항에 따라 그 허가신청서의 제출로 악취배출시설의 설치운영신고서 제출이 갈음되었고, 경기도지사의 대기오염물질배출시설 설치 허가로 그 악취배출시설 설치운영신고가 이미 수리되어 효력이 발생되었다고 보아야 하므로, 행정청이 그 이후 이루어진 이 사건 각 신고를 반려할 수 없다고 보아야 하므로 이러한 점에서도 이 사건 각 처분은 위법하다고 판단하였다. 즉 악취방지법상의 악취배출시설 설치운영신고가 수리를 요하지 않는 신고(자기완결적 신고)에 해당하든지 아니면 수리를 요하는 신고(행정요건적 신고)에 해당하든지 간에 「악취방지법 시행규칙」 제9조제2항에 따른 규율을 충족하는 원고의 악취배출시설설치신고를 반려하는 것은 위법하다는 것이다.

반대로 대법원은 신고자가 제출해야 하는 악취배출시설 설치·운영신고서의 서식에서 악취배출시설 설치·운영신고가 '신고서 작성→접수→검토→결재→확인증 발급'의 절차를 거쳐 처리된다고 밝히고 있는 점, 신고서와 함께 제출해야 하는 악취방지계획서에 포함되어야 할 사항을 규정하고 있는 「악취방지법 시행규칙」 별표 4에서 악취를 제거할 수 있는 가장 적절한 일련의 조치를 포함하도록 명시하고 있으므로 이에 대한 준수 여부를 행정청이 악취배출시설 설치·운영신고 수리 여부를 판단하는 과정에서 반드시 검토하여야 할 필요가 있다는 점 등을 들어 악취배출시설 설치·운영신고가 수리를 요하는 신고에 해당한다는 결론을 내리고, 대도시의 장이 악취방지법령에 의거하여 이러한 악취배출시설 설치·운영신고의 수리 여부를 판단할 수 있는 광범위한 심사권한이 있다는 판단을 하였다.

라. 소 결

「악취방지법」은 2021년 법률 제17845호 일부개정을 통하여 악취관리지역에 악취배출시설을 설치하거나 변경하려는 경우의 신고와 악취관리지역 외의 지역의 악취배출시설이 신고대상시설이 되는 경우의 신고가 수리가 필요한 신고임을 명시하는 내용을 새로이 도입하였다. 즉 동 법 제8조 '악취관리지역의 악취배출시설 설치신고 등'에 관한 조항에 "시·도지사 또는 대도시의 장은 제1항 또는 제5항에 따른 신고 또는 변경신고를 받은 경우 그 내용을 검토하여 이 법에 적합하면 신고를 수리하여야 한다."(제6항)고 명시하는 한편, 역시 같은 법 제8조의2 "악취관리지역 외의 지역에서의 악취배출시설 신고 등"에 관한 조항에 "시·도지사 또는 대도시의 장은 제2항에 따른 신고 또는 변경신고를 받은 경우 그 내용을 검토하여 이 법에 적합하면 신고를 수리하여야 한다." 고 명시하였다. 물론 문제가 된 이 사건 이후에 새로이 마련된 조항이기 때문에 본 사건에서의 원심과 대법원 각각의 판단을 평가하는 절대적 준거가 될 수는 없다. 다만 법령에서 다루는 신고제의 법적 성격에 관한 이와 같은 명확한 규율이 존재하였다면 법의 해석 및 적용이 훨씬 더 간명하고 용이하게 이루어졌을 것이다.

「악취방지법」상 악취배출시설의 설치·운영 신고에 대한 법적 성격이 법률 단계에서 명확하게 제시되지 않았기에 그만큼 하위법령상의 규율이 가지는 의미가 커질 수밖에 없는 부분이 있었다.[9] 그리고 그중에서 가장 큰 의미를 가지는 조항은 앞서 살펴본 것처럼 악취배출시설의 설치·운영 신고 시에 제출해야 하는 신고서의 양식과 첨부 서류에 관한 사항을 규정하고 있는 「악취방지법 시행규칙」 제9조였다. 앞서 살펴본 것처럼 동 조항은 악취배출시설의 신고자가 제출해야 하는 서류 관련 사항을 규정하고 있다는 단순한 의미를 넘어서서 악취배출시설의 설치·운영 신고의 법적 성격을 규명함에 있어서 중대한 해석지표로 활용되고 있음에 유의하여야 할 것이다. 결과적으로 악취배출시설 설치·운영신고의 법적 성격을 규명함에 있어서 대법원의 경우 「악취방지법 시행규칙」 제9조제1항에서 요구하고 있는 신고서 서식에 포함된 내용과 첨부 서류 중 악취방지계획의 의미에 대해 더 초점을 둔 반면, 원심의 경우는 「악취방지법 시행규칙」 제9조제2항 및 제3항에 더 큰 방점을 두고 「대기환경보전법」 제23조에 따른 대기오염물질배출시설 설치 허가신청서의 제출이 악취배출시설 설치·운영신고서의 제출을 갈음하고 경기도지사가 소관 행정청인 대도시의 장에게 대기오염물질배출시설

9) 물론 원심은 「악취방지법 시행규칙」 등의 규정 내용 이외에도 구 대기환경보전법령 하에서 악취유발시설이 규율된 체계, 신설된 악취방지법 제정의 취지와 배경, 악취배출시설 설치운영신고에 관한 실무규정, 악취발생에 대응하는 사후 제재 규정 등에 대한 검토를 토대로 악취방지법상의 악취배출시설 설치운영신고는 수리를 요하지 않는 자기완결적 신고로 판단하였다. 하지만 이들은 악취배출시설 설치운영신고의 성격을 규명하는데 있어 해당 사건에 직접적으로 적용되는 법규인 「악취방지법 시행규칙」 제9조보다 간접적·보완적으로 영향을 미치는 내용들이라는 점에서 가장 핵심적인 논거로 삼기는 어렵다.

허가를 통보하였다면 그에 따라 악취배출시설 설치·운영신고 확인증을 발급하여야 할 의무가 대도시의 장에게 발생한다고 보아 해당 사건의 악취배출시설설치신고반려처분이 위법하다고 본 것이다. 이처럼 「악취방지법 시행규칙」 제9조는 본 사건의 원심과 대법원의 각기 다른 판단의 핵심적인 원인이 되었다고 평가할 수 있다. 동 조항은 앞서 언급한 것처럼 「악취방지법」상 악취배출시설의 설치·운영신고가 모두 수리를 요하는 신고로서의 성격을 가지는 것으로 법률 개정이 이루어졌음에도 불구하고, 여전히 규정내용 그대로 남아있다는 것도 유의하여야 할 지점이다.

2. 「악취방지법」과 관련되는 다른 법령상 규율과의 관계

가. 원심: 「악취방지법」과 「대기환경보전법」 간의 규율 관계 강조

원심은 「악취방지법」이 제정되기 전 악취 관련 규제를 규정하였던 「대기환경보전법」상의 규율이 이 사건과 밀접한 연관성을 가지고 있다고 판단하였다. 이에 따라 원심은 (구) 「대기환경보전법」(2004. 2. 9. 법률 제7170호로 개정되기 전의 법률)을 주요 내용을 면밀히 검토하였다. 우선 (구) 「대기환경보전법」에서는 대기오염물질의 개념을 "대기오염의 원인이 되는 가스·입자상물질 또는 악취물질로서 환경부령으로 정하는 것"으로 정의하여 악취물질을 대기오염물질 중 하나로 자리매김하는 한편 "악취"의 개념을 황화수소·메르캅탄류·아민류 기타 자극성 있는 기체상물질이 사람의 후각을 자극하여 불쾌감과 혐오감을 주는 냄새로 명시하였다(제2조제1호 및 제7호).[10] 이에 따라 악취 문제는 「대기환경보전

10) (구) 「대기환경보전법」에서 정의한 이러한 "악취"의 개념은 「악취방지법」에서도 거의 그대로 유지되고 있다. 다만 "기체상태의 물질"을 요구하고 있었던 기존 "악취"의 개념에 대하여, 악취를 유발하는 물질에 기체상태의 물질 외에도 미세입자들에 흡수、흡착되어 존재하는 물질 등이 있는 것을 반영하기 위하여 기체상태의 물질이라는 문구를 삭제하고 자극성이 있는 모든 물질로 확대하는 「악취방지법」 일부개정

법」에 의한 대기오염물질배출규제의 전체 체계 내에 포섭·규율되면서도 생활악취의 규제에 있어서 특별한 규율을 두는 형태를 취하였다. 즉 (구) 「대기환경보전법」 제29조는 고무·피혁·합성수지류, 폐유류 및 동물의 사체와 그 부산물등 악취를 발생시키는 물질은 환경부령이 정하는 적합한 소각시설에서 소각하여야 할 의무 및 노천소각 금지의무를 명시(제29조)하고 이를 위반하여 악취발생물질을 소각한 자에 대해서는 200만원 이하의 벌금에 처하도록 하였다(제57조제5호). 한편, "악취를 유발하는 시설로서 환경부령이 정하는 시설(이하 "生活惡臭施設"이라 한다)을 소유 또는 관리하는 자는 당해 시설에서 발생하는 악취가 주민의 쾌적한 주거생활에 피해를 미치지 아니하도록 악취제거시설을 설치하는 등 환경부령이 정하는 조치"를 하여야 할 의무가 있음을 명시하고, 생활악취시설을 소유 또는 관리하는 자가 이러한 조치를 하지 아니하거나 그 조치가 적합하지 아니하다고 인정되는 경우 환경부장관 또는 시、도지사로 하여금 대통령령이 정하는 바에 따라 기간을 정하여 당해 시설에서 배출되는 악취를 제거하거나 억제하기 위하여 필요한 조치의 이행 또는 개선을 명할 수 있는 권한을 명시하였다(제30조제1항·제2항). 그리고 이러한 실체적 의무조항을 토대로 하여 "법 제30조제2항의 규정에 의한 조치명령을 이행하지 아니한 자"에 대해서는 200만원 이하의 벌금, "제30조제1항의 규정에 의한 조치를 하지 아니한 자"에 대해서는 100만원 이하의 과태료에 처하도록 하고 그 밖에 이러한 생활악취의 규제대상인 자에 대한 보고 및 검사 등에 관한 규정(제49조)을 명시하였다.

특히 (구) 「대기환경보전법」 제30조에 따른 생활악취에 대한 규제의 사항을 구체화였던 같은 법 시행령[11]에 의하면 "환경부장관 또는 시

(법률 제11911호, 2013. 7. 16., 일부개정, 2013. 7. 16. 시행)이 이루어진 바 있다.
11) 「대기환경보전법 시행령」(대통령령 제18312호, 2004. 3. 17., 타법개정, 2004. 3. 17.

·도지사는 법 제30조제2항의 규정에 의한 조치의 이행 또는 개선을 명하는 때에는 악취의 제거 또는 억제 조치에 필요한 기간 등을 감안하여 6월의 범위내에서 개선기간을 정하여야"(제39조의2제1항) 하며, "법 제30조제2항의 규정에 의한 명령을 받은 자는 그 명령을 받은 날부터 15일 이내에 개선계획서를 환경부령이 정하는 바에 따라 환경부장관 또는 시·도지사에게 제출하여야"(제39조의3제1항 본문) 할 의무가 있음을 규정하였다. 또한 (구) 「대기환경보전법」 제30조제1항의 위임에 따라 생활악취시설의 범위와 생활악취시설을 소유 또는 관리하는 자가 조치하여야 하는 사항에 대해서 「대기환경보전법 시행규칙[12]」 제66조 및 별표 19·별표 19의2에서 각각 세부적 사항을 규정해 두고 있었다. 이중에서도 생활악취시설의 소유자 또는 관리자가 수행하여야 하는 구체적인 조치사항으로는 연소에 의한 시설·흡수에 의한 시설·흡착에 의한 시설·촉매반응을 이용하는 시설·응축에 의한 시설·오존산화에 의한 시설·미생물을 이용한 시설 등과 같은 악취제거시설의 설치(제1호), 소취제·탈취제 또는 방향제의 살포를 통한 악취의 제거(제2호), 기타 보관시설의 밀폐, 부유상 덮개 또는 상부덮개의 설치, 물청소 등을 통한 악취억제조치(제3호)를 명시하고 있다.

이처럼 (구) 「대기환경보전법」은 악취물질을 대기오염물질 내에 포섭하여 대기오염물질배출규제를 일반적으로 적용하면서도, 생활환경상의 악취 문제에 대한 대응으로서 허가나 신고 등과 같은 별도의 진입규제체계를 설정하는 대신, 이른바 생활악취시설의 소유자·점유자가 본법 시행규칙 별표 8 제3호에 따른 악취배출허용기준을 준수하기 위하여 요구되는 일정한 조치를 취하기만 하면 해당 시설의 운영에 별다른 지

시행).

12) 「대기환경보전법 시행규칙」(환경부령 제166호, 2004. 12. 31., 일부개정, 2005. 1. 1. 시행).

장이 없도록 하고 반대로 조치의 불이행 또는 부적합시에는 환경부장관 또는 시·도지사에 의한 조치이행·개선명령을 통하여 당해 시설에서 배출되는 악취를 제거하거나 억제하도록 함으로써 규제수범자에 의한 자율규제에 방점을 두는 체계로 구성하였다는 것을 법제도상의 특징으로 한다고 원심은 보았다. 즉 원심은 이와 같은 생활악취시설의 소유자·점유자의 자율적 조치를 전제로 한 (구)「대기환경보전법」상의 규율체계에 주목한 것으로 판단된다.

더 나아가 원심은 「악취방지법」상의 악취배출시설 설치운영신고를 수리를 요하는 신고에 해당한다고 가정하더라도 해당 신고에 대한 반려처분이 위법하다는 논증을 진행하는 과정에서, 환경부가 발간한 2004년도 환경백서를 근거로, 악취발생의 주요 원인이 암모니아, 메틸메르캅탄, 황화수소, 황화메틸(다이메틸설파이드), 이황화메틸(다이메틸다이설파이드), 트라이메틸아민, 아세트알데하이드, 스틸렌 등 8개의 물질인데, 위 물질이 「악취방지법」제정 이전부터 현재까지 「대기환경보전법 시행규칙」제2조 및 [별표 1]이 규정하는 대기오염물질에 포함되어 있으며, 「악취방지법」제정 이후에는 같은 법 시행규칙 제2조 및 [별표 1]의 지정악취물질로도 규정되어 있는 점, 「대기환경보전법 시행령」제11조 제3항이 규정하고 있는 대기오염물질배출시설 설치 허가신청에 필요한 서류(㉠ 원료의 사용량 및 제품 생산량과 오염물질 등의 배출량을 예측한 명세서, ㉡ 배출시설 및 방지시설의 설치명세서, ㉢ 방지시설의 일반도, ㉣ 방지시설의 연간 유지관리 계획서, ㉤ 사용연료의 성분 분석과 황산화물 배출농도 및 배출량 등을 예측한 명세서 등)가 「악취방지법 시행규칙」제9조 제1항 각호가 규정하고 있는 악취배출시설 설치운영신고에 필요한 서류의 내용과 유사하다는 점 등을 강조하고 있다.

원심은 이와 같이 본 사건 처분의 적법성 여부를 심사하는 과정에서 「악취방지법」보다 「대기환경보전법」에 더 신경을 쓰고 있다는 느낌을 주고 있다. 원심이 직접 인용하고 있는 환경부의 2012년 악취관리 업무편람에서, “악취방지법 시행규칙 제9조제3항의 규정은 악취배출시설이 대기오염물질배출시설에 해당하여 대기환경보전법에 따른 설치 허가신청서 또는 설치 신고서의 제출로 악취배출시설의 설치신고를 수리함으로써 중복서류 제출 방지 등 민원인의 편의를 도모하고자 도입한 제도”로 소개되어 있는 것처럼, 원심의 판단이 수범자의 규제불편을 합리적으로 최소화하기 위한 「악취방지법 시행규칙」제9조의 취지를 넘어서서 상위법령인 「악취방지법」의 규율상 기능을 대기환경보전법령에 의하여 제한하는 데까지 이른 것은 아닌지 되짚어 볼 필요가 있어 보인다.

나. 대법원 : 「환경정책기본법」이 개별 환경 관련 법령에 미치는 의의

대법원은 원심만큼 「악취방지법」의 탄생 배경이 되는 (구) 「대기환경보전법」에 대해서 큰 관심이 없어 보인다. 단지 대기오염물질배출시설 설치허가로 악취배출시설 설치·운영신고가 수리된 것으로 간주되었는지 여부를 인허가의제 제도에 관한 법리를 전제로 하여 대기환경보전법령에서 대기오염물질배출시설 설치허가를 받으면 악취배출시설 설치·운영신고가 수리된 것으로 의제하는 규정을 두고 있지 않다는 것을 확인한 다음에는, 「대기환경보전법」상의 규율을 원심처럼 세부적으로 검토하지 않았다.

대신 「환경정책기본법」의 입법 목적이 ‘환경보전에 관한 국민의 권리·의무와 국가의 책무를 명확히 하고 환경정책의 기본 사항을 정하여 환경오염과 환경훼손을 예방하고 환경을 적정하고 지속가능하게 관리·보전함으로써 모든 국민이 건강하고 쾌적한 삶을 누릴 수 있도록 하는 것’(제1조)에 있음을 확인하고, “환경정책에 관한 다른 법령 등을 제정하거나 개정하는 경우에는 이 법의 목적과 기본이념에 부합하도록 하여야 한다."고 명시한 다른 법률과의 관계 조항(제6조의2) 등을 통하여 본 법률이 개별 환경 관련 법령의 기본법적 성격을 가지고 있음을 강조하고 있다. 또한 「환경정책기본법」 제3조에 따르면, 환경은 자연환경은 물론 대기, 물, 토양, 폐기물, 소음·진동, 악취, 일조, 인공조명, 화학물질 등 사람의 일상생활과 관계되는 환경을 의미하는 생활환경도 포함하고, 사업활동 등에 의하여 발생하는 악취 역시 환경오염에 속한다는 점, 「환경정책기본법」이 환경오염의 사전예방 원칙을 천명하면서(제8조제1항), 사업자에게 제품의 제조·판매·유통 및 폐기 등 사업활동의 모든 과정에서 환경오염이 적은 원료를 사용하고 공정을 개선하며, 자원의 절약과 재활용의 촉진 등을 통하여 오염물질의 배출을 원천적으로 줄이고, 제품의 사용 및 폐기로 환경에 미치는 해로운 영향을 최소화하도록 노력할 의무를 부과하고(제8조제2항), 국가는 생태계 또는 인간의 건강에 미치는 영향 등을 고려하여 환경기준을 설정하고, 환경 여건의 변화에 따라 그 적정성이 유지되도록 하여야 할 의무가 있음을 밝히면서(제12조 제1항), 특별시 등은 조례로 국가가 정한 환경기준보다 확대·강화된 지역환경기준을 설정·변경할 수 있다고 규정하고 있다(제12조 제2항)는 점 등을 언급하고 있다. 이러한 「환경정책기본법」의 규율 취지 및 내용 등에 대한 개관을 토대로 「악취방지법」의 입법취지 및 내용·체계 등을 이어서 다루고 있다.

이러한 대법원의 논증 구조는, 「악취방지법」의 유관 법령으로서 「대기환경보전법」을 중점적인 검토대상으로 삼아 그 규율 체계 및 적용 관계 등에 대한 분석 과정을 거침으로써 수범자의 규제부담 문제를 좀 더 우선시하는 것처럼 보이는 원심의 것과 대조적인 것이다. 대법원이 원심의 판단에 대한 반론의 논거로서 「환경정책기본법」을 든 것은, 「악취방지법」의 법적 근간을 이루는 것이 「대기환경보전법」이 아니라 「환경정책기본법」에 있음을 명징하게 보여주기 위한 것은 아니었을까 생각해본다. 기본법의 법적 위상과 기능을 두고 적지 않은 논쟁이 있는 실정에서, 특정 분야 정책의 종합적·거시적 방향성을 제시하고 개별 법령의 해석 방향을 제공하는 기본법의 본래적 기능을 확인할 수 있는 계기를, 본 사건에서 확인해볼 수 있는 것이 흥미롭다. 대법원 판결에서 「환경정책기본법」은 본의 아니게 「대기환경보전법」과 대척점에 서서 환경법이 추구하는 환경 관련 공익적 가치의 실현을 대변하고 있다.

3. 「악취방지법」의 입법 취지와 내용·체계 등에 대한 입장 차이

이 사건 처분의 법적 근거가 되는 「악취방지법」의 입법 취지와 내용·체계 등에 대한 해석 차이도 원심과 대법원 간의 다른 결론의 주요한 원인라고 하겠다. 이는 원심과 대법원의 판단 내용에서 명확하게 드러나는 것은 아니지만 판단의 구체적인 논거를 제시하는 부분을 통하여 은연중에 나타나고 있다.

우선 원심은 앞서 살펴본 것처럼 「악취방지법」의 전신이라고 할 수 있는 (구) 「대기환경보전법」(2004. 2. 9. 법률 제7170호로 개정되기 전의 법률)에서 규정하고 있었던 악취물질규제 관련 규율에 대한 심도 깊은 분석을 통하여 “구 대기환경보전법령의 규율 하에서 이 사건 공장과 같은 화합물 제조업 시설 등 악취를 유발하는 시설은 ‘생활악취시설’로서 그 소유·관리자가 악취제거시설 설치 등의 자율적 조치를 하면 별도의 신고 없이 가동할 수 있었고, 다만 악취제거를 위한 조치가 적합하지 않은 경우에 한하여 사후에 환경부장관 또는 시·도지사가 개선명령 등을 내려 악취 발생을 제거하거나 억제하도록 하였음을 알 수 있다.”고 설시하고 있다. 그리고 이후 악취물질은 일반적인 대기오염과 달리 원인물질이 다양하고 복합적이며 국지적·순간적으로 발생·소멸하는 특성이 있어 그 특성에 맞게 체계적으로 관리할 필요가 있다는 이유로 구 대기환경보전법에서 분리되어 「악취방지법」이 새로 제정되었다고 밝히면서도, 환경부가 발간한 2012년 악취관리 업무편람을 근거로 하여, 악취방지법상의 악취배출시설 설치운영신고는 ㉠ '신고인이 제출한 신고서의 기재사항에 흠이 없고, 필요한 구비서류가 첨부되어 있으며, 기타 법령이 규정한 형식상의 요건에 적합한 신고서가 접수기관에 도달한 때에는 신고의무가 이행된 것으로 간주된다'고 보아 행정청의 심사범위를 형식상 요건 충족 여부로 제한하고 있고, ㉡ 자기완결적 신고를 규정한 행정절차법 제40조가 효력발생의 근거가 되며, ㉢ 신고 시 요구되는 악취방지계획에 대하여는, 악취배출시설에서 배출되는 악취가 악취방지법 제7조의 규정에 따른 배출허용기준 이하로 배출될 수 있도록 사업주 스스로 판단하여 자기 사업장에 적합한 악취방지조치를 할 수 있도록 사업주의 재량과 선택을 존중하고 있다는 점을 지적하고 있다. 이러한 실무규정에 따를 경우 "악취물질이 구 대기환경보전법에서 분리되어 악취방지법으로 새로 규율된 이후 악취유발시설은 악취배출시설 설치운영 신고 대상으로 바뀌기는 하였지만, 이 경우에도 행정청은 신고가 법이 정한 형식상 요건을 충족하였는지 여부만 심사할 수 있을 뿐, 사업주 스스로 판단하여 악취방지계획에 포함시킨 조치가 적절한지 여부를 심사할 실체적 권한은 없는 것으로 보인다."는 결론에 이르고 있다. 더 나아가 이 사건 신고가 수리를 요하는 신고에 해당한다는 것을 전제로 한 재량권의 일탈·남용 여부에 대한 예비적 판단에 있어서도 "사업주는 스스로의 판단 하에 악취배출시설에서 배출되는 악취가 악취방지법 제7조 규정에 따른 배출허용기준 이하로 배출될 수 있도록 자기 사업장에 적합한 악취방지조치를 할 수 있는바, 악취방지법은 사업주의 선택을 존중하고 과도한 설치를 요구하지 않도록 하고 있는 점 등에 비추어 보면, 피고가 원고의 설치시설을 전혀 고려하지 않고 전처리 방지시설 등

대책을 요구한 것은 심사 재량을 넘어선 것으로 부당하다.”고 판단함으로써 「악취방지법」이 비록 신고제를 도입하였음에도 불구하고 기존의 (구) 「대기환경보전법」에 따른 악취규제체계의 방향성과 맥락을 같이 하면서 원칙적으로 규제수범자인 사업주의 자율적 판단을 우선시하는 법제라는 시각을 제시하고 있다.

반면 대법원은 「대기환경보전법」에 따른 대기오염물질배출시설 설치허가로 악취배출시설 설치·운영신고가 수리된 것으로 간주되었는지 여부를 인허가의제의 법리를 통하여 확인하는 과정에서부터, 「대기환경보전법」과 그 입법목적을 달리하는 「악취방지법」의 독자성을 강조하고 있다. 즉 대기환경보전법령에서 대기오염물질배출시설 설치허가를 받으면 악취배출시설 설치·운영신고가 수리된 것으로 의제하는 규정을 두고 있지 않고 있으며 대도시의 장이 부여받은 악취배출시설 설치·운영 신고의 수리 여부를 심사할 권한을 「악취방지법」에서 환경부령으로 제한할 수 있도록 위임하고 있지는 않은 상황에서 “대기오염물질배출시설 설치허가로 악취배출시설 설치·운영신고가 수리된 것으로 의제하면, 신고대상 악취배출시설 지정권자와 신고의 수리 여부 심사권한자가 분리되는 상황이 발생”하게 되며, 이는 “인구 50만 이상의 대도시의 장에게 악취관리지역 지정 및 해제, 악취관리지역 이외의 지역에서의 신고대상 악취배출시설의 지정 등의 권한을 부여함으로써 지역 여건에 맞는 악취관리가 이루어지도록 한 악취방지법의 입법 취지에도 반한다.”고 판단하였다. 그리고 앞서 확인한 것처럼 개별 환경 관련 법령의 기본법적 위상을 가지는 「환경정책기본법」의 규율 내용을 개관한 다음, 이어서 사업활동 등으로 인하여 발생하는 악취를 방지함으로써 국민이 건강하고 쾌적한 환경에서 생활할 수 있게 하기 위한 「악취방지법」의 입법 목적과 더불어 이를 달성하기 위하여 동 법률에서 담고 있는 다양한 규제의 의의와 내용 등을 강조하고 있다. 특히 “악취방지법 제8조, 제8조의2의 위임에 따른 악취방지법 시행규칙 제11조 제1항 [별표 4]는 악취배출시설 설치·운영신고가 수리되기 위한 요건으로 악취방지계획에 같은 별표에 기재된 조치 중 악취를 제거할 수 있는 가장 적절한 조치를 포함하여야 한다고만 규정함으로써 악취제거를 위한 적절한 조치가 무엇인지에 대하여 일률적으로 확정하여 규정하지 않고, 수리권한을 가지는 행정청에 재량판단의 여지를 남겨 두고 있다."고 판단하였다. 이를 기반으로 "환경정책기본법과 악취방지법령의 입법 취지, 내용과 체계에 비추어 보면, 행정청은 사람의 건강이나 생활환경에 미치는 영향을 두루 검토하여 악취방지계획의 적정 여부를 판단할 수 있고, 이에 관해서는 행정청의 광범위한 재량권이 인정된다."는 결론에까지 이르고 있다. 「악취방지법」을, 악취제거를 위한 행정청의 폭넓은 재량판단의 여지를 인정하는 법규로 인식하는 이러한 대법원의 시각은, 동 법률을 원칙적으로 규제수범자인 사업주의 자율적 판단에 중점을 두고 있는 원심의 입장과 그 간극이 상당히 크다고 할 수밖에 없으며, 바로 이러한 해석상의 차이가 종국적으로는 재량권의 일탈·남용 여부에 대한 심사에도 큰 영향을 미친 것이라고 할 수 있다.

Ⅳ. 원심과 대법원 판결에 대한 평가

1. 원심 결정에 대한 평가

가. 원심 결정의 의의

본 사건에서의 원심 결정은 「악취방지법」이 제정되기 전부터 악취규제에 관한 사항을 다루었던 「대기환경보전법」의 주요 규율의 취지와 내용 등을 면밀하게 검토하는 한편 신설된 악취방지법 제정의 취지와 배경, 2012년 환경부 악취관리 업무편람과 같은 악취배출시설 설치운영

신고에 관한 실무규정, 악취발생에 대응하는 사후 제재 규정 등에 대한 종합적인 분석 등을 토대로, 구체적인 법현실에 초점을 두고 「악취방지법」상 악취배출시설의 설치·운영신고의 법적 성격을 규명하고자 했다는 점에서 긍정적인 부분이 분명히 존재한다. 특히 「악취방지법 시행규칙」 제9조제2항·제3항의 규율 내용에 주목하여 「악취방지법」상 악취배출시설의 설치·운영신고의 법적 성격을 수리를 요하지 않는 자기완결적 신고에 해당하는 것으로 판단하는 부분은 종국적으로는 해당 시설의 운영하는 자에게 부과될 수 있는 중복규제의 부담을 합리적으로 최소화하려는 문제의식이 일정 정도 반영된 것으로 보인다. 「악취방지법 시행규칙」 제9조제2항·제3항의 입법 취지를 명확하게 확인하기는 어렵지만, 적어도 그 규율상 내용만을 놓고 볼 때에도 수범자의 서류 제출 의무를 최소화하려는 행정입법상의 의도를 어느 정도 충분히 가늠해 볼 수 있기 때문이고, 원심 또한 이러한 지점을 소홀히 하지 않고 해당 사건에서 문제된 신고제의 법적 성격을 규명하는데 적극적으로 활용하였다는 것에 주목할 필요가 있다. 그리고 이는 앞서 확인한 것처럼 「악취방지법」상 신고 시에 요구되는 악취방지계획과 관련하여 악취배출시설에서 배출되는 악취가 「악취방지법」 제7조의 규정에 따른 배출허용기준 이하로 배출될 수 있도록 사업주 스스로 판단하여 자기 사업장에 적합한 악취방지조치를 할 수 있도록 사업주의 재량과 선택을 존중하고 있다고 판단한 부분에서도 여실히 드러나고 있다. 즉 원심은 「악취방지법」이 '생활악취시설'의 소유·관리자에 의한 악취제거시설 설치 등의 자율적 조치를 전제로 한 (구) 「대기환경보전법」의 맥락 속에서 존재하고 있다고 파악한 것이며, 이러한 지점은 분명 대법원 결정에 비하여 원심이 환경규제로 인한 관련 수범자가 입게 될지 모를 불합리하거나 부당한 규제 부담에 대한 구제에 더 초점을 두었음을 보여주고 있다. 또한 비록 예비적 판단이기는 하나 재량권의 일탈·남용 여부에 대한 심사에 있어서 세부적인 쟁점들을 면밀히 검토하여 원고의 재산권과 영업권 등에 대한 침해 여부를 꼼꼼하게 살펴보고 있는 점도 의미 있는 부분으로 평가할 수 있을 것이다.

나. 원심 결정의 한계

1) 법률유보 원칙에 대한 충분한 고려 미흡

원심 결정의 가장 큰 취약점은 악취배출시설의 설치·운영신고의 법적 성격을 소구하면서 정작 법률인 「악취방지법」보다는 행정입법인 「악취방지법 시행규칙」에 더 집중하였다는 것에 있다. 즉 「악취방지법 시행규칙」 제9조제2항에서 "악취배출시설에 대하여 「대기환경보전법」 제23조에 따른 대기오염물질배출시설 설치 허가신청 또는 신고를 하거나 같은 법 제44조에 따른 휘발성유기화합물 배출시설 설치신고를 한 경우에는 그 허가신청서 또는 신고서의 제출로 제1항에 따른 신고서 제출을 갈음할 수 있다"고 전제하고, 이어서 "이 경우 허가신청서 또는 신고서를 받은 시·도지사는 허가를 하거나 신고를 수리하였을 때에는 관할 대도시의 장 또는 시장·군수·구청장에게 이를 통보하여야 한다."고 명시하는 부분, 특별자치시장, 특별자치도지사, 대도시의 장 또는 시장·군수·구청장이 이러한 통보를 받았을 때에는 별지 제3호서식의 악취배출시설 설치·운영신고 확인증을 발급하여야 한다는 부분 등과 관련하여 이 조항들이 과연 상위법률인 「악취방지법」의 어느 조항의 위임에 따라 규정되고 있는지를 당연히 확인했어야 함에도 불구하고 이에 대한 논증을 원심에서 찾아보기 어렵다. 「악취방지법」 제8조의2제2항은 단지 "지정、고시된 악취배출시설을 운영하는 자는 그 지정、고시된 날부터 6개월 이내에 환경부령으로 정하는 바에 따라 시·도지사 또는 대도시의 장에게 신고하여야 한다."고 규정하고 있을 뿐, 「대기환경보전법」 제23조에 따른 대기오염물질배출시설 설치 허가신청 또는 신고 등과의 적용 관계를 별도로 규정할 수 있는 위임 근거를 명확히 밝히고 있지 않다.

「악취방지법 시행규칙」 제9조제2항·제3항의 규정은 ① 「대기환경보전법」 제23조에 따른 대기오염물질배출시설 설치 허가신청서 제출 → ② 「악취방지법」상 악취배출시설의 설치·운영 신고서 제출 간주 → ③ 허가신청서를 받은 시·도지사가 허가를 한 경우 관할 대도시의 장에 대한 통보 의무 → ④ 통보를 받은 대도시의 장의 악취배출시설 설치·운영신고 확인증 발급 의무의 자동적 발생이라는 일련의 흐름을 명백히 제시하고 있는바, 이는 결국 「대기환경보전법」이라는 다른 법률에 의하여 「악취방지법」상의 핵심적 진입규제가 형해화될 수 있다는 점에서 법률유보의 원칙상 그 법률상 근거가 반드시 요구된다고 보는 것이 타당하다. 원심은 악취배출시설 설치·운영신고의 법적 성격을 법률이 아닌 행정입법을 중심에 놓고 규명하고자 하였다는 점에서 애초부터 본질적인 한계가 노정되었다고 평가할 수 있다.[13)]

2) 「악취방지법」의 독자적인 규율 취지 · 내용 등의 소극적 반영

앞서 살펴본 것처럼 원심 결정은 「대기환경보전법」 제23조에 따른 대기오염물질배출시설 설치 허가신청서의 제출을 통해 악취배출시설 설치·운영 신고서의 제출을 갈음하고, 전자의 허가를 한 사실을 시·도지사가 「악취방지법」상 신고업무의 소관 행정청인 대도시의 장에게 통보한 경우 악취배출시설 설치운영신고 확인증을 신청인에게 발급하여

13) 한편 이 사건 대법원 결정은 “시·도지사로부터 대기오염물질배출시설 설치허가 사실을 통보받은 대도시의 장은 악취배출시설 설치·운영신고로써 적합한지를 심사하여 악취배출시설 설치·운영신고 확인증을 발급해야 하는 것이다.”고 설시하고 있는바, 이러한 해석이 「악취방지법 시행규칙」 제9조제3항의 법문상 도출가능한 해석인지에 대해서는 많은 의문이 남는다. 「악취방지법」의 개정을 통하여 악취배출시설 설치·운영신고가 수리를 요하는 신고로서의 성격을 입법적으로 명확하게 되었다면 이에 수반하여 「악취방지법 시행규칙」 제9조제2항 및 제3항에 대한 정비도 검토해 볼 필요가 있다.

야 한다고 명시한 「악취방지법 시행규칙」 제9조제2항 · 제3항의 규정 내용에 초점을 맞춰 악취방지법상의 악취배출시설 설치 · 운영신고의 법적 성격을 수리를 요하지 않는 신고로 파악하였다. 환경에 유해한 행위에 대해서는 신고제 보다 행정청에 의한 통제가 가능한 허가나 승인 등의 방식으로 규정하는 것이 타당하다는 지적에 따를 경우,[14] 그나마 가장 낮은 단계의 진입규제로 도입되어 있는 신고제의 성격을 자기완결적 신고로 해석하는 것은 사실상 해당 법령에 의한 규제를 방임하는 것과 동일한 결과를 발생시킬 수 있다.

그뿐만 아니라 원심은 「악취방지법」 제정 이전에 악취유발시설 등에 관한 사항을 다루었던 (구) 대기환경보전법령 하에서의 규율 체계가 '생활악취시설'의 소유 · 관리자가 악취제거시설 설치 등의 자율적 조치를 하면 별도의 신고 없이 가동할 수 있었고, 다만 악취제거를 위한 조치가 적합하지 않은 경우에 한하여 사후에 환경부장관 또는 시·도지사가 개선명령 등을 내려 악취 발생을 제거하거나 억제하도록 하는 것을 핵심적 내용으로 하였고, 이러한 규율상 맥락이 이후 새로이 제정된 「악취방지법」에서도 여전히 이어지고 있는 듯한 암시를 주고 있다. 앞서 살펴본 것처럼 "신고 시 요구되는 악취방지계획에 대하여, 악취배출시설에서 배출되는 악취가 악취방지법 제7조의 규정에 따른 배출허용기준 이하로 배출될 수 있도록 사업주 스스로 판단하여 자기 사업장에 적합한 악취방지조치를 할 수 있도록 사업주의 재량과 선택을 존중"하고 있다고 판단한 부분은, 비록 환경부가 발간한 2012년 악취관리 업무편람에 기초한 것으로 밝히고 있지만 결국 규제수범자의 자율적 조치를 우선하였던 (구) 대기환경보전법령상 규율 체계의 특징을 강조한 지점

14) 정남철, "악취배출시설 설치 · 운영신고와 수리(受理) 심사권에 관한 법적 문제 : 대법원 2022. 9. 7. 선고 2020두40327 판결을 중심으로", 『법치국가의 이상과 실제 : 조태제 교수 정년기념논문집』, 2023. 550면.

과 자연스럽게 연결되고 있다. 「악취방지법」 제10조(개선명령), 제11조(조업정지명령) 등의 사후 제재 조항에 대한 법적 성격을 (구) 「대기환경보전법」 제30조제2항이 규정하고 있었던 개선명령 등과 연계하여 분석하고 있는 것도 동일한 맥락이다. 그리고 이러한 원심의 해석 방향이 사실상 본 사건 처분의 직접적인 규범상 근거인 「악취방지법」의 독자적인 규율 취지 및 내용 등을 상당 부분 무력화시킨 것은 아닌지 생각해 볼 필요가 있다. 이 사건 처분의 근거가 되는 법령인 「악취방지법」을 소극적·제한적으로 적용한 것이, 대기환경보전법령에 의한 배출시설의 설치 허가 등의 기존 규제에서 포함되어 있다가 별도로 신설된 「악취방지법」상의 새로운 규제가 수범자에게 중복규제 내지 과잉규제에 해당하지 않도록 하기 위한 세심한 배려에 해당하는 것인지는 쉽게 가늠하기 어렵다. 하지만 자칫 이러한 소극적 해석이 악취물질의 특성에 부합하는 체계적인 관리 필요성에 따라 별도로 제정된 독자적 법률인 「악취방지법」의 규율 취지를 형해화하는 데까지 이르렀다면 이는 분명 바람직하지 않은 판단이라고 할 것이다.

3) 신고제와 관련된 행정법 차원에서의 체계적 접근 부재

주지하다시피 행정요건적 신고에 있어서 행정청의 수리거부는 항고소송의 대상이 되는 거부처분에 해당하는 것으로 보고 있는 반면 자기완결적 신고에 있어서 수리거부는 해당 신고의 유형이 신고라는 사인의 공법행위가 접수기관에 도달한 때에 그 효력이 발생한다고 보기 때문에 그저 확인적 의미에 불과하여 그 신고의 거부 내지 반려행위는 항고소송의 대상이 되는 처분에 해당하지 않는다고 보는 것이 일반적인 학설의 입장이자 기존 판례의 결론이었다.[15] 하지만 건축신고의 반려행위를 항고소송의 대상이 되는 처분으로 파악하는 대법원 2010. 11. 18.

15) 정하중·김광수, 『행정법개론』 제17판, 법문사, 2023, 107~108면; 김중권, 앞의 책, 290면; 이일세, 『행정법총론』, 법문사, 2022. 126~127면 등.

선고 2008두167 전원합의체 판결 이후부터 판례는 본격적으로 자기완결적 신고에 있어서 행정청의 반려행위를 항고소송의 대상으로 보는 입장을 확대시켜 나가고 있다.[16] 주지하다시피 대법원 2010. 11. 18. 선고 2008두167 전원합의체 판결은 건축법상의 건축신고가 수리를 요하지 않는 신고에서 수리를 요하는 신고로 그 법적 성격이 변경되었기 때문에 건축신고의 반려행위 또는 수리거부행위를 항고소송의 대상으로 본 것이 아니라, 건축신고가 반려될 경우 건축주 등이 당해 건축물의 건축을 개시하면 시정명령, 이행강제금, 벌금의 대상이 되거나 당해 건축물을 사용하여 행할 행위의 허가가 거부될 우려가 있어 불안정한 지위에 놓이게 되므로 건축신고 반려행위가 이루어진 단계에서 당사자로 하여금 반려행위의 적법성을 다투어 그 법적 불안을 해소한 다음 건축행위에 나아가도록 함으로써 장차 있을지도 모르는 위험에서 미리 벗어날 수 있도록 길을 열어 주고, 위법한 건축물의 양산과 그 철거를 둘러싼 분쟁을 조기에 근본적으로 해결할 수 있게 하는 것이 법치행정의 원리에 부합한다는 입법정책상의 이유를 들었다. 판례의 이러한 애매모호한 태도는 자기완결적 신고에 있어서 수리 자체의 처분성을 판례가 여전히 부인하는 입장에 서 있다는 해석을 가능하게 하고 있다.[17] 하지만 그럼에도 불구하고 대법원 2010. 11. 18. 선고 2008두167 전원합의체 판결 이후의 판례들은 자기완결적 신고에 있어서 신고의 반려행위의 처분성을 인정하고 있으며 이 과정에서 마치 수리를 요하는 신고인 것처럼 자기완결적 신고를 다루면서 수리거부의 처분성을 전제로 위법성을 적극적으로 논증하고 있다.[18]

---

16) 대법원은 자기완결적 신고에 해당하는 건축법상 건축물 착공신고에 대한 반려행위(대법원 2011. 6. 10. 선고 2010두7321 판결), 원격평생교육신고의 반려행위(대법원 2011. 7. 28. 선고 2005두11784 판결) 등을 항고소송의 대상이 되는 처분으로 보았다.
17) 정하중·김광수, 앞의 책, 108면.
18) 김중권, 앞의 책, 293면 이하 참조. 원격평생교육신고서 반려처분 취소를 다룬 대법원 2011. 7. 28. 선고 2005두11784 판결이 이에 해당하는 대표적인 사례이다.

이 사건 원심의 경우에도 이러한 최근 판례의 경향을 그대로 따르고 있는 것으로 보인다. 즉 원심은 「악취방지법」상의 악취배출시설 설치운영신고의 법적 성격을 수리를 요하지 않는 자기완결적 신고에 해당한다고 보면서도, 신고에 필요한 형식적 요건을 갖추어 이루어진 이 사건 각 신고는 피고에게 접수된 때 신고의 효력이 발생하였다고 할 것이므로, 이 사건 각 신고의 수리를 반려한 이 사건 각 처분은 위법하다고 판시함으로써, 수리를 요하지 않는 신고의 법리에 따르면 대상적격을 갖추지 못하였으므로 각하했어야 하나 그러지 않고 처분성의 인정을 전제로 본안 판단에까지 이르고 있다. 그런데 원심은 이와 관련하여 "미신고의 경우 형사처벌 규정(악취방지법 제27조제1호)이 있는 점 등에 비추어 보면, 이 사건 각 신고를 자기완결적 신고로 보더라도 그에 대한 반려 처분의 처분성을 인정할 수 있다(대법원 2011. 6. 10. 선고 2010두7321 판결 등 참조)"는 추가적인 설명을 덧붙이고 있다. 건축신고의 반려행위를 항고소송의 대상이 되는 처분으로 파악하는 대법원 2010. 11. 18. 선고 2008두167 전원합의체 판결과 맥락을 같이 하는 건축법상 착공신고에 대한 반려행위를 처분으로 인정한 대법원 2011. 6. 10. 선고 2010두7321 판결 등을 원용하며, 미신고에 대한 형사처벌 규정이 존재하면 자기완결적 신고에 해당하더라도 반려행위의 처분성을 인정할 수 있다는 법리를 축약하여 제시하고 있는 것이다. 앞선 판례의 일관된 결론 속에서 스스로의 판단을 정당화하기 위하여 인용한 취지를 인정하지 못할 것은 아니나 이러한 지나친 단순화가 행정법상 도그마틱에 있어서 과연 긍정적인지에 대해서는 확답하기 어렵다. 형사처벌 규정의 존재 여부에 따라 해당 신고의 법적 성격에 따른 반려 내지 수리거부의 행정처분성이 좌지우지될 수 있다는 말이 될 수도 있기 때문이다. 자기완결적 신고에 있어서 반려행위를 항고소송의 대상이 되는 처분으로 긍정하기 위한 행정법 차원에서의 치열한 논의[19]에 판례도 이제는 귀를 기울일 때가 되지 않았나 생각한다.

2. 대법원 결정에 대한 평가

가. 대법원 결정의 의의

본 사건에 관한 대법원 결정은 「악취방지법 시행규칙」 제9조제2항 및 제3항에 따른 「대기환경보전법」 제23조상 대기오염물질배출시설 설치 허가신청서 등의 제출을 통한 악취배출시설의 설치·운영신고서 제출 갈음 규정에 얽매이지 않고, 「악취방지법」 제8조의2제3항에서 요구하고 있는 신고자의 악취방지계획 수립 및 제출 의무의 법적 의미에 천착하여 이로부터 악취배출시설 설치·운영신고가 수리를 요하는 신고에 해당한다는 점을 명백히 밝혔다는 점에서 중요한 의미가 있다고 평가할 수 있다.[20] 신고제의 구별 기준에 대하여 다양한 견해들이 제시되고 있는 상황이기는 하나,[21] 「행정절차법」 제40조에 근거하여 수리를 요하지 않는 신고에 관한 사항이 1996년 동 법률의 제정 당시부터 명시되었고, 이후 최근에 「행정기본법」 제34조에서 수리를 요하는 신고에 관한

---

19) 이와 관련하여 자기완결적 신고의 반려행위와 관련하여 쟁송법적 의미의 처분 개념으로 그 처분성을 인정해야 한다는 견해(김용섭, "행정법상 신고와 수리", 판례월보, 2000, 1. 37면 이하), 반려행위를 신고의 법적 효과인 금지해제의 효과가 발생하지 않도록 하는 금지하명으로 이해하는 견해(김중권, "건축법상의 건축신고의 문제점에 관한 소고", 저스티스, 2001. 6. 150면 이하) 등이 존재한다.

20) 이러한 대상판결의 논거에 대해서는 첫째 신고에 대한 심사권은 수리를 요하지 않는 신고에 대해서도 인정될 수 있다는 점, 둘째, 이 사건 대법원 결정이 「악취방지법 시행령」에 규정된 위임 규정으로 신고 수리에 대한 판단을 하는 것은 옳지 않다는 점 등을 들어 비판하는 견해가 있다(정남철, 앞의 논문, 548~549면). 이 견해는 보다 근원적으로 신고에 대하여 '수리'를 인정하는 것이 옳은지에 대한 심사숙고가 필요하다는 입장을 개진하고 있다. 더 나아가 신고제를 자기완결적 신고(수리를 요하지 않는 신고)와 행정요건적 신고(수리를 요하는 신고)로 구분하는 기존의 논의를 비판하고, 후자의 본질이 허가에 있음을 전제로 하여 신고제를 허가제와 대비되는 금지해제적 신고와 정보제공적 신고의 새로운 유형으로 구분하자는 견해도 이미 오래전부터 제기된 바 있다(보다 자세한 내용은 김중권, 『행정법』 제5판, 법문사, 2023. 289~296면).

21) 이일세, 앞의 책, 117면.

명문의 규정이 도입됨에 따라 신고제의 이원적 구별에 관한 기존의 논의가 입법적으로 어느 정도 수용된 것으로 볼 수 있다. 그리고 이에 더하여 앞서 살펴본 것과 같이 「악취방지법」이 2021년 법률 제17845호, 2021. 1. 5., 일부개정을 통하여 악취관리지역에 악취배출시설을 설치하거나 변경하려는 경우의 신고와 악취관리지역 외의 지역의 악취배출시설이 신고대상시설이 되는 경우의 신고가 수리가 필요한 신고임을 명시하는 규정을 도입한 것은, 결국 이 사건에서의 대법원 판단이 틀리지 않았음을 방증하고 있다고 여겨진다. 더 나아가 만약 대법원이 악취배출시설 설치 · 운영신고의 법적 성격을 수리를 요하지 않는 신고로 보았다면, 대표적인 환경오염 피해 유발 원인 중의 하나인 악취 문제에 대한 효과적 예방과 제거를 추구하는 「악취방지법」의 실효적인 집행이 어려워지고, 결국 환경법상 중요한 공익의 실현도 요원할 수 있었을 것이다. 이러한 차원에서라도 본 사건의 대법원 판결은 이미 충분한 의의를 획득하였다고 볼 수 있다.

나. 대법원 결정의 한계

1) 「악취방지법 시행규칙」 제9조의 법적 문제에 관한 논증 미흡

이 사건 대법원 판단의 경우 원심과 대조적으로 「악취방지법 시행규칙」 제9조제2항 · 제3항이 가지는 법적 문제를 구체적으로 따지지 않았다. 단지 인허가의제 제도의 법리를 통하여 대기환경보전법령에서는 대기오염물질배출시설 설치허가를 받으면 악취배출시설 설치·운영신고가 수리된 것으로 의제하는 규정을 두고 있지 않다고 확인함으로써 동 조항이 인허가의제의 법령상 근거가 될 수 없다는 점을 명확히 한 다음, 주로 법률에 따른 심사 권한의 제한 또는 박탈을 막아야 한다는 차원에서 대기오염물질배출시설 설치허가로 악취배출시설 설치·운영신고가 수리된 것으로 의제하면, 신고대상 악취배출시설 지정권자와 신고의 수리 여부 심사권한자가 분리되는 상황이 발생하여 악취방지법의 입법 취지에도 반한다는 것, 신고할 사항과 방법에 관해서만 환경부령으로 정하도록 위임하였을 뿐 대도시의 장이 부여받은 악취배출시설 설치·운영신고의 수리 여부를 심사할 권한까지 환경부령으로 제한할 수 있도록 위임하고 있지는 않다는 것 등을 주요 근거로 하여 "악취방지법 시행규칙 제9조 제2항, 제3항은 대도시의 장에게 악취배출시설 설치·운영신고에 관하여 수리 여부를 심사할 권한이 있음을 전제로 해석되어야 한다. 즉, 시·도지사로부터 대기오염물질배출시설 설치허가 사실을 통보받은 대도시의 장은 악취배출시설 설치·운영신고로써 적합한지를 심사하여 악취배출시설 설치·운영신고 확인증을 발급하여야 하는 것이다." 라는 결론을 내리고 있다.

이와 관련하여 원심에서도 언급하고 있는 것처럼「악취방지법 시행규칙」제9조제2항·제3항의 위임 근거가 되는「악취방지법」제8조의2제2항에서 신고할 사항과 방법에 관해서만 환경부령으로 정하도록 위임하고 있음에도 불구하고 "악취배출시설에 대하여「대기환경보전법」제23조에 따른 대기오염물질배출시설 설치 허가신청 또는 신고를 하거나 같은 법 제44조에 따른 휘발성유기화합물 배출시설 설치신고를 한 경우에는 그 허가신청서 또는 신고서의 제출로 제1항에 따른 신고서 제출을 갈음"할 수 있고(제2항 본문), 이에 따라 허가를 한 시·도지사가 관할 대도시의 장에게 이를 통보하여야 하며 이러한 통보를 받았을 때에 대도시의 장으로 하여금 악취배출시설 설치·운영신고 확인증을 발급하여야 한다는 의무가 있다고 명시(제3항)한 것이 과연 법률유보의 원칙이나 포괄적 위임입법금지 원칙 등에 반하는 것은 아닌지에 대한 구체적인 논증이 보이지 않는 것은 다소 의아한 부분이다. 더 나아가「악취방지법 시행규칙」제9조제2항·제3항의 해석에 있어서 대도시의 장에게 악취배출시설 설치·운영신고에 관하여 수리 여부를 심사할 권한이 있다는 것이 전제되어야 하며, 시·도지사로부터 대기오염물질배출시설 설치허가 사실을 통보받은 대도시의 장으로 하여금 악취배출시설 설치·운영신고로써 적합한지를 심사하여 악취배출시설 설치·운영신고 확인증을 발급하여야 한다는 해석도, 동 조항이 법문상 다소 무리가 있어 보이는 해석이다. 만약 「악취방지법」에서 신고서와 함께 제출된 악취방지계획상의 악취방지조치가 적절한지 여부를 검토할 것을 행정청에게 요구함으로써 악취배출시설의 설치·운영신고의 법적 성격을 수리를 요하는 신고로 법률상 볼 수밖에 없다면 이러한 해석과 체계적으로 부합하지 않는 「악취방지법 시행규칙」 제9조제2항·제3항에 대하여 인허가의제 제도를 어렵게 우회할 필요 없이 직접적으로 그 적법 여부를 판단하면 되었을 것이다. 이 사건 대법원 결정이 「악취방지법 시행규칙」 제9조의 법적 문제에 관하여 주로 행정청의 심사권한 문제를 중심으로 하여 제한적으로 다루면서 인허가의제 제도를 끌고 들어온 것은 쉽게 납득하기 어려운 부분이 있다.

2) 인허가의제 법정주의의 의미 왜곡 우려

본 사건에 관한 대법원 결정은 「악취방지법 시행규칙」 제9조제2항·제3항에 따른 서류 제출 간주 조항에 주로 입각하여 악취배출시설 설치·운영신고의 법적 성격을 수리를 요하지 않는 신고로 파악한 원심의 결정을 뒤집으면서 그 핵심적 논거로서 인허가의제 제도의 법정주의를 제시하고 있다는 점에서 주목할 만하다. 주지하다시피 1973년의 (구) 「산업기지개발촉진법」에서 비롯되어 이후 「건축법」, 「주택법」, 「국토의 계획 및 이용에 관한 법률」, 「도시 및 주거환경정비법」 등 다수의 개별 법률에서 폭발적으로 활용되기 시작한 인허가의제 제도는 2021년 제정된 「행정기본법」을 통하여 비로소 통일적인 근거 규정을 갖추게 되었다. 「행정기본법」 제24조에 의하면 인허가의제란 “하나의 인허가(이하 “주된 인허가”라 한다)를 받으면 법률로 정하는 바에 따라 그와 관련된 여러 인허가(이하 "관련 인허가"라 한다)를 받은 것으로 보는 것"을 말한다. 「행정기본법」은 이러한 개념을 토대로 인허가의제의 기준(제24조), 인허가의제의 효과(제25조), 인허가의제의 사후관리 등(제26조)에 관한 사항을 규율하고 있다. 이러한 「행정기본법」상 인허가의제 관련 조항은 물론 2023년 3월 24일부로 시행[22]되어 본 사건에 직접적으로 적용되지는 않는다. 하지만 「행정기본법」상 인허가의제가 일반법적으로 정식화되기 이전부터 앞서 언급한 것처럼 개별 법률마다 수많은 인허가의제 관련 조항이 존재하여 왔다는 점을 상기할 때, 대법원 결정이 밝히고 있는 인허가의제 법정주의에 대한 논급이 불가능한 것만 아니라고 할 수 있다.

대법원 결정은 "인허가의제 제도는 관련 인허가 행정청의 권한을 제한하거나 박탈하는 효과를 가진다는 점에서 법률 또는 법률의 위임에 따른 법규명령의 근거가 있어야 한다."고 하여 인허가의제 법정주의를 제시하고 있다. 그리고 이에 비추어 "대기환경보전법령에서는 대기오염물질배출시설 설치허가를 받으면 악취배출시설 설치·운영신고가 수리된 것으로 의제하는 규정을 두고 있지 않다."는 점, "악취방지법 제8조의2 제2항은 신고할 사항과 방법에 관하여만 환경부령으로 정하도록 위임하였을 뿐 대도시의 장이 부여받은 악취배출시설 설치·운영신고의 수리 여부를 심사할 권한까지 환경부령으로 제한할 수 있도록 위임하고 있지는 않다."는 점, 대기오염물질배출시설 설치허가로 악취배출시설 설치·운영신고가 수리된 것으로 의제하면, 신고대상 악취배출시설 지정권자와 신고의 수리 여부 심사권한자가 분리되는 상황이 발생하게 되어

---

22) 「행정기본법」 부칙 <법률 제17979호, 2021. 3. 23.> 제1조(시행일) 이 법은 공포한 날부터 시행한다. 다만, 제22조, 제29조, 제38조부터 제40조까지는 공포 후 6개월이 경과한 날부터 시행하고, 제23조부터 제26조까지, 제30조부터 제34조까지, 제36조 및 제37조는 공포 후 2년이 경과한 날부터 시행한다.

지역 여건에 맞는 악취관리가 이루어지도록 한 악취방지법의 입법 취지에도 반하게 된다는 점 등을 들어 「대기환경보전법」에 따른 대기오염물질배출시설 설치허가를 받았다고 하더라도 악취배출시설 설치·운영신고가 수리되어 그 효력이 발생한다고 볼 수 없다고 보았다. 여기서 문제는 인허가의제 법정주의에 있어서 "법률의 위임에 따른 법규명령의 근거"가 과연 포함되는지 여부에 있다. 이 사건의 대법원은 주로 행정청의 권한 보장의 관점에서 인허가의제 법정주의의 의미를 밝히고 있는 바, 인허가의제는 단순히 행정청의 권한 보장의 차원에서뿐만 아니라 주된 인허가에 의하여 의제되는 관련 인허가의 근거 법률상 관련 규율을 협의라는 최소한도의 숙의 절차를 통하여 형해화시킬 우려가 상존하고, 더 나아가 규율적용 범위의 불명확성으로 인하여 인허가의제를 통한 국민의 기본권 침해 가능성도 존재한다는 점을 감안할 때 오로지 법률에 근거해서만 도입·운용될 수 있도록 엄격하게 제한하는 것이 타당하다. 만약 인허가의제의 대상이 되는 관련 인허가의 범위를 주된 인허가 법률의 위임을 받은 법규명령에서 정하도록 한다면, 사실상 행정입법에 의하여 다른 법률의 효력이 참탈 당하는, 법률우위·법률유보 원칙 등에 반하는 심각한 상황이 발생할 수도 있다. 비록 본 사건에 적용되는 법규는 아니지만 인허가의제의 일반적 근거를 명시한 「행정기본법」에서도 관련 인허가의 범주를 "법령"이 아닌 "법률"로 정하는 바에 따르도록 명시하고 있는 것도 이러한 원칙을 충분히 고려한 것이다(제24조제1항). 또한 「행정기본법」의 제정·시행 이전부터 인허가의제를 규정하고 있던 개별 법률에서도 인허가의제의 대상이 되는 관련 인허가의 범위를 해당 법률에서 구체적으로 명시해왔다는 점을 상기할 필요가 있다.

이러한 점을 감안할 때 이 사건 대법원의 결정에서 인허가의제 법정주의의 범위에 법률의 위임에 따른 법규명령의 근거를 포함하는 것은 결코 바람직하지 않다. 대법원 결정은 원심이 주요하게 검토한 「악취방지법 시행규칙」 제9조제2항·제3항의 법적 문제를 보다 분명히 지적하기 위하여 인허가의제에 있어서 법규명령의 근거까지 요구한 것으로 보이는데, 굳이 인허가의제 법정주의까지 논거로 제시할 필요가 있었는지에 대해서는 의문이다.[23] 왜냐하면 이 사건 원심의 결정은 「악취방지법 시행규칙」 제9조제2항·제3항에 대하여 인허가의제의 법리보다는 중첩되는 성격의 행정 서류 제출 의무를 간소화하기 위한 차원에서 마련된 제도로 단순히 파악하고 있기 때문이다.[24] 다른 법령상 서류와 내용상 중첩되는 서류의 중복제출 의무를 면제해 줌으로써 민원인의 편의를 보장하기 위한 제도를 인허가의제 제도와 동일하다고 보는 것은 타당하지 않다. 이 사건에서 「악취방지법 시행규칙」 제9조제2항·제3항은 상위법인 「악취방지법」의 명확한 법률상 위임이 없음에도 불구하고 「대기환경보전법」에 따른 대기오염물질배출시설 설치허가를 받은 경우 사실상 「악취방지법」에 따른 악취배출시설 설치·운영신고를 수리하는 것으로 간주하는 효과를 발생시킴으로써 상위 법률을 형해화하였다. 이는 중복서류 제출 방지 등을 통한 민원인의 편의 도모 차원이라는 관점에서 단순하게 다루어져야 할 문제가 아니며 법률우위·법률유보 원칙 등의 엄

23) 원심에서 인허가의제를 직접적으로 다루고 있지 않음에도 불구하고 대법원 결정에서 악취배출시설 설치·운영신고의 법적 성격을 다루면서 인허가의제의 법리를 언급한 것은, 인·허가의제 효과를 수반하는 건축신고가 행정청이 그 실체적 요건에 관한 심사를 한 후 수리하여야 하는 이른바 '수리를 요하는 신고'에 해당된다고 보았던 대법원 2011. 1. 20. 선고 2010두14954 전원합의체 판결을 의식한 것에 기인한 바가 크다고 할 것이다. 물론 이 사건 대법원 결정은 인허가의제의 법리를 통해서 악취배출시설 설치운영신고를 수리로 요하는 신고로 본 것은 아니며, 결국 악취배출계획에 대한 행정청의 심사권 보유 여부를 수리를 요하는 신고를 판별하는 핵심지표로 삼았다는 점에서 2010두14954 판결과 차별화된다. 결국 대법원은 원심이 강조한 「악취방지법 시행규칙」제9조제2항·제3항의 의미를 반박하기 위한 논거로 인허가의제를 거론하였고, 이 과정에서 인허가의제 법정주의를 지나치게 포괄적으로 제시하였다는 점에서 문제가 있다.

24) 이와 달리 원심이 '인허가의제'의 법리로 해당 사건을 다루고 있다고 보는 입장도 존재한다(정남철, 앞의 논문, 553면).

격한 적용을 통하여 위헌·위법으로까지 판정해야 할 중요한 사항이다. 이러한 의미에서 본 판결 이후에도 아직까지 「악취방지법 시행규칙」제9조제2항·제3항이 존치하고 있는 것은 쉽게 납득하기 어렵다. 당해 사건의 대법원 판결 취지를 적극적으로 수용한 동 조항의 개선이 있어야 할 것이다.

3) 행정청의 신고 수리 여부 관련 심사권 범위에 관한 혼선 가중

이 사건 대법원 결정은 「환경정책기본법」 및 「악취방지법」을 비롯한 하위 법령상 규정의 입법 취지, 내용과 체계에 비추어 볼 때 행정청은 사람의 건강이나 생활환경에 미치는 영향을 두루 검토하여 악취방지계획의 적정 여부를 판단할 수 있고, 이에 관해서는 행정청의 광범위한 재량권이 인정되므로, 따라서 법원이 악취방지계획의 적정 여부 판단과 관련한 행정청의 재량권 일탈·남용 여부를 심사할 때에는 해당 지역 주민들의 생활환경 등 구체적 지역 상황, 상반되는 이익을 가진 이해관계자들 사이의 권익 균형과 환경권의 보호에 관한 각종 규정의 입법 취지 등을 종합하여 신중하게 판단해야 하고 행정청의 재량적 판단은 그 내용이 현저히 합리적이지 않다거나 상반되는 이익이나 가치를 대비해 볼 때 형평이나 비례의 원칙에 뚜렷하게 배치되는 등의 사정이 없는 한 폭넓게 존중될 필요가 있다고 판시하였다. 악취방지계획의 적정 여부에 대한 판단이 결국 악취배출시설의 악취배출시설 설치·운영신고의 수리 여부를 가르는 핵심적 지표가 된다는 점에서 결과적으로 동 판결은 수리를 요하는 신고에 있어서 행정청이 가지는 심사권의 범위에 관한 또 하나의 판결로서 주목할 만하다.

하지만 동 판결은 수리를 요하는 신고에 있어서 마치 허가나 승인 등에 버금가는 행정청의 광범위한 재량을 인정하였다는 점에서, 법정요건을 갖추어 신고하였음에도 불구하고 행정청이 중대한 공익상의 필요를 이유로 들어 수리를 거부하였던 사설납골시설 설치신고 사건 관련 판례[25]와 건축신고의 경우 신고가 법령상의 요건을 모두 갖추었으면 행정청은 원칙적으로 수리하여야 하지만, 역시 중대한 공익상 필요가 있는 경우에는 그 수리를 거부할 수 있다고 한 판례[26]에 비견할 수 있다. 무엇보다도 이 사건 대법원 판결은 신고제와 허가제의 구분을 사실상 무의미하게 만들고 있다는 점에서 비판의 소지가 충분하다. 다수설이 허가를 원칙적으로 기속행위로 보고 있는 것에 비추어 볼 때 이보다 완화된 진입규제수단으로 활용되고 있는 신고의 수리에 대해서 광범위한 재량을 인정하는 셈이기 때문에 사인의 공법행위와 행정행위를 둘러싼 기존의 행정법상 도그마틱에 불가피한 혼선이 가중되고 있는 것이다.[27] 이처럼 수리를 요하는 신고를 둘러싸고 개별 사안마다 다양하게 산재되어 있는 수리 여부에 관한 심사의 범위와 관련된 판례의 비일관성 문제를 해소하기 위해서 입법적 제도개선에 좀 더 적극적으로 나설 필요가 있다. 「행정절차법」과 「행정기본법」으로 각각 이원화·고착화되어버린 신고제와 관련된 법현실을 인정하되, 이를 기반으로 판례를 통해 다양하게 전개되고 있는 신고 관련 심사권 관련 규율의 일반적 기준을 제시하고 이를 개별 법령에서 구체화하는 것을 고민해 볼 필요가 있다. 개별 법령에서 수리를 요하는 신고를 도입하고자 할 때마다 그 심사범위를 보다 구체적으로 명확히 규정하도록 「행정기본법」을 통하여 요청하는 것도 하나의 방안으로서 검토해 볼 수 있을 것이다. 해당 법률상 요건에 국한하여 심사할 것인지, 입법목적을 달리하는 다른 법령상 요건에까지 확장하여 심사할 것인지, 더 나아가 중대한 공익상의 사유까지 고려하여 수리 여부를 심사할 것인지 등의 준거를 신고를 명

25) 대법원 2010. 9. 9. 선고 2008두22631 판결
26) 대법원 2019. 10. 31., 선고, 2017두74320 판결
27) 김중권, 앞의 책, 296면 이하; 정남철, 앞의 논문, 552면; 김용섭, “2022년 행정법(Ⅰ) 중요판례평석”, 인권과 정의 제512호, 대한변호사협회, 2023. 53~54면 등.

시하는 개별 법령에서 명시한다면, 신고제에 관한 작금의 혼선을 조금이나마 줄여나갈 수 있는 계기가 되지 않을까 생각해본다.

Ⅴ. 맺는 말

악취배출시설설치·운영신고의 법적 성격과 인허가의제 법정주의에 대한 의의, 그리고 수리를 요하는 신고로 판단된 악취배출시설설치·운영신고에 있어서 심사재량이 광범위하게 인정됨을 제시하였다는 점에서 대법원 2022. 9. 7. 선고 2020두40327 판결은 서두에서 이미 밝혔던 것처럼 개별 행정법 분야로서의 환경법 영역을 넘어서 행정법 전체 분야의 여러 측면에서 매우 중요한 법적 의의가 있다고 평가할 수 있다. 무엇보다도 본 대법원 판결의 핵심 요지 중에서 악취배출시설설치·운영신고를 원심의 결론과 다르게 수리를 요하는 신고로 판단한 대법원의 결론은, 현행 규율체계에서의 입법적 흠결을 딛고서 수리를 요하지 않는 신고와 수리를 요하는 신고를 구별하는 핵심적인 참조점을 제시하였으며, 그 과정에서 인허가의제 제도의 법적 의의에 대한 이해가 토대를 이루었다는 점에서 행정법적으로 주목할 가치가 있고 추후에도 본 판결에 대한 지속적인 연구와 검토가 이루어져야 할 이유가 충분히 소명되고 있다고 생각된다. 물론 앞서 지적한 것처럼 본 판결에서 인허가의제 제도의 근거로써 법률 이외에 법률의 위임에 따른 법규명령의 근거도 인정한 것은 인허가의제의 법적 본질을 고려할 때 매우 아쉬운 지점이 아닐 수 없다. 더 나아가 악취배출시설설치·운영신고의 수리 여부를 결정할 때 중요한 기준이 되는 악취방지계획의 적정 여부 판단과 관련한 행정청의 재량권을 폭넓게 인정함으로써 재량권 일탈·남용 여부에 대한 사법부의 심사권한을 소극적으로 발동한 것은 허가나 특허 등에서의 심사재량과 신고에서의 수리 여부에 대한 심사재량 간의 차이를 형해화시켜버릴 우려가 있다. 이러한 측면에서 볼 때, 법원이 개별 사건에 있어서 최적의 결론을 도출하는 과정에서 그 근거로 내세우게 되는 법리의 구축에 있어서는 좀 더 신중을 기할 필요가 있다는 것을 강조하고 싶다. 본 판결에서의 결론과 관련하여 법률의 위임에 따른 법규명령을 근거로 한 인허가의제가 과연 법적으로 타당한 것인지, 수리를 요하는 신고에 있어서 심사권에 인정되는 재량의 여지를 폭넓게 존중하게 되어버리면 허가나 특허 등에 있어서 심사재량과 어떠한 차별성을 가질 것이며, 행정행위 간의 체계성은 어떻게 구축할 것인가 등에 대한 고민이 수반되었다면 또 다른 결론과 근거가 제시될 가능성도 적지 않았을 것이다.

한편으로 판례가 제한된 현행 규정체계 내에서 고군분투하여 도출한 결론이 해당 개별 사건에 가지는 타당성을 인정한다고 하더라도, 그 과정에서 인지된 규정체계 내의 미비 사항은 후속 입법절차를 통하여 필수적으로 보완되어야 나가야 한다는 당위성을 새삼 상기해 볼 필요가 있다. 「행정소송법」 제6조에 따른 '명령·규칙의 위헌판결등 공고'와 같이 대법원 판결에 의하여 위헌·위법으로 확정된 명령·규칙에 대한 통보 및 관보 게재 수준의 국가 내부 주체 간의 형식적·절차적 수준의 피드백이 아니라, 판결을 통해서 명백히 드러난 현행 규정체계의 내용상 한계점을 입법 정비를 통하여 실질적으로 개선해 나가야 한다. 물론 법적 안정성의 보장 차원에서 볼 때 입법의 정비가 전가의 보도처럼 자주 남용되어서도 안 되겠지만, 오로지 규범과 법현실 간의 틈새를 메우겠다는 의도만으로 기존의 법도그마틱 체계에 대한 충분한 고려없이 단편적으로 법규범을 적용하는 것만은 지양해야 할 것이다. 수리를 요하는 신고에 있어서 심사권의 범위를 어떻게 설계할 것인지의 문제는 이에 해당하는 대표적인 사례일 것이다. 「행정기본법」의 제정을 통하여 수리를 요하는 신고의 일반법적 규율을 위한 돌파구가 마련된 만큼, 지금부터라도 신고에 있어서 심사권에 대한 부분을 입법적으로 보완해 나가기 위한 지속적인 법제연구가 수반되어 나가야 할 것이다. 그리고 이러한 입법은 신고와 관련된 행정업무를 집행하는 일선 행정청과의 긴밀한 협의와 소통, 국민의 법감정 및 규율수요에 대한 정확한 파악 및 설득 등을 통하여 진행되어야 하며 이를 통하여 현장에서 살아 숨쉬는 행정법으로서의 성과 창출까지 지향해야 할 것이다.

참고문헌

김용섭, “2022년 행정법(Ⅰ) 중요판례평석”, 인권과 정의 제512호, 대한변호사협회, 2023.

______, “행정법상 신고와 수리”, 판례월보, 2000. 1.

김중권, “건축법상의 건축신고의 문제점에 관한 소고”, 저스티스, 2001. 6.

_____, 『행정법』 제5판, 법문사, 2023.

류지태, 『행정법의 이해』, 법문사, 2006.

이일세, 『행정법총론』 제2판, 법문사, 2022.

정남철, “악취배출시설 설치·운영신고와 수리(受理) 심사권에 관한 법적 문제 : 대법원 2022. 9. 7. 선고 2020두40327 판결을 중심으로”, 『법치국가의 이상과 실제 : 조태제 교수 정년기념논문집』, 2023.

정하중·김광수, 『행정법개론』 제17판, 법문사, 2023.

대법원 종합법률정보 http://glaw.scourt.go.kr/wsjo/intesrch/sjo022.do(최종접속 : ’23. 5. 1.)

법제처 국가법령정보센터 http://www.law.go.kr/(최종접속 : ’23. 5. 1.)

국문초록

대상 판결은 「악취방지법」 제8조의2에 따른 악취관리지역 외의 지역에서의 악취배출시설 설치·운영 신고에 대한 대도시의 장 등 관할 행정청의 반려처분 등에 대한 취소소송이다. 본 판결은 대표적인 환경오염물질 중 하나인 악취를 다루고 있다는 점에서 개별 환경법 영역과 필수적으로 관련되어 있으면서도 또 한편으로 행정법상의 중요한 법적 쟁점들에 대한 해석ㆍ판단이 원심과 대법원의 각각 다른 결론에 직접적인 영향을 끼쳤다는 점에서 행정법 일반의 차원에서도 그 의미가 꽤 크다고 평가할 수 있다. 본 사건에 적용된 「악취방지법」 등 유관 법령의 규율 체계·내용·한계 등을 토대로 원심과 대법원의 판단 내용을 분석해 본 결과, 원심과 대법원이 각각 다른 결론을 내린 원인은 첫째, 「악취방지법」상 악취배출시설의 설치·운영 신고 관련 규정의 해석에 대한 입장 차이, 둘째, 「악취방지법」과 관련되는 다른 법령(「대기환경보전법」, 「환경정책기본법」 등)상 규율과의 관계, 셋째, 「악취방지법」의 입법 취지와 내용·체계 등에 대한 입장 차이에 있었음을 확인할 수 있었다. 원심 결정의 경우 중복규제 문제 등의 구체적인 법현실에 초점을 두고 「악취방지법」상 악취배출시설의 설치·운영신고의 법적 성격을 규명하고자 했다는 점에서 긍정적인 부분이 있으나, 법률유보의 원칙에 대한 고려가 미흡한 점, 「악취방지법」의 독자적인 규율 취지·내용 등을 소극적으로 반영한 점, 신고제와 관련된 행정법 차원에서의 체계적 접근이 부재한 점 등을 한계로 지적할 수 있다. 한편 대법원 결정의 경우 무엇보다도 「악취방지법」에서 요구하고 있는 신고자의 악취방지계획 수립 및 제출 의무의 법적 의미에 집중하여 이로부터 악취배출시설 설치ㆍ운영신고가 수리를 요하는 신고에 해당한다는 점을 명백히 밝혔다는 점에서 중요한 의미가 가진다고 평가할 수 있다. 하지만 이 과정에서 「악취방지법 시행규칙」 제9조의 법적 문제에 관한 논증이 미흡한 점, 인허가의제 법정주의의 범위에 법률의 위임에 따른 법규명령의 근거를 포함함으로써 인허가의제 법정주의의 의미를 왜곡할 우려가 있는 점, 수리를 요하는 신고에 있어서 마치 허가나 승인 등에 버금가는 행정청의 광범위한 재량을 인정함으로써 진입규제의 심사권 범위에 관한 혼선을 가중시키고 있는 점 등을 아쉬운 지점으로 꼽을 수 있다. 대상 판결이 제한된 현행「악취방지법」등의 규정체계 내에서 고군분투하여 도출한 결론이 해당 개별 사건에 가지는 타당성을 인정한다고 하더라도, 그 과정에서 인지된 유관 규정체계 내의 미비 사항은 후속 입법절차를 통하여 지속적으로 보완되어 나갈 필요성이 크다고 할 것이다.

주제어: 악취배출시설의 설치·운영신고, 악취방지법, 수리를 요하는 신고, 인허가의제, 인허가의제 법정주의

Abstract

Analysis of the Legal Nature of Installation and Operation Notification of Odor-emitting Facilities and the Deemed Authorization or Permission System: Focus on the Supreme Court 2020Du40327 Decision September 7, 2022.

Park, Jong Joon*

This target judgment involves a cancellation lawsuit against the rejection decision by the competent administrative agency, such as the mayor of a metropolitan city, regarding the installation and operation notification of odor-emitting facilities in areas outside the odor management zones defined under Article 8-2 of the "Act on Odor Prevention." This ruling is significant not only because it addresses the issue of odor, which is one of the representative environmental pollutants, and is inherently related to the individual environmental law area, but also because it directly influences the interpretation and judgment of important legal issues in administrative law, leading to different conclusions between the trial court and the Supreme Court. Analyzing the content of the trial court's decision and the Supreme Court's decision based on the regulatory system, content, and limitations of relevant laws such as the "Act on Odor Prevention," we identified several reasons for the diverging conclusions. First, there were different

* Professor, Law School of Kangwon National University

interpretations regarding the provisions related to the installation and operation notification of odor−emitting facilities under the "Act on Odor Prevention." Second, there were differences in the relationship with other laws such as the "Act on Air Quality Preservation" and the "Basic Environmental Policy Act" that are related to the "Act on Odor Prevention." Third, there were differences in the legislative intent, content, and structure of the "Act on Odor Prevention." The trial court decision focused on clarifying the legal nature of the installation and operation notification of odor−emitting facilities under the "Act on Odor Prevention," emphasizing specific aspects such as the issue of overlapping regulations. However, it can be criticized for insufficient consideration of the principle of legal reservation and a passive reflection of the unique purpose and content of the "Act on Odor Prevention," as well as the absence of a systematic approach from the administrative law perspective regarding the notification system. On the other hand, the Supreme Court decision has significant importance as it clearly emphasized the legal significance of the obligation of odor prevention planning and submission by the notifier, as required by the "Act on Odor Prevention," and explicitly stated that the installation and operation notification falls under the category of notifications that require remedies. However, there are shortcomings such as insufficient arguments concerning the legal issues related to Article 9 of the "Enforcement Rule of the Act on Odor Prevention," the potential distortion of the meaning of 'Deemed Authorization or Permission' principle of substantive legality by including the basis of statutory regulatory orders based on legal delegation, and the concern of exacerbating confusion regarding the scope of discretion in the review of regulatory entry by acknowledging the wide discretion of administrative agencies similar to permits or approvals. Despite the limited scope of the current regulatory system, if the target ruling recognizes the validity of the conclusions reached through strenuous efforts, it is necessary to continuously supplement the identified deficiencies within the relevant regulatory system through subsequent legislative procedures.

Key Words: Reporting on Establishment of Malodor－Emitting Facilities, Act on Odor Prevention, Reports Depending on Acceptance, Deemed Authorization or Permission, Legal Principle of Deemed Authorization or Permission

투고일 2023. 6. 11.

심사일 2023. 6. 25.

게재확정일 2023. 6. 29.

行政行爲의 效力

공법상 지위승계 규정이 없는 경우, 제재처분 승계의 요건 (김재선)

공법상 지위승계 규정이 없는 경우, 제재처분 승계의 요건*

- 대물성 개념의 상대화와 불확실성 논의를 중심으로 -

김재선**

대상판결: [대법원 2022. 4. 28. 선고 2022두30546 판결]

I. 평석 대상 판결 요약

1. 대상 판결 판단 요약

1) 사실관계

원고(甲, 의사)는 2014.9.15. 광주 남구에 종전 의료기관(A)을 개설하여 운영하다가 2018.5.4. 폐업한 후, 2018.10.10. 광주 남구 인근지역

* 본 논문은 2023.4.21. 개최된 행정판례연구회 제385차 월례발표회에서 발표한 내용을 논문으로 수정 및 보완하였습니다.

** 동국대학교 법학과 부교수, J.D., 법학박사. jaesk910@gmail.com, jaeskim@dongguk.edu.

「평석 대상 판례(2022두30546) 요약」

	A 의료기관 (2014.9.15. - 2018.5.4.)	B 의료기관 (2018.10.10. - 현재)
의료기관	광주 남구 병원급	광주 남구 병원급
개설대표자	甲(원고)	甲 (원고)
형식적 동일성	양도양수계약 부존재, 폐업 5개월 이후 신규 개설, 개설자만 동일	
실질적 동일성	판단기준: 주체, 진료과목, 시설규모, 인력 환자 등 판단: 동일성 불인정(개설자 동일, 장소 다름, 직원 및 환자군 다름 등)	
처분사유	A 의료기관 개설자인 甲이 현지조사 거부(거부확인 및 사실확인서 작성)	
처분시점	폐업 당시 업무정지처분 절차가 진행되거나 업무정지처분을 받은 것은 아님.	

에 이 사건 의료기관(B)을 개설하여 운영하고 있다. 피고(乙, 보건복지부장관)는 폐업 전인 2018.1.23. 입원료 부당청구 등을 사유로 종전 의료기관에 대한 현지조사(이하 '이 사건 현지조사'라 한다.)를 실시하였는데, 원고는 2018.1.26. 현지조사를 거부하는 확인서에 서명하고 사실확인서를 작성하였고, 이에 따라 현지조사는 종료되었다. 국민건강보험공단은 원고에게 이 사건 의료기관(B)에 2020.1.29. 입원환자 환자 조리사 가산 및 이학보험료 부당청구(2016.1.1.-2016.6.30.)를 사유로, 2020.1.29. 실제로 입원하지 않은 수진자의 입원료 부당청구를 사유로 요양급여비용 환수처분을 하였다. 피고(乙, 보건복지부장관)는 2019.3.21. 원고에 대하여 '원고가 현지조사를 거부·방해 또는 기피하였다.'는 점을 이유로, 「국민건강보험법」 제98조 제1항 제2호[1] 및 「의료급여법」 제28조 제1

1) 「국민건강보험법」 제98조(업무정지) ① 보건복지부장관은 요양기관이 다음 각 호의 어느 하나에 해당하면 그 요양기관에 대하여 1년의 범위에서 기간을 정하여 업무정지를 명할 수 있다.

2. 제97조제2항에 따른 명령에 위반하거나 거짓 보고를 하거나 거짓 서류를 제출하

항 제3호[2]에 따라 원고가 새롭게 개설한 이 사건 의료기관(B)에 대하여 요양기관 및 의료급여기관으로서의 업무를 1년 동안 정지하는 내용의 이 사건 처분을 하였다.

2) 대법원 판단 요약

대법원은 "요양기관이 속임수나 그 밖의 부당한 방법으로 보험자에게 요양급여비용을 부담하게 한 때에 「국민건강보험법」 제98조 제1항 제1호에 의해 받게 되는 요양기관 업무정지처분은 의료인 개인의 자격에 대한 제재가 아니라 요양기관의 업무 자체에 대한 것으로서 대물적 처분의 성격을 갖는다"고 판단하였다. 이에 따라 "속임수나 그 밖의 부당한 방법"을 활용하여 보험자에게 요양급여비용을 부담하게 한 요양기관이 폐업한 때에는 해당 요양기관은 " 무를 할 수 없는 상태"이며 "처분대상도 없어졌으므로" 업무정지처분을 할 수 없다고 판단하였다. 이러한 법리는 보건복지부 소속 공무원의 검사 또는 질문을 거부·방해 또는 기피한 경우에 국민건강보험법 제98조 제1항 제2호에 의해 받게 되는 요양기관 업무정지처분 및 의료급여법 제28조 제1항 제3호에 의해 받게 되는 의료급여기관 업무정지처분의 경우에도 마찬가지로 적용된다."고 판단하였다.

3) 하급법원 판단 요약

서울고등법원(서울고등법원 2021.12.22. 선고 2021누44984) 판결에서

거나, 소속 공무원의 검사 또는 질문을 거부、방해 또는 기피한 경우

2) 「의료급여법」 제28조(의료급여기관의 업무정지 등) ① 보건복지부장관은 의료급여기관이 다음 각 호의 어느 하나에 해당하면 1년의 범위에서 기간을 정하여 의료급여기관의 업무정지를 명할 수 있다.

3. 제32조제2항에 따른 보고 또는 서류제출을 하지 아니하거나 거짓 보고를 하거나 거짓 서류를 제출하거나 소속 공무원의 질문 및 검사를 거부、방해 또는 기피한 경우

원고는 주로 「국민건강보험법」 제97조[3]에 의한 현지조사의 위법성을 다투었다.[4] 서울행정법원(2021.5.13. 선고 2019구합65962) 판결에서 원고는 현지조사의 위법성, 위법한 현지조사 거부로 인한 업무정지처분의 위법성, 종전 의료기관에 대한 제재처분 사유 승계의 위법성을 주장하였다.[5] 이 중 제재처분 사유와 효과의 승계와 관련된 법원의 판단은 다

---

3) 「국민건강보험법」 제97조(보고와 검사) ② 보건복지부장관은 요양기관(제49조에 따라 요양을 실시한 기관을 포함한다)에 대하여 요양ㆍ약제의 지급 등 보험급여에 관한 보고 또는 서류 제출을 명하거나, 소속 공무원이 관계인에게 질문하게 하거나 관계 서류를 검사하게 할 수 있다.

4) 원고의 주장은 아래와 같다. 첫째, (2019.8.9. 및 2020.1.29. 환수처분이 있었으므로) 이 사건 현지조사에서 요구받은 진료기록부를 모두 제출하였다. 둘째, 이 사건 현지조사 이전에 국민건강보험심사평가원과 국민건강보험공단 직원들의 개별적 현장확인이 있었으므로, 이 사건 현지조사는 중복조사로서 위법하다. 셋째, 현지확인에서 이미 필요한 자료를 확보하고 있었음에도 자료제출 거부를 이유로 1년의 업무정지처분을 한 것은 비례원칙에 반한다. 하지만 법원은 아래와 같이 판단하였다. 첫째, 이 사건 현지조사 이전에 현장확인을 거쳤고, 그 때 이미 ① 식대 조리사 가산 부당청구, ② 입원하지 않은 입원환자 17명에 대한 부당청구, ③ 물리치료사실 없이 물리치료 처방기록만을 근거로 부당청구가 있었음을 확인하여, 이를 근거로 2019.8.9. 및 2020.1.29. 환수처분을 하였다. 환수처분이 있었다는 점 만으로 원고가 요청받은 진료기록부를 모두 제공하였다고 볼 수 없으며, 진료기록부를 모두 제공하였다고 볼 수 없는 이상, 중복조사, 재량권 일탈·남용에 대한 주장은 이유가 없으므로 청구 기각한다.

5) 현지조사와 관련된 원고의 주장과 법원의 판단은 다음과 같다. 원고의 주장은 아래와 같다. 첫째, 현지조사가 (1) 권한없는 자(보건복지부 소속 공무원의 참여 없이 건강보험심사평가원(심사평가원)과 국민건강보험공단(공단) 소속 직원들)에 의하여 이루어졌고, (2) 이 사건 현지조사는 공단의 현지확인, 심평원의 정밀조사와 시작이유(동일한 민원으로 조사 실시), 조사대상기간(동일한 기간에 조사 실시), 실시방법(심사평가원 및 공단 직원들로만 조사 실시)이 동일하여 중복조사에 해당하며, (3) 조사관들이 수사기관을 압수·수색하듯이 좁은 병실에 여러 명이 한꺼번에 들어가 환자의 이름을 확인하는 방식으로 조사를 진행하여 과잉조사이다. (4) 3일 동안 현지조사에 성실하게 협조하던 중, 더 이상 제출할 자료가 없다는 조사관의 말을 듣고 실질적으로 조사가 종료되었다고 판단하였고, '폐업을 할 예정이라면 조사를 거부하라'는 조사관의 권유에 따라 현지조사를 중단하였는데, 이 사건 현지조사를 근거로 환수처부, 업무정지 처분까지 이루어진 것은 재량권의 일탈·남용에 해당한다. 둘째, 종전 의료기관의 영업정지 처분사유를 새롭게 개설한 의료기관(이

음과 같다.

첫째, 피고(보건복지부장관)는 구 「국민건강보험법」 제98조 제1항 및 「의료급여법」 제28조 제1항에 따라 업무정지를 할 수 있으며, 구 「국민

사건 의료기관, B)에 승계하는 것은 처분의 대상을 잘못 지정한 것이다. 사실심리 등을 거쳐 서울행정법원은 아래와 같이 판단하였다. (1) 공단은 2017.3. 종전 병원에 대한 공익제보에 따라 현지확인을 한 뒤, 2018.1. 종전 병원에 대한 현지조사 실시 계획을 수립(조사담당자로 보건복지부 소속2인, 심사평가원 소속 6인, 공단 소속 1인을 지정)하였고, 조사명령서, 의료급여 관계서류 제출요구서는 모두 피고(보건복지부장관) 명의로 발령되었다. 실제 조사는 심사평가원과 공단 소속 직원들에 의하여 이루어졌지만, 피고에게 보고, 승인 절차를 거쳐 피고의 지시·감독 하에 이루어졌으므로 권한없는 자에 의하여 이루어진 처분이라는 주장은 이유없다. (2) 공단은 2017.3.28.－2017.3.30.까지 종전병원에 대한 현지확인을 하였고, 심사평가원은 2017.9.1.－2018.4.30.까지 요양급여비용에 관한 정밀조사를 실시하였다. 하지만, 이 사건 현지조사는 피고(보건복지부장관)가 실시한 것으로 동일한 행정기관에 의하여 실시한 것으로 볼 수 없고, 현지확인 및 정밀조사는 구 국민건강보험법 제96조에 따른 것인 반면 이 사건 현지조사는 구 국민건강보험법 제97조에 따른 것으로 근거 규정, 주체, 조사방법, 강제성 정도, 조사에 응하지 않을 때 강제 여부에 차이가 있어 동일한 행정조사로 볼 수 없다. (3) 이 사건 현지조사의 조사사항에 입원료에 대한 요양급여비용 청구의 실제 입원치료 여부가 포함되어 있으므로 종전 병원에 입원중인 환자들에 대한 조사가 불가피하므로, 환자들에게 불안감을 초래하였더라도 이 사건 현지조사가 위법한 과잉조사에 해당한다고 볼 수 없다. (4) 원고는 '입내원일수 거짓 및 증일청구' 관련 진료기록부를 제출하지 않았고, 추가적인 조사를 거부하는 의사를 명시적으로 표시하였으며, 담당조사관은 조사거부라는 방법도 있다는 것을 알려주었을 뿐 거부를 권한 적은 없다고 진술하였으며, 거부 시 환수처분 및 업무정지가 가능하다는 점 등에 대해 충분히 고지하였다는 점 등을 고려할 때, 원고가 자신의 의사에 반하여 조사거부확인서 및 사실확인서를 작성하게 된 것으로 볼 수는 없다. (대법원 1994.9.23. 선고 94누3421 판결, 대법원 2002.12.6. 선고 2001두2560 판결 등) (중략) 재량권의 일탈·남용과 관련하여 현지조사를 거부한 요양기관 및 의료급여기관에 대해서는 엄격한 제재처분을 가하여야 할 공익적 필요성이 크며, 종전 병원을 폐업하면 별다른 불이익이 없을 것으로 예상하여 현지조사를 거부한 것으로 조사거부 행위의 위법성이 가볍지 않고, 「국민건강보험법」 제98조 제5항 위임에 따른 법 시행령 제70조 제1항 「별표5」'업무정지 처분 및 과징금 부과 기준' 및 「의료급여법」 제28조 제8항 위임에 따른 법 시행령 제16조의2 「별표2」'행정처분의 기준'은 현지조사를 거부·방해 또는 기피한 경우 업무정지 기간을 1년으로 정하고 있는데 그 기준이 현저히 부당하다고 인정할 만한 합리적 이유는 없다.

건강보험법」 제98조 제3항[6] 및 「의료급여법」 제28조 제6항[7]에 따르면 제1항에 따라 "업무정지처분의 효과는 그 처분이 확정된 요양기관 또는 의료급여기관을 양수한 자 또는 합병 후 존속하는 법인이나 합병으로 설립되는 법인에 승계되고, 업무정지처분의 절차가 진행 중인 때에는 양수인 또는 합병 후 존속하는 법인이나 합병으로 설립되는 법인에 대하여 그 절차를 계속 진행할 수 있다" 요양급여기관에 대한 업무정지처분은 (i) 「국민건강보험법」 제42조 제1항[8] 및 「의료급여법」 제9조 제1항은 의료법에 따라 개설된 의료기관 등을 국민건강보험의 요양기관 및 의료급여기관으로 직접 지정하며, 피고가 공익 또는 국가정책에 비추어 제외할 수 있으며, (ii) 「국민건강보험법 시행령」 제18조 제1항 제4호[9] 및 「의료급여법」 제12조의4에 따라 제외되는 대상에는 "업무정지처분을 받은 요양기관 및 의료급여기관의 개설자가 개설한 의료기관"이 될 수 있으며, (iii) 「국민건강보험법 시행령」 제18조 제3항[10] 및 「의료급

6) 「국민건강보험법」 제98조(업무정지) ③ 제1항에 따른 업무정지 처분의 효과는 그 처분이 확정된 요양기관을 양수한 자 또는 합병 후 존속하는 법인이나 합병으로 설립되는 법인에 승계되고, 업무정지 처분의 절차가 진행 중인 때에는 양수인 또는 합병 후 존속하는 법인이나 합병으로 설립되는 법인에 대하여 그 절차를 계속 진행할 수 있다. 다만, 양수인 또는 합병 후 존속하는 법인이나 합병으로 설립되는 법인이 그 처분 또는 위반사실을 알지 못하였음을 증명하는 경우에는 그러하지 아니하다.

7) 「의료급여법」 제28조(의료급여기관의 업무정지 등) ⑥ (각주7과 동일)

8) 「국민건강보험법」 제42조(요양기관) ① 요양급여(간호와 이송은 제외한다)는 다음 각 호의 요양기관에서 실시한다. 이 경우 보건복지부장관은 공익이나 국가정책에 비추어 요양기관으로 적합하지 아니한 대통령령으로 정하는 의료기관 등은 요양기관에서 제외할 수 있다.

1. 「의료법」에 따라 개설된 의료기관 (이하 생략)

9) 「국민건강보험법 시행령」 제18조(요양기관에서 제외되는 의료기관 등) ① 법 제42조제1항 각 호 외의 부분 후단에서 "대통령령으로 정하는 의료기관 등"이란 다음 각 호의 의료기관 또는 약국을 말한다.

4. 법 제98조에 따른 업무정지 처분 절차가 진행 중이거나 업무정지 처분을 받은 요양기관의 개설자가 개설한 의료기관 또는 약국

10) 「국민건강보험법 시행령」 제18조(요양기관에서 제외되는 의료기관 등) ③ 의료기

여법 시행령」 제12조 제2항에 따르면 제외되는 기간은 “업무정지처분 기간이 끝나는 날”이라고 정하고 있는바, 법령의 규정취지를 고려할 때, 피고(보건복지부장관)의 업무정지처분은 요양급여기관을 대상으로 하는 대물적 처분에 해당한다.

둘째, (i) 「의료법」 제33조 제2항[11]에 따르면 의료기관은 의사 등 면허를 받은 자만이 개설할 수 있고, (ii) 「의료법」 제33조 제8항[12]에 따르면 의료인이 둘 이상의 의료기관을 개설할 수 없으며, (iii) 요양기관 및 의료기관은 의료업의 단위가 되는 인적·물적 결합체로서 법인격이 없고, (iv) 그와 관련한 대외적 법률관계의 주체는 법인격이 있는 개설자가 될 수밖에 없고, (v) 업무정지처분에 대한 항고소송의 원고적격은 요양기관 및 의료급여기관 개설자에게 있다. 따라서 비록 업무정지처분 절차가 진행 중이거나 업무정지처분을 받은 의료기관 개설자가 개설한 의료기관에 대하여 업무처분을 할 수 있다는 명문의 규정은 없으나, 「국민건강보험법 시행령」 제18조 제1항 제4호와 「의료급여법」 제12조 제1항 제4호에 따르면 새로이 개설된 의료기관을 요양기관 및 의료급여기관에서 제외할 수 있도록 규정하고 있으므로 업무정지처분의 효력이 개설자에게 전혀 미치지 않는다고 보기 어렵다. 요양기관 및 의료급여기관이 업무정지처분을 회피하기 위하여 폐업하고 실질적으로 동일성이 인정되지 않는 다른 기관을 개설하는 경우 사후에 종전 기관

관 등이 요양기관에서 제외되는 기간은 제1항제3호의 경우에는 1년 이하로 하고, 제1항제4호의 경우에는 해당 업무정지기간이 끝나는 날까지로 한다.

11) 「의료법」 제33조(개설 등) ② 다음 각 호의 어느 하나에 해당하는 자가 아니면 의료기관을 개설할 수 없다. 이 경우 의사는 종합병원·병원·요양병원·정신병원 또는 의원을, 치과의사는 치과병원 또는 치과의원을, 한의사는 한방병원·요양병원 또는 한의원을, 조산사는 조산원만을 개설할 수 있다.
1. 의사, 치과의사, 한의사 또는 조산사

12) 「의료법」 ⑧ 제2항제1호의 의료인은 어떠한 명목으로도 둘 이상의 의료기관을 개설·운영할 수 없다. 다만, 2 이상의 의료인 면허를 소지한 자가 의원급 의료기관을 개설하려는 경우에는 하나의 장소에 한하여 면허 종별에 따른 의료기관을 함께 개설할 수 있다.

의 개설자가 새로 개설한 기관에 책임을 물을 수 없다면, 탈법행위를 용인하고, 요양급여 및 의료급여비용 청구에 대한 제재효과가 상실되는 결과가 초래된다. 업무정지처분은 요양기관 및 의료급여기관에 행하여지는 것이지만, 그 효력은 당연히 위반행위를 한 개설자에게도 미치는 것이므로 대인적 처분의 성격도 아울러 가진다. 따라서 새로 개설한 요양기관 및 의료급여기관에 대하여도 업무정지처분을 할 수 있다(대법원 2012.6.28. 선고 2010두27516 판결).

2. 관련 판결(대법원 2022. 1. 27. 선고 2020두39365 판결) 판단 요약

1) 사실관계

원고와 소외 1인(甲, 乙)은 용산에서 공동으로 A의료기관을 개설하여 운영(2011.1.3. - 2014.5.7.)하였으나 2014.5.7. 폐업하였다. 3년 후인 2017.5.7. 이후 원고(甲)는 단독으로 세종시에 B의료기관을 개설하여 운영하고 있다. 피고(보건복지부장관)는 2017.5.29. 원고에게 "A의료기관을 개설·운영하면서 2011.5. - 2011.9 사이「국민건강보험법」제42조 제1항에 따라 요양급여는 의료법에 따라 개설된 의료기관 등에서 실시하여야 그 비용을 청구할 수 있음에도 이 사건 의원이 아닌 OOO타운에서 수진자들을 진료한 다음 그 진찰료를 요양급여비용으로 청구하고 위 진료에 관한 원외처방전을 요양급여대상으로 발급하여 약국 약제비를 청구"하였음을 이유로「국민건강보험법」제85조 제1항 제1호[13]에 근거하여 B의료기관의 업무를 10일동안 정지하는 처분을 하였다.

13)「구 국민건강보험법」제85조(업무정지) ① 보건복지부장관은 요양기관이 다음 각 호의 어느 하나에 해당하는 때에는 1년의 범위 안에서 기간을 정하여 요양기관의 업무정지를 명할 수 있다.

1. 속임수나 그 밖의 부당한 방법으로 보험자、가입자 및 피부양자에게 요양급여비용을 부담하게 한 때

「관련 판결(대법원 2022. 1. 27. 선고 2020두39365 판결) 요약」

	A의료기관 (2011.5-2014.5.7.)	B의료기관(2017.5.29. -)
의료기관	용산구, 이비인후과	세종시, 이비인후과
개설대표자	甲(원고), 乙 (소외) (개설자 2인)	甲 (원고) (개설자 1인)
형식적 동일성 (양도양수계약)	기준: 주체, 진료과목, 시설규모, 인력 환자 등을 고려 사안: 불인정(폐업 3년 이후 다른 지역에서 신규 개설, 개설자 다름)	
실질적 동일성	불인정(개설자 중 대표원장 1인 동일, 타 지역, 직원과 환자군 다름 등)	
처분사유	A가 원외처방 후 요양급여비용 청구	
처분시점	폐업 당시 업무정지처분 절차가 진행되거나 업무정지처분을 받은 것은 아님.	

2) 대법원 판단 요약

대상 판례는 판단 3개월 전에 이루어진 본 관련판례(대법원 2022.1.27. 선고 2020두39365 판결)과 동일한 취지로 볼 수 있다. 대법원은 "요양기관이 속임수나 그 밖의 부당한 방법으로 보험자에게 요양급여비용을 부담하게 한 때에 구 「국민건강보험법」 제85조 제1항 제1호에 의해 받게 되는 요양기관 업무정지처분은 의료인 개인의 자격에 대한 제재가 아니라 요양기관의 업무 자체에 대한 것으로서 대물적 처분의 성격을 갖는다. 속임수나 그 밖의 부당한 방법으로 보험자에게 요양급여비용을 부담하게 한 요양기관이 폐업한 때에는 그 요양기관은 업무를 할 수 없는 상태일 뿐만 아니라 그 처분대상도 없어졌으므로 그 요양기관 및 폐업 후 그 요양기관의 개설자가 새로 개설한 요양기관에 대하여 업무정지처분을 할 수는 없다."라고 판단하였다. 또한, 침익적 처분에 대한 행정법규 해석에 대하여는 "침익적 행정행위의 근거가 되는 행정법규는 엄격하게 해석·적용하여야 하고, 입법 취지와 목적 등을 고려한 목적론적 해석이 전적으로 배제되는 것이 아니라고 하더라도 그 해석이 문언의 통상적인 의미를 벗어나서는 아니 된다"라고 전제하고, 구 「국민건강보험법」 제85조(업무정지) 제1항에서 "보건복지부장관은 요양기관이 다음 각 호의 어느 하나에 해당하면 그 요양기관에 대하여 1년의 범위에서 기간을 정하여 업무정지를 명할 수 있다."라고 규정하고 있으므로 처분대상으로서 "그 요양기관"은 종전 의료기관에 한하며, 확대해석할 수 없다고 판단하였다. 제재적 처분의 실효성 확보 측면에서도 "구 「의료법」 제66조 제1항 제7호[14]에 의하면 보건복지부장관은 의료인이 속임수 등 부정한 방법으로 진료비를 거짓 청구한 때에는 1년의 범위에서 면허자격을 정지시킬 수 있다"라고 규정하여 요양기관 개설자인 의료인 개인에 대하여는 별도의 제재수단이 존재하므로 의료기관 개설자가 새로운 의료기관을 개설한 경우에 이를 적용할 필요는 없다고 판단하였다.

3) 하급법원 판단 요약

서울고등법원(2020. 5. 14. 선고 2018누46805 판결) 판결에서 피고(보건복지부장관)는 "구 「국민건강보험법」 제85조 제1항의 업무정지 처분은 요양기관 등에 대하여 행하여지는 것이기는 하지만 의료기관 개설자인 의사에게 미치다는 점에서 대인적 처분의 성격을 가지고 있다고 보아, 개설자가 폐업 후 새로 요양기관 등을 개설한 경우에도 이전 요양기관에서의 행위를 근거로 업무정지 처분을 할 수 있다"고 주장하였다. 설령 불가능하다 할지라도, 구 「국민건강보험법」 제40조 제1항, 「동법 시행령」 제21조 제1항의 "요양기관에서 제외할 수 있다"는 의미의 체계적 해석에 따라서도 같은 결론이라고 주장하였다.

서울고등법원은 (i) 침익적 처분의 경우 문언의 통상적 의미를 벗어나서는 안 된다는 점,[15] (ii) 구 「국민건강보험법」 제85조 제1항 제1호에서 업무정지 처분의 대상을 요양기관으로 명시한 점, (iii) 구 「의료

---

14) 의료법 제66조(자격정지 등) ①보건복지부장관은 의료인이 다음 각 호의 어느 하나에 해당하면 1년의 범위에서 면허자격을 정지시킬 수 있다.(이하 중략)

7. 관련 서류를 위조ㆍ변조하거나 속임수 등 부정한 방법으로 진료비를 거짓 청구한 때

15) 대법원 2018. 2. 28. 선고 2016두64982 판결 등.

법」 제33조 제3항, 제36조에 따르면 의료기관 등은 「의료법」에 따라 시설·운영 등에 관한 사항을 준수하여 개설 신고를 하여야 하고, 의료인이 속임수 등 부정한 방법으로 진료비를 거짓 청구할 경우 구 「의료법」 제66조 제1항 제7호에 따라 의료인의 면허자격이 정지될 수 있으므로, 의료인 개인에 대한 제재수단은 별도로 존재한다는 점을 고려할 때 "구 「국민건강보험법」 제85조 제1항에 따라 받게 되는 요양기관 업무정지 처분은 의료인 개인의 자격에 대한 제재가 아니라 요양기관의 영업 자체에 대한 것으로서 대물적 처분의 성격을 갖는다."고 보았다. 또한, "요양기관 영업정지 처분은 한 요양기관의 범주 내에서 다른 종사자에 의해서도 위반행위가 발생할 수 있다는 점에서 대표자 개인의 주관적 사정에 착안하여 행해지거나 그 효과가 일신전속적이라고 할 수 없다. 물론 요양기관 업무정지 처분이 이루어지면 그 효력이 요양기관의 운영 주체인 대표자에게 미쳐 대표자가 그 효력에 기속되기는 하나, 이는 행정처분의 당연한 효력이므로 이를 두고 요양기관 영업정지 처분을 대인적 처분이라고 할 수는 없다"라고 판단하였다.

다만, "구 국민건강보험법 제40조 제1항, 법 시행령 제21조 제1항 제4호에 따라 업무정지 처분 절차가 진행중이거나, 이미 업무정지 처분을 받은 경우, 업무정지처분 대상 요양기관을 폐업한 자가 새로이 개설한 의료기관 등은 국민건강보험의 요양기관에서 제외할 수 있을 뿐이며, 의료인 개인에 대한 제재수단은 별도로 이미 존재하므로 업무정지 처분이 승계될 수는 없다"고 보았다. 따라서 "영업정지처분은 다른 요양기관에 대한 처분이며, 폐업 당시 업무정지 처분 절차가 진행 중이거나 업무정지 처분을 이미 받은 것도 아니므로 요양기관 제외 사유에 해당하지도 않는다"라고 판단하였다.

3. 논점의 정리

본 사안은 제재처분의 승계에서 명문으로 영업자 지위승계의 규정이 없는 경우 (1) 업무정지처분은 대물적 처분이고 업무정지처분의 효력도 대물적 성격을 가지므로 영업양도 등의 승계가 있는 경우 처분효과가 승계될 수 있으나, 영업양도 등 승계가 없이 종전 의료기관 개설자가 폐업하고 새로운 의료기관을 개설한 경우 폐업으로 처분대상이 없어졌고, 다른 의료기관에 해당하는 새로운 의료기관에도 처분의 효력이 승계되지 않으므로 새로운 의료기관에 대한 업무정지처분을 할 수 없다고 보아야 할지, (2) 업무정지처분은 대물적 처분이며, 업무정지처분의 효력은 행정처분의 당연한 효력으로 종전 개설자에게 기속되는 경우 영업양도 등의 승계가 있는 경우 (승계인이 포괄적으로 승계한 경우) 양수인은 업무정지 처분 효과를 승계하게 되나, 영업양도 등의 승계 없이 종전 의료기관 개설자가 새로운 의료기관을 개설한 경우 여전히 처분대상이 없으므로 새로운 의료기관에 업무정지는 불가능하다고 보아야 할지, (3) 업무정지처분은 대물적 성격을 가지나, 업무정지처분의 효력은 대인적 성격도 가지므로 업무정지처분이 혼합적 성격을 갖는다고 할 경우, 영업양도 등의 승계가 있는 경우 양수인과 기존 의료기관 개설자가 모두 업무정지처분의 효력을 승계할 수 있게 되며, 종전 의료기관 개설자가 새로운 의료기관을 개설한 경우 (영업양도 등의 승계행위가 없더라도) 업무정지사유의 승계를 인정하여 새로운 의료기관에 대한 업무정지처분을 할 수 있다고 보아야 할지가 주로 논의되었다.

또한, 종전 의료기관에 대한 처분이 없었고, 처분 절차도 개시되지 않은 시점에서 폐업된 경우, 「국민건강보험법」과 「의료급여법」에서는 양수가 있는 경우 승계된다고 규정하고 있으나, 양수 등의 승계행위가 없는 경우에 관하여는 명문의 규정이 없는데, 이러한 경우에도 해석으로 종전 의료기관 개설자가 새로 설립한 의료기관에 업무정지처분의 효력이 기속될 수 있을지, (「국민건강보험법」상 요양급여대상에서 제외되거나 「의료법」상 면허정지규정에 의하여 면허정지가 이루어질 수 있으나) 이러한 상황을 악용하는 경우에 업무정지 제재처분의 실효성을 확보할 수 있을지 등에 관한 문제가 제기된다.

<table>
<tr><th></th><th>(1)
2022두30546(대판)
2020두39365(대판)</th><th>(2)
서울고등법원(2020. 5. 14. 선고 2018누46805 판결)</th><th>(3)
서울행정법원(2021.5.13. 선고 2019구합65962 판결)</th></tr>
<tr><td>업무정지처분</td><td>대물적 처분</td><td>대물적 처분</td><td>혼합적 성격[16]</td></tr>
<tr><td rowspan="2">업무정지처분의 효력</td><td rowspan="2">종전 의료기관에 기속</td><td>개설자</td><td>의료기관, 개설자</td></tr>
<tr><td>(효력은) 개설자에게 미쳐 개설자가 그 효력에 기속되나, 이는 행정처분의 당연한 효력에 불과에 불과하므로 영업정지 처분을 대인적 처분이라고 볼 수 없다.</td><td>(대물적) 종전 의료기관
(대인적) 종전 의료기관 개설자</td></tr>
<tr><td rowspan="2">사안의 경우 (영업양도 등 승계가 없고, 종전 의료기관 개설자가 새로운 의료기관을 개설한 경우)</td><td>처분대상 없음</td><td>처분대상 없음</td><td>(대물) 처분대상 없음</td></tr>
<tr><td>새로운 의료기관에 업무정지 불가</td><td>새로운 의료기관에 업무정지 불가</td><td>(대인) 새로운 의료기관에 업무정지 가능</td></tr>
<tr><td rowspan="2">만약, 영업양도 등 승계가 있는 경우 (양수인(승계인)에게 효력이 미치는지 여부)</td><td>처분효과 승계 O</td><td>처분효과 승계 O</td><td>기존 의료기관 개설자와 양수인 모두에게 효과 O</td></tr>
<tr><td>포괄적 승계로 전제 (처분이 되거나 처분절차가 개시된 경우, 양수한 의료기관에 처분 가능)</td><td>포괄적 승계, 특정승계 등 승계의 내용에 따라 다름 (승계인이 업무정지의 효력을 포괄적으로 승계하였는지에 따라 달라짐[17]))</td><td>처분효과가 기존 의료기관 개설자와 양수인 모두에게 미치는 결과 발생 가능[18])</td></tr>
</table>

16) 서울행정법원은 "업무정지처분은 요양기관 및 의료급여기관에 행하여지는 것이지만, 그 효력은 당연히 위반행위를 한 개설자에게도 미치는 것으로 대인적 처분의 성격도 아울러 가진다. 따라서 새로 개설한 요양급여기관 및 의료급여기관에 대하여도 업무정지처분을 할 수 있다." (대법원 2012.6.28. 선고 2010두27516 판결 취지

Ⅱ. 제재처분 지위 승계에 관한 이론적 검토

1. 개관

제재처분 지위의 승계 문제는 영업양도, 회사 합병·분할, 상속, 경매 등으로 공법상 지위가 이전되는 경우, 기존 영업자의 공법상 지위 또는 공의무의 한 부분으로 제재처분이 승계되는지를 대상으로 한다. 공법상 지위의 발생과 소멸을 다루므로 공법상 지위승계(예: 영업자 지위승계)의 법적 근거, 제재처분 승계의 요건과 효력, 제재처분 승계 절차 등에 관하여 명시적인 규정이 있는지 검토되어야 한다. 하지만 공법상 지위승계 등에 관하여 명시적인 규정 없이 제재처분 사유가 발생하거나 처분 절차가 진행되는 경우 또는 처분이 이루어진 경우, 이후의 처분과 관련하여 해석의 문제가 발생한다. 특히 대상판례와 같이 공법상 지위승계에 관한 명시적인 규정이 없이 제재처분(업무정지 처분)의 근거와 업무정지 처분의 효과에 관하여만 규정하고 있는 경우[19] 공법상 지위의 승계 없이 제재처분만을 승계하는 것이 타당한지 등에 관한 문제도 함께 발생한다.

참고). 라고 하여, 업무정지처분은 대물적 처분이지만, 그 효력이 개설자에게도 미치는 것이므로 대인적 처분의 성격을 갖는다고 판단하였다. 특히 법원은 "종전 의료기관 개설자가 새로 개설한 의료기관에도 업무정지처분의 효력이 미친다는 명문의 규정은 없더라도 혼합적 성격이 인정될 수 있다"고 판단하였다.

17) 영업의 양도·양수 계약으로 인한 공법적 지위의 이전이 포괄적인 것으로 인정한다면, 제재처분도 승계될 수 있으나, 영업의 양도·양수일 뿐 공법적 지위의 이전은 특정의무에 한하여 이루어진다고 본다면, 제재처분도 승계되지 않는다.

18) 이 경우 기존 의료기관 개설자에게 영향을 미친다고 판단하는 경우, 새로이 개설한 의료기관에 영업정지 처분사유가 승계되는 반면, 기존 의료기관에 영향을 미친다고 판단하는 경우, 기존 의료기관을 양수한 제3자에게 효력이 미치는 결과가 발생한다. 대물적 성격을 강조한다면, 제3의 양수인에게 승계될 가능성이 높다.

19) 「국민건강보험법」 제98조 제1항 및 제3항, 「의료급여법」 제28조 제1항 및 제3항.

2. 독일의 승계적성과 승계요건 논의

1) 개관

독일의 경우 공법상 의무의 승계가 이루어지기 위해서는 공법상 지위에 잠재된 본질적 속성으로서 승계적성(Nachfolgefähigheit)과 잠재적 승계적성을 활성화하는 계기가 되는 승계요건(Nachfolgetatbestand)이 충족되어야 한다고 설명한다.[20][21] 승계적성은 법적 지위가 이전되기 위한 특별한 속성(승계가능성)으로 설명되며, 승계요건은 승계사유를 활성화하는 요소로서 승계사유로 설명된다. 또한, 일신전속성이 인정되는 공의무는 원칙적으로 승계대상에서 제외된다고 판단한다. 한편, 독일 판례에서는 (승계적격과 승계요건의 문제를 다루지 않고) 대물성(Dinglichkeit)이라는 불문의 승계요건을 활용하고 있다. 즉, 근거법령이 "물적(dingliche), 사물관련적(sachbezogene), 토지관련적(grundstücksbezogene), 대상관련적(objektbezogene)" 규율에 해당하는 경우 공법상 지위의 승계가 인정된다는 해석이다.

2) 승계적성(Nachfolgef higheit)의 개념과 판단징표, 구체화 정도

(1) 개념과 판단징표

승계적성의 문제는 공법상 지위의 이전이 발생하기 위해서는 당해 지위 자체에 "어떠한 특별한 속성"이 있어야 함을 의미한다. 과거에는

---

20) 파이네(Peine)에 따르면 "법적 지위의 승계적성이 긍정되는 것은 승계요건에 대한 문제가 조금이라도 의미있게 제기되는데 필요한 필수조건이다. 승계요건이 긍정된다고 하여 이로부터 어떠한 지위의 승계적성이 초래되는 것은 아니다" 이현수, 영업양도와 제재처분상의 지위승계, 행정판례연구 10집, 2005, 141－145면. (Peine, DVBl 1980, S. 944. Wolff/Bachof/Stober, Verwaltungsrecht I, 11.Aufl., §42, Rdnr. 54.; Stadie, DVBl 1990, S. 501.)

21) Dietlein, Johannes, Nachfolge im Öffentlichen Recht : staat – und verwaltungsrechtlichen Grundfragen, SöR Bd. 791, 1999, S. 113－116.

민법과는 달리 공법상 지위의 이전은 원칙적으로 승계적성이 없다는 소극적 입장을 취하여 왔으나, 1971년 철거처분의 승계를 인정한 연방행정법원의 판결 이후 공법상 의무의 승계적성의 인정여부에 대한 논의가 확산되어 왔다.[22] 특별한 속성의 구별기준으로는 우선 "재산적 가치, 일신전속성, 분리가능성" 여부[23]가 논의되며, 일신전속성이 있는 공의무는 원칙적으로 승계의 대상이 부정되었다. "일신전속성"을 판단하기 위한 해석기준으로 대체가능성·대체불가능성, 재량결정·기속결정, 행태의무·결과의무, 의무귀속의 근거, 대물성이 제안되었다. 구체적인 내용은 다음과 같다. (1) Ossenbuühl은 대체가능성(Vertretbarkeit) 즉, 타자에 의한 완수가능성(Fremderfüllbarkeit)[24]이 있는 경우에 승계된다고 설명한다. (2) Wachsmuth, Schuegraf, Finkelnburg 등은 특히 공의무 중 제재처분은 피승계인의 상황에 맞게 부과된 재량적 처분에 해당하므로 기속처분의 경우 승계될 수 있는 반면, 재량처분은 승계되기 어렵다고 설명[25]한다. (3) K. Otto 등은 순수한 결과의무(Erfolgspflichten)는 처분의 개성과 관련된 속성이 결여되어 있으므로 승계적성이 인정되는 반면, 순수한 행태의무(Verhaltenspflichten) 또는 혼합형 의무(gemischt-typischen Pflichten)의 경우 처분의 개성과 관련된 속성이 인정되어 처분상대방과 의무를 분리할 수 없으므로 특정한 승계(Einzelrechtsfolge)는 인정되지 않는다고 설명한다. 한편, 이행이 불가능한 상태가 되는 경우

---

22) 김중권, 공의무, 특히 철거의무 및 이행강제금 납부의무의 승계에 관한 고찰, 공법연구, 제23권 제2호, 1995, 288면.

23) Peine, DVBl 1980, S. 944.

24) 다만, Ossenbühl은 일신전속적(비대체적)이지만 승계적성이 인정될 수 있는 의무로 이행강제금(Zwangsgeld) 납부의무를 들고 있다. Stadie, Peine, Dietlein, Rumph 등은 이행강제금의 승계적성을 부인하고 있다. Ossenbühl, Zur Haftung des Gesamtrechtsnachfolgers für Altlasten, 1995, S. 55.

25) 하지만, 재량처분에 인적 요소가 반영될 수 있더라도 그 요소가 매우 사소한 부분일 수 있으므로 이러한 경우라고 반드시 승계가 배제되기 어렵다는 반론도 있다. Dietlein, S. 120-121.

포괄승계의 경우 순수한 행태의무는 반드시 승계될 수 없게 되는 반면, 혼합형 의무는 개성적 요소가 사라지더라도 결과실현을 위한 독자적 목적이 잔존할 수 있으므로 목적에 상응하는 범위에서 승계가 인정된다고 설명한다. (4) Ossenbühl은 공법상 의무의 인적결부성은 의무의 귀속근거(Zuordungsgrund)와 관련되므로 의무부과의 정당화 근거가 잠재적 승계자에게도 정당하게 인정된다면 승계가 인정된다고 설명한다. (5) 실무적으로는 사물의 상태에 연계되며, 의무자로부터 분리되어 있는 대물성(Dinglichkeit)이 인정되는 경우 승계가 인정된다는 견해가 자주 인용된다.[26)]

(2) 의무의 구체화 정도

한편, 의무가 구체화되기 전에 공법상 지위가 이전된 경우에도 제재처분상 지위가 승계될 수 있는지도 문제된다. 주로 질서행정법 영역에서 논의되었는데 Atlasten은 먼저 1단계로 경찰주체와 시민간에 가상적인 법관계(virtuelle Rechtsbeziehung)만 존재하는 경우에는 승계의 대상이 될 수 없고, 3단계로 구체적인 의무가 발령된 경우에는 (적어도 의무의 구체화 측면에서는) 승계의 대상이 된다고 전제한다. 2단계로 미완성의 법상태(unfertige Rechtslagen)에 있는 경우에는 견해가 나뉜다. 승계를 부인하는 견해는 이 경우에도 단지 관할 관청의 개입 수권이 부여되어 있을 뿐이며, 의무부과의 가능성(Verpflichbarkeit)만 있을 뿐이므로 승계될 수 없다고 설명하는 한편, 승계를 인정하는 견해는 행태책임은 행태가 이루어졌을 때 확정되는 것이고 경찰처분은 당사자에게 의무위반을 확인해주는 행위에 불과하므로 처분 전이라도 행위가 발생한 경우에는 승계된다고 설명한다.[27)]

---

26) 대물성은 의무의 이전가능성을 이미 전제하고 있으므로 대물성을 기준으로 승계가능성을 판단하기에는 불분명한 기준이라는 비판도 있다. de Wall, S. 498. Dietlein, S. 118.

27) 독일연방행정법원은 피상속인의 위반행위가 있은 후 금전지급명령이 이루어지기

3) 승계요건(Nachfolgetatbestand)의 개념과 법률유보, 대물성의 문제

승계적성을 갖춘 경우 이를 활성화하기 위한 승계요건이 발생하여야 승계가 이루어진다. 승계요건은 법률, 행정행위, 공법상 계약을 통하여 발생할 수 있으나, 당사자의 권리와 의무와 관련되는 공법상 지위의 승계 문제는 법률을 통하여 규율된다고 볼 수 있다.[28] 하지만 법률에 규정이 명확하지 않은 경우, 법률유보의 원칙을 어느 정도로 요구할 것인가가 문제된다. 제재처분의 승계와 같이 침익적 작용에서는 승계를 명시적으로 규율하고 있는 법률이 존재하여야 한다는 견해, 이미 존재하는 공법상 승계요건을 유추적용하여 승계를 인정할 수 있다는 견해, 민법상의 승계요건을 유추적용하여 승계를 인정할 수 있다는 견해로 나뉜다.[29]

3. 우리나라의 제재처분 승계에 관한 논의

1) 관련 법령 규정 현황

(1) 행정기본법과 행정절차법

행정기본법 제2조 제5호는 "제재처분"을 "법령등에 따른 의무를 위반하거나 이행하지 아니하였음을 이유로 당사자에게 의무를 부과하

전 상속이 이루어진 경우에도 상속인에게 제재처분이 승계될 수 있다고 판단하였다. BVerwGE 64, 105ff. DVBl. 1982, 78f. Stadie, DVBl 1990, S. 505. Peine, JuS 1997, S. 987.

28) Dietlein, S. 156 ; Wolff/Bachof/Stober, Verwaltungsrecht I, 11. Aufl., § 42, Rdnr. 59; Stadie, DVBl 1990, S. 507 ; Rumpf, VerwArch. 1987, S. 283. 이현수, 위의 글, 151면 재인용.

29) 1설로는 Rumpf, S. 283; Peine, DVBl. 1980, S. 947.; Wolff/Bachof/Stober, Verwaltungsrecht I, § 42, Rdnr. 59, 2설로는 V. Hassel, VR 1978, S. 43, 3설로는 Finkelnburg/Ortloff, Öffentliches Baurecht, Bd. II, 1998, S. 189.이 있다.

거나 권익을 제한하는 처분"으로 정의한다. 동법 제22조 제1항에서는 "제재처분의 근거가 되는 법률에는 제재처분의 주체, 사유, 유형 및 상한을 명확하게 규정하여야 한다. 이 경우 제재처분의 유형 및 상한을 정할 때에는 해당 위반행위의 특수성 및 유사한 위반행위와의 형평성 등을 종합적으로 고려하여야 한다."라고 규정하고 있다. 또한, 제2항에서는 "행정청은 재량이 있는 제재처분을 하는 경우 "위반행위의 동기, 목적 및 방법, 결과, 횟수, (시행령 제3조에 규정) 위반행위자의 귀책사유 유무와 그 정도, 위반행위자의 법 위반상태 시정ㆍ해소를 위한 노력 유무"를 고려하여야 한다고 규정하고 있다.30)

행정절차법 제10조 제1항과 제2항에서는 "당사자 등의 사망, 합병 등으로 지위를 승계한 경우 상속인 등과 합병 후 존속법인 등이나 합병

30) 행정기본법 제정 과정에서는 "제재처분 절차 진행 중 영업이 승계되는 경우에 종전 영업자의 위반행위를 이유로 승계인에게 제재적 행정처분을 할 수 있는가?", "위반행위의 횟수에 따라 가중되는 경우, 종전 영업자가 받은 행정처분을 양수인의 위반횟수에 포함할 수 있는가?"를 쟁점으로 논의하였다. 제재처분 효과 및 절차의 승계에 관한 별도의 규정을 두는 방안, 영업자의 지위 승계 조문과 통합하여 입법지침의 형태로 두는 안이 논의되었으나, 개별 법령을 조사하고 정비방안을 추후에 규정하도록 논의되어 영업자 지위 승계규정과 제재처분 승계규정을 두지 않았다. 먼저, 영업자 지위승계에 관한 일반규정을 두는 방안에 대해서는 여러 입법례에서 두고 있으므로 영업자 지위승계에 관한 일반 규정을 두는 것이 바람직하다는 견해, 영업법제는 일부 영역의 쟁점이므로 행정기본법에서 이를 규정하는 것은 바람직하지 않다는 견해가 제기되었다.

또한, 제재처분 승계에 관한 일반원칙을 규정하는 방안에 대하여는 (1) 인허가의 성격에 따라 제재처분 승계여부가 정해지므로 일반적으로 규율하기 쉽지 않으며, (2) 개별 법령에 지위승계에 관하여 규정하고 있는 조항은 대부분 제재처분의 승계에 관한 조항을 두고 있으므로 일반조항을 별도로 규율하면 해석상의 혼란이 생길 것이라는 점이 논의되어 규정되지 못하였다. 일반조문으로 두는 경우 제재처분일을 기준으로 승계기간은 1년 이내로 두는 것이 바람직하다는 점, 승계인의 선의 또는 중과실을 승계 단절 사유로 인정하는 안이 논의되었고, 양도인에게 통지의무를 부과하거나 양수인에게 확인의무를 부과한 입법례, 양도인과 양수인의 확인서 제출을 요구한 입법례 등이 논의되었다. 행정법제 혁신 자문위원회(분과위원회 및 조문화 위원회) 자료 요약. 이현수ㆍ김태호ㆍ박현정ㆍ황선훈ㆍ김권일, 행정기본법의 보완.발전을 위한 신규의제 입안 방안 연구1, 법제처, 2022, 61－63면.

후 새로 설립된 법인 등은 "당사자의 지위를 승계한다"고 규정하고 있다. 즉, 승계사유가 발생하는 경우 절차에서 당사자의 지위가 승계된다는 점을 규정하고 있다.[31] 또한 법 제4항에서는 "처분에 관한 권리 또는 이익을 사실상 양수한 자는 행정청의 승인을 받아 당사자등의 지위를 승계할 수 있다."라고 규정하여 영업양도가 있고 행정청의 승인이 있는 경우 당사자의 지위가 승계된다는 점을 규정하고 있다. 절차법상 지위승계와 실체상 지위승계의 관계에 관하여 독일의 경우 종속성의 원칙(Grundsatz der Akzessorietät)이 논의되는데, 승계적성과 승계요건이라는 지위승계의 구성요소가 있음을 전제로 승계절차가 종속적으로 적용됨을 의미한다.[32] 하지만 행정절차법상의 지위승계는 당사자 등이 처분의 직접 상대방 뿐만 아니라 행정절차에 참가하는 이해관계인을 포함하며, 행정절차의 적용범위가 처분뿐만 아니라 행정입법, 행정지도 등을 포함하므로 영업자 지위승계 규정에 비하여 광범위한 적용대상을 전제하고 있다.

(2) 개별법령 규정의 유형

제재처분 승계에 관한 대부분의 규정은 영업자 지위승계, 제재처분의 효과, 제재처분 승계 절차를 규정하고 있다. 하지만 영업자 지위승계

31) 만약 행정기본법에 행정처분 절차의 승계에 관한 일반조항을 규정한다면, 이는 행정절차법 제10조 제1항에 대한 특별법으로서 지위를 갖게 된다. 현행과 같이 행정기본법에 제재처분 효과의 승계에 관한 규정을 두면서 제재처분 절차에 승계에 관한 규정을 두지 않는 경우 행정절차법 제10조에 따른 절차승계가 가능한지 여부에 대해서는 판례는 명문의 규정이 없더라도 물적 제재처분의 제재사유 승계가 가능하다고 보고 있으므로 행정절차법 제10조에 따른 절차가 적용된다. 다만, 법률에 명시적 근거 없이는 제재사유 승계가 불가능하며, 제재처분 효과의 승계 규정을 제재사유 승계까지 허용하는 것으로 해석할 수 없다는 견해에 따르면 행정절차법 제10조 규정만으로 진행 중인 제재처분 절차는 승계인에게 승계되지 않는다. 이현수 등, 위의 보고서, 법제처, 2022, 112면.

32) Martin Nolte, Mairan Niestedt, JuS 2000, 1072. 이현수 등, 위의 보고서, 법제처, 2022, 19면.

에 관한 규정을 두지 않고 제재처분의 효과 및 제재절차의 승계 규정을 두는 경우도 있다. 영업자 지위승계는 영업양도, 회사 합병·분할, 상속, 경매 등이 있다. 영업자 지위 승계 시 승계유형에 상관없이 제재처분의 효과 등이 승계된다고 보는 경우도 있으며, 영업자 지위 승계가 이루어지는 경우 제재처분의 효과 중 일부가 승계된다고 보는 경우도 있다.[33] 폐업 후 새롭게 사업등록을 하거나 허가를 받아 영업을 하는 경우 제재처분의 효과 또는 제재사유가 승계된다고 본 경우도 있다.[34] 예를 들어 「노인장기요양보험법」 제37조의4(행정재제처분 효과의 승계)는 행정제재처분(지정취소, 업무정지)의 효과는 "그 처분을 한 날부터 3년간 양수인, 합병 후 존속법인, 폐업 후 3년 이내에 같은 장소에서 장기요양기관을 운영하는 자 중 종전에 위반행위를 한 자(법인 대표자)나 그 배우자 또는 직계혈족"에 해당하는 자에게 승계되며(제1항), 절차가 진행중인 경우 그 절차를 계속 이어서 할 수 있다고 명시하고 있다. 다만, 양수인 등이 선의를 증명하는 경우에는 그러하지 아니하며(제3항), 제재처분을 받았거나 절차가 진행중인 자는 지체없이 양수인들에게 그 사실을 알려야 한다(제4항)고 규정하고 있다.[35] 또한, 「건설산업기본법」 제85조의2는 사업자가 폐업신고 후, "6개월 이내에 다시 건설사업자로 등록한 경우 폐업신고 전의 건설사업자의 지위를 승계한다"고 명시하였으며, 업무의

33) 영업자 지위승계에 관한 개별 입법례는 통보(2건), 자기완결적 신고(77건), 수리를 요하는 신고(40건), 인가(7건), 허가(1건), 규정없음(11건)이 있다. 이현수 등, 위의 보고서, 법제처, 2022, 38면.

34) 「건설산업기본법」 제85조의2 제1항(폐업신고 후 재등록), 「계량에 관한 법률」 제12조 제1항(폐업신고 후 재등록·신고), 「골재채취법」 제17조의2(폐업 후 재등록), 「부동산개발업의 관리 및 육성에 관한 법률」 제27조 제1항(폐업신고 후 재등록), 「해양조사와 해양정보활용에 관한 법률」 제37조 제1항(폐업 후 재등록)이 대표적인 사례이다. 이현수 등, 위의 보고서, 법제처, 2022, 147−158면 참조.

35) 「노인장기요양보험법」 제37조의4(행정제재처분의 효과) 규정은 2013.8.13. 제정되었는데, 제정 이유로 "장기요양기관의 운영 질서를 확립하고 장기요양기관에 대한 관리를 강화함"을 목적으로 한다고 설명하였다. 2013년 제정 당시 승계 기간을 1년으로 규정하였으나, 2015.12.29. 개정으로 3년으로 확대되었다.

「폐업 후 새로운 사업자로 등록하는 경우를 규정한 법률(예시)」

<table>
<tr><th>대상법률</th><th>행위유형</th><th>영업자
지위승계</th><th>승계대상(포괄적)</th></tr>
<tr><td>「노인장기요양보험법」</td><td>영업양도, 합병, 폐업 후 3개월 이내 같은 장소에서 운영(본인, 배우자, 직계혈족)</td><td>규정 없음</td><td>행정제재처분(포괄적)</td></tr>
<tr><td rowspan="2">「건설산업기본법」</td><td rowspan="2">폐업신고 후 6개월 이내 등록</td><td rowspan="2">건설사업자의 지위(포괄적) 승계</td><td>처분 효과의 승계</td></tr>
<tr><td>폐업 전 위반사유가 발생한 경우, 양수인에게 시정명령, 영업정지, 등록말소</td></tr>
</table>

동일성 부분에서는 "말소 당시에 등록한 업종과 동일한 업종, 업무내용이 전부 또는 일부 중복되는 다른 업종의 건설업"을 기준으로 한다고 규정(제1항) 하였다. 행정처분의 효과에 대하여도 명시적으로 "건설업자의 지위를 승계한 자는 폐업신고 전의 건설사업자에 대한 행정처분이 승계"되며(제2항, 처분효과의 승계), "폐업신고 전의 위반행위를 사유로 시정명령, 영업정지, 등록말소 등을 할 수 있다"(제3항, 처분사유의 승계)를 명시적으로 규정하고 있다.

2) 판례의 현황

(1) 제재처분 승계의 사유

(i) 개관

영업자 지위승계는 상속·합병·회사분할 등 포괄승계, 영업양도·경매 등을 통한 영업시설 인수 등 특정승계를 통하여 이루어지는데 영업자 지위승계가 있다고 판단되는 경우, 제재처분 사유의 승계에 관한 명문의 규정이 없더라도 법원은 사업의 특성과 제재사유의 대물성, 지위승계의 사유 등에 따라 판단하고 있다.

영업자 지위승계에 관한 명문의 규정이 있는 경우, 법원은 공법상

<table>
<tr><th colspan="2"></th><th>영업자 지위승계 명문</th><th>대물성 인정</th><th>제재처분 사유의 승계</th></tr>
<tr><td colspan="2" rowspan="4">일반적인 경우</td><td>O</td><td>O 또는 근거법령 취지 해석</td><td>O</td></tr>
<tr><td>(?)</td><td>X</td><td>X</td></tr>
<tr><td>X</td><td>O 또는 근거법령 취지 해석</td><td>O</td></tr>
<tr><td>X</td><td>X</td><td>X</td></tr>
<tr><td rowspan="2">회사</td><td>합병 시</td><td>X</td><td>X</td><td rowspan="2">O
(명문으로 금지한 경우 제외)</td></tr>
<tr><td>분할 시</td><td>O
(분할계획서에 영업자 지위가 신설회사에 승계된 경우)[39]</td><td>X</td></tr>
</table>

지위의 승계가 이루어졌다고 보아 해당 제재처분 사유의 대물성을 평가하여 대물성이 있거나 근거법령의 해석상 대물성이 인정되는 경우에는 제재처분 사유의 승계와 승계의 효과를 인정하여 왔다.[36] 영업자 지위승계에 관한 명문의 규정은 없지만 인허가 근거 또는 사업시행자 명의변경 규정만 있는 경우에도 제재처분 사유의 대물적 성격을 주요하게 고려하여 제재처분 사유의 승계를 인정하였다. 즉, 법원은 영업자 지위승계에 관한 명문의 규정이 없더라도 대물성이 인정되거나 근거법률의 취지가 영업의 양도를 허용한다고 해석되는 경우 제재처분의 승계 사유와 효과를 넓게 인정하여 왔다.[37] 하지만 대물성이 인정되지 않는 경우 승계를 인정하지 않았다. 또한 회사분할 또는 합병에 관한 양도양수의

---

36) 주요 판례의 유형으로는 석유판매업, 여객·화물자동차 운수사업자, 영업취소 및 영업정지, 시정명령 및 이행강제금, 회사 합병 및 분할, 폐업 신고 후 재등록 사건 등으로 나타난다. 이현수 등, 위의 보고서, 법제처, 2022, 65－66면.

37) 예컨대 영업자 지위승계 규정이 없었던 식육판매영업허가에 대하여 대법원은 양도인이 허가조건을 위반하였더라도 선의의 양수인에 대한 허가취소가 인정되지 않는다고 판단하였다. 대법원 1977. 6. 7. 선고 76누303 판결. 현재는 식품위생법상 영업자 지위승계 규정 및 제재처분 효과의 승계에 관한 규정이 있으나, 판단 당시에는 부재하였다.

경우에는 대물성 여부와 상관없이 명문으로 금지한 경우를 제외하고는 제재처분의 승계 사유와 효과를 인정하고 있다.[38)]

(ii) 영업자 지위승계 규정을 근거로 하는 경우

(영업자 지위승계와 인허가 제재처분의 대물성을 고려한 사례)

구 「석유사업법」 제9조 제4항 및 제7조에서는 "영업양도 시에 또는 영업양도 등을 신고하거나 인가를 받은 때 영업자의 지위를 승계한다"라고 하여, 석유판매업자의 지위승계를 명시하고 있었으나, 효과의 승계에 관하여는 규정하지 않고 있었다. 2004년 전면 개정된 「석유 및 대체연료 사업법」은 석유판매업자의 지위승계와 제재처분의 효과의 승계와 제재절차를 규정하였다. 대법원은 지위승계를 이유로 제재처분의 사유와 효과가 승계된다고 판단하면서 다만, "양수인이 선의인 경우 최고한도의 제재처분을 승계하는 것은 재량권의 일탈·남용에 해당한다"고 판단하였다.[40)] 대법원은 양도인의 가짜 석유제품을 판매에 대하여 양수인 등의 선의 여부를 묻지 않고, 사업정지 또는 석유판매업허가취소(등록취소) 등의 제재처분을 할 수 있다고 판단하였다.[41)] 한편, 대법원은 2017년 판결에서 제재사유가 가중처벌되는 경우, 임의경매를 통하여 낙찰받았다 할지라도 양수인은 선의의 입증책임을 진다고 판단하였다.

판례를 요약하면, 대법원은 석유파매업 등록업의 경우 지위승계에 관한 규정이 있고, 대물적 성격이 인정되므로 승계적성이 인정되고 승계효과가 발생하며, 양수인의 선의는 널리 고려되지 않았으나(1992년, 2003년), 2017년 판례에서만 양수인이 선의를 입증하면 고려된다고 판

---

38) 대법원 2019. 12. 12. 선고 2018두63563 판결. 다만, 회사분할의 경우 대부분 인허가 취소 등이 아닌 과징금 부과 사건이다. 대법원 2007. 11. 29. 선고 2006두18928 판결.
39) 상법 제530조의10에 따라 회사분할은 분할계획서에 정하는 바에 따라 승계된다.
40) 대법원 1992. 2. 25. 선고 91누13106 판결. 법원은 가능한 사업정지기간 중 최장기간인 6개월의 사업정지에 처하는 것은 공익목적 실현보다 양수인의 손실이 크다고 판단하였다.
41) 대법원 1992. 2. 25. 선고 91누13106 판결.

「석유판매업에 관한 대법원의 판단」

분야	지위승계	효과의 승계	제재절차	대법원
구 석유사업법[43] (1992)	O	X	X	양수인 선의 시 최고한도의 제재처분 승계는 재량권의 일탈남용에 해당함
석유 및 대체연료사업법 (2003)[44]	O	O	O	양수인 선의 묻지 않고 과징금 처분 승계
석유 및 대체연료사업법 (2017)[45]	O	O	O	양수인이 선의인 경우 과징금 처분 불승계 (단, 선의는 양수인이 입증)

단하여 제재처분의 승계를 널리 인정하였다. 다만, 제재처분의 승계에는 비례의 원칙이 적용되어 최고한도의 제재처분의 승계는 재량권의 일탈남용에 해당할 수 있다.

구 「자동차운수사업법」도 자동차운송사업의 양도, 합병, 상속이 있을 때 지위승계가 있음을 규정하였는데, 승계의 범위를 "면허 또는 등록에 기인한 권리의무"로 한정하였다.[42] 이후 「여객자동차 운수사업법」과 「화물자동차 운수사업법」으로 분리되었으나, 두 법률 모두 지위승계를 규정하고, 승계의 범위를 "운송사업자로서의 지위"로 한정하였다. 다만, 두 경우 모두 승계의 효과 또는 절차는 규정하지 않았다. 대법원은 지위승계 규정이 있으므로 개인택시운송사업에 대한 양도인의 제재사유가 양수인에게 승계될 수 있다고 판단하였다. 예컨대 대법원은 1986년 양도인이 중대한 교통사고를 발생시킨 후 운전면허를 양도한 경우,[46] 1998년 양도인이 음주운전으로 자동차운전면허 취소 후 운전

42) 구 자동차운수사업법 제28조 제4항. 구 자동차운수사업법 제28조의2 제3항.
43) 대법원 2003. 10. 23. 선고 2003두8005 판결.
44) 대법원 2003. 10. 23. 선고 2003두8005 판결.
45) 대법원 2017. 9. 7. 선고 2017두41085 판결.

면허를 양도한 경우,[47] 제재처분이 승계된다고 판단하였다.[48] 한편, 헌법재판소는 '영업자로서의 지위'는 영업허가 등에 기한 공법상 권리와 의무를 의미하며, '영업자 지위의 승계'는 피승계인의 공법상 의무를 의미하므로, 승계의 범위는 "양도인의 의무위반행위에 따른 위법상태"의 승계라고 보았으며, 대법원은 '위법상태의 승계' 범위는 '대물적 제재처분'에 한하는 것으로 보고 있다.[49] 예컨대 유가보조금 부정수급으로 인한 유가보조금 반환명령은 대인적 처분에 해당하여 승계되지 않는다고 보았고, 불법증차차량이라는 물적 자산 보유를 이유로 한 운행정지 또는 운송사업 허가취소는 대물적 처분으로 양수인에게 승계된다고 판단하였다.[50]

46) 대법원 1986. 1. 21. 선고 85누686 판결.

47) 대법원 1998. 6. 26. 선고 96누18960 판결. 다만, 피상속인이 음주운전을 하다가 사망한 경우, 피상속인에 대한 운전면허 취소가 불가능하고, 음주운전 자체는 개인택시 운송사업면허 취소사유가 아니라는 이유로 상속인에 대한 면허취소는 위법하다고 판단하였다. 대법원 2008. 5. 15. 선고 2007두26001 판결.

48) 이 경우 대물적인 제재사유가 승계된 것이 아니라, 양도인의 흠 있는 지위가 승계되었으므로 흠 있는 지위를 취소하여야 한다는 견해가 있다. 이후 여객자동차운수사업법 시행규칙 제35조 제5항과 제6항에서 "행정청은 양도인의 운전면허의 효력을 확인하고 운전면허가 취소되었거나 취소사유가 있는 것으로 확인된 때에는 양도양수를 인가할 수 없다"고 명시하였다. 김연태, 공법상 지위승계와 제재사유 승계에 관한 판례의 분석·비파적 고찰, 고려법학 제95호, 17-20면.

49) 헌법재판소 2019. 9. 26. 2017헌바397 등 전원재판부. 대법원 2021. 7. 29. 선고 2018두55968. 대법원 2021. 7. 21. 선고 2018두49789 등.

50) 대법원 2021. 7. 29. 선고 2018두55968 판결. 해당 판례에 대하여, 영업자 지위승계 규정을 근거로 대물적 성격을 인정하여 제재적 처분승계를 인정하였지만, 지위승계 전에 발생한 유가보조금을 "운송사업자 등이 유가보조금 지급 요건을 충족하지 못하였음에도 유가보조금을 청구하여 부정수급하는 행위"를 대상으로 하는 대인적 처분이며, 양수인이 양수 전에 벌어진 양도인의 불법증차 차량 제공 및 유가보조금 부정수급 결과 발생에 책임이 있다고 보기 어렵다고 보아 지위승계를 부정하였다. 이에 대하여 "제재책임 승계범위를 제한하였다는 점에서 진일보하였지만, 영업자 지위승계에 제재처분의 승계가 포함되었다는 점에서 잘못이 있다"고 설명하는 견해가 있다. 즉, 차량 자체의 불법증차에서 발생하는 대물적 성격은 불법증차된 차량의 운행이 금지되어야 한다는 행정 목적에서 발생하였으므로 경찰작용 측면에서

판례를 요약하면, 대법원은 자동차 운수사업에 관하여 효과의 승계나 제재절차에 관한 규정이 없더라도 지위승계규정만으로 제재처분의 승계적성과 승계요건이 인정되며, 양수인의 선의는 널리 고려하지 않았다. 다만, 승계의 범위는 의무위반에 대한 물적상태에 대한 운송사업자로서 책임을 포괄하나, 책임에는 대물적 제재처분을 받을 책임만 포함한다.

(iii) 영업자 지위승계 규정 외의 규정을 근거로 하는 경우 인허가 근거만 있는 경우 (인허가의 법적 성격으로 대물성을 근거로 한 판례)

(공중위생영업소 개설 시 신고제가 「공중위생관리법」에 규정되기 전) 영업자 지위승계규정이 없고, 시행규칙에서 이미 행하여진 처분의 효과가 양수인에게 승계된다는 점을 규정하였을 뿐인 경우, 영업소 폐쇄가 아닌 영업정지명령은 대물적 처분이라고 보기 어려우므로 법률유보의 원칙에 따라 제재처분 승계사유의 근거가 될 수 없다고 판단하였다. 하지만 대법원은 "영업정지는 대물적 처분이라는 점, 명문으로 양도를 제한하는 법률의 규정이 없으므로 권리의무가 양수인에게 이전되는 법률효과가 부정되지 않는다는 점"을 들어 "공중위생영업에 대하여 그 영업을 정지할 위법사유가 있다면, 관할 행정청은 그 영업이 양도·양수되었다고 하더라도 그 업소의 양수인에 대하여 영업정지처분을 할 수 있다"고 판단하였다.[51]

정당화될 수 있을 뿐이며, 이것이 물적 시설과 관련되더라도 영업자의 위반행위가 부과되어 발생한 것이므로 결국 대물적 제재처분임을 이유로 제재처분의 승계를 긍정하는 것은 바람직하지 않다고 설명한다. 유가보조금 반환명령 역시 대인적 처분이라고 표현하기 보다는 부당이득 환수 또는 복구적 성질의 처분이라고 표현하는 것이 바람직하다는 것이다. 이승민, 제재처분 승계에 관한 일고(一考)－프랑스 법상 행정제재 개념을 기초로 한 대법원 판례의 비판적 검토－, 성균관법학, 제35권 제1호, 2023, 276－277면.

51) 대법원 2001. 6. 29. 선고 2001두1611 판결. 해당 판단에 대하여 영업정지처분의 제재적, 처벌적 성격을 고려할 때, 대물적 처분이라는 점만을 이유 법률유보의 원칙

〈사업시행자 명의변경 규정만 있는 경우〉

사업시행자 지위승계 규정은 없었으나, 사업시행자 명의변경 규정만 있었던 사례에서 법원은 "지위 승계에 관한 명문의 규정이 없는 이상, 농업인 해당여부 등 사업시행자 요건에 대한 새로운 심사를 거쳤다면, (제재처분 대상자로서의) 지위가 승계되지 않는다"고 판단하였다. 법원은 먼저 "지위 승계 관련 규정이 없는 이상 사업계획 변경승인의 의미를 사업권 양도·양수에 대한 인가로서의 성격을 갖는다고 볼 수 없다"고 하면서, "종전 사업시행자가 농업인 등이 아님에도 부정한 방법으로 사업계획승인을 받았더라도, 사업시행자 변경을 위한 사업계획 변경승인 과정에서 승계인이 농업인 등에 해당함을 전제로 변경되는 사업시행자의 요건에 대한 새로운 승인을 받았다면, 이를 들어 변경된 사업시행자에 대한 사업계획 변경승인을 취소할 수 없다"고 판단하였다.[52)53)]

을 지나치게 완화하여 해석하였다는 비판이 있다. 불법 윤락행위가 적발되자 그 제재를 회피하기 위하여 양도하였다는 양도인과 양수인의 구체적 사실관계를 고려한 것으로 이해되나, 입법적으로 해결되지 않은 상황에서 "양도를 제한하는 법률의 규정이 없다"거나, "이전되는 법률효과가 부인되지 않는다"는 점 만으로 제재처분 사유의 승계로 보는 것은 과도한 해석이라고 볼 수 있다. 프랑스의 경우 공공질서의 유지을 위한 경찰작용의 목적에서 승계가능성을 인정하고 있으므로 이를 인용한다면 "공공질서의 장해를 야기한 윤락행위의 제거, 이의 확산 방지 측면에서 경찰작용의 성격"이 있으므로 승계가 가능하다는 최소한의 전제요건을 설명할 필요가 있다는 견해가 있다. 이승민, 위의 글, 274면.

52) 대법원 2018. 4. 24. 선고 2017두73310 판결.

53) 흠 있는 지위의 승계와 제재사유의 승계가 구별되어야 한다는 견해는 김연태, "공법상 지위 승계와 제재사유 승계에 관한 판례의 분석ㆍ비판적 고찰", 고려법학, 제95호, 2019.
최초 사업계획승인이 농업인에 해당하지 않는데 사위의 방법으로 이루어졌으므로 원시적 하자에 따른 직권취소 대상이고, 제재처분 승계 규정과 영업자 지위승계 규정이 모두 없는 상황에서 변경승인에 관한 규정만 존재하므로 변경승인을 통하여 새로운 심사를 거친 것이므로 원시적 하자가 승계의 대상이 되는 것은 아니라는 견해는 이승민, 위의 글, 272－274면.

(2) 제재처분 효과의 승계

대법원은 제재처분 사유가 승계되기 위해서는 대물성이 인정되어야 하므로, 대물성 있는 영업자 지위 승계를 인정하는 명문의 규정이 존재하는 경우, 제재처분 사유의 승계뿐만 아니라 제재처분 효과의 승계도 인정된다고 판단하고 있다. 이러한 해석에 따르면, 제재처분 효과의 승계를 인정하는 별도의 법률이 존재하더라도 지위승계에 관한 명문의 규정이 존재하므로 승계 시점에 관한 기준을 제안하거나, 선의의 양수인 보호한다는 점 이외에는 (규정이 없는 경우와) 차이점이 없게 된다.[54)]

(3) 제재처분 절차의 승계

지위승계 절차를 인허가로 두는 경우[55)]와 신고로 두는 경우로 나눌 수 있는데, 대부분의 현행 영업법제는 신고제를 규정하고 있다. 신고로 규정하는 경우 양도인과 양수인 중 신고의무 부과 주체, 불이익이 발생하는 상대방에 대한 보호 절차, 지위승계의 효력이 발생하는 시기가 문제된다. 영업양도 등으로 인한 신고수리 또는 인가행위의 법적 성격에 관하여 판례는 양수인에 대한 신고수리가 양수인에 대한 설권적 처분이라는 입장을 취하고 있다. 식품위생법상 영업양도에 대한 지위신고에 대하여 법원은 "양도자에 대한 영업허가 등을 취소하고 양수자에게 적법하게 영업할 수 있는 지위를 설정"하여, 영업허가자 등의 변경이라는 법률효과를 발생시키는 행위라고 판단하였다.[56)] 또한, 법원은 공중위생법상 지위승계신고 수리행위는 "지위신고 과정에서 제출되는

54) 대법원 2003. 10. 23. 선고 2003두8005 판결. 헌법재판소 2019. 9. 26. 2017헌바397 등 전원재판부 결정.

55) 지위승계 절차를 인허가 절차로 규율하고 있는 사례는 도시철도법상 도시철도운송사업, 항공사업법상 항공운송사업, 위치정보법상 위치정보사업, 전기통신사업법상 기간통신사업 등을 들수 있다.

56) 대법원 2020. 3. 26. 선고 2019두38830 판결.

지위승계 증명서류"가 양도인이 폐업신고의 의사를 표시하는 서면이므로 양수인의 영업승계 사실, 양도인의 폐업의사에 대한 인식을 기초로 수리 여부가 발생되는 행위라고 판단하였다.[57] 또한 법원은 식품위생법상 "압류재산 매각절차에 따라 영업시설을 인수한 자는 관계 행정청에 이를 신고하여 행정청이 수리하는 때 종전 영업자에 대한 영업허가 등은 그 효력을 잃는다"고 보아, 신고수리를 처분함에 있어 "종전 영업자에 대한 행정절차를 실시하고 처분을 하여야 한다"고 판단하였다.[58]

Ⅲ. 대상판결에 대한 평석

1. 공법상 지위와 제재처분 승계의 법적 성격

1) 공법상 지위와 공법상 의무 승계

공법상 지위는 "공법상 법률관계에 의하여 일정한 권리, 포괄적 법률관계 또는 일정한 이익을 향유하거나 기타 일정한 의무를 부담하는 개인의 신분"으로 정의된다.[59] 따라서 공법상 지위의 승계(承繼)는 "공법상 법률원인에 의하여 발생하는 권리와 의무, 법적지위의 이전"을 의미한다.[60] 이는 민법상 승계의 개념과 동일하게 활용되므로 민법에서 일반적으로 요구되는 "이전되는 지위의 존재, 적법한 승계요건 확보"는 공법상 의무의 승계에도 적용된다. 다만, 공법상 지위의 승계는 불가피

57) 대법원 2022. 1. 27. 선고 2018다259565 판결.

58) 대법원 2023. 2. 14. 선고 2001두7015 판결.

59) 김향기, 행정제재처분의 승계, 토지공법연구, 제33집, 2006, 153면. 김연태, 공법상 지위의 승계와 제재사유 승계에 관한 판례의 분석·비판적 고찰, 고려법학, 제95호, 2019, 11－29면.

60) 승계를 타인으로부터 파생적·유래적으로 법적 지위를 취득한다는 점을 강조하여, 행정법상 승계개념은 민사법상 넓은 승계개념과 달리 좁게 인정되어야 한다는 견해이다. 김중권, 김중권의 행정법, 법문사, 2022, 133면.

한 상황(예: 상속)에 의하여 발생하거나, 이전될 수 없는 의무의 승계가 이루어지는 경우가 있으므로 승계의 요건 중 "승계가능성 또는 승계적성"이 추가적으로 논의된다.[61] 즉, 공법상 지위의 존재, 승계적성, 승계 요건을 갖추어야 한다. 승계적성은 법률의 규정에 의하여 인정될 수도 있고, 배제될 수도 있다. 따라서 그 성질상 일신전속적 처분으로 승계적성이 인정되지 않더라도 명문의 규정으로 승계적성이 인정된다면 제재처분의 승계는 문제되지 않는다.[62] 하지만 명문의 규정이 없는 경우에는 승계적성의 문제가 여전히 남게 된다.

2) 명문의 규정이 없는 경우 승계적성 문제 – 대물성 개념의 상대화, 불명확성 문제

공법상 지위승계에 관한 명문의 규정이 없는 경우 우리 판례는 대물적 성격을 근거로 판단하여 왔다. 영업자 지위승계 규정, 인허가 규정, 사업시행자 명의변경 규정 등에 근거하여 공법상 지위의 승계를 간접적으로 전제하고, 당해 처분에 대물성이 인정되거나, 근거법령의 취지를 해석하여 그렇다고 인정되는 경우에 승계적성이 인정된다고 판단하는 것이다. 또한 대인적 처분이라도 사물관련성이 있는 경우(예: 건축법상 철거명령)에 승계적성이 인정된다고 판단되기도 한다. 하지만, 명시적인 공법상 지위 승계에 관한 규정도 없고, "영업자 지위승계, 인허가, 사업시행자 명의변경 등" 유사한 양태는 있으나 그 자체로 공법상 지위승계라고 보기 어려운 경우를 포괄하여 해당 처분의 대물성을 근거로 승계적성을 인정할 수 있을까? 승계적성을 인정하기 위하여 논의된 해석기준(대체가능성 · 대체불가능성, 재량결정 · 기속결정, 행태의무·결과의무, 의무귀속의 근거, 대물성)(대체가능성, 분리가능성, 대물성 · 대인성, 상태책임성)

61) Otto, Die Nachfolge in öffentlich–rechliche Positionen des Bürgers, 1971, S. 36.
62) 김연태, 공법상 지위의 승계와 제재사유 승계에 관한 판례의 분석·비판적 고찰, 고려법학, 제95호, 2019, 12–13면.

중 대물성을 사실상 가장 중요한 기준으로 판단하고 있는데, 이러한 판례는 타당할까?

대물성은 대체가능성(타자에 의한 완수가능성, Ossenbühl), 사람의 개인적 능력이 아닌 물건의 성상 등 외형적 성격, 사물의 상태로서 의무자로부터 분리되는 개념(Dietlein) 등으로 정의된다. 하지만, 대물성은 상대적인 개념으로 책임주의, 명확성 원칙, 법률유보의 원칙 등을 고려할 때 지위 승계에 관한 명문의 규정이 없는 경우에 제재처분 승계의 전제로 삼기에 타당하지 않다. 법원의 판단에서도 상반된 입장을 보인다. 예컨대 대상판례에서 서울고등법워은 의료기관은 의사 등의 면허를 받은 자만이 개설할 수 있고, 의료인은 둘 이상의 의료기관을 개설할 수 없으므로, 요양기관 또는 의료기관은 의료업의 단위가 되는 인적·물적 결합체라는 점 등에 근거하여 "업무정지의 효력이 개설자에게 전혀 미치지 않는다고 보기 어렵다"라고 보아, "이 사건 처분은 대물적 처분의 성격 뿐만 아니라 대인적 처분의 성격도 아울러 가진다"고 판단하였다. 하지만 대법원은 "요양기관의 업무정지처분은 의료인 개인의 자격에 대한 제재가 아닌 요양기관의 업무 자체에 대한 것으로서 대물적 처분"의 성격을 갖는다고 판단하였다. 한편, 2011년 보건복지부장관이 처분권한을 갖는 공중위생영업에 대한 영업정지 판단에서 대법원[63]은 "일정한 경우 하나의 위반행위에 대하여 영업소에 대한 영업정지 또는 영업장폐쇄명령을, 이용사(업주)에 대한 업무정지 또는 면허취소 처분을 동시에 할 수 있다고 규정하고 있는 (구 공중위생관리법의 규정 등을) 고려하여 볼 때 영업정지나 영업장폐쇄명령 모두 대물적 처분으로 보아야 한(다)"라고 판단하였다. 하지만 원심은 "영업소폐쇄명령이 아닌 영업정지처분이 대물적 처분이라고 보기 어려우므로 그 효력이 원고에게 미친다고 할 수 없다"라고 판단하였다.

63) 대법원 2001. 6. 29., 선고, 2001두1611 판단.

또한 우리 법원은 대물적 제재처분의 근거로 승계적성이라는 처분의 본질적인 대물적 성격(물건의 성상 등 외형적 성격, 분리가능성 등)이 아닌 "영업자의 지위 박탈 또는 제한"이라는 처분의 효과 측면을 중심으로 판단하여, 더욱 혼란이 나타나고 있다. 허가·면허 등의 정지·취소, 영업장 폐쇄처분,[64] 영업정지 등에 갈음하는 과징금부과처분의 경우 대물적 제재처분임을 전제로 제재처분의 지위승계의 효과가 있다고 판단하였다. 하지만 시정명령은 위반상태의 시정의무를 부과하는 처분이므로 대인적 처분으로 보며, 보조금 반환명령은 부정수급행위에 대한 대인적 처분으로 보며[65] 이행강제금은 대인에게 이루어지는 행정상 강제의 하나로 제재처분이 아니므로[66] 논의에서 제외된다고 판단한다. 또한, 영업정지 등에 갈음하는 과징금이 아닌 과징금으로 영업자의 경제적 이익을 박탈하기 위하거나 행위를 제한하기 위한 과징금의 경우 대인적 제재처분으로 보고 있다. 특히 영업정지(업무정지)의 경우, 대체가능성 측면에서 볼 때, 처분이 이루어지기 전에 승계된 경우 구체화된 처분이 없으므로 대체할 수도 없고, 폐업 전 업무정지의 사유가 존재하였다는 점만으로 양수인에게 처분을 하는 것은 처분 사유가 대체가능하여야 하는데 현지조사의 거부와 같은 사유는 대인적 사유가 더욱 중요하기 때문에 역시 대물성이 인정될 수 없다. 한편, 양수인의 수인가능성 측면에서도 영업정지처분의 대물성은 인정되기 어렵다. 즉, 영업정지처분은 영업주체가 법령에 위반되는 행위를 한 경우에 대한 제재적 처분임과 동시에 장래의 법위반행위를 예방하기 위한 진압적 처분(repressive sanktion)의 성격을 가지므로 이를 대물적 처분이라고 판단하는 것은 과도한 판단이다.

따라서 "법위반으로 인한 행정제재"는 위반행위의 성질(예: 현장조

64) 대법원 2003. 10. 23 선고 2003두8005 판결.
65) 대법원 2021. 7. 21. 선고 2017두70632 판결.
66) 행정기본법 제2조 제5호 단서.

사 거부)과 제재처분의 성질(예: 영업정지)를 구분하되, 법 위반으로 인한 행정제재는 사실상 개인에게 발생한 제재사유에 따른 처분을 의미하므로 그 성질상 일신전속적 성격을 포기하기 어렵다.[67] 이에 따라 승계적성의 문제는 원칙적으로 일신전속성을 기준으로 판단하며, 승계요건은 기본권 제한 측면에서 법률유보의 원칙으로 판단되어야 한다.[68] 예컨대 이행강제금과 같이 처음부터 일신전속적 성격이나 능력이 결정적인 경우 승계되지 않으며, 철거명령과 같이 의무자의 일신과 상관없이 이행되는 경우에는 이전되는 것이다.

3) 승계요건 판단에서 법률유보의 중요성

양도인에 대한 제재처분의 승계는 불이익처분을 제3의 양수인에게 이전하는 것이므로 기본권 침해 수단으로서 명확한 근거 없이는 승계를 인정하기 어려우며, 당연하게도 명문의 규정이 요구된다. 행정기본법 제2조 제5호는 제재처분을 "법령등에 따른 의무를 위반하거나 이행하지 아니하였음을 이유로 당사자에게 의무를 부과하거나 권익을 제한하는 처분"이라고 하여 처분의 상대방이 당사자임을 명시하고 있으며, 제재처분의 근거가 되는 법률에는 "제재처분의 주체, 사유, 유형 및 상한을 명확하게 규정"하여야 한다고 정하고 있다. 이에 따라 당연히 승계요건에 대한 판단은 엄격한 법률유보를 전제하여야 한다. 법률유보는 개별적으로 명문의 규정을 두는 것이 가장 바람직하지만, 혹시 어려운 경우 행정기본법에 일반론으로 승계규정을 마련하거나, 행정절차법에 승계규정을 마련함으로써 근거가 될 수 있다.[69]

하지만, 명문의 규정이 없음에도 불구하고 제재처분의 승계를 인정

67) 김남진, 행정제재사유 승계의 능부, 고시연구 제29권 제9호, 2022.9, 90면.
68) 김중권, 김중권의 행정법, 법문사, 2022, 135면. 일신전속적 의무는 승계가 허용되지 않으며, 일신전속성이 부정되는 경우 승계가 인정되어야 한다는 견해로 류지태·박종수, 행정법신론, 박영사, 2021, 147면.
69) 김중권, 위의 책, 135면.

하여야 할 여러 현실적인 필요성이 있는 경우 우리 법원은 어떻게 판단하여야 할까? 지금까지는 법령의 규정이 없는 경우에도 대물성을 근거로 인정하여 왔으나, 행정기본법 제정 이전의 상황, 입법적 보완이 널리 이루어지지 않은 상황을 배경으로 이러한 해석이 이루어진 것으로 생각된다. 앞서 4-1)-(2)(ii)에서 살펴본 바와 같이 이미 개별법률은 행위유형, 승계대상 등에 관하여 개별적 지위승계 상황에 따라 다양한 규정을 두고 있다. 특히 「노인장기요양보험법」의 경우 "폐업 후 3개월 이내 같은 장소에서 운영(본인, 배우자, 직계혈족)" 중인 경우에는 행정제재처분을 포괄적으로 승계할 수 있다고 규정하여 명시적으로 폐업 절차를 제재처분을 회피하기 위한 수단으로 활용하는 것을 불가능하도록 규정하고 있다. 또한 「건설산업기본법」에서는 폐업신고 후 6개월 이내에 다시 등록하여 영업을 하는 자에 대하여는 건설사업자의 지위가 포괄적으로 승계된다고 규정할 뿐만 아니라, 폐업 전 위반사유가 발생한 경우에 양수인에게 시정명령, 영업정지, 등록말소를 할 수 있다고 규정하여 입법적 근거를 마련하고 있다. 따라서 승계요건의 판단에서 명문의 규정이 없는 경우에는 (대물성에 관한 논의를 할 필요 없이) 제재처분의 승계가 어렵다고 판단하는 것이 바람직하다.

4) 공법상 지위와 잠재적 제재사유의 승계

양도인에게 처분사유가 발생하였지만, 제재처분을 받지 않은 경우 제재사유의승계 문제가 나타나는데, 우리 법원은 이 경우에도 공법상 지위 이전의 사유가 대물적인 경우에 제재사유가 승계된다고 판단하였으나,[70] 양수인이 양도인의 공법상의 지위를 승계한다 하더라도 귀책사유까지 제재사유까지 이전할 수 있을지에 대해서는 자기책임의 원칙, 법률유보의 원칙, 비례의 원칙 등을 고려할 때 인정되기 어렵다.

70) 김남진, 행정제재사유 승계의 능부, 고시연구 제29권 제9호, 2022.9, 90면.

대상판례에서 업무정지 처분에 대물적 성격이 있음을 전제하면서, 양도인이 현지조사를 거부하고 아무런 절차가 진행되지 않았다 할지라도 그 위법 사유가 양수인에게 승계될 수 있음을 전제하고 있다. 하지만 대상판례와 같이 실현되지 않은 추상적이고 잠재적인 제재사유가 존재할 뿐인 경우, 업무정지처분의 대물성이 논의될 필요도 없고, 제재처분의 승계가능성(승계적성)을 논의할 실익도 없을 것으로 생각된다. 마찬가지로, 석유판매업자에 대한 허가철회처분사건[71]에서도 법원은 석유판매업 허가와 허가철회는 대물적 처분에 해당하므로 제재사유의 승계가 인정된다고 판단하고 있으나, 대물성 여부와 상관없이 추상적·잠재적 제재사유는 명시적 근거 없이 이전될 수 없다고 보아야 할 것이다.

5) 제재처분 효과의 승계 규정

공법상 지위 이전에 관한 규정이 없는데 제재처분의 효과의 승계에 관한 규정만 있는 경우에 제재처분의 승계가 이루어질 수 있을지가 문제된다. 하지만, 공법상 지위의 이전 없이는 제재처분 효과의 승계가 정당화될 수 없으며, 대물성에 근거하여 이를 정당화하는 것도 바람직하지 않을 것이다.[72]

6) 실무적인 문제점

현실적으로 엄격한 법률유보를 적용할 경우, 법률의 공백이 발생할 수 있으므로, 양도인과 양수인이 승계를 공모한 경우, 지위승계에 하자가 있으므로 승계 자체를 직권취소의 대상으로 볼 수 있다.[73]

---

71) 대법원 86누273 판결. 대법원 2003두8005 판결.
72) 대법원 2003두9817,
73) 이승민, 위의 글, 28면.

2. 소결

먼저, 의료기관 영업정지에서 승계적성(의무의 개념과 판단징표, Otto)을 판단한다. 일신전속성을 기준으로 볼 때, 법 위반으로 인한 행정제재는 원칙적으로 일신전속성을 포기하기 어려우므로 업무정지처분은 승계적성이 인정된다. 승계요건 측면에서 본 사안은 미완성의 법상태에 해당하므로 법률유보 없이 제재처분이 승계되기 어렵다. 미완성의 법상태에 대하여 의무부과의 가능성만 존재하므로 승계를 부인하는 견해는 "관할 행정의 개입 수권이 부여된 상태에 불과"하므로 의무부과의 가능성만 있을 때에는 승계되지 않는다고 본다.[74] 승계를 인정하는 경우에도 경찰처분은 당사자의 의무위반을 확인해주는 행위이므로 승계가 인정된다고 보지만, 행태책임은 행태가 이루어졌을 때 확정되므로 승계가 인정되지 않는다고 판단한다. 의료기관의 업무정지 처분이 경찰처분인지, 행태책임인지에 관한 논의에서 다시 대인적 성격이 있는지 논의될 수 있는데 평석대상 판례의 경우 적어도 (행정청의 현장조사 거부에 의한 업무정지처분이므로) 경찰처분이라고 보기는 어려우므로 승계가능성의 논의도 이루어지지 않는다고 생각된다.

제재처분 사유의 승계와 효과의 승계를 분리하여야 하는지 여부에 대하여 제재처분 사유만 있는 경우 원칙적으로 처분이 이루어지지 않았으므로 승계가 논의될 수 없으며, 처분이 이루어진 이후 효과에 대해서는 명시적 근거가 있는 경우에 그에 따라 승계될 수 있다. 대법원은 제재처분 사유가 승계되기 위해서는 대물성이 인정되어야 하므로, 대물성 있는 영업자 지위 승계를 인정하는 명문의 규정이 존재하는 경우, 제재

74) 이미 존재하는 공법상 승계요건을 유추적용하거나, 민법상의 승계요건을 유추적용하여 공법상 제재처분을 인정하는 것은 법률유보의 원칙을 고려할 때 인정하기 어렵다.

처분 사유의 승계뿐만 아니라 제재처분 효과의 승계도 인정된다고 판단하고 있으나, 이는 대물성을 근거로 제재처분 승계의 근거를 법률유보에 대한 고려 없이 넓힌 것으로 볼 수 있다.

제재처분 승계에 관한 명문의 규정이 없는 경우 승계 가능성에 대하여 판례에서 "제재처분의 승계를 인정한 것은 인허가와 인허가 과정에서 양도인의 제재적 처분사유를 혼동한 결과이며, 승계되는 인허가의 효과에 제재적 처분사유가 포함되지는 않는다"는 견해에 따라 제재적 처분의 승계는 인허가 절차와는 별도로 보아야 할 것으로 생각된다.

추가적으로 법원은 의료기관의 업무정지를 혼합적 성격이 있다고 판단하는 경우, 신규 개설한 의료기관과 종전 의료기관이 실질적 동일성이 있는지 평가하여 업무정지처분의 승계 여부를 판단한다는 논리를 취하고 있다.[75] 하지만, 실질적 동일성이 있는 의료기관(개설주체, 개설장소, 구성원, 의료기관을 이용하는 환자 등)을 판단하는 것은 법령에 명확한 규정도 없고, 1-2차 의료기관의 경우 대동소이한 형태로 운영되고 있는 현실에서 이를 법원이 판단하는 것도 현실적으로 쉽지 않을 것으로 생각된다. 또한, 혼합적 성격이 있다고 판단하는 논리에 따르면, 의료기관을 2인의 의사가 동업하여 개설하다가 업무정지 사유가 발생한 후 폐업 한 경우, (지위승계에 관한 규정도 없는 상황인데), 이후 2인의 의사가 각각 의료기관을 신규 개설한 경우, 2개의 병원에 업무정지처분이 승계되는 불합리한 결과가 나타난다.

의료기관의 신규개설 신고의 법적 성격에 대하여도 논의된다. 의료

---

75) 2021년 서울행정법원은 "요양기관은 요양급여를 제공하는 법인격"임을 전제하면서, "요양기관에 대한 업무정지처분은 법인격이 있는 개설자에 대해 이뤄지는 것인데, 이를 근거로 처분 성격이나 내용을 '요양기관 개설자에 대한 업무정지처분'으로 볼 수 없다고 판단하였다. 따라서 의료기관의 실질적 동일성을 기준으로 별도로 판단하여야 한다는 입장을 취하였다. 또한 법원(2020두39365, 1심 판결)은 "당초 요양기관의 폐업이 형식적인 것에 불과하여 두 요양기관이 실질적으로 동일한 경우, 당초 요양기관의 부당청구를 이유로 업무정지 처분이 가능하다"고 판단하고 있다.

법 제33조 제4항, 의료법 시행규칙 제27조 요건에 따라 의료기관 개설 신고를 하게 되는데, 개설신고 당시 처분사유가 존재할 뿐 처분이 이루어지기 전이라면 의료기관 개설자의 개설신고는 시설요건 등을 갖추는 경우 수리된다. 하지만, 이후 제재사유가 승계와 제재처분 승계의 효력이 문제되는 경우, 개설신고의 효력이 논의된다. 개설신고를 설권적 처분으로 볼 경우 제재처분의 승계되지 않을 수 있으나, 현실적으로 의료기관 개설신고는 형식적 요건을 갖춘 경우 인정되는 신고에 해당하는데 이를 설권적 처분으로 해석하는 것도 무리가 있다고 생각된다. 또한, 법원은 새로운 의료기관을 개설한 후, 의료인에 대한 면허정지처분 등이 이루어지면 추후 의료기관 운영을 할 수 없게 되므로 별도의 실효적인 방법이 있었다는 설명도 의미 있다. 또한, 요양급여 부정청구를 원인으로 하는 처분의 경우, 국민건강보험법에 근거하여 원칙적으로 요양의료기관으로 청구대상에서 제외하도록 이미 규정하고 있는데 우리나라의 경우 국민건강보험제도를 채택하고 있으므로 해당 부분도 의료기관에는 실효성 있는 처분으로 볼 수 있다.

참고문헌

김중권, 「김중권의 행정법」, 법문사, 2022.
류지태 · 박종수, 「행정법신론」, 박영사, 2021.
이현수 · 김태호 · 박현정 · 황선훈 · 김권일, 「행정기본법의 보완 · 발전을 위한 신규의제 입안 방안 연구1」, 법제처, 2022.

김남진, "행정제재사유 승계의 능부", 고시연구 제29권 제9호, 2022.
김연태, "공법상 지위의 승계와 제재사유 승계에 관한 판례의 분석·비판적 고찰", 고려법학, 제95호, 2019.
김중권, "공의무, 특히 철거의무 및 이행강제금 납부의무의 승계에 관한 고찰", 공법연구, 제23권 제2호, 1995.
김향기, "행정제재처분의 승계, 토지공법연구", 제33집, 2006
이현수, "영업양도와 제재처분상의 지위승계", 행정판례연구 10집, 2005.
이승민, "제재처분 승계에 관한 일고(一考)－프랑스법상 행정제재 개념을 기초로 한 대법원 판례의 비판적 검토－", 성균관법학, 제35권 제1호, 2023.

Wolff/Bachof/Stober, Verwaltungsrecht I, 1990.
Dietlein, Johannes, Nachfolge im Öffentlichen Recht : staat – und verwaltungsrechtlichen Grundfragen, SöR Bd. 791, 1999.
Ossenbühl, Zur Haftung des Gesamtrechtsnachfolgers für Altlasten, 1995.
Peine, DVBl 1980, S. 944. Wolff/Bachof/Stober, Verwaltungsrecht I, 11.Aufl., §42, Rdnr. 54.; Stadie, DVBl 1990.
Rumpf, S. 283; Peine, DVBl. 1980.

참고판례

대법원 2023. 2. 14. 선고 2001두7015 판결.
대법원 2022. 4. 28. 선고 2022두30546 판결.
대법원 2022. 1. 27. 선고 2018다259565 판결.
대법원 2022. 1. 27. 선고 2020두39365 판결.
대법원 2021. 7. 21. 선고 2017두70632 판결.
대법원 2021. 7. 21. 선고 2018두49789 판결.
대법원 2021. 7. 29. 선고 2018두55968 판결.
대법원 2019. 12. 12. 선고 2018두63563 판결.
대법원 2018. 4. 24. 선고 2017두73310 판결.
대법원 2018. 2. 28. 선고 2016두64982 판결.
대법원 2017. 9. 7. 선고 2017두41085 판결.
대법원 2020. 3. 26. 선고 2019두38830 판결.
대법원 2012. 6. 28. 선고 2010두27516 판결.
대법원 2008. 5. 15. 선고 2007두26001 판결.
대법원 2007. 11. 29. 선고 2006두18928 판결.
대법원 2003. 10. 23. 선고 2003두8005 판결.
대법원 2001. 6. 29., 선고, 2001두1611 판결.
대법원 1992. 2. 25. 선고 91누13106 판결.
대법원 1986. 1. 21. 선고 85누686 판결.
대법원 1977. 6. 7. 선고 76누303 판결.

헌법재판소 2019. 9. 26. 2017헌바397 등 전원재판부 결정.

서울고등법원 2020. 5. 14. 선고 2018누46805 판결.
서울행정법원 2021.5.13. 선고 2019구합65962 판결.

국문초록

대상판결은 제재처분의 승계에서 명문으로 영업자 지위승계의 규정이 없는 경우 (1) 업무정지처분은 대물적 처분이고 업무정지처분의 효력도 대물적 성격을 가지므로 폐업으로 처분대상이 없어졌고, 다른 의료기관에 해당하는 새로운 의료기관에도 처분의 효력이 승계되지 않으므로 새로운 의료기관에 대한 업무정지처분을 할 수 없다고 보아야 할지, (2) 업무정지처분은 대물적 처분이며, 업무정지처분의 효력은 행정처분의 당연한 효력으로 종전 개설자에게 기속되는 경우 영업양도 등의 승계가 있는 경우 (승계인이 포괄적으로 승계한 경우) 양수인은 업무정지 처분 효과를 승계하게 되나, 영업양도 등의 승계 없이 종전 의료기관 개설자가 새로운 의료기관을 개설한 경우 여전히 처분대상이 없으므로 새로운 의료기관에 업무정지는 불가능하다고 보아야 할지, (3) 업무정지처분은 대물적 성격을 가지나, 업무정지처분의 효력은 대인적 성격도 가지므로 업무정지처분이 혼합적 성격을 갖는다고 할 경우, 영업양도 등의 승계가 있는 경우 양수인과 기존 의료기관 개설자가 모두 업무정지처분의 효력을 승계할 수 있게 되며, 종전 의료기관 개설자가 새로운 의료기관을 개설한 경우 (영업양도 등의 승계행위가 없더라도) 업무정지사유의 승계를 인정하여 새로운 의료기관에 대한 업무정지처분을 할 수 있다고 보아야 할지가 주로 논의되었다.

먼저, 의료기관 영업정지에서 승계적성(의무의 개념과 판단징표, Otto) 측면에서, 법 위반으로 인한 행정제재는 원칙적으로 일신전속성을 포기하기 어려우므로 업무정지처분은 승계적성이 인정된다. 승계요건 측면에서 본 사안은 미완성의 법상태에 해당하므로 법률유보 없이 제재처분이 승계되기 어렵다. 승계를 부인하는 견해에 따르면 미완성의 법상태에 대하여 의무부과의 가능성만 존재하며, "관할 행정의 개입 수권이 부여된 상태“에 불과하므로 승계되지 않는다고 본다. 승계를 인정하는 경우에도 경찰처분은 당사자의 의무위반을 확인해주는 행위이므로 승계가 인정된다고 보지만, 행태책임은 행태가 이루어졌을 때 확정되므로 승계가 인정되지 않는다고 판단한다. 의료기관의 업무정지 처분이 경찰처분인지, 행태책임인지에 관한 논의에서 다시 대인적 성격이 있는지 논의될 수 있는데 대상판례의 경우 적어도 (행정청의 현장조사 거부에 의한 업무정지처분이므로) 경찰처분이라고 보기는 어려우므로 승계가능성의 논의는 이루어지지 않는다. 제재처분 사유의 승계와 효과의 승계를 분리하여야 하는지 여부에 대하여 제재처분 사유만 있는 경우 원칙적으로 처분이 이루어지지 않았으므로 승계가 논의될 수 없으며, 처분이 이루어진 이후 효과에 대해서는 명시적 근거가 있는 경우에 그에 따라 승계될 수 있다. 대법원은 제재처분 사유가 승계되기 위해서는 대물성이 인정되어야 하므로, 대물성 있는 영업자 지위 승계를 인정하는 명문의 규정이 존재하는 경우, 제재처분 사유의 승계뿐만 아니라 제재처분 효과의 승계도 인정된다고 판단하고 있으나, 이는 대물성을 근거로 제재처분 승계의 근거를 법률유보에 대한 고려 없이 넓힌 것으로 볼 수 있다.

주제어: 공법상 지위 승계, 대물성, 처분, 의료기관, 영업정지, 승계적성

Abstract

Requirements for succession of sanctions where there are no status succession provisions

Kim, Jae Sun*

The main issues of the cases are as follows: (1) whether since the suspension of business is an objective disposition and the effect of the suspension of business is objective, the disposition has been eliminated due to closure, and the effect of the disposition is not inherited to a new medical institution, (2) whether the suspension of business is an objective disposition, and if there is a succession of business transfer, etc. (comprehensive succession by the successor), the transferee will succeed to the suspension of business, (3) if the suspension is mixed, both the transferee and the founder of the existing medical institution can succeed to the suspension of business (even if there is no succession to the business transfer), the reason for suspension should be recognized.

In terms of succession in the suspension of medical institutions (concept of obligation, judgment mark, Otto), administrative sanctions due to violations of the law are, in principle, difficult to

---

* Associate Professor, Dongguk University, College of Law, J.D., Ph.D.

give up personal continuity, so the suspension of work is recognized as succession. In terms of succession requirements, this case is an incomplete legal state, so it is difficult for sanctions to be succeeded without legal reservation. According to the opinion that denies succession, there is only the possibility of imposing obligations on incomplete legal conditions, and it is not inherited because it is only "a state in which the authority to intervene by the competent administration is granted." Even if succession is recognized, the police disposition is considered to be recognized as it confirms the party's violation of obligations, but the behavioral responsibility is determined when the behavior is performed, so succession is not recognized. Whether a medical institution's suspension of work is a police disposition or behavioral responsibility can be discussed again, but the target precedent is at least not considered a police disposition (because it is a suspension due to the administration's refusal to conduct an on-site investigation). If there is only a reason for sanctions on whether the succession of the reasons for sanctions and the succession of the effects should be separated, in principle, the succession cannot be discussed, and the effect after the disposition is made can be succeeded accordingly. The Supreme Court believes that not only the reason for sanctions but also the effect of sanctions is recognized if there is a prestigious regulation that recognizes the succession of objective business status, but this can be seen as expanding the basis for the succession of sanctions without considering legal reservation.

Keyword: status succession, objectivity, disposition, medical institution, business suspension, succession performance under public law

투고일 2023. 6. 11.

심사일 2023. 6. 25.

게재확정일 2023. 6. 29.

行政爭訟一般

가설건축물 관련 행정소송의 주요 쟁점과 입법론
(성재열)

가설건축물 관련 행정소송의 주요 쟁점과 입법론*

성재열**

Ⅰ. 머리말

현대인이 사용하는 주거공간을 비롯하여 사무소, 상점, 공장 등 대부분의 시설은 건축법상 건축물에 해당한다. 이러한 건축물은 현대인의 삶에 필수적인 만큼, 건축물의 기준, 용도, 안전 등에 관한 사항을 정한 건축법은 행정 분야의 법률 중에서도 현대인의 삶에 밀접한 생활법률이라고 할 수 있다.

건축법에서는 건축물과는 별도로 '가설건축물'에 대하여도 규율하

* 귀중한 조언을 주신 심사위원님들께 감사드립니다.

** 법무법인(유한) 세종 변호사

고 있고, 그 밖에 다른 법률에서도 건축물과는 별도로 가설건축물에 대한 규정이 증가하고 있다. 건축법에서는 가설건축물을 허가 대상과 신고 대상으로 나누어 규율하고 있는데, 국토교통부가 공개한 자료에 따르면 2017년부터 2018. 7. 31.까지 전국에서 신고된 가설건축물만 총 169,211개에 이를 정도일 만큼,[1)] 건축물 못지않게 가설건축물도 현대사회에서 중요한 기능을 수행하고 있다. 이에 따라 가설건축물에 관한 행정소송도 증가하고 있는 추세이다.

그동안 건축행정에 관한 학계의 논의는 주로 '건축물'을 중심으로 이루어졌고, 상대적으로 가설건축물 및 그 축조신고의 법적 성격이나, 가설건축물과 건축물의 구별기준 및 구별의 실익, 가설건축물 허가·신고와 국토계획법, 공원녹지법 등 다른 법률에 근거한 인허가와의 관계 등에 관한 논의는 드물었다. 이러한 상황에서 가설건축물에 관한 소송이 증가하여, 가설건축물에 관한 법리는 주로 판례를 중심으로만 형성되고 있다. 그런데 최근 십여년 간 축적된 가설건축물에 관한 행정판례를 보면, 동일한 쟁점에 관하여 판단기준이 다소 상반되는 듯한 경우도 보이고, 판례를 통하여 관련 법제의 문제점 내지 입법적인 검토가 필요한 사항들도 확인되고 있다.

이에 건축법상 '가설건축물'에 초점을 두어 주요 쟁점 및 입법적 시사점을 살펴보고자 한다. 이러한 문제의식을 바탕으로 가설건축물 관련 행정소송에서 나타나는 주요 쟁점을 검토하고(Ⅱ), 실무상 문제에 비추어 입법적인 정비가 필요한 사항을 차례로 살펴본다(Ⅲ).

---

1) 국토교통부, 2017년 이후 전국 시도별 가설건축물 신고 현황, https://blcm.go.kr/stat/customizedStatic/CustomizedStaticSupplyDetail.do, 2023. 6. 8. 검색.

Ⅱ. 가설건축물 관련 행정소송의 주요 쟁점

1. 개관

건축법에서 가설건축물이라는 용어는 제정 건축법(1962. 1. 20. 법률 제984호로 제정된 것)에서부터 사용되고 있었다. 이때는 제7장 '잡칙' 제47조[2])에서 건축허가 대상 가설건축물에 관하여만 규정하고 있었고, 위 규정의 위임을 받은 제정 건축법 시행령(1962. 4. 10. 각령 제650호로 제정된 것) 제123조[3])에서 비교적 간단하게 가설건축물의 요건을 규정하고 있었다. 제정 건축법에서는 가설건축물에 관한 규정이 잡칙에만 규정되어 있었던 만큼, 건축법에서 차지하는 비중이 미미하였다.

이후 구 건축법(1982. 4. 3. 법률 제3558호로 일부개정된 것) 제47조 제2항[4])이 신설되어 축조신고 대상 가설건축물에 관한 규정이 최초로 마련되었고, 1991. 5. 31. 법률 제4381호로 구 건축법이 전부개정되면서 '보칙' 장에 규정되어 있던 가설건축물은 제2장(건축물의 건축)으로 들어오게 되었다.

---

2) 구 건축법(1962. 1. 20. 법률 제984호로 제정된 것) 제47조 (가설건축물) 시장, 군수는 도시계획으로써 결정된 도로, 광장 또는 공원의 예정지에 있어서의 가설건축물의 건축을 각령의 정하는 바에 의하여 허가할 수 있다.

3) 구 건축법 시행령(1962. 4. 10. 각령 제650호로 제정된 것) 제123조 (가설건축물) ① 법 제47조의 규정에 의한 가설건축물의 허가는 다음의 각호에 해당하는 건축물로서 용이하게 이전 또는 철거할 수 있는 것이 아니면 이를 허가할 수 없다.
1. 층수가 2이하로서 지층이 없는것
2. 주요구조부가 목조콩크리트부록조 기타 이와 유사한 구조인 것
② 전항의 경우에 시장, 군수는 건축물의 존속기간과 기타의 필요한 부관을 부하여야 한다.

4) 구 건축법(1982. 4. 3. 법률 제3558호로 일부개정된 것) 제47조(가설건축물) ② 재해복구·흥행·전람회·공사용 가설건물 기타 이와 유사한 용도에 공하는 임시적인 가설건축물로서 건설부령으로 정하는 건축물을 축조하고자 할 때에는 그 건축물의 존치기간을 정하여 착공 5일전에 시장 또는 군수에게 신고하여야 한다.

현행 건축법은 가설건축물을 제20조[5) 제1항의 건축허가, 동조 제3항의 축조신고 대상으로 이원화하여 규율하고 있다. 그 중 허가 대상 가설건축물은 구조물의 성상 측면에서는 일반적인 건축물과 특별히 차이가 없다고 볼 수 있으나 일정 기간이 지나면 철거가 예정되어 있다는 점에서 차이가 있는 구조물이다. 반면 신고 대상 가설건축물은 뒤에서 보는 대로 구조물의 성상 측면에서부터 건축물과 구별된다는 점에서 이를 좁은 의미의 가설건축물이라고 할 수 있다.[6) 이 글의 주된 논의 대상인 가설건축물도 건축법 제20조 제3항에 따른 축조신고 대상 가설건축물을 의미한다.

건축법에 축조신고 대상 가설건축물이 최초로 규정될 당시에는 건축법 시행령이 아니라 시행규칙에 축조신고 대상 가설건축물의 종류가

---

5) 건축법 제20조(가설건축물) ① 도시·군계획시설 및 도시·군계획시설예정지에서 가설건축물을 건축하려는 자는 특별자치시장·특별자치도지사 또는 시장·군수·구청장의 허가를 받아야 한다.

② 특별자치시장·특별자치도지사 또는 시장·군수·구청장은 해당 가설건축물의 건축이 다음 각 호의 어느 하나에 해당하는 경우가 아니면 제1항에 따른 허가를 하여야 한다.

1. 「국토의 계획 및 이용에 관한 법률」 제64조에 위배되는 경우
2. 4층 이상인 경우
3. 구조, 존치기간, 설치목적 및 다른 시설 설치 필요성 등에 관하여 대통령령으로 정하는 기준의 범위에서 조례로 정하는 바에 따르지 아니한 경우
4. 그 밖에 이 법 또는 다른 법령에 따른 제한규정을 위반하는 경우

③ 제1항에도 불구하고 재해복구, 흥행, 전람회, 공사용 가설건축물 등 대통령령으로 정하는 용도의 가설건축물을 축조하려는 자는 대통령령으로 정하는 존치 기간, 설치 기준 및 절차에 따라 특별자치시장·특별자치도지사 또는 시장·군수·구청장에게 신고한 후 착공하여야 한다.

④ ~ ⑦ (생략)

6) 이러한 규정체계로 인하여, 건축법 제20조 제1항에 따른 가설건축물은 토지에의 정착성이 있지만 도시·군계획시설사업이 시행되면 철거가 예정되어 있는 이른바 기한부건축물, 건축법 제20조 제3항에 따른 가설건축물은 토지에의 정착성이 결여된 좁은 의미의 가설건축물로 구분하는 견해가 유력하다. 김종보, “가설건축물의 개념과 법적 성격”, 행정법연구 제12호, 2004. 10, 349면; 동인, 건설법의 이해, 제6판, 피데스, 2018, 34－37면.

열거되어 있었으나(구 건축법 시행규칙(1982. 10. 30. 건설부령 제340호로 전부개정된 것) 제32조), 현재는 축조신고 대상인 가설건축물은 모두 건축법 시행령 제15조 제5항에 구체적으로 열거되어 있다.

이러한 가설건축물에 관하여 실무상 자주 문제되는 행정소송의 유형은, 가설건축물 축조신고 및 존치기간 연장신고에 대한 거부처분이 있었을 때 그 거부처분의 취소를 구하는 항고소송과, 가설건축물이 위반건축물에 해당한다는 이유로 시정명령, 이행강제금 부과 등 제재처분이 행하여졌을 때 그 제재처분의 취소를 구하는 항고소송으로 대별할 수 있다.

2. 가설건축물이 건축법상 건축물에 해당하는지 여부

1) 주요 판례

가설건축물이 건축법상 건축물이 아니라고 판시한 최초의 대법원 판례는 대법원 2010. 9. 9. 선고 2010두9334 판결[7]이다. 다만 위 판례는 어떠한 가설건축물이 건축법상 건축물에 해당하는지 여부가 직접 쟁점이 된 사건은 아니고, 건축법 제20조의 입법취지를 설시하면서 "가설건축물은 건축법상의 건축물이 아니므로"라고 방론에 가깝게 설시한 판례이다.

위 대법원 2010. 9. 9. 선고 2010두9334 판결이 선고된 이후에도, 하급심에서는 가설건축물에 건축법 제11조의 적용을 배제하는 규정이

7) "건축법 제20조 제2항은 대통령령으로 정하는 용도의 가설건축물을 축조하기 위하여는 시장 등에게 그 신고를 하도록 정하고 있고, 건축법 시행령(2009. 6. 30. 대통령령 제21590호로 개정되기 전의 것. 이하 같다) 제15조 제5항은 그 각 호에서 신고의 대상이 되는 가설건축물을 열거하고 있다. 이는 가설건축물은 건축법상의 건축물이 아니므로 건축허가나 건축신고 없이 설치할 수 있는 것이 원칙이지만 일정한 가설건축물에 대하여는 건축물에 준하여 위험을 통제하여야 할 필요가 있으므로 신고의 대상으로 규율하는 취지라고 할 것이다"

없다는 점을 이유로, 어떠한 건축물이 건축법 제20조 소정의 가설건축물에 해당하더라도 건축물의 건축허가에 관한 건축법 제11조가 여전히 적용된다는 판결이 선고되기도 하였다.[8] 다만 이후 대법원 2018. 1. 25. 선고 2015두35116 판결도 가설건축물은 건축법상 건축물이 아니라고 판시함으로써, 건축법상 가설건축물과 건축물이 구별됨을 다시 한번 확인하였다.

대법원 2021. 7. 29. 선고 2021두34756 판결은 토지에 적치된 창고용 컨테이너가 축조신고 대상 가설건축물인지, 만약 가설건축물에 해당한다면 '건축물'에는 해당하지 않는 것인지가 정면으로 쟁점이 된 사건이다. 위 사건에서는 모든 심급에 걸쳐 위 컨테이너는 가설건축물에 해당할 뿐 건축물이라고 볼 수 없다고 판단되었다.

한편, 최근 대법원 판례는 가설건축물에 관하여 민법 제366조의 법정지상권이 성립할 수 없다고 보면서 그 논거로도 "독립된 부동산으로서 건물은 토지에 정착되어 있어야 하는데(민법 제99조 제1항), 가설건축물은 일시 사용을 위해 건축되는 구조물로서 설치 당시부터 일정한 존치기간이 지난 후 철거가 예정되어 있어 일반적으로 토지에 정착되어 있다고 볼 수 없다"는 점을 들었다.[9] 이는 가설건축물이 건축법에 따른 건축물이 아니라고 한 것에서 나아가, 민법에 따른 '독립한 부동산인 건물'에도 해당하지 않음을 분명히 한 것이라고 볼 수 있다.

2) 검토

'건축물'은 원칙적으로 건축법이라는 법률이 예정한 허가, 신고의 대상이지만, 가설건축물은 원칙적으로 건축법의 규율 대상이 아니며 예외적으로 법에 명시된 사항만이 규제의 대상이 되는 것으로서, 건축물

---

8) 대구지방법원 2012. 5. 9. 선고 2011구합4444 판결. 이 판결에 대하여 원고가 항소하였으나, 항소심에서 소취하로 종결되었다.

9) 대법원 2021. 10. 28 선고 2020다224821 판결.

과는 규제의 원칙·예외관계가 완전히 다르다.[10] 건축법 제2조에 가설건축물의 정의규정이 없는 이유도, 건축물과 달리 해당 법률의 원칙적 규율 대상이 아니기 때문으로 이해할 수 있다.

가설건축물은 '건축물'로 볼 수 있는 요소 일부가 결여된 구조물이라는 점에서, 이러한 가설건축물이 동시에 그러한 요소를 모두 갖춘 건축물에도 해당할 수 있다고 보는 것은 모순이다. 따라서 가설건축물이 건축법상 건축물에도 해당한다고 보기는 어렵고, 양자를 명확히 구분하는 것이 타당하다.[11] 앞에서 본 대로 하급심 판례 중에는 가설건축물도 건축법 제11조에 따른 '건축물'에 해당한다고 본 경우도 있으나, 향후에는 가설건축물은 건축물에 해당하지 않는다는 대법원 판례가 일관되게 적용되는 것이 바람직할 것이다.

3. 가설건축물과 건축물의 구별기준

1) 구별기준의 중요성

앞에서 본 대로 가설건축물과 건축물이 엄격히 구별된다면, 무엇을 기준으로 양자를 구별할 것인지, 즉 양자를 구별할 수 있는 핵심적인 개념요소가 무엇인지를 정할 필요가 있다. 특히 어떠한 구조물이 건축물인지 가설건축물인지에 따라 허가 및 신고를 거쳐야 하는 절차, 관련 인허가의 절차, 미신고 내지 무허가 행위에 대한 처벌의 법정형 등이 달라지는 만큼, 가설건축물과 건축물의 구별기준이 더욱 중요한 문제가 된다.

---

10) 건축법은 경찰법으로서 법이 명시하지 않은 것은 원칙적으로 허용되는 것이고, 예컨대 가설건축물의 허용범위를 좁히기 위해 '경비용에 쓰이는 가설건축물로 연면적 10제곱미터 이하인 것'을 신고 대상 가설건축물로 규정한 건축법 시행령 제15조 제5항 제6호와 같은 규정은 '규정되지 않은 것은 허용되는 것'이라는 원칙에 모순되는 규정이라는 지적으로, 김종보, 앞의 책, 35면.

11) 같은 취지로, 김종보, 앞의 글, 351면.

2) 구체적 판단기준에 관한 판례

최근 대법원은 건축물의 요건 중 토지에의 정착성이 결여되어 있는 점을 가설건축물의 중요한 특성으로 파악하고 있다.[12] 다만 구체적으로 토지에의 정착성을 어떻게 인정할 것인지에 대해서는 판례들 사이에서도 다소 엇갈리는 양상을 보여 왔다.

대법원 판례 중에는 토지에 정착하는 공작물이란 반드시 토지에 고정되어 이동이 불가능한 공작물만을 가리키는 것은 아니고 물리적으로는 이동이 가능하더라도 보통 사람의 힘만으로 이동할 수 없고 이를 이동하기 위하여 상당한 동력을 가진 장비가 필요하다는 이유로 컨테이너 하우스가 건축법상 '건축물'에 해당한다고 본 사례가 있다.[13] 하급심 판례 중에도, 위 대법원 판례를 원용하면서 건물 주출입구 맞은편에 철파이프로 기둥과 보를 만든 뒤 이를 천막으로 둘러싼 면적 3.38㎡의 텐트 형태의 시설이 제재처분 당시까지 약 2년간 존치되어 있었던 경우 이를 건축법상 건축물에 해당한다고 본 사례가 있다.[14]

반면, 컨테이너가 바닥에 고정되어 있지 않고 지게차 등을 이용하여 별다른 어려움 없이 이동이 가능하게 되어 있다면 건축물이 아니라 가설건축물에 해당한다고 본 판례도 있었다.[15]

대법원 2021. 7. 29. 선고 2021두34756 판결에서 문제된 컨테이너는 적치된 면적이 수천 제곱미터에 이르고 3층으로 쌓여 있었다. 이 사건에서는 기존 대법원 판례들에 비추어 위 컨테이너가 '물리적으로는 이동이 가능하더라도 상당한 동력을 가진 장비가 필요한 건축물' 또는

---

12) 대법원 2021. 7. 29. 선고 2021두34756 판결, 대법원 2021. 10. 28. 선고 2020다224821 판결.

13) 대법원 1991. 6. 11. 선고 91도945 판결.

14) 서울고등법원 2021. 5. 21. 선고 2020누63544 판결(대법원 2021. 8. 19.자 2021두40652 판결로 심리불속행기각).

15) 대법원 2013. 1. 10. 선고 2011두11105 판결.

'지게차 등으로 별다른 어려움 없이 이동이 가능한 가설건축물' 중 어디에 해당하는지가 쟁점이 되었는데, 결론적으로 컨테이너들이 지반에 고정되어 있지 않은 상태라는 점 등에 비추어 토지에 정착되어 있지 않은 것으로 판단되었다.

3) 검토

가설건축물은 재해복구, 흥행 등 일시적인 목적을 위해 활용되면서도 건축물에 준하는 기능을 하는 시설물에 대한 규제를 위해 건축법에 규정된 개념인 만큼, 토지에의 정착성은 건축물과 구별되는 가설건축물만의 특성인 임시성 내지 일시성의 징표라고 할 수 있다. 따라서 기본적으로 토지에의 정착성 여부를 중심으로 가설건축물과 건축물을 구별하는 판례의 태도는 타당하다.

문제는 토지에 '정착'되어 있다는 것을 어떻게 볼 것인가이다. 토지에의 정착성은 개별적·구체적으로 판단할 수밖에 없는 것이지만, 그 판단에는 법령이 예정한 가설건축물의 특징을 적극 고려하여야 할 것이다. 예를 들어 앞에서 본 여러 판례에서 문제된 컨테이너의 경우, 보통 사람의 힘만으로는 이동시킬 수 없고 이동을 위해서는 지게차 등 장비를 활용하기 마련이다. 그런데 건축법 시행령 제15조 제5항 제8호에서 '컨테이너 또는 이와 비슷한 것으로 된 가설건축물'을 열거하고 있다는 것은 이미 사람의 힘으로 이동시킬 수 없고 장비로 이동시킬 수밖에 없는 시설이더라도 '가설건축물'로 볼 수 있다는 입법적 결단이 반영된 것이라고 볼 수 있다.

이 점에서 '물리적으로는 이동이 가능하더라도 보통 사람의 힘만으로 이동할 수 없고 이를 이동하기 위하여 상당한 동력을 가진 장비가 필요'한 경우 토지에 정착된 것으로 볼 수 있다는 대법원 1991. 6. 11. 선고 91도945 판결은 재고를 요한다. 오히려 바닥에 고정되어 있지 않아 상당한 동력을 가진 장비로 이를 이동시킬 수 있는 컨테이너라면,

이는 건축법 시행령 제15조 제5항 제8호가 예정한 전형적인 경우로서 토지에 정착되어 있지 않다고 보는 것이 타당할 것이다.

4. 가설건축물 축조신고 수리의 법적 성격

1) 문제점

대법원은 종래에는 건축신고를 거부한 행위의 처분성을 부인하다가,[16] 전원합의체 판결을 통하여 건축신고의 항고소송 대상성을 인정하였다.[17] 이후 선고된 또 다른 대법원 전원합의체 판결은 건축신고 수리의 법적 성격에 관하여, "인·허가의제 효과를 수반하는 건축신고는 일반적인 건축신고와는 달리, 특별한 사정이 없는 한 행정청이 그 실체적 요건에 관한 심사를 한 후 수리하여야 하는 이른바 '수리를 요하는 신고'로 보는 것이 옳다"라고 판시하였다.[18] 최근까지 하급심 판례들도 위 대법원 판례를 그대로 인용함으로써 인허가의제 효과를 수반하는 건축신고를 "일반적인 건축신고와 달리" 수리를 요하는 신고라고 판시하고 있다.[19]

위와 같은 두 건의 전원합의체 판결 선고 이후 건축신고의 법적 성격에 관한 많은 논의가 있었으나, 가설건축물 축조신고의 법적 성격에 대해서는 구체적인 논의가 많지 않다. 그러나 가설건축물 축조신고의 법적 성격은 신고 이후 수리 이전에 해당 가설건축물의 축조가 가능한지 여부를 가르는 기준이 될 뿐만 아니라, 뒤의 입법론에서 살펴볼 인허가의제 논점의 전제문제가 되기도 하는 만큼, 건축신고의 법적 성격과는 별개로 가설건축물에 한정하여 그 법적 성격을 살펴볼 필요가 있다.

---

16) 대법원 1999. 10. 22. 선고 98두18435 판결, 대법원 1999. 10. 22. 선고 98두18435 판결 등.
17) 대법원 2010. 11. 18. 선고 2008두167 전원합의체 판결.
18) 대법원 2011. 1. 20. 선고 2010두14954 전원합의체 판결.
19) 대전고등법원 2022. 5. 12. 선고 2021누12204 판결 등.

2) 가설건축물 축조신고 수리의 법적 성격에 관한 판례

대법원은 건축신고의 처분성을 인정한 대법원 2010. 11. 18. 선고 2008두167 전원합의체 판결이 선고되기 전부터 가설건축물 존치기간 연장신고 반려처분의 처분성이 인정됨을 전제로 그 처분의 위법성을 심사하였다.[20] 위 대법원 2010. 11. 18. 선고 2008두167 전원합의체 판결이 선고된 이후에도, 가설건축물 축조신고나 존치기간 연장신고의 불수리에 대한 항고소송에서는 처분성 여부가 특별히 쟁점이 되지 않았고, 당연히 처분성이 있는 것을 전제로 한 판단이 이루어졌다.[21]

그리고 대법원 2011. 1. 20. 선고 2010두14954 전원합의체 판결의 다수의견이 인허가의제 효과가 수반되는 건축신고에 대하여 '일반적인 건축신고와는 달리' 수리를 요하는 신고에 해당한다고 판시한 것과는 대조적으로, 가설건축물 축조신고나 그 존치기간 연장신고의 경우 인허가의제 효과가 없음에도 최근 다수의 판례는 이를 수리를 요하는 신고라고 판시하고 있다.[22] 나아가 판례 중에는 중대한 공익상 필요가 있는 경우 건축신고의 수리를 거부할 수 있다는 대법원 2019. 10. 31. 선고 2018두45954 판결을 인용하면서, 중대한 공익상 필요를 이유로 가설건

---

20) 대법원 2010. 9. 9. 선고 2010두9334 판결.

21) 대법원 2018. 1. 25. 선고 2015두35116 판결, 대법원 2019. 1. 10. 선고 2017두75606 판결.

22) 확정된 하급심 판결 중 가설건축물 축조신고 내지 존치기간 연장신고를 '수리를 요하는 신고'라고 명시한 판결로는, 대전고등법원 2017. 5. 11. 선고 2016누13302 판결, 광주고등법원 2018. 1. 11. 선고 2017누4313 판결, 서울고등법원 2019. 8. 21. 선고 2018누62654 판결 등이 있다. 이 중 서울고등법원 2019. 8. 21. 선고 2018누62654 판결은, "가설건축물 축조신고와 존치기간 연장신고 모두 건축법 시행령과 시행규칙에서 "기재내용을 확인한 후 신고필증을 신고인에게 발급하여야 한다."라는 규정을 두고 있어, 신고내용이 요건에 맞는지에 관한 확인이 이루어지고 필증의 발급은 곧 수리를 의미한다는 점에서 수리를 요하는 신고에 해당한다는 점은 동일하다"라고 함으로써 가설건축물 축조신고, 존치기간 연장신고 모두 수리를 요하는 신고에 해당한다고 판시하였다.

축물 축조신고를 반려한 처분이 적법하다고 판단한 사례도 있다.[23)]

아직까지 대법원에서 가설건축물 축조신고가 수리를 요하는 신고에 해당한다고 명시한 적은 없다. 다만 "존치기간이 만료된 가설건축물의 존치기간이 연장될 경우 당초 신고된 용도대로 사용되지 아니한다는 사정이 인정되는 때에는 시장 등은 그 존치기간 연장신고를 수리하지 아니할 수 있다고 봄이 상당하다"고 한 다음 그 불수리처분이 적법하다는 취지로 판단한 대법원 2010. 9. 9. 선고 2010두9334 판결의 논리 전개는 이를 수리를 요하는 신고라고 전제한 것에 가깝다.[24)]

3) 신고제 합리화 사업에 따른 입법

정부가 추진한 이른바 신고제 합리화 사업이란, 신고민원의 예측가

---

23) 대구고등법원 2021. 6. 18. 선고 2020누3749 판결(확정). 서울고등법원 2019. 8. 21. 선고 2018누62654 판결도 가설건축물 존치기간 연장신고를 중대한 공익상 필요를 이유로 거부할 수 있다고 판시하면서, 다만 해당 사건에서는 그러한 중대한 공익상 필요가 인정되지 않는다고 판단하였다(대법원 2020.1.16. 선고 2019두53570 판결로 심리불속행기각).

24) 관련하여, 대법원 2019. 1. 10. 선고 2017두75606 판결은 "피고로서는 구 건축법령에서 정하고 있는 가설건축물 축조의 요건이 충족되었는지를 확인하여 그 신고 수리 여부를 결정하여야 할 뿐, 국토계획법상 개발행위허가의 요건을 충족하지 못한다는 사유로 가설건축물 축조신고의 수리를 거부할 수는 없다"고 판시하였다. 이 판결에 대하여는, 가설건축물 축조신고는 건축신고와 동일하게 기본적으로 자기완결적 신고이나, 수리라는 용어를 사용하고 처분성을 인정하고 있다는 점에서 이른바 하이브리드형 신고라고 볼 것이라는 견해가 있고(김용섭, "2019년 행정법(I) 중요판례평석", 인권과 정의, 488호, 2020. 3, 77면), 자기완결적 신고로 판단한 판례라고 보는 견해도 있다(이효진, "행정기본법의 '수리를 요하는 신고'에 대한 고찰 : 인허가의제를 수반하는 건축신고를 중심으로", 법제 제699호, 2022. 12. 169면).
또한, "가설건축물 존치기간을 연장하려는 건축주 등이 법령에 규정되어 있는 제반 서류와 요건을 갖추어 행정청에 연장신고를 한 때에는 행정청은 원칙적으로 이를 수리하여 신고필증을 교부하여야 하고, 법령에서 정한 요건 이외의 사유를 들어 수리를 거부할 수는 없다"고 판시한 대법원 2018. 1. 25. 선고 2015두35116 판결을 자기완결적 신고의 사례로 보는 견해도 있다(김남진·김연태, 행정법 Ⅰ, 제27판, 법문사, 2023, 149면).

능성을 제고하기 위하여 자기완결적 신고와 수리를 요하는 신고를 분명히 구별하고, 수리를 요하는 신고의 경우 신고를 받은 날부터 일정한 기간 내에 신고인에게 수리 여부를 통지하도록 하거나 일정 기간 내에 신고를 처리하지 않으면 수리한 것으로 간주한다는 점을 법률에 명시함으로써 신고제를 개선하는 사업이다.[25]

이러한 신고제 합리화 사업에 따라 2017. 4. 18. 건축법이 개정되어 건축신고의 수리 여부 통지 및 수리 간주규정이 신설되었다(건축법 제14조 제3, 4항[26]). 가설건축물에 대하여도 건축신고에 적용되는 신고수리 여부 통지 및 수리 간주 규정은 그대로 준용된다(건축법 제20조 제4항[27]).

4) 검토

먼저, 가설건축물의 구체적인 종류를 정하고 있는 건축법 시행령 제15조 제5항을 보면, 특별자치시장 · 특별자치도지사 또는 시장 · 군수 · 구청장이 도시미관이나 교통소통에 지장이 없다고 "인정하는" 시설(제2호), 공사에 "필요한" 규모의 공사용 가설건축물 및 공작물(제3호) 등 법령에 해당하는지 여부에 대한 판단이 필요한 사항들이 열거되어 있다. 그렇다면 이러한 시설에 해당하는지 여부에 대하여는 행정청의 최소한의 판단을 거친 다음 축조를 개시하도록 하는 것이 바람직하다는 점에

25) 정하중 · 김광수, 행정법개론, 제17판, 법문사, 2023, 109, 110면.

26) 건축법 제14조(건축신고) ③ 특별자치시장·특별자치도지사 또는 시장·군수·구청장은 제1항에 따른 신고를 받은 날부터 5일 이내에 신고수리 여부 또는 민원 처리 관련 법령에 따른 처리기간의 연장 여부를 신고인에게 통지하여야 한다. 다만, 이 법 또는 다른 법령에 따라 심의, 동의, 협의, 확인 등이 필요한 경우에는 20일 이내에 통지하여야 한다.
④ 특별자치시장·특별자치도지사 또는 시장·군수·구청장은 제1항에 따른 신고가 제3항 단서에 해당하는 경우에는 신고를 받은 날부터 5일 이내에 신고인에게 그 내용을 통지하여야 한다.

27) 건축법 제20조(가설건축물) ④ 제3항에 따른 신고에 관하여는 제14조제3항 및 제4항을 준용한다.

서, 가설건축물 축조신고를 자기완결적 신고로 보기에는 무리가 있다.[28)]

또한, 가설건축물 축조신고에 대한 수리 여부 통지 및 간주 규정에 비추어 보더라도, 이는 수리를 요하는 신고로 봄이 타당하다. 이에 대하여는, 행정기본법 제34조에 따른 '수리가 필요하다'는 명시적인 규정이 아닌 수리 여부 통지 등의 규정만으로는 수리를 요하는 신고로 입법화하였다고 볼 수 없다는 견해도 있지만,[29)] 정부가 마련한 신고제도 합리화 사업의 취지[30)] 및 이에 따른 입법실무 경향[31)]에 비추어, 위 규정은 입법자가 건축신고를 수리를 요하는 신고로 판단하였기 때문에 도입된 것이라고 해석하여야 할 것이다.

---

28) 김종보, 앞의 책, 137, 138면에서도, 건축신고뿐 아니라 가설건축물, 공작물의 경우에도 건축법이 정하는 요건을 준용하도록 하고 있는 점을 고려할 때, 모두 수리를 요하는 신고로 봄이 타당하다고 한다.

29) 안동인, "일반음식점영업 신고 및 영업양도에 따른 지위승계 신고의 법적 성질과 요건 : 대상판결: 대법원 2020. 3. 26. 선고 2019두38830 판결", 동북아법연구 제16권 제3호, 2022, 10, 676면에서는, 신고제 합리화 사업에 따라 마련된 수리 여부 통지 규정과 수리 간주 규정이 행정기본법 제34조에 따라 수리를 요하는 신고를 명시한 규정이라고는 단정하기 어려우며, 이는 추후 법원의 판단을 통하여 확정될 사항으로 보인다고 한다.

30) 신고제도 합리화 사업에 따르면, 수리간주 규정을 두는 것은 수리를 요하는 신고임을 전제하는 것이다(김동희·최계영, 행정법 Ⅰ, 제27판, 박영사, 2023, 131면; 김중권, 행정법, 제5판, 2023, 법문사, 293, 294면; 정하중·김광수, 앞의 책, 109, 110면; 박송이, "신고제 합리화 정비사업", 법제 제678호, 2017. 9, 193면).

31) 예컨대 사립학교법 제28조 제4항은 "관할청은 제1항 단서에 따른 신고를 받은 경우 그 내용을 검토하여 이 법에 적합하면 신고를 수리하여야 한다"고 규정하고 있고, 정부의 보도자료에서는 이 규정을 수리를 요하는 신고임을 명확하게 규정한 사례로 설명하고 있다(국무조정실, "인허가·신고 처리시 공무원 갑질 못한다", 2017. 8. 20.).

또한 법제처에서 발간한 행정기본법 해설서에서는, 건축법 제14조 제3항에 신고 수리에 관한 내용을 신설함으로써 건축신고 수리의 법적 성격에 관한 논쟁이 입법적으로 해결되었다고 설명하고 있다(법제처, 행정기본법 해설서, 2021, 348면). 다만 이러한 법제처의 입장에 대하여도, 신고 수리 통지 규정, 수리 간주규정을 두었다고 하여 수리를 요하는 신고인지 여부를 입법적으로 해결하였다고 보기는 어렵다는 반론은 있다(정관선·박균성, "「행정기본법」에 따른 자기완결적 신고와 수리를 요하는 신고의 재검토", 법조 753호, 2022. 6, 138면).

이러한 점을 종합하여 보면, 가설건축물 축조신고는 수리를 요하는 신고로 봄이 타당하다.

Ⅲ. 가설건축물 관련 법제의 문제점과 입법론

1. 개관

건축법상 가설건축물 규제와 관련하여, 원칙적 통제대상인 건축물에만 관심이 집중된 나머지 가설건축물, 기타 공작물에 대한 규정에는 충분히 주의를 기울이지 못하여 체계적이지 못한 입법이 되었다는 지적이 제기되기도 하였으나,[32] 이후에도 가설건축물에 관한 규정은 거의 변하지 않았다.

그동안 가설건축물 축조신고에 관한 판례가 축적되면서, 건축법상 건축물과 가설건축물의 구분이 분명하지 않은 점, 건축물이나 옹벽 등 공작물에 대한 규제와 비교하여 볼 때 가설건축물에 대한 규제가 상대적으로 적용 대상과 범위가 모호한 점 등에 따른 입법적인 문제가 더욱 드러나고 있다. 이하에서는 이와 같이 실무상 문제되고 있는 사항을 중심으로, 가설건축물에 관한 입법적 보완이 필요한 점을 살펴본다.

2. 제재처분의 근거규정인 건축법 제79조 적용에 관한 문제

1) 건축법 제79조에 근거한 가설건축물에 대한 시정명령의 실무례

가설건축물이 건축법상 건축물이 아니라는 대법원 판례에 따르면, 원칙적으로 건축법 중 건축물에 관한 규정은 가설건축물에 그대로 적용

---

32) 김종보, 앞의 글, 344, 345면.

될 수 없다. 다만 건축법 제20조 제5항[33]은 가설건축물에 대하여 대통령령으로 정하는 바에 따라 '건축물'에 관한 규정들을 적용하지 않는다고 규정하고 있어, 건축법에 의하면 이를 제외한 나머지 '건축물'에 관한 규정은 모두 적용된다는 것인지가 모호한 측면이 있다.

건축법 제20조 제5항 자체의 문제는 뒤에서 다시 보되, 가설건축물은 건축법상 건축물이 아니라는 대법원 판례와 관련하여 우선적으로 건축법 제79조에 대한 검토가 필요하다.

건축법 제79조는 제재처분의 대상을 "대지나 건축물"로 규정하고 있고 가설건축물은 그 대상으로 규정하고 있지 않다. 건축법 제83조[34] 제3항이 옹벽 등의 공작물에 건축법 제79조를 준용하는 규정을 두고 있기는 하나, 가설건축물은 위 준용규정의 적용을 받지 않는다.

그런데 일선 행정청에서는 가설건축물이 법령에 위반된다고 판단할 경우 건축법 제79조에 따른 시정명령 등 제재처분을 행하는 경우가 많고, 최근까지도 대부분의 판례는 가설건축물에 대해서도 건축법 제79조에 따른 제재처분이 가능함을 전제로 판단하고 있다.[35] 아직 이 쟁점을 정면으로 다룬 대법원 판례는 없으나, 하급심에서는 건축법 제20조

33) 건축법 제20조(가설건축물) ⑤ 제1항과 제3항에 따른 가설건축물을 건축하거나 축조할 때에는 대통령령으로 정하는 바에 따라 제25조, 제38조부터 제42조까지, 제44조부터 제50조까지, 제50조의2, 제51조부터 제64조까지, 제67조, 제68조와 「녹색건축물 조성 지원법」 제15조 및 「국토의 계획 및 이용에 관한 법률」 제76조 중 일부 규정을 적용하지 아니한다.

34) 건축법 제83조(옹벽 등의 공작물에의 준용) ① 대지를 조성하기 위한 옹벽, 굴뚝, 광고탑, 고가수조(高架水槽), 지하 대피호, 그 밖에 이와 유사한 것으로서 대통령령으로 정하는 공작물을 축조하려는 자는 대통령령으로 정하는 바에 따라 특별자치시장·특별자치도지사 또는 시장·군수·구청장에게 신고하여야 한다.

② 삭제 <2019. 4. 30.>

③ 제14조, 제21조제5항, 제29조, 제40조제4항, 제41조, 제47조, 제48조, 제55조, 제58조, 제60조, 제61조, 제79조, 제84조, 제85조, 제87조와 「국토의 계획 및 이용에 관한 법률」 제76조는 대통령령으로 정하는 바에 따라 제1항의 경우에 준용한다.

35) 대전지방법원 2022. 1. 26. 선고 2020구합1379 판결(확정) 등.

제5항이 시정명령의 근거규정인 동법 제79조의 적용을 배제하지 않고 있는 점, 가설건축물에 대해서 시정명령이 불가능하다고 보면 현실적으로 위법한 가설건축물을 제거할 방법이 없는 점 등을 근거로 위법한 가설건축물에 대하여도 건축법 제79조에 근거한 제재처분이 가능하다고 본 판례가 있다.[36]

2) 건축법 제79조에 근거한 가설건축물에 대한 시정명령의 문제점과 입법론

침익적 처분의 근거법규는 헌법상 명확성의 원칙에 따라 그 규정을 더욱 엄격하게 해석·적용하여야 하고, 행정처분의 상대방에게 지나치게 불리한 방향으로 확대해석이나 유추해석을 하여서는 안 된다.[37] 그런데 대법원 판례가 가설건축물은 건축법상 건축물이 아니라고 반복적으로 판시하고 있는 점과는 대조적으로, 가설건축물이 건축법 제79조의 '건축물'에 해당함을 전제로 하는 제재처분은 계속 이루어지고 있다.

물론 가설건축물보다도 규제의 필요성이 더 낮다고 볼 수 있는 일정한 옹벽, 굴뚝 등에 대하여도 건축물에 대한 시정명령의 근거규정인 건축법 제79조를 준용하는 규정을 두고 있다는 점에서(건축법 제83조 제3항), 가설건축물을 건축법 제79조에 따른 시정명령의 대상에서 제외되는 것으로 해석할 수는 없다고 볼 여지도 있다.

그러나 어떠한 법률에서 사용되는 용어가 같은 법률에서 정의규정까지 두고 있는 다른 용어와는 구별되는 개념이라면, 그 법률 중에서도 침익성이 강한 처분의 근거규정의 해석에 관하여 두 개념이 중첩될 수 있다고 해석하기는 어렵다. 또한 건축법은 형사처벌 규정에서는 건축물 건축허가(제11조 제1항) 위반, 건축물 건축신고(제14조 제1항) 위반, 가설

---

36) 수원고등법원 2021. 1. 20. 선고 2020누11974 판결. 다만 이 판결은 이 쟁점과는 다른 처분사유 추가·변경에 관한 상고이유가 받아들여져 파기되었다.

37) 대법원 2021. 11. 11. 선고 2021두43491 판결 등.

건축물 건축허가(제20조 제1항) 위반, 가설건축물 축조신고(제20조 제3항) 위반을 개별적으로 처벌 대상으로 열거하고 있다는 점에서도(건축법 제110조 제1호, 제3호, 제111조 제1호), 제재처분의 근거규정인 건축법 제79조의 '건축물'에 가설건축물이 해당된다고 해석하는 것은 균형에 맞지 않는 측면이 있다.

옹벽 등 공작물 축조신고의 경우를 보면, 구 건축법이 1997. 12. 13. 법률 제5450호로 일부개정되기 전에는 공작물에 준용되는 건축법 규정의 범위를 시행령에서 정하도록 위임하고 있었으나, 위 개정을 통하여 공작물에 준용되는 건축법 규정이 건축법에 직접 명시되었다. 이는 포괄위임에 따른 위임입법의 한계 일탈 소지가 없도록 함으로써 예측가능성을 제고하기 위한 것이었다.[38] 그러나 이때에도 위반건축물등에 대한 시정명령에 관한 규정은 준용 대상으로 규정되어 있지 않다가, 이후 구 건축법(2001. 1. 16. 법률 제6370호로 일부개정된 것) 제72조 제2항[39]에서 시정명령 근거규정인 제69조[40]를 준용 대상으로 명시하면서 비로소 공작물에 대한 시정명령의 근거가 마련되었다. 이와 같이 공작물에 대한 준용의 범위를 세밀하게 다듬어 온 점과 비교하여 보더라도, '건축물'에 대한 제재처분의 근거규정인 건축법 제79조를 가설건축물에

38) 국회 건설교통위원회, 건축법중개정법률안(의안번호 150597) 심사보고서, 1997. 11, 5면.

39) 건축법(2001. 1. 16. 법률 제6370호로 일부개정된 것) 제72조 (옹벽등 공작물에의 준용) ② 제9조·제16조제3항·제25조·제26조제1항·제30조제4항·제31조·제37조·제38조·제47조·제51조·제53조·제69조·제70조·제73조·제74조·제76조 및 도시계획법 제53조의 규정은 대통령령이 정하는 바에 의하여 제1항의 경우에 준용한다.

40) 건축법(2001. 1. 16. 법률 제6370호로 일부개정된 것) 제69조 (위반건축물등에 대한 조치등) ① 허가권자는 대지 또는 건축물이 이 법 또는 이 법의 규정에 의한 명령이나 처분에 위반한 경우에는 이 법의 규정에 의한 허가 또는 승인을 취소하거나 그 건축물의 건축주·공사시공자·현장관리인·소유자·관리자 또는 점유자(이하 "建築主등"이라 한다)에 대하여 그 공사의 중지를 명하거나 상당한 기간을 정하여 그 건축물의 철거·개축·증축·수선·용도변경·사용금지·사용제한 기타 필요한 조치를 명할 수 있다.

대한 제재처분의 근거로도 볼 수 있는지에 관하여 보다 면밀한 검토가 필요하다.

2019. 4. 30. 제정된 건축물관리법의 입법과정과 내용을 보더라도 건축법 제79조에 근거한 가설건축물에 대한 제재처분의 적절성에 의문이 든다. 건축물관리법에서는 해당 법률에서 규율하고 있는 '건축물'이 건축법 제2조 제1항 제2호에 따른 건축물이라고 규정하고 있고(건축물관리법 제2조 제1호), 건축법 제79조 제1항과 거의 유사한 내용의 시정명령의 근거규정도 두고 있다(제41조 제1항[41]). 그런데 국토교통위원회에서 위 제정안에 대하여 논의한 내용을 보면, 위 규정에 따른 시정명령 대상은 '전국 719만 동에 달하는 기존 건축물'이며, 침익적 처분의 근거규정은 구체적으로 규정할 필요가 있다는 이유로 보다 구체적인 규정을 제정안에 반영한 것임을 알 수 있다.[42] 위 건축물관리법 제정 전인 2018년을 기준으로 건축물대장에 등재되어 있는 건축물은 총 719만 1912동이었으므로,[43] 위 회의에서 거론된 '전국 719만 동의 건축물'이란 '건축물대장'이 작성될 수 있는 건축물, 즉 가설건축물을 제외한 건축물이었다는 것을 의미한다. 이와 같이 '건축물'의 정의에 관하여 건축법을 그대로 따르는 건축물관리법에 따른 시정명령 대상 '건축물'은 건축물대장에 등재될 수 있는 '건축물'에 한정되는데, 건축법에 따른 시정명령 대상 '건축물'에는 건축물대장에 등재될 수 없는 가설건축물이 포

41) 건축물관리법 제41조(건축물에 대한 시정명령 등) ① 특별자치시장·특별자치도지사 또는 시장·군수·구청장은 건축물이 다음 각 호의 어느 하나에 해당하는 경우 해당 건축물의 해체·개축·증축·수선·사용금지·사용제한, 그 밖에 필요한 조치를 명할 수 있다.
 1.~3. (생 략)

42) 국회사무처, 국토교통위원회 국토법안심사소위원회 제1차 회의록, 2019. 3. 14, 19, 20면.

43) 국토교통부, 2018년 건축물통계, https://stat.molit.go.kr/portal/cate/statView.do?hRsId=19&hFormId=540&hSelectId=540&hPoint=00&hAppr=1&hDivEng=&oFileName=&rFileName=&midpath=&month_yn=N&sFormId=540&sStart=2018&sEnd=2018&sStyleNum=94&sDivEng=N&EXPORT=, 2023. 6. 8. 검색.

함된다는 해석은 어색하다.

요컨대, 건축법 제79조를 가설건축물에 대한 시정명령의 근거로 삼는 것은 '가설건축물은 건축법상 건축물이 아니다'라는 대법원 판례 및 관련 입법례, 침익적 처분의 근거에 대한 엄격해석원칙 등에 비추어 적절하지 않다. 다만 현실적으로 가설건축물에 대하여도 시정명령 등 제재처분이 필요한 경우가 있음을 외면할 수는 없으므로, 이를 감안하면 옹벽 등 공작물의 경우와 마찬가지로 시정명령에 관한 건축법 제79조를 가설건축물에 준용하는 별도의 규정을 마련할 필요가 있다.

3. 인허가의제에 관한 문제

1) 가설건축물 건축허가 · 축조신고의 인허가의제 여부

대법원 2019. 1. 10. 선고 2017두75606 판결의 원심은, 건축법 규정 등을 종합할 때 가설건축물 축조신고를 수리하는 경우 개발행위허가 등 관련 인허가도 의제된다고 봄이 타당하다고 하였다.[44] 그러나 대법원은 건축법상 가설건축물에 관한 규정에 인허가의제에 관한 규정을 두고 있지 않은 점 등을 고려할 때 인허가의제 효과를 인정할 수 없고, 따라서 행정청은 인허가의제 요건에 부합하지 않는다는 이유로 가설건축물 축조신고의 수리를 거부할 수 없다는 취지로 판시하였다.

위 대법원 판결에 따르면 개발행위허가기준 등 건축허가·신고에 의제되는 심사 없이 간이하게 가설건축물 축조신고가 수리될 수 있다는 점에서 신고인에게 유리해 보이는 면도 있다.

그러나 문제는, 실무상 행정청이 신고 대상인 가설건축물의 축조에 대해서도 국토계획법 제56조 제1항 제1호의 "건축물의 건축 또는 공작물의 설치", 공원녹지법 제24조 제1항 제1호에 따른 "건축물 또는 공작

44) 대전고등법원 2017. 12. 13. 선고 (청주)2017누2777 판결.

물의 설치" 등에 해당하는 것으로 보아 개발행위허가 내지 점용허가 등 건축신고의 인허가의제 요건을 갖출 것을 요구하고 있다는 점이다. 그리고 대법원 2019. 1. 10. 선고 2017두75606 판결이 선고된 이후에도, 국토계획법에 따른 개발행위허가 요건을 갖추지 못하였음을 이유로 가설건축물축조신고를 불수리한 처분이 적법하다고 판단되는 경우도 있다.[45)]

실제로 대법원 2019. 1. 10. 선고 2017두75606 판결도 가설건축물 축조신고에 국토계획법에 따른 개발행위허가 요건을 갖출 것을 요하지는 않는다고 하면서도, "다만 그 신고가 수리된 이후에 원고들이 이 사건 토지에 콘크리트 포장을 하는 등의 방법으로 토지의 형질을 변경한 다음 축사용 가설건축물을 축조하려고 한다면, 이는 국토계획법상 '건축물의 건축 또는 공작물의 설치', '토지의 형질 변경'에 해당하므로, 국토계획법 시행령 제53조 제1호부터 제3호까지에서 정한 '경미한 행위'에 해당한다는 특별한 사정이 없는 한, 원칙적으로 국토계획법상 개발행위허가를 받는 것이 필요할 따름이다"라고 함으로써 결국 가설건축물을 축조하기 위해서는 개발행위허가를 별도로 받을 필요가 있다고 보았다. 그리고 이러한 결론은 이후 선고된 다른 판례에서도 동일하게 적용되고 있다.[46)]

---

45) 대전지방법원 2021. 7. 20. 선고 2020구합101811 판결(확정). 또한, 대법원 2019. 1. 10. 선고 2017두75606 판결이 선고되기 이전의 판례이기는 하나, 공원녹지법령에 따른 도시공원 점용허가 기준을 충족하지 못한 경우 가설건축물 건축허가를 거부하는 것이 적법하다는 판결이 확정되기도 하였다(수원지방법원 2019. 1. 9. 선고 2018구합68859 판결).

46) 대전지방법원 2019. 8. 14. 선고 2018구합100211 판결 참조. 항소심인 대전고등법원 2020. 4. 23. 선고 2019누12096 판결은 제1심 판결 대부분을 그대로 인용하며 원고의 항소를 기각하였고, 상고심에서 대법원 2020.8.20. 선고 2020두38591 판결로 심리불속행기각으로 확정되었다.

2) 가설건축물에 대한 인허가의제 규정 미비의 문제점과 입법론

건축신고로 의제되는 국토계획법 제56조에 따른 개발행위는 크게 '건축물의 건축'과 형질변경 등 건축허용성에 관한 행위로 나눌 수 있고, 이 중 '건축물의 건축'은 필수적인 의제사항에 해당한다. 즉, 건축신고는 모두 국토계획법 제56조 제1항 제1호의 '건축물의 건축'으로서 개발행위허가 대상이 되는 것이다.[47] 그런데 국토계획법 제56조의 개발행위에는 '건축물의 건축'뿐만 아니라 '공작물의 설치'도 포함되므로(국토계획법 제56조 제1항 제1호), 가설건축물 축조 역시 적어도 '공작물의 설치'로서 개발행위허가를 받아야 하는 것이라고 볼 수 있다.

국토계획법 시행령과 국토교통부훈령인 개발행위허가운영지침을 보더라도 이러한 문제가 확인된다. 국토계획법 시행령 제53조 제1항 제1호는 개발행위허가를 받지 않아도 되는 경미한 행위로 "건축물의 건축 : 「건축법」 제11조제1항에 따른 건축허가 또는 같은 법 제14조제1항에 따른 건축신고 및 같은 법 제20조제1항에 따른 가설건축물 건축의 허가 또는 같은 조 제3항에 따른 가설건축물의 축조신고 대상에 해당하지 아니하는 건축물의 건축"을 규정하고 있고, 개발행위허가운영지침도 제1장 제5절에서 "개발행위허가를 받지 않아도 되는 행위"라는 제목 하에 동일한 규정을 두고 있다. 이를 반대해석하면 건축법 제20조에 따라 허가 내지 신고 대상인 가설건축물은 국토계획법 제56조 제1항 제1호의 '건축물의 건축'으로서 개발행위허가 대상에 해당하게 되는 것이다.[48]

---

47) 김종보, 앞의 책, 128, 129면; 박재우, "인허가의제 효과를 수반하는 건축신고가 수리를 요하는 신고인지 여부", 재판실무연구, 광주지방법원, 2013, 365면; 우미형, "건축허가 행위의 법적 성격 : 건축허가 요건에 관한 법령 규율 변화와 판례 이론의 전개", 강원법학 제62권, 2021. 2, 372, 373면.

48) 개발행위허가운영지침 제1장 제5절에 위와 같은 규정이 반영된 것은 2013. 12. 23. 국토교통부훈령 제315호로 개정되면서인데, 당시 국토교통부는 위 개정에 앞서 입

그리고 도로법 시행령 제26조 제1항 제1호[49]와 같이 도로구역 예정지에서 허가 없이 건축할 수 없는 '건축물'에 가설건축물이 포함된다고 명시하고 있는 입법례도 있다.[50]

건축법에서 인허가의제 제도를 둔 취지는, 관할 행정청으로 창구를 단일화하고, 절차를 간소화하며, 신청인의 비용과 시간을 절감하여 주기 위함이다.[51] 그런데 실무상 가설건축물을 건축하거나 축조하려는 경우 개발행위허가 등 건축허가·신고에 의제되는 다른 법률에 따른 인허가를 별도로 받도록 요구하고 있으며, 앞서 본 대법원 2019. 1. 10. 선고 2017두75606 판결에 의하더라도 특별한 사정이 없는 한 개발행위허가를 받지 않고는 가설건축물 축조가 이루어질 수 없다는 결론을 벗어날 수 없다.[52] 게다가 위 대법원 판결 선고 전후로도 건축신고의 인허가의제사항인 개발행위허가기준, 도시공원 점용허가 기준 등이 충족되지 않는다는 이유로 가설건축물 축조신고를 거부하는 경우가 발생하고 있고, 앞에서 본 대로 그러한 처분이 적법하다고 판단되는 경우도 있다.

무엇보다, 앞서 본 대로 건축법 제83조 제3항은 옹벽 등 공작물에

법예고를 통해 위 개정의 취지가 "가설건축물의 건축 및 축조의 경우도 개발행위허가대상 포함"임을 명시하였다(국토교통부공고 제2013-454호 개발행위허가운영지침 일부 개정안 행정예고).

49) 도로법 시행령 제26조(행위허가의 대상 등) ① 법 제27조제1항 전단에서 "건축물의 건축, 공작물의 설치, 토지의 형질변경, 토석(土石)의 채취, 토지의 분할, 물건을 쌓아놓는 행위, 그 밖에 대통령령으로 정하는 행위"란 다음 각 호의 행위를 말한다.
1. 건축물의 건축: 「건축법」 제2조제1항제2호에 따른 건축물(가설건축물을 포함한다)의 건축, 대수선 또는 용도변경

50) 관광진흥법 시행령 제45조의2 제1항, 공공주택 특별법 시행령 제14조 제1항 제1호, 도시개발법 시행령 제16조 제1항 제1호, 항만법 시행령 제89조 제1항 제1호 등에서도 행위제한 대상 '건축물'에 가설건축물이 포함된다는 명문의 규정을 두고 있다.

51) 대법원 2020. 7. 23. 선고 2019두31839 판결 등.

52) 이러한 점에서, 개발행위의 허가권자가 축조신고의 수리권자와 동일한 행정청인 이상, 위와 같은 대법원 판례의 결론을 통하여 과연 원고가 얻고자 하는 목적이 달성될 수 있는지 의문이라는 견해도 제기되고 있다(김중권, "2019년도 주요 행정법(행정)판결의 분석과 비판에 관한 소고", 안암법학 제60호, 2020. 5, 83면).

관한 축조신고에 건축법 제14조를 준용함으로써 공작물의 축조에는 건축신고에 관한 인허가의제 규정을 그대로 적용하도록 하고 있다.[53] 그런데 넓은 의미의 공작물은 건축물, 가설건축물을 포함하는 개념이며, 다만 건축물, 가설건축물에 대하여 건축법상 별도 규정이 있기 때문에 건축법의 규율 대상인 '공작물'이란 건축물, 가설건축물을 제외한 것을 의미한다.[54] 그렇다면 이와 같이 '건축물'의 건축신고와 '옹벽 등 공작물'의 축조신고가 모두 인허가의제 효과가 있는 점과 비교하여 볼 때, 유독 가설건축물에 대해서만 인허가의제를 인정하지 않을 만한 뚜렷한 근거를 찾기는 어렵다.

건축법 제20조 제7항의 입법취지에서도 가설건축물에 대한 인허가의제의 가능성이 확인된다. 건축법 제20조 제7항은 "다른 법령에 따른 제한"에 따라 가설건축물 건축 내지 축조가 제한될 수 있음을 전제로 협의 규정을 마련하고 있다. 위 규정은 구 건축법(2017. 1. 17. 법률 제14535호로 일부개정된 것)이 개정되면서 신설된 규정인데, 당시 이 규정을 마련한 이유는 "복합민원의 신속한 협의 촉진을 통한 인허가 처리지연 방지 등을 위해 건축물 및 가설건축물 허가처리 등을 위한 관계부서 협의 시 일정기한 내 의견을 제출하지 않는 경우 협의된 것으로 간주"하기 위한 것이었고, 이 규정은 인허가의제사항 협의에 관한 건축법 제11조 제6항과 함께 입법된 것이었다.[55] 위 입법취지의 "복합민원"[56]이라는 표현에서 알 수 있듯이, 입법자는 가설건축물의 건축허가·축조신고에 관하여 그 허가, 신고 요건에 대한 심사 이외에도 다른

53) 건축신고의 경우 건축법 제14조 제2항에 따라 인허가의제에 관한 제11조 5항이 준용된다.

54) 김종보, 앞의 책, 39면.

55) 이우현의원이 대표발의한 건축법 일부개정법률안(의안번호 2002971)의 내용이 국토교통위원회의 대안(의안번호 2004726)에 반영되었다.

56) 복합민원이란 하나의 민원 목적을 실현하기 위하여 관계법령등에 따라 여러 관계기관 또는 관계 부서의 인가·허가·승인·추천·협의 또는 확인 등을 거쳐 처리되는 법정민원을 말한다(민원 처리에 관한 법률 제2조 제5호).

인허가 기관 내지 부서와의 협의가 필요한 상황을 예정하고 있었다고 볼 수 있다.[57][58]

이러한 점을 종합하여 보건대, 가설건축물에 관한 절차를 간소화하고 실무상의 혼란을 줄이기 위하여 가설건축물 건축허가·축조신고에 대하여도 건축허가·신고와 마찬가지로 인허가의제를 인정하는 명문의 규정을 둘 필요가 있다.

이와 관련하여, 특히 행위통제의 강도가 약한 '신고' 제도에 그보다 더 행위통제의 수준이 강한 허가사항들의 의제를 인정하는 방식의 인허가의제는 입법상 오류에 해당한다거나, 적절하지 않다는 취지의 비판이 오랫동안 계속되어 왔다.[59] 만약 입법자가 이러한 지적을 수용하여 건

---

57) 이와 관련하여 서울고등법원 2021. 11. 3. 선고 2021누36815 판결(확정)은 "건축법 제20조 제7항에서는 가설건축물의 축조신고를 받은 때에도 다른 법령에 따른 제한 규정에 대하여 확인이 필요한 경우 관계 행정기관의 장과 미리 협의하여야 한다는 취지로 규정하고 있으나, 이는 인 · 허가가 의제되는 건축허가의 경우 건축법 제11조 제3항 본문에서 '허가를 받으려는 자는 허가신청서에 건축법 제11조 제5항 각 호에 따른 허가 등을 받거나 신고를 하기 위하여 관계 법령에서 제출하도록 의무화하고 있는 신청서 및 구비서류를 첨부하여 허가권자에게 제출하여야 한다.'고 규정하고 있는 것과 그 문구와 내용이 달라 그 의미가 동일하다고 보기 어렵다. 더욱이 건축법 제20조 제4항에서는 가설건축물 축조신고의 경우 제14조 제3항 및 제4항을 준용하고 있을 뿐 인·허가 의제와 관련된 규정인 제14조 제2항을 준용하고 있지 아니하다. 그 결과 건축법 제20조 제7항에서의 가설건축물 축조신고 부분은 건축법 제14조 제3항 및 제4항의 적용에 있어 가설건축물 축조신고인에 대한 신고수리 여부 등의 통지기한과 관련하여 다른 법령에 따른 제한 규정에 대한 확인이 필요한 경우 그 의미를 갖는 것으로 해석될 뿐 인 · 허가 관련 협의에 관한 제11조 제5항 및 제6항에서의 협의와 동일한 의미와 효과를 갖는 것으로 보기도 어렵다." 라고 판시하였다. 이는 가설건축물 건축허가·축조신고에 인허가의제 규정이 없는 현행 건축법 하에서 불가피한 해석이었을 것이다.

58) 건축법 제20조 제7항에 비추어 건축법이 가설건축물 축조신고에 대하여 실질적인 요건 심사를 허용하고 있다고 볼 수 있다고 하면서도, 반면 가설건축물 축조신고에 대한 인허가의제 규정이 없는 이상 건축법 제20조 제7항에 따라 가설건축물 축조신고의 본질이 변경되었다고 보기는 어렵다는 주장도 가능할 것이라는 견해로는, 정해영, "건축신고의 법적 성질", 아주법학 제14권 제2호, 2020. 8, 69면.

59) 김재협, "공법상 신고에 관한 고찰 : 건축법상 건축신고를 중심으로", 특별법연구

축물의 건축신고에 관한 인허가의제를 폐지한다면, 가설건축물 건축허가·축조신고 중 적어도 축조신고에 대해서는 당연히 인허가의제 규정을 두어서는 안 될 것이다. 다만 이는 신고제에 대한 인허가의제 전반에 관하여 종합적으로 고찰하여야 하는 문제로서, 현행법 체계 하에서 가설건축물 건축허가·축조신고에 관하여 건축물 건축신고의 인허가의제 제도를 그대로 준용할 것인지 여부와는 궤를 달리하는 문제이다.

요컨대, 앞서 본 시정명령에 관한 입법적 검토사항과 마찬가지로, 현행 건축법의 체계 및 관련 실무의 양상에 비추어 가설건축물 건축허가·축조신고에 인허가의제를 인정하지 않는 현행법이 적절한지를 검토할 필요가 있다. 특히 신고제도에 인허가의제를 인정하는 것이 적절하지 않다는 비판에도 불구하고 건축법이 오랜 기간 건축신고, 옹벽 등 공작물 축조신고의 인허가의제 제도를 유지하고 있는데, 사정이 이와 같다면 위와 같은 입법과제와는 별개로 적어도 현행 체제 하에서는 건축법 제20조에 따른 가설건축물의 허가 및 신고도 건축물의 건축허가 및 신고와 동일하게 인허가의제를 인정하는 것이 타당하다고 본다.

4. 그 밖에 건축법상 가설건축물에 관한 입법적 개선사항

1) 건축법 제21조, 제22조의 용어 정비

건축법 제21조 제1항, 제22조 제1항은 건축법 제20조에 따라 허가나 신고가 된 가설건축물을 "건축물"이라고 표현하고 있다.

그런데 건축법에서 사용되는 '건축물'이라는 용어는 건축법 제2조 제1항 제2호라는 정의규정에 따른 요건을 모두 갖추어야 하는 공작물이

제6권, 2001. 2, 109면; 최계영, "건축신고와 인·허가의제", 행정법연구 제25호, 2009. 12, 166면; 정형근, "집중효가 발생하는 건축신고에 관한 법률적 검토", 외법논집 제34권 제1호, 2010. 2, 289면; 강현호, "행위개시통제수단으로서의 건축신고에 대한 고찰", 행정판례연구 제17-2호, 2012. 12, 32, 33면; 김종보, 앞의 책, 129면.

고, '가설건축물'은 이에 이르지 못한 것이므로, 가설건축물을 건축법상 건축물이라고 표현하는 것은 적절하지 않다. 최근 판례도 가설건축물은 건축법상 건축물이 아니라고 판시한 만큼, 동일한 법률 내에서 가설건축물을 '건축물'이라고 표현한 것은 혼란을 초래할 여지가 있다.

건축법 제21조 제1항, 제22조 제1항의 '건축물'이라는 용어가 부정확한 표현이라는 점은 건축법 제29조 제1항[60]의 문언을 보더라도 확인된다. 건축법 제29조 제1항은 건축물, 가설건축물, 공작물의 근거규정을 같은 조문에 나열하면서도 각 그 근거규정에서 규율하고 있는 대상이 건축물, 가설건축물, 공작물임을 별도로 명시하여 규정하고 있기 때문이다.

따라서 용어의 혼용에 따른 혼란을 줄이기 위해서라도 건축법 제21조 제1항, 제22조 제1항의 '건축물'은 제29조 제1항의 용례처럼 '가설건축물'로 개정할 필요가 있다.

2) 적용배제 및 준용규정의 전반적인 정비

건축법 제20조 제5항, 동법 시행령 제15조 제6항은 가설건축물에 대하여 건축법상 특정한 다른 규정들을 준용하는 방식이 아니라, 특정한 규정들의 적용을 배제하는 방식으로 규정하고 있다. 이러한 방식으로 인하여 건축법 제20조 제5항에서 적용을 배제하는 것으로 명시된 규정이 아닌 다른 모든 건축물에 관한 규정은 가설건축물에도 그대로 적용되는 것처럼 되어 있다.

그러나 건축법은 경찰법으로서 국민의 기본권을 제한하는 법, 즉 규정되어 있지 않은 사항은 국민의 자유에 맡기고 있고 규정된 사항만

---

60) 건축법 제29조(공용건축물에 대한 특례) ① 국가나 지방자치단체는 제11조, 제14조, 제19조, 제20조 및 제83조에 따른 건축물을 건축·대수선·용도변경하거나 가설건축물을 건축하거나 공작물을 축조하려는 경우에는 대통령령으로 정하는 바에 따라 미리 건축물의 소재지를 관할하는 허가권자와 협의하여야 한다.

을 규제하는 법률이다. 이에 더하여 가설건축물은 건축법 제2조 제1항 제2호에서 정의한 건축물과 다른 개념인 점에 비추어 볼 때, 가설건축물에 대하여 건축물에 관한 규정 일부의 적용을 배제하는 것보다는 가설건축물에 대하여 어떠한 규정이 적용되는 것인지를 특정하여 준용규정을 두는 방식이 바람직하다.

예컨대 건축법 제20조 제5항에 적용배제 규정으로 명시되어 있지 않은, 그래서 가설건축물에도 적용될 수 있는 것처럼 보이는 건축법 제68조의3 제1항을 보면, 이 규정에 따라 국토교통부장관의 모니터링 대상이 되는 건축법 규정 중 정작 가설건축물에 적용되는 규정은 없다.[61] 즉, 건축법 제20조 제5항이 배제하고 있지 않아 가설건축물에 대해서도 적용되는 것처럼 되어 있는 건축법 제68조의3은 실제로는 가설건축물에 적용될 필요가 없는 규정인 것이다.

이처럼 가설건축물에 관하여 다른 조항을 준용하는 방식이 아니라 적용을 배제하는 방식으로 규정한 이유는 분명하게 확인되지는 않으나, 입법연혁에서 그 단서를 찾을 수 있다. 현행 가설건축물 축조신고에 관한 건축법 제20조 제3항의 전신인 구 건축법(1982. 4. 3. 법률 제3558호로 일부개정된 것) 제47조 제2항이 처음 신설될 때에, 동조 제3항에서는 "제2항의 규정에 의한 가설건축물의 건축에 있어서는 제2장 내지 제5장의 규정은 이를 적용하지 아니한다"고 함으로써 건축물의 대지, 구조 및 건축설비(제2장), 도로 및 건축선(제3장), 지역 및 지구내의 건축물의 제한(제4장), 건축물의 면적 및 높이(제5장) 전체가 축조신고 대상 가설건축물에 적용되지 않음을 명시하고 있었다. 그런데 이후 1991. 5. 31. 법률 제4381호로 구 건축법이 전부개정되면서 '보칙' 장에 규정되어 있던

61) 건축법 제68조의3 제1항에서는 국토교통부장관으로 하여금 "제48조, 제48조의2, 제49조, 제50조, 제50조의2, 제51조, 제52조, 제52조의2, 제52조의4, 제53조"에서 정한 건축물의 구조 및 재료 등에 관한 기준의 적정성을 모니터링하도록 하고 있는데, 위와 같이 열거된 규정들은 모두 건축법 제20조 제5항에서 적용배제 대상으로 명시된 규정들이다.

가설건축물은 제2장(건축물의 건축) 중 제15조로 들어오게 되었고, 이때 동조 제3항[62]은 건축물에 관한 다른 건축법 규정 중 일부 규정만을 '적용하지 아니할 수 있다'고 규정하게 되었다. 이러한 규정방식이 현행 건축법 제20조 제5항까지 이어지고 있는 것인데, 처음에는 가설건축물을 건축물과 다르게 취급한다는 것을 강조하기 위하여 건축물에 관한 규정 전체를 적용하지 않는다는 점을 명시한 규정이 여러 차례의 개정을 거쳐 현재는 오히려 가설건축물과 건축물의 경계를 모호하게 만드는 규정이 된 것이 아닌가 싶다.

결론적으로 가설건축물에 대한 규제는 현재와 같이 건축물에 관한 규정 중 일부를 적용하지 않는다는 방식이 아니라, 준용이 필요한 규정만을 특정하여 규율하는 방향으로 정비할 필요가 있다.

Ⅳ. 맺음말

법원이 입법자의 의사를 탐구하여 법을 해석하듯, 입법자도 판례에서 확인되는 분쟁의 양상 및 법원의 해석을 입법에 참고할 필요가 있다. 앞서 본 바와 같이 가설건축물은 건축법상 건축물이 아니라고 보아야 하며, 실제로 판례상으로도 가설건축물과 건축물의 구별은 점차 뚜렷해지고 있다. 따라서 입법자는 위와 같은 관점에서 건축물 및 가설건축물에 관한 건축법의 규정을 전반적으로 점검하고, 건축물에 관한 규

---

62) 구 건축법(1991. 5. 31. 법률 제4381호로 전부개정된 것) 제15조 (가설건축물) ③ 제1항의 규정에 의한 가설건축물중 도시계획법에 의한 도시계획예정도로안에서의 가설건축물의 건축에 있어서는 제4장(第30條 내지 第37條)의 규정중 일부 규정을, 제2항의 규정에 의한 가설건축물의 건축에 있어서는 제4장 내지 제7장(第30條 내지 第59條)의 규정중 일부 규정을 대통령령이 정하는 바에 의하여 각각 적용하지 아니할 수 있다.

정 중 가설건축물에도 적용하여야 하는 규정과 그렇지 않은 규정을 분류하여 전자의 경우 규율 대상에 가설건축물을 명시하거나 가설건축물에도 적용된다는 준용규정을 두는 등으로 건축법령을 정비하여 나갈 필요가 있다. 특히 이 과정에서 가설건축물에 건축법 규정 중 일부를 적용하지 않는다는 현행 건축법 제20조 제5항의 규정방식이 적절한지도 전반적으로 함께 검토되어야 할 것이다.

향후 국민과 행정청 모두가 가설건축물 규제에 대한 입법자의 취지를 보다 분명히 알 수 있는 방향으로 건축법 개정에 관한 논의가 이루어지기를 기대한다.

참고문헌

강현호, “행위개시통제수단으로서의 건축신고에 대한 고찰”, 행정판례연구 제17-2호, 2012. 12.

국무조정실, “인허가·신고 처리시 공무원 갑질 못한다”, 2017. 8. 20.

국회 건설교통위원회, 건축법중개정법률안(의안번호 150597) 심사보고서, 1997. 11.

국회사무처, 국토교통위원회 국토법안심사소위원회 제1차 회의록, 2019. 3. 14.

김남진·김연태, 행정법 Ⅰ, 제27판, 법문사, 2023.

김동희·최계영, 행정법 Ⅰ, 제27판, 박영사, 2023.

김용섭, “2019년 행정법(I) 중요판례평석”, 인권과 정의 제488호, 2020. 3.

김재협, “공법상 신고에 관한 고찰 : 건축법상 건축신고를 중심으로”, 특별법연구 제6권, 2001. 2.

김종보, “가설건축물의 개념과 법적 성격”, 행정법연구 제12호, 2004. 10.

______, 건설법의 이해, 제6판, 피데스, 2018.

김중권, “2019년도 주요 행정법(행정)판결의 분석과 비판에 관한 소고”, 안암법학 제60호, 2020. 5.

______, 행정법, 제5판, 법문사, 2023.

박송이, “신고제 합리화 정비사업”, 법제 제678호, 2017. 9.

박재우, “인허가의제 효과를 수반하는 건축신고가 수리를 요하는 신고인지 여부”, 재판실무연구, 광주지방법원, 2013.

법제처, 행정기본법 해설서, 2021.

안동인, “일반음식점영업 신고 및 영업양도에 따른 지위승계 신고의 법적 성질과 요건 : 대상판결: 대법원 2020. 3. 26. 선고 2019두38830 판결”, 동북아법연구 제16권 제3호, 2022, 10.

우미형, “건축허가 행위의 법적 성격 : 건축허가 요건에 관한 법령 규율 변화와 판례 이론의 전개", 강원법학 제62권, 2021. 2.
이효진, "행정기본법의 '수리를 요하는 신고'에 대한 고찰 : 인허가의제를 수반하는 건축신고를 중심으로", 법제 제699호, 2022. 12.
정관선·박균성, "「행정기본법」에 따른 자기완결적 신고와 수리를 요하는 신고의 재검토", 법조 제753호, 2022. 6.
정하중·김광수, 행정법개론, 제17판, 법문사, 2023.
정해영, "건축신고의 법적 성질", 아주법학 제14권 제2호, 2020. 8.
정형근, "집중효가 발생하는 건축신고에 관한 법률적 검토", 외법논집 제34권 제1호, 2010. 2.
최계영, "건축신고와 인·허가의제", 행정법연구 제25호, 2009. 12.

국토교통부, 2018년 건축물통계, https://stat.molit.go.kr/portal/cate/statView.do?hRsId=19&hFormId=540&hSelectId=540&hPoint=00&hAppr=1&hDivEng=&oFileName=&rFileName=&midpath=&month_yn=N&sFormId=540&sStart=2018&sEnd=2018&sStyleNum=94&sDivEng=N&EXPORT=, 2023. 6. 8. 검색
국토교통부, 2017년 이후 전국 시도별 가설건축물 신고 현황, https://blcm.go.kr/stat/customizedStatic/CustomizedStaticSupplyDetail.do, 2023. 6. 8. 검색

국문초록

건축법의 핵심적인 규율 대상은 '건축물'이다. 건축법에서는 건축물의 정의규정을 두고 건축물의 건축허가, 건축신고 등 건축물에 관한 여러 사항을 규율하고 있다.

건축법은 건축물과는 별도로 가설건축물이라는 개념도 사용하고 있는데, 가설건축물에 대한 정의규정은 없고, 규율 대상인 가설건축물의 구체적인 종류는 하위 법령에 열거되어 있다.

최근 가설건축물에 관한 행정소송이 증가하면서, 대법원 및 하급심에서 가설건축물과 건축물의 구별기준, 가설건축물 축조신고의 법적 성격, 가설건축물 축조신고와 다른 인허가의 관계 등이 쟁점이 되고 있다. 그리고 이러한 판례에서 가설건축물에 관한 건축법의 규정이 모호하거나 미비하여 발생하는 문제들이 발견되고 있다.

건축법상 가설건축물에 관한 규정을 위반할 경우 행정제재뿐만 아니라 처벌 대상이 되기도 하는 만큼, 가설건축물에 관한 규정은 국민과 행정청 모두가 그 내용과 입법취지를 보다 분명하게 알 수 있는 방향으로 개선하는 것이 바람직하다. 이러한 관점에서 가설건축물에 관한 행정에서 나타나는 문제를 전반적으로 점검하고, 관련 규정을 정비하여 나갈 필요가 있다.

주제어: 가설건축물, 건축물, 건축신고, 인허가의제, 수리를 요하는 신고

Abstract

Major Issues and Legislative Theory of Administrative Litigation Related to Temporary Buildings

Sung, Jae Yeol*

The key object of discipline in the Building Act is the 'building'. The Building Act stipulates the definition of buildings and regulates various matters related to buildings such as building permits and building reports.

In the Building Act, the concept of a 'temporay building' is distinctly used from the concept 'building'. The definition of a 'temporary building' is not stipulated in the Building Act, but rather the specific types of temporary buildings subjected to regulations are listed in subordinate statutes.

With the recent increase in administrative litigation on disputes regarding temporary buildings, the following issues were raised in precedents of Supreme Court and lower court: the criteria distinguishing 'temporary buildings' and 'buildings', the legal nature of temporary building reports, and the relationship between temporary building reports and other permits. From these precedents, problems arising due to ambiguous or insufficient regulations of the Building Act on temporary buildings were discovered.

Since violations of the regulations on temporary buildings under the

* Attorney at Law, Shin&Kim LLC

Building Act are subject to not only administrative sanctions but also criminal punishment, there is an imperative need to improve the regulations of temporary buildings in a way that the public and administrative agencies can clearly understand the contents of regulations and legislative purposes of temporary buildings. From this point of view, it is necessary to check generally the problems identified in the administration of temporary buildings and to seek improvement on current regulations on temporary buildings.

Key Words: temporary building, building, building report, deemed authorization or permission, report requiring acceptance

투고일 2023. 6. 11.

심사일 2023. 6. 25.

게재확정일 2023. 6. 29.

取消訴訟의 對象

재산세부과처분 취소소송에서 '표준지공시지가결정의 위법성'을 다툴 수 있는지 여부 (공현진)

재산세부과처분 취소소송에서 '표준지공시지가결정의 위법성'을 다툴 수 있는지 여부

공현진*

－ 대법원 2022. 5. 13. 선고 2018두50147 판결 －

* 수원지방법원 판사, 이 글은 저자의 개인적인 의견으로 저자가 속한 기관과 관련이 없습니다.

Ⅰ. 사안의 개요

1. 처분의 경위

원고 회사는 여객자동차터미널사업 등을 영위하는 법인으로, 2015. 3. 18. 부동산강제경매 절차에서 성남시 분당구 소재 집합건물 6개 호실(여객자동차터미널 및 복합건물, 건축물 부분을 ‘이 사건 건축물’, 토지 부분을 ‘이 사건 토지’, 통틀어 ‘이 사건 부동산’이라 한다)을 취득하였다.

재산세 과세표준은 시가표준액[토지는 2015년 개별공시지가, 주택 외 건축물은 국세청장이 산정·고시한 2015년 건물신축가격 기준액을 토대로 가감산(표[1] 참조)]에 공정시장가액비율을 곱하여 산정된다.[2] 국토교통부장관은 2015. 2. 25. 표준지인 이 사건 토지에 관하여 2015. 1. 1. 기준 표준지공시지가를 결정·공시하였다. 표준지로 선정된 토지에 대하여는 당해 토지의 공시지가를 개별공시지가로 본다.[3]

피고(성남시 분당구청장)는 원고에게, ① 2015. 7. 10. 이 사건 건축

1) 이 사건 건축물 중 1개 호실의 과세표준

구분	신축 기준액/㎡	구조 (지수)	용도 (지수)	위치(지가) (지수)	신축 연도 (잔가율)	지수적용 후 1㎡당 신축가액	면적 (㎡)	가감산 특례	시가표준액 (원)
전용	650,000	철근콘크리트 (120)	여객터미널 (85)	6,800,000원 /㎡(127)	2003년 (0.808)	680,000	16727.74	0	11,374,863,200
공용	650,000	철근콘크리트 (120)	주차장 (76)	6,800,000원 /㎡(127)	2003년 (0.808)	608,000	8952.0	0	5,442,816,000
시설물									6,014,833
합계									16,823,694,033
과세표준액: 시가표준액 × 70%(공정시장가액비율)									11,776,585,823

2) 근거법령: 구 지방세법(2016. 1. 19. 법률 제13796호로 개정되기 전의 것) 제4조, 제110조; 구 지방세법 시행령(2020. 12. 31. 대통령령 제31343호로 개정되기 전의 것) 제2조, 제4조, 제109조; 구 소득세법(2016. 1. 19. 법률 제13796호로 개정되기 전의 것) 제99조

3) 구「지가공시및토지등의평가에관한법률」(2005. 1. 14. 법률 제7335호로 전부개정되기 전의 것) 제10조의2 제1항 단서

물에 관한 2015년 귀속 재산세(건축물) 등을 부과하고,[4] ② 2015. 9. 8. 이 사건 토지에 관한 2015년 재산세(토지) 등을 부과하였으며, 2015. 10. 20. 2015년 귀속 재산세(건축물)를 감액 경정하였다(당초 처분에서 위와 같이 감액되고 남은 나머지 재산세 등 부과처분을 '이 사건 처분'이라 한다).

2. 소송 경과

원고는, 이 사건 부동산의 시가표준액(토지: 782억 원, 건축물: 537억 원)이 경매절차의 감정가격(건축물: 255억 원, 토지: 170억 원)이나 낙찰가격(건축물: 84억 원, 토지 123억 원)에 비추어 시가를 크게 초과하여 현저히 불합리한바, 이에 기초한 이 사건 처분은 위법하다고 주장하였다.

1심(수원지방법원 2016구합1111)은, "지방세법령에 따라 토지의 시가표준액 산정의 기초가 되는 개별공시지가결정의 적법 여부는 부동산 가격공시 및 감정평가에 관한 법률 등 관련 법령이 정하는 절차와 방법에 따라 이루어진 것인지 여부에 의하여 결정될 것이지, 당해 토지의 시가나 실제 거래가격과 직접적인 관련이 있는 것은 아니므로 단지 그 공시지가가 감정가액이나 실제 거래가격을 초과한다는 사유만으로 그것이 현저하게 불합리한 가격이어서 그 가격 결정이 위법하다고 단정할 수는 없다(대법원 2005. 7. 15. 선고 2003두12080 판결 참조). 그리고 지방자치단체의 장이 건물신축가격을 기준으로 하여 위 구 지방세법 시행령 제4조 제1항 제1호 소정의 제반 요소들을 모두 참작하여 시가표준액을 결정하였다면 그 시가표준액은 적정한 것이고, 그 시가표준액이 시가나 기타 사정에 비추어 현저하게 불합리한 것으로 인정되는 경우에 한하여 그 시가표준액 결정이 위법한 것으로 보아야 할 것이다(대법원 1997. 7. 8. 선고 95누17953 판결 등 참조)"고 설시하고, 이 사건 부동산의 시가표준액

4) 원고는 함께 부과된 지역자원시설세도 다투었으나 논의를 단순화하기 위해 제외한다.

산정방법이나 계산에 위법이 있다고 볼 자료가 없다는 이유로 원고의 청구를 기각하였다.

2심(서울고등법원 2017누32137)은, "수용보상금의 증액을 구하는 소송에서 선행처분으로서 그 수용대상 토지 가격 산정의 기초가 된 비교표준지공시지가결정의 위법을 독립한 사유로 주장할 수 있다(대법원 2008. 8. 21. 선고 2007두13845 판결, 이하 **'비교판결'**이라 한다)"고 설시하고, 제반조건이 대등하다고 할 수 없는 비교대상 거래사례를 선정하여 표준지공시지가가 결정되었고, 건축물 부속토지가격이 높아 건축물의 시가표준액도 높아졌으며, 감정가액 및 낙찰가격과 차이가 크다는 사정을 들며 이 사건 부동산의 시가표준액이 공시지가결정에 위법이 있거나 시가 또는 기타 사정에 비추어 현저하게 불합리한 것이어서 결국 이 사건 처분은 위법하다는 이유로 이 사건 처분을 전부 취소하였다.

3. 대상판결의 요지(대법원 2022. 5. 13. 선고 2018두50147 판결, 파기환송)

대법원은 ❶ 원고가 이 사건 소송에서 표준지공시지가결정의 위법성을 다툴 수 있는지와 관련하여 "원고가 이의절차나 국토교통부장관을 상대로 한 행정소송 등을 통하여 이 사건 토지에 대한 표준지공시지가결정의 위법성을 다투었어야 하고, 그러한 절차를 밟지 않은 채 이 사건 부동산에 관한 재산세 등 부과처분의 취소를 구하는 이 사건 소송에서 그 위법성을 다투는 것은 허용되지 않는다"고 판시하고, "원심이 원용한 비교판결은 표준지 인근 토지의 소유자가 토지 등의 수용 경과 등에 비추어 표준지공시지가의 확정 전에 이를 다투는 것이 불가능하였던 사정 등을 감안하여 사업시행자를 상대로 수용보상금의 증액을 구하는 소송에서 비교표준지공시지가결정의 위법을 독립된 사유로 주장할 수 있다고 본 것으로 이 사건과 사안이 다르므로 이 사건에 원용하기에 적절하지 않다"고 지적하였다.

또한 ❷ 이 사건 부동산의 시가표준액이 위법한지에 관하여, "이 사건 토지는 표준지로서 그 시가표준액은 표준지공시지가결정에 따라 그대로 정해지고, 원고는 이 사건 소송에서 이 사건 토지에 대한 표준지공시지가결정의 위법성을 다툴 수 없으므로, 이 사건 토지에 대한 감정가액이 시가표준액이 되는 표준지공시지가를 상당히 초과하더라도 이러한 이유만으로 시가표준액 산정이 위법하다고 볼 수 없고, 이 사건 건축물에 대한 시가표준액은 거래가격 등을 고려하여 정한 기준가격에 건축물의 구조, 용도, 위치와 잔존가치 등 여러 사정을 반영하여 정한 기준에 따라 결정된다. 따라서 법원이 이 사건 건축물에 대한 시가표준액 결정이 위법하다고 판단하기 위해서는 위 각 산정 요소의 적정 여부를 따져보아야 하고, 이를 따져보지 않은 채 단지 이 사건 건축물에 대한 시가표준액이 그 감정가액과 상당히 차이가 난다거나 이 사건 건축물의 시가표준액을 결정할 때 위치지수로 반영되는 이 사건 토지의 공시지가가 과도하게 높게 결정되었다는 등의 사정만으로 섣불리 시가표준액 결정이 위법하다고 단정할 수 없다"고 판시하며 원심판결을 파기·환송하였다.

파기환송 후 항소심(서울고등법원 2022누43186)은, 대법원의 판시사항 외에 '원고는 이 사건 토지의 시가표준액이 경매절차에서의 감정가액 또는 원고가 매수한 가액과 차이가 있다는 주장 외에는 공시지가의 결정 과정에 있어 관련 법령이나 지침이 정한 주요 절차를 위반한 하자가 있다거나 잘못된 계산기재로 그 지가 산정에 명백한 잘못이 있는 경우에 해당한다는 사정 등 공시지가가 현저히 부당하다는 점을 뒷받침할 근거를 추가로 주장·입증하지 않고 있는 사정' 등을 근거로 원고의 항소를 기각하였다.

4. 검토 방향

대상판결의 쟁점은, ① 후행처분인 재산세부과처분 취소소송에서 선행처분인 표준지공시지가결정의 위법성을 다툴 수 있는지, ② 이 사건 부동산의 시가표준액 산정이 위법한지 여부이다.

대상판결은 표준지공시지가결정을 다투려면 원칙적으로 가격공시법에서 정한 이의절차나 행정소송 등 불복절차에 따라 공시지가결정 자체를 직접 다투어야 하고 후행처분 취소소송에서 선행처분인 표준지공시지가결정의 위법을 독립된 위법사유로 주장할 수 없다는 '종전판례(후행처분이 토지초과이득세부과처분인 93누16468, 96누7649)[5]' 내용을 다시 확인하면서, 특히 항소심에서 원용한 비교판결이 표준지공시지가결정의 구속력 배제에 관한 종전판례를 변경한 것이 아님을 명확히 하였다.

비교판결[6] 선고 이후, 비교판결이 종전판례를 폐기하지 않았지만, 표준지공시지가결정에 대해 현실적인 제소가능성이 없다는 것을 주된 근거로 삼은 이상 후속처분이 개별공시지가결정이나 과세처분인 경우에도 마찬가지 법리가 적용될 것으로 예상된다[7]거나 종전판례가 사실상 폐기되었다고 평가하는 견해[8]도 있었다. 대상판결은 비교판결이 원

5) 대상판결에서 참조판례로 든 위 두 판결 외에도, 판례는 후행처분인 개별공시지가결정, 과세처분 취소소송에서 표준지공시지가결정의 위법성을 주장할 수 없다고 보았다(대법원 1994. 3. 8. 선고 93누10828 판결, 대법원 1995. 3. 28. 선고 94누12920 판결, 1995. 11. 10. 93누16468 판결 등).

6) 비교판결에 대해, 표준지공시지가결정 단계에서 제소기간 내에 이를 다투지 못함으로써 후속처분까지 다툴 수 없었던 불합리를 시정하고, 기존의 하자승계론을 극복할 수 있는 이론인 수인한도론을 확대적용함으로써 향후 유사한 사안에서도 수인한도론을 적용할 수 있는 이론적 틀을 구축하였다는 점에서 의의가 있고, 국민의 권리구제의 지평을 넓혔다는 평가가 있다; 임영호, 비교표준지공시지가결정의 하자와 수용재결의 위법성(2008. 8. 21. 선고 2007두13845 판결), 대법원 판례해설 78호(2008 하반기, 2009. 7.), 법원도서관, 21면

7) 최계영, "표준지공시지가결정과 흠의 승계 – 대법원 2008. 8. 21. 선고 2007두13845 판결", 행정판례평선(2011년), 박영사, 1187면

용하기 적절하지 않다고 했을 뿐 어떤 측면에서 차이가 있는지 자세하게 설시하지 않았다.

이하에서는 우선 하자의 승계에 관한 기존 학설, 판례 논의를 간략히 정리하고, 선행 행정행위인 표준지 및 개별공시지가 결정·공시 제도에 대해 본 후, 후행처분(조세나 부담금 부과처분)에서 표준지공시지가결정의 위법성을 다툴 수 있는지 차례로 검토하겠다.

Ⅱ. 하자의 승계

1. 원칙

둘 이상의 행정행위가 연속적으로 행하여지는 경우 선행행위에 취소사유에 불과한 하자만 있을 뿐이고 제소기간이 지나 더 이상 다툴 수 없는 불가쟁력이 생긴 경우, 후행행위에 하자가 없음에도 선행 행정행위의 위법을 이유로 후행행위가 위법하게 되는지 이른바 '하자의 승계'가 논의된다.

하자의 승계 문제는 후행행위에 대한 취소소송에서 선행행위의 위법성을 심판하는 것이 가능한가가 핵심이다.[9] 선행처분의 하자를 이유로 후행처분의 효력을 다툴 수 있다는 점에서 하자의 승계 법리는 행정행위의 공정력 개념을 기초로 전개하여야 한다.[10] 판례는 행정행위의

8) 임영호, 전게논문(2009), 22면

9) 홍강훈, 「하자승계 문제의 소송법적 해결론」에 따른 하자승계 관련 대법원 판례들의 문제점 분석 및 비판, 공법연구 제50집 제2호(2021. 12.), 사단법인 한국공법학회, 117면

10) 송시강, 하자의 승계에 관한 법리의 재검토 -대법원 2022. 5. 13. 선고 2018두50147 판결에 대한 평석-, 행정법연구 제70호(2023. 3.), 사단법인 행정법이론실무학회, 67면

공정력을 “행정행위가 위법하더라도 취소되지 않는 한 유효한 것으로 통용되는 효력”[11]이라고 설명한다. 행정행위의 구속력은 행정행위가 당사자를 구속하는 것을 말하고, 행정행위의 불가쟁력은 제소기간이 도과하여 행정행위에 대하여 행정심판이나 행정소송의 제기가 불가한 상태를 말하며, 행정행위의 불가변력은 행정행위의 취소(광의)가 불가한 상태를 말한다.[12] 행정행위의 구속력과 존속력을 포괄하는 행정행위의 효력에 상응하는 것이 공정력이라 보는 것이 타당하다.[13] 행정행위의 구속력이나 규준력, 선결력이라는 용어를 사용하지만, 공정력 개념을 포괄적으로 이해하면 위 각 용어는 공정력의 여러 측면 중 하나에 불과하다.[14]

행정행위의 공정력 차원에서 이해하면, 하자의 승계가 문제되는 상황은, 행정소송에서 행정처분의 위법성에 관한 판단이 재판의 대상이 아니라 재판의 전제가 되는 경우를 의미한다.[15] 민사소송의 선결문제[16]와 마찬가지로 선행처분이 단순 위법에 그친 경우 후행처분의 취

11) 대법원 1994. 4. 12. 선고 93누21088 판결
12) 송시강, 전게논문(2023), 70면
13) 송시강, 전게논문(2023), 70면
14) 송시강, 전게논문(2023), 56면
15) 송시강, 전게논문(2023), 72면
위 논문의 저자는, ‘공시지가의 위법은 수용재결이나 과세처분의 위법이기도 하여 하자의 승계를 논의할 필요가 없어, 공시지가의 위법을 이유로 수용재결을 변경하거나 과세처분을 취소하는 것은 공시지가가 가지는 구속력의 한계를 벗어나는 경우이므로 구속력 위반이라고 할 수 없다’고 주장한다(전게논문, 60면). 그런데 ‘공시지가결정’은 결정 주체, 효력이 모두 별도 법률에 규정되어 있는 별개의 행정행위이다. 보상금증감청구소송이나 과세처분 취소소송에서 본안 판단의 전제이다.
16) 민사소송에서 본안에 관한 판단의 전제가 되는 행정처분이나 재결의 효력 유무 또는 존재 여부에 관한 문제를 선결문제라 한다. ‘행정처분의 효력 유무, 존재 여부’가 민사소송의 선결문제가 된 경우에 민사사건을 심리하는 법원은 독자적으로 행정처분등의 유·무효나 존재·부존재 여부를 심리·판단하여 이를 선결문제로 한 민사소송을 해결할 수 있다[법원실무제요 행정(2016), 법원행정처, 357면]. 행정처분등이 단순 위법에 그친 경우에는 선결문제로서 판단할 수 없고, 당해 민사법원도 행정행위의 공정력에 기속되므로 그 취소·변경은 별도의 행정소송절차에 의하여야 한다(대법원 1999. 8. 20. 선고 99다20179 판결).

소소송 수소법원이 선행처분의 위법을 선결문제로 판단할 수 없고, 수소법원도 행정행위의 공정력에 기속되므로 그 취소·변경은 별도의 행정소송절차에 의하여야 한다.

통설·판례는 선행행위와 후행행위가 서로 독립하여 각각 별개의 법률효과를 목적으로 하는 때에는 선행행위의 하자가 중대하고 명백하여 당연무효인 경우를 제외하고는 선행행위의 하자를 이유로 후행행위의 효력을 다툴 수 없다[17]고 본다.

2. 예외 – 선행행위와 후행행위가 서로 결합하여 하나의 효과를 완성

통설·판례는 '선행행위와 후행행위가 서로 결합하여 하나의 효과를 완성하는 경우'에는 하자의 승계가 인정되어 후행행위의 취소소송에서 선행행위의 위법을 이유로 후행행위의 효력을 다툴 수 있다고 본다. 하명처분(예, 철거명령, 부과처분)과 집행처분[예, 대집행처분(계고, 통지, 비용납부명령), 징수처분(납세고지, 압류처분, 공매처분, 환가처분)] 사이에 하자의 승계를 인정하지 않고, 집행처분이나 징수처분 사이에서 하자의 승계를 인정한다.[18]

프랑스법은, 후행처분이 선행처분을 적용한 결과이거나 후행처분

17) 대법원 2000. 9. 5. 선고 99두9889 판결

18) 판례가 '선행행위와 후행행위가 서로 결합하여 하나의 효과를 완성하는 경우'로서 선행행위의 하자를 이유로 후행행위를 취소할 수 있다고 본 사례는 아래와 같다.
① 안경사시험합격무효처분과 안경사면허취소처분(대법원 1993. 2. 9. 선고 92누4567 판결)
② 계고처분과 대집행비용납부명령(대법원 1993. 11. 9. 선고 93누14271 판결)
③ 건물철거계고처분과 대집행영장발부통보처분(대법원 1996. 2. 9. 선고 95누12507 판결)
④ 자진신고자의 감면신청에 대한 '감면불인정 통지'와 '시정조치 및 과징금 납부명령'(대법원 2013. 6. 13. 선고 2012두26449 판결)

의 적법성이 선행처분의 적법성에 종속되는 경우에만 위법성의 항변이 적법하다고 본다.[19] 선행처분에 불가쟁력이 발생하였다면 선행처분과 후행처분이 복합적 작용을 구성하는 경우에만 예외적으로 위법성의 항변이 적법하다.[20] 위 법리가 일본법을 통해 우리에게 영향을 미쳐 선행처분에 불가쟁력이 발생하였더라도 후행처분과 결합하여 하나의 법률효과를 발생한다는 이유로 예외적으로 하자의 승계를 인정하는 법리가 나타났다.[21] 프랑스법상 법제의 독자성 원칙은, 어느 법률에 근거한 허가의 위법성을 다른 법률에 기초해서 다툴 수 없고, 서로 다른 법률에 근거하는 경우엔 그 규율이 교차하는 범위 내에서 선행처분의 구속력이 후행처분에 미친다는 것인데, 위법성 항변과 결합하면, 서로 다른 법률에 근거한 선행처분과 후행처분 사이에서 선행처분의 하자를 이유로 후행처분의 효력을 다투는 것이 차단된다.[22]

3. 예외 - 수인한도론

판례는 선행행위와 후행행위가 서로 독립하여 별개의 효과를 목적으로 하는 경우에도 '수인한도를 넘는 불이익'이 있다는 이유로 예외적으로 다음 사례에서 선행행위의 구속력[23]을 배제하여 후행행위에 대한 소송에서 선행행위의 위법성을 다툴 수 있다고 보았다.

19) 송시강, 전게논문(2023), 69면
20) 송시강, 전게논문(2023), 69면
21) 송시강, 전게논문(2023), 69면
22) 송시강, 전게논문(2023), 72면
23) 판례가 말하는 선행처분의 후행처분에 대한 구속력은 행정행위의 공정력 개념으로 이해하여야 한다[송시강, 전게논문(2023), 56면].

(1) 개별공시지가결정과 이를 기초로 한 과세처분[24]이나 개발부담금부과처분[25]

판례는 양도소득세등부과처분취소의 소에서, 아래와 같이 설시하며 개별공시지가결정의 구속력이 과세처분에 인정될 수 없고, 과세처분의 기초가 된 개별공시지가결정의 표준지 선정에 하자가 있어 이를 기초로 한 과세처분도 위법하다고 본 원심판단이 정당하다고 판단하였다(밑줄은 필자).

"개별공시지가결정은 이를 기초로 한 과세처분 등과는 별개의 독립된 처분으로서 서로 독립하여 별개의 법률효과를 목적으로 하는 것이나, 개별공시지가는 이를 토지소유자나 이해관계인에게 개별적으로 고지하도록 되어 있는 것이 아니어서 <u>토지소유자 등이 개별공시지가결정 내용을 알고 있었다고 전제하기도 곤란</u>할 뿐만 아니라 결정된 개별공시지가가 자신에게 <u>유리하게 작용될 것인지 또는 불이익하게 작용될 것인지</u> 여부를 <u>쉽사리 예견할 수 있는 것도 아니</u>며, 더욱이 장차 어떠한 <u>과세처분 등 구체적인 불이익이 현실적으로 나타나게 되었을 경우에 비로소 권리구제의 길을 찾는 것이 우리 국민의 권리의식임을 감안</u>하여 볼 때 토지소유자 등으로 하여금 결정된 개별공시지가를 기초로 하여 장차 과세처분 등이 이루어질 것에 대비하여 항상 토지의 가격을 주시하고

---

24) 대법원 1994. 1. 25. 선고 93누8542 판결[양도소득세등부과처분취소]

25) 대법원 1997. 4. 11. 선고 96누9096 판결 [개발부담금부과처분취소]
부과종료시점지가 산정의 기초가 된 개별공시지가결정에 표준지 선정을 잘못하였거나 현저하게 불합리한 위법이 있다고 보아, 증액 변경된 개발부담금부과처분취소청구를 기각한 원심판결을 파기한 사례.
파기 환송 후 판결(서울고등법원 97구21088)은, 이 사건 토지에 대한 1995년 개별공시지가는 비교표준지를 적정하게 선정하고 토지 특성을 정확히 조사하여 산정한 다음 경우에 따라서는 인근 토지의 가격과의 균형 등 특수한 지가형성요인을 고려하여 조정하여 결정할 수도 있으므로 법원이 그 개별공시지가를 결정하고 정당한 개발부담금을 산정하는 것은 부적절하다고 보아 부과처분 전체를 취소하였다.

개별공시지가결정이 잘못된 경우 정해진 시정절차를 통하여 이를 시정하도록 요구하는 것은 부당하게 높은 주의의무를 지우는 것이라고 아니할 수 없고, 위법한 개별공시지가결정에 대하여 그 정해진 시정절차를 통하여 시정하도록 요구하지 아니하였다는 이유로 위법한 개별공시지가를 기초로 한 과세처분 등 후행 행정처분에서 개별공시지가결정의 위법을 주장할 수 없도록 하는 것은 수인한도를 넘는 불이익을 강요하는 것으로서 국민의 재산권과 재판받을 권리를 보장한 헌법의 이념에도 부합하는 것이 아니라고 할 것이므로, 개별공시지가결정에 위법이 있는 경우에는 그 자체를 행정소송의 대상이 되는 행정처분으로 보아 그 위법 여부를 다툴 수 있음은 물론 이를 기초로 한 과세처분 등 행정처분의 취소를 구하는 행정소송에서도 선행처분인 개별공시지가결정의 위법을 독립된 위법사유로 주장할 수 있다고 해석함이 타당하다.”

(2) 비교판결 – 수용대상토지 가격산정의 기초가 된 비교 표준지 공시지가결정과 수용보상금 증액청구의 소

수용대상토지의 소유자인 원고는 2004. 12. 20.자 수용재결에 대해 중앙토지수용위원회에 손실보상금 증액을 구하는 이의재결을 거쳐, 사업시행자 피고(화성시)를 상대로 손실보상금 증액청구의 소를 제기하였다. 이의재결 감정 및 법원 감정에서 모두 동일한 비교표준지를 기초로 시점수정 등을 거쳐 수용대상토지의 보상금이 평가되었다.

수용대상토지의 손실보상금은 아래 산식과 같이 수용대상토지와 용도지역·이용상황· 지목·주위 환경 등이 유사한 표준지 공시지가를 기준으로 시점 등 수정을 거쳐 산정된다.[26)]

26) 공익사업을 위한 토지 등의 취득 및 보상에 관한 법률(이하 ‘토지보상법’이라 한다) 제70조, 같은 법 시행규칙 제22조 참조

> 보상금 = 표준지의 공시지가 × 시점수정(지가변동률 또는 도매물가상승률) × 지역요인 비교치 × 개별요인(가로조건, 접근조건, 환경조건, 획지조건, 행정적조건, 기타조건) 비교치 × 기타요인 보정치

원고는, 1심(수원지방법원 2005구합5209)에서 이의재결 및 법원감정 모두 '비교표준지 선정이 잘못되었다'는 등의 주장을 하였고, 1심 법원은 해당 비교표준지가 수용대상토지와 용도지역 등이 유사하여 선정에 문제가 없다는 등의 이유로 손실보상금을 일부 증액하는 내용으로 원고의 청구를 일부 인용하였다. 원고는 항소심(서울고등법원 2007. 6. 5. 선고 2006누30043 판결)에서 '비교표준지의 공시지가가 낮게 평가되었다'는 주장을 추가로 하였다. 항소심은, 비교표준지로 선정된 토지의 공시지가에 대하여 불복하기 위해서는 가격공시법 제8조 제1항에서 정한 건설교통부장관을 상대로 이의신청절차를 거쳐 공시지가결정의 취소를 구하는 행정소송을 제기하여야 할 것이지, 그러한 절차를 밟지 아니한 채 수용보상금의 증액을 구하는 소송에서 그 수용대상토지 가격 산정의 기초가 된 비교표준지 공시지가의 위법성을 다툴 수 없다고 판단하여 원고의 항소를 기각하였다.

원고는 상고하면서 '비교표준지 공시지가결정의 위법성'을 주장하였고, 대법원은 "표준지공시지가결정은 이를 기초로 한 수용재결 등과는 별개의 독립된 처분으로서 서로 독립하여 별개의 법률효과를 목적으로 하지만, 표준지공시지가는 이를 인근 토지의 소유자나 기타 이해관계인에게 개별적으로 고지하도록 되어 있는 것이 아니어서 <u>인근 토지의 소유자 등이 표준지공시지가결정 내용을 알고 있었다고 전제하기가 곤란할</u> 뿐만 아니라, 결정된 표준지공시지가가 공시될 당시 보상금 산정의 기준이 되는 표준지의 인근 토지를 함께 공시하는 것이 아니어서 <u>인</u>

근 토지 소유자는 보상금 산정의 기준이 되는 표준지가 어느 토지인지를 알 수 없으므로, 인근 토지 소유자가 표준지의 공시지가가 확정되기 전에 이를 다투는 것은 불가능하다. 더욱이 장차 어떠한 수용재결 등 구체적인 불이익이 현실적으로 나타나게 되었을 경우에 비로소 권리구제의 길을 찾는 것이 우리 국민의 권리의식임을 감안하여 볼 때, 인근 토지소유자 등으로 하여금 결정된 표준지공시지가를 기초로 하여 장차 토지보상 등이 이루어질 것에 대비하여 항상 토지의 가격을 주시하고 표준지공시지가결정이 잘못된 경우 정해진 시정절차를 통하여 이를 시정하도록 요구하는 것은 부당하게 높은 주의의무를 지우는 것이고, 위법한 표준지공시지가결정에 대하여 그 정해진 시정절차를 통하여 시정하도록 요구하지 않았다는 이유로 위법한 표준지공시지가를 기초로 한 수용재결 등 후행 행정처분에서 표준지공시지가결정의 위법을 주장할 수 없도록 하는 것은 수인한도를 넘는 불이익을 강요하는 것으로서 국민의 재산권과 재판받을 권리를 보장한 헌법의 이념에도 부합하는 것이 아니다. 따라서 표준지공시지가결정이 위법한 경우에는 그 자체를 행정소송의 대상이 되는 행정처분으로 보아 그 위법 여부를 다툴 수 있음은 물론, 수용보상금의 증액을 구하는 소송에서도 선행처분으로서 그 수용대상 토지 가격 산정의 기초가 된 비교표준지공시지가결정의 위법을 독립한 사유로 주장할 수 있다"고 판단하였다(밑줄은 필자).

다만 '원고는 원심에 이르기까지 표준지공시지가가 낮게 책정되었다고만 주장하였을 뿐 이 사건 비교표준지공시지가결정의 하자의 승계를 인정하지 않는다면 수인한도를 넘는 불이익이 있다거나 이 사건 비교표준지공시지가의 구체적인 위법사유에 대하여 아무런 주장도 하지 않고 있는데다가 이와 같은 사유를 인정할 만한 증거도 없는 사실을 알 수 있는바, 원심이 이유는 다르지만 원고의 이 사건 청구를 배척한 결론은 결과적으로 정당하다'고 판단하여 상고를 기각하였다.

4. 기존 논의에 대한 의문

(1) 수인한도론의 실익

수인한도론을 근거로 하여 대상판결에 대해 비교판결과 마찬가지 이유를 들면서 표준지공시지가결정에 대해서도 개별공시지가결정과 마찬가지로 후행처분에서 그 위법성을 다툴 수 있는 것으로 판례를 변경할 필요가 있고, 전면적인 판례 변경 이전이라도 표준지의 소유자가 아닌 제3자에게 선행처분인 표준지공시지가결정 이후 이루어진 후행처분인 조세부과처분을 다투면서 선행처분인 표준지공시지가결정의 위법을 독립된 위법사유로 다툴 수 있도록 허용할 필요가 있다는 비판이 있다.[27)]

---

27) 유철형, "재산세부과처분 취소 소송에서 '표준지공시지가결정 위법성'을 다툴 수 있나?", 세정일보(2022. 5. 30.자)
아래 내용을 근거로 한다; 이중교 "부동산 공시가격의 과세상 활용과 권리구제", 조세법연구[28-2], 한국세법학회(2022), 305면도 마찬가지 견해.
① 표준지공시지가결정과 개별공시지가결정은 동일하게 가격공시법에 따라 이루어지는 처분으로 양자 모두 후행처분인 조세부과처분의 선행처분이라는 점에서 차이가 없는데, 개별공시지가결정에 대해서는 수인한도론을 근거로 후행처분인 조세부과처분에서 그 위법성을 다툴 수 있다고 하면서 표준지공시지가결정에 대해서는 이를 다툴 수 없다고 하여 양자를 달리 취급할 특별한 이유가 없다는 점
② 표준지로 선정된 토지에 대해서는 개별공시지가를 결정·공시하지 아니할 수 있고, 이 경우 표준지로 선정된 토지에 대하여는 해당 토지의 표준지공시지가를 개별공시지가로 본다는 점에서 표준지의 경우에는 표준지공시지가가 개별공시지가의 성격을 함께 갖고 있는데 판례는 개별공시지가결정은 후행처분에서 선행처분인 개별공시지가결정을 다툴 수 있다는 입장을 취하고 있으므로 개별공시지가결정의 성격을 함께 갖는 표준지공시지가결정에 대해서는 마찬가지 법리가 적용될 수 있다는 점
③ 행정청의 행위를 쟁송대상인 처분으로 보는 것은 일반적으로 국민의 권리구제를 확대하기 위한 것인데, 후행처분인 조세소송에서 선행처분인 표준지공시지가결정을 다툴 수 없다고 한다면 표준지공시지가결정을 처분으로 인정하는 것이 오히려 국민의 권리구제를 제한하는 결과가 되어 처분성을 인정하는 취지에도 반한다는 점

하자의 승계에 관한 수인한도론은 실제 사안 해결에 큰 도움이 되지 않아 보인다. 개별공시지가결정에 대해 후행처분에서 구속력의 배제를 인정한 논거가 표준지공시지가결정에서도 마찬가지로 적용될 수 있기 때문이다. 판례는 선행처분의 구속력의 예외를 논증하는 차원으로 당사자의 불이익이라는 결과적인 측면을 논거로 제시하였고, 당사자의 불이익은 구속력을 인정하는 것이 불합리한 예외적인 상황을 평가하는 자료에 불과하다.[28] 판례가 수인한도를 넘어 선행처분의 구속력을 인정할 수 없다고 인정한 사안 외에 어떠한 사안에서 선행처분의 구속력을 배제할 수 있을지 수인한도론을 근거로 일반적으로 확인하기가 어렵다.[29]

---

④ 비교판결(대법원 2007두13845)은 명시적으로 "표준지공시지가결정에 위법이 있는 경우에는 그 자체를 행정소송의 대상이 되는 행정처분으로 보아 그 위법 여부를 다툴 수 있음은 물론, 수용보상금의 증액을 구하는 소송에서도 선행처분으로서 그 수용대상 토지 가격 산정의 기초가 된 비교표준지공시지가결정의 위법을 독립된 사유로 주장할 수 있다"고 판시하여 후행처분을 다투는 소송에서 선행처분인 표준지공시지가결정을 다투는 데에 아무런 제한을 두고 있지 아니한 점,

⑤ 선행처분인 표준지공시지가결정을 후행처분에서 다툴 수 있다고 하여 관련 사건이 폭증한다고 볼 수 없으므로 행정에 큰 혼란을 초래한다거나 법적 안정성(행정법률 관계의 조속한 안정)을 침해한다고 보기 어려운 반면, 이를 허용하는 것은 행정의 적법성을 확보하고 국민의 권리구제에 더 도움이 된다는 점

28) 송시강, 전게논문(2023), 55면

29) 판례의 예견가능성이 원래 독일 논의의 오역 결과라는 비판[홍강훈, 전게논문(2021), 127면 참조] – 선행처분이 후행처분의 기초가 되어 영향을 미친다는 것이 예견불가능하다면 선행처분의 선결적 효력(선행처분의 구속력 또는 실질적 존속력)이 후행처분에 미치지 않아 선행처분의 위법성 심사가 가능하다는 것이다. 개별공시지가결정이 양도소득세 가액산정의 기초가 되어 양도소득세 부과처분에 영향을 미친다는 것은 법에 예정되어 있어 항상 예견 가능하므로, 법적 안정성을 위한 예견가능성 요구는 일반적으로 항상 충족되므로 실무상 큰 의미를 가지지 않는다. 수인한도론을 설시한 판례는 원래 의미에서 벗어나 이를 하자승계를 부정할 경우 원고가 입게 되는 불이익의 결과가 예견가능한가의 문제로 전환하였다.

(2) 표준지공시지가결정의 처분성 인정에 따라 하자의 승계가 달라지는지

통설은 하자의 승계의 전제조건으로 선행행위가 항고소송의 대상인 처분에 해당하여야 하자의 승계가 비로소 문제된다고 보는데,[30] 마찬가지로 표준지공시지가결정의 하자 승계 여부도 표준지공시지가결정이 처분이라고 할 때 비로소 문제가 된다고 한다. 표준지공시지가결정이 처분이 아니어서 그 자체를 행정소송으로 다툴 수 없다면, 수용재결 등 후속처분에서 언제나 선결문제로 표준지공시지가결정의 위법성을 주장할 수 있기 때문에 처분성 여부와 하자의 승계 문제는 긴밀하게 맞물려 있다는 것이다.[31] 현실적으로 표준지공시지가결정 자체를 제소기간 내에 다툴 가능성이 거의 없기 때문에 하자의 승계 인정이라는 예외보다 처분성을 부정하고 후속처분에서 위법성을 다투도록 하는 것이 타당하다는 주장도 제기된다.[32]

어떤 행정작용이 처분에 해당하면 항고소송을 통해 이를 다툴 수 있지만, 동시에 제소기간 내에 다투어야 한다는 제약이 있다. 처분성을 넓게 인정하면서 국민의 권리구제에 도움이 되기도 하지만, 불가쟁력으로 인해 다툴 수 없게 되는 대상 역시 확대된다. 소득금액변동통지의 처분성을 긍정하는 것으로 판례[33]가 변경된 후 제소기간 내 이를 다투지 않으면 불가쟁력이 생겨 법인은 더 이상 소득금액변동통지를 다툴 수 없게 되었다. 통설이 행정소송의 대상인 처분성이 확대되면 권리구

---

30) 박균성, 전게서(2021), 445면. 하자의 승계의 전제조건으로 ① 하자의 승계가 인정되기 위하여 선행행위와 후행행위가 모두 항고소송의 대상이 되는 처분이어야 하고, ② 선행행위에 취소할 수 있는 위법이 있어야 하며, ③ 선행행위에 대해 불가쟁력이 발생하여야 하고, ④ 후행행위가 적법해야 한다고 든다.

31) 최계영, 전게논문(2011), 1181면

32) 임영호, "하자있는 표준지 공시지가 결정과 그에 대한 쟁송방법", 인권과 정의 378호(2008. 2.), 대한변호사협회, 107면

33) 대법원 2006. 4. 20. 선고 2002두1878 전원합의체 판결

제의 필요에서 하자의 승계 범위도 넓게 인정하여야 한다는 주장은 처분성 확대가 판례 변경에 따른 경우 합리적인 설명이다.

가격공시법에서 표준지공시지가결정·공시 절차를 규정하고, 개별법은 가격공시법상 표준지공시지가를 행정처분의 기초로 활용한다. 가격공시법이나 개별법 규정에도 불구하고 표준지공시지가결정의 처분성을 부인하는 해석만으로 후속처분에 대한 취소소송에서 정당한 표준지공시지가를 결정할 수 있을까? 처분의 주체, 효력, 근거 법률이 모두 다름에도 후행처분의 취소소송에서 선행처분인 표준지공시지가의 위법성을 다투도록 하고 이를 심리하는 것이 가능하고 효율적일까?

(3) 하자의 승계 효과

하자의 승계 효과에 대해, 통설은 하자의 승계가 인정되면 선행행위의 위법을 후행행위의 위법사유로 주장할 수 있고, 취소권자는 선행행위의 위법을 이유로 후행행위를 취소할 수 있으며, 하자의 승계가 권리보호를 위해 인정되므로 선행행위의 위법은 내용의 위법으로 한정하는 것이 타당하다고 설명한다.[34] 표준지공시지가 결정에 대하여 후속처분인 개별공시지가결정, 과세처분에서 원칙적으로 하자의 승계를 인정하는 견해는, 하자의 승계를 인정하더라도 후속처분에 대해 제소기간 내에 소송이 제기되어 표준지공시지가결정의 위법성을 주장한 자에 대해서만 변경된 표준지공시지가가 적용되는 것이므로 법적 안정성이 크게 훼손되기 어렵다거나,[35] 쟁송을 제기한 자에 대한 관계에서만 표준지공시지가결정의 하자를 후행처분단계에서 주장하는 것으로 본다면 법적 안정성 침해 문제가 심각한 것으로 보기 어렵다고 주장한다.[36]

하자의 승계가 후행행위 상대방에 한하여 미친다는 설명은, 과세관

34) 박균성, 전게서(2022), 450면
35) 최계영, 전게논문(2011), 1187면
36) 임명호, 전게논문(2008), 114면

청이나 후행행위 취소소송 수소법원이 임의로 정당한 표준지공시지가를 결정하고 이에 따라 과세처분이나 정당한 세액을 결정할 수 있어야 논리적으로 이해가 된다. 공시지가법에서 정한 절차나 공시없이도 유효한 표준지공시지가일까?

(4) 공시지가법상 공시지가결정에 기초한 후행처분의 특징

표준지공시지가결정에 기초하여 개별공시지가가 결정되고, 각종 조세, 개발부담금 부과처분이 이루어진다. 조세등 부과처분은 재량행위가 아니라 기속행위이다. 조세채무는 개별 세법이 정한 과세요건(납세의 무자, 관세물건, 과세표준, 세율)이 충족되면 당연히 성립(추상적 조세채무)하여, 행정처분에 의하여 비로소 국민의 권리의무가 발생하는 일반 행정법관계와 다르다. 과세처분의 취소소송에서, 법원은 소송자료에 의하여 적법하게 부과될 정당한 세액이 산출되는 때에는 그 정당한 세액을 초과하는 부분만 취소하여야 하고,[37] 제출된 자료에 의하여도 정당한 세액이 산출되지 않으면 과세처분 전부를 취소할 수밖에 없다.[38] 과세처분을 전부 취소하는 경우 과세관청은 그 위법을 시정하여 재처분이 가능하고, 다만 특례제척기간의 제한이 있다(국세기본법 제26조의2 제6항 1호). 과세처분의 취소소송에서 하자의 승계를 인정하여 표준지공시지가결정의 위법 여부를 다투는 게 가능하더라도, 후행처분의 취소로 권리의무가 확정되는 게 아니라 적법한 표준지공시지가에 따라 다시 재처분이 예정되어 있어, 정당한 세액을 확인하기 위해서는 적법한 표준지공시지가가 확정되어야 한다.

---

37) 대법원 2001. 6. 12. 선고 99두8930 판결
38) 대법원 2020. 8. 20. 선고 2017두44084 판결

Ⅲ. 표준지공시지가 및 개별공시지가 결정·공시

1. 개요

토지가격 산정기준을 일원화하는 내용으로 1989. 4. 1. 법률 제4120호로 「지가공시 및 토지 등의 평가에 관한 법률」이 제정되어 공적 지가체계가 공시지가로 일원화되었다. 매년 1월 1일을 가격기준일로 하여 2023년 기준 표준지공시지가는 34회, 개별공시지가는 33회를 조사·공시하였다. 국가는 3,502만여 필지 중 대표성이 인정되는 54만50필지의 표준지를 선정하고 그 가격을 조사·평가하여 표준지공시지가를 공시하며, 나머지 필지는 시·군·구에서 국가가 공시한 표준지공시지가를 기준으로 해당 지역의 토지에 대한 개별공시지가를 조사·산정하여 공시한다. 표준지의 변동률을 조사·분석하여 정부의 토지정책과 각종 업무 수행에 필요한 기초자료 및 개별토지의 가격산정 등에 활용할 수 있도록 매월 전국의 지가변동률을 조사하여 발표하고 있다.[39)]

부동산 가격공시에 관한 법령은 「부동산 가격공시에 관한 법률」 및 같은 법 시행령과 시행규칙을 상위 법령으로 하고, 토지와 주택에 관한 하위 법령으로 구성된다. 「부동산 가격공시에 관한 법률」은 법령명 「지가공시 및 토지등의 평가에 관한 법률」로 제정되어 수 차례 개정되었고, 2005. 1. 4. 전부 개정되면서 「부동산 가격공시 및 감정평가에 관한 법률」로 법령명이 변경되었으며, 2016. 1. 19. 전부 개정되어 부동산 가격공시에 관한 부분과 감정평가에 관한 부분이 별개 법률로 나누어졌고, 「부동산 가격공시에 관한 법률」로 법령명이 변경되었다(이하 현

39) 2023년 부동산 가격공시에 관한 연차보고서 15면
정부는 표준지공시지가, 표준주택가격 및 공동주택가격의 주요사항에 관한 보고서를 매년 정기국회의 개회 전까지 국회에 제출하여야 한다(가격공시법 제26조). 연차보고서는 한국부동산원 부동산공시가격알리미(https://www.realtyprice.kr)에서 확인 가능하다.

행법을 기준으로 설명하되 개정 전후 상관없이 '가격공시법'이라 한다). 토지에 관한 가격공시제도인 표준지 공시지가와 개별공시지가에 관하여 국토교통부훈령인 「표준지의 선정 및 관리지침」, 「표준지공시지가 조사·평가 기준」, 「개별공시지가의 검증업무 처리지침」, 「지가현황도면의 작성 및 활용지침」 등이 있다.

현재 부동산 공시가격은 기초연금, 기초생활보장 등의 복지분야, 각종 부담금 산정기준, 정부정책에 따른 행정목적, 재산세, 종합부동산세 등 조세 및 공적·사적평가 등 부동산 평가 등 총 60여 개의 각종 목적에 따라 활용되고 있다.[40)]

2. 결정·공시 절차

(1) 표준지공시지가

표준지공시지가는 국토교통부장관의 표준지선정 및 공시지가결정·공시를 통해 확정된다.

❶ 국토교통부장관은 토지이용상황이나 주변 환경, 그 밖의 자연적·사회적 조건이 일반적으로 유사하다고 인정되는 일단의 토지 중에서 선정한 표준지에 대하여 매년 공시기준일 현재의 단위면적당 적정가격(이하 "표준지공시지가"라 한다)을 조사·평가한다(법 제3조 제1항 전단). "적정가격"이란 토지, 주택 및 비주거용 부동산에 대하여 통상적인 시장에서 정상적인 거래가 이루어지는 경우 성립될 가능성이 가장 높다고 인정되는 가격을 말한다(법 제2조 5호). 국토교통부장관은 표준지공시지가를 조사·평가하는 경우에는 인근 유사토지의 거래가격·임대료 및 해당 토지와 유사한 이용가치를 지닌다고 인정되는 토지의 조성에 필요한 비용추정액, 인근지역 및 다른 지역과의 형평성·특수성, 표준지공시지가

40) 연차보고서, 34면, <표 2-4-1> 공시가격 활용 현황

변동의 예측 가능성 등 제반사항을 종합적으로 참작하여야 한다(법 제3조 제4항). 국토교통부장관은 중앙부동산평가위원회의 심의를 거쳐 세부기준인 표준지의 선정 및 관리지침을 마련하고, 이에 따라 표준지를 선정하고, 표준지공시지가를 조사·평가해야 한다. 국토교통부장관은 표준지의 적정가격을 조사·평가하고자 할 때 둘 이상 감정평가업자에게 이를 의뢰하여야 하고(법 제3조 제5항). 감정평가업자는 통일 표준지에 대하여 각자 독자적으로 평가하고 그 산술평균치가 당해 표준지의 평가액이 된다.

❷ 국토교통부장관은 위의 절차에 따라 조사·평가한 표준지공시지가를 중앙부동산평가위원회의 심의를 거쳐 이를 공시하여야 한다(법 제3조 제1항 후단).

❸ 지가의 공시에는 ① 표준지의 지번, ② 표준지의 단위면적당 가격, ③ 표준지의 면적 및 형상, ④ 표준지 및 주변토지의 이용상황, ⑤ 그 밖에 대통령령이 정하는 사항으로서, ㉠ 지목, ㉡ 용도지역, ㉢ 도로상황, ㉣ 그 밖에 표준지지가 공시에 관하여 필요한 사항이 포함되어야 한다(법 제5조, 시행령 제10조 제2항).

❹ 국토교통부장관은 제3조에 따라 표준지공시지가를 공시한 때에는 그 내용을 특별시장·광역시장 또는 도지사를 거쳐 시장·군수 또는 구청장(지방자치단체인 구의 구청장에 한정한다. 이하 같다)에게 송부하여 일반인이 열람할 수 있게 하고, 이를 도서·도표 등으로 작성하여 관계 행정기관 등에 공급하여야 한다(법 제6조).

❺ 표준지공시지가에 이의가 있는 자는 그 공시일부터 30일 이내에 서면(전자문서를 포함한다. 이하 같다)으로 국토교통부장관에게 이의를 신청할 수 있고, 국토교통부장관은 이의신청 기간이 만료된 날부터 30일 이내에 이의신청을 심사하여 그 결과를 신청인에게 서면으로 통지하여야 하며, 국토교통부장관은 이의신청의 내용이 타당하다고 인정될 때에는 제3조에 따라 해당 표준지공시지가를 조정하여 다시 공시하여야

한다(법 제7조).

표준지의 선정과 평가에 대하여, 국토교통부훈령 「표준지의 선정 및 관리지침」, 「표준지공시지가 조사·평가기준」이 있다. 「표준지의 선정 및 관리지침」은 표준지의 선정 및 관리 등에 필요한 사항을 정하고 있다. 국토교통부장관으로부터 표준지의 선정·교체·조사 등을 의뢰받은 자(이하 "표준지선정자"라 한다)는 일단의 토지 중에서 표준지의 선정·교체를 할 때 지역분석을 실시하여야 한다(제3조). 국토교통부장관은 표준지 선정자의 표준지 선정 등에 대하여 지역분석조서 및 기타 서류를 제출받아 '지역분석내용, 현장조사의 성실한 이행여부 및 표준지의 조사사항, 표준지 과소·과다 활용의 원인 분석 및 분포조정의 내용, 표준지 선정협의 여부, 표준지 선정(안) 위치 표시 도면의 작성 내용, 표준지의 선정, 교체 및 분포조정의 타당성, 그 밖의 가격층화 반영의 적정성' 등을 심사하여 표준지를 확정한다(제14조 참조). 「표준지공시지가 조사·평가기준」은 「표준지의 선정 및 관리지침」에 의해 선정된 표준지의 적정가격 조사·평가에 필요한 세부기준과 절차를 정하고 있다. 조사·평가 절차(제2장)에서 절차별로 조사할 사항을 나누어 규정하고, 평가와 관련하여 평가기준(제3장), 용도별 토지의 평가(제4장), 공법상 제한을 받는 토지의 평가(제5장), 특수토지의 평가(제6장) 등 상세하게 기준을 정하였다.

(2) 개별공시지가

개별공시지가는 먼저 조사대상토지의 지가형성에 영향을 주는 토지특성을 조사하고 그 토지와 비교되는 표준지를 선택한 다음 비교표준지와 조사대상 토지의 토지특성을 비교하여 토지특성차이에 따른 가격배율을 산출하고 이를 표준지공시지가에 곱하여 산정하게 된다. 이렇게 산정된 지가는 감정평가사의 검증을 받아 토지소유자 등에게 열람하여 의견을 수렴한 후 시·군·구 부동산가격공시위원회의 심의를 거쳐 시장

· 군수 · 구청장이 결정 · 공시한다.[41]

❶ 개별공시지가의 결정 · 공시기관은 시장 · 군수 · 구청장이다. 시장·군수·구청장은 개발부담금의 부과 등 목적을 위한 지가산정에 사용하도록 하기 위하여 시 · 군 · 구부동산평가위원회의 심의를 거쳐 매년 공시지가의 공시기준일 현재 관할구역 안의 개별토지의 단위면적당 가격(이하 "개별공시지가"라 한다)을 결정 · 고시하고, 이를 관계행정기관 등에 제공하여야 한다(법 제10조 제1항).

❷ 시장 · 군수 · 구청장이 개별공시지가를 결정·공시하는 경우에는 당해 토지와 유사한 이용가치를 지닌다고 인정되는 하나 또는 둘 이상의 표준지의 공시지가를 기준으로 토지가격비준표를 사용하여 지가를 산정하되, 당해 토지의 가격과 표준지공시지가가 균형을 유지하도록 하여야 한다(법 제10조 제4항).[42] 시장·군수·구청장은 국토교통부장관이 정하여 통보한 개별공시지가의 조사·산정지침에 따라 개별공시지가를 조사·산정하여야 한다(법 시행령 제17조 제1항, 제2항). 개별공시지가는 매년 5월 31일까지 결정 · 공시하여야 한다(시행령 제21조 제1항).

❸ 시장 · 군수 또는 구청장은 개별공시지가를 결정 · 공시하기 위하여 개별토지의 가격을 산정한 때에는 그 타당성에 대하여 일정한 검증절차(감정평가업자의 감정)를 거쳐야 하며, 토지소유자 기타 이해관계인의 의견을 들어야 한다(법 제10조 제5항, 제6항). 그리고 국토교통부장관은 필요하다고 인정하는 경우에는 개별공시지가의 결정 · 공시 등에 관하여

41) 연차보고서, 90면

표 4-1-1 개별공시지가 산정방법

비교표준지가격	토지특성 비교 분석	개별토지가격산정
공시지가 (원/㎡)	비교표준지와 개별토지의 토지특성을 비교분석하여 가격배율을 산출	비교표준지공시지가×가격배율 =개별공시지가(원/㎡)

42) 따라서 표준지 공시지가에 토지가격비준표에 의한 가격조정률을 적용하는 방식에 따르지 아니한 개별토지가격결정은 위법하다(대법원 1998. 12. 22. 선고, 97누3125 판결).

시장 · 군수 · 구청장을 지도 · 감독할 수 있다(법 제10조 제7항).

❹ 개별공시지가에 대하여 이의가 있는 자는 개별공시지가 결정·공시일부터 30일 이내에 서면으로 시장 등에게 이의를 신청할 수 있고, 시장 등은 이의신청기간이 만료된 날부터 30일 이내에 이의신청을 심사하여 그 결과를 신청인에게 서면으로 통지하여야 하며, 이의신청의 내용이 타당하다고 인정될 때에는 제10조의 규정에 따라 당해 개별공시지가를 조정하여 다시 결정 · 공시하여야 한다. 시장 · 군수 또는 구청장은 개별공시지가에 위산, 오기, 표준지 선정의 착오 그 밖에 대통령령[43]이 정하는 명백한 오류가 있음을 발견한 때에는 지체 없이 이를 정정하여야 한다(제12조).

국토교통부장관은 매년 개별공시지가의 조사·산정지침을 시장·군수·구청장에게 통보한다.[44] 위 지침에는 '토지특성 조사', '비교표준지 선정', '토지가격비준표 활용', '분할·합병 토지 등에 대한 개별공시지가 산정' 등이 규정되어 있다.

---

43) ▣ 가격공시법 시행령

제23조(개별공시지가의 정정사유)

① 법 제12조에서 "대통령령으로 정하는 명백한 오류"란 다음 각 호의 어느 하나에 해당하는 경우를 말한다.

1. 법 제10조에 따른 공시절차를 완전하게 이행하지 아니한 경우
2. 용도지역 · 용도지구 등 토지가격에 영향을 미치는 주요 요인의 조사를 잘못한 경우
3. 토지가격비준표의 적용에 오류가 있는 경우

② 시장 · 군수 또는 구청장은 법 제12조에 따라 개별공시지가의 오류를 정정하려는 경우에는 시 · 군 · 구부동산가격공시위원회의 심의를 거쳐 정정사항을 결정 · 공시하여야 한다. 다만, 틀린 계산 또는 오기(오기)의 경우에는 시 · 군 · 구부동산가격공시위원회의 심의를 거치지 아니할 수 있다.

44) 2023년 적용 개별공시지가 조사산정지침, 국토교통부 홈페이지에서 확인 가능

3. 효력

(1) 표준지공시지가

표준지공시지가는 토지시장의 지가정보를 제공하고 일반적인 토지 거래의 지표가 되며, 국가·지방자치단체 등의 기관이 그 업무와 관련하여 지가를 산정하거나 감정평가업자가 개별적으로 토지를 감정평가하는 경우에 그 기준이 된다(법 제9조).

(2) 개별공시지가

개별공시지가는 개발이익환수에 관한 법률에 의한 개발부담금의 부과, 기타 다른 법령이 정하는 목적을 위한 지가산정의 기준이 된다(법 제10조). 개별공시지가를 직접·간접적으로 적용하고 있는 제도로는 「개발이익환수에 관한 법률」에 규정된 개발부담금, 「개발제한구역의 지정 및 관리에 관한 특별조치법」에 규정된 개발제한구역 보전부담금, 「지방세법」에 규정된 토지분 재산세, 취득세·등록세, 소득세법 등에 규정된 양도소득세, 상속세, 증여세 및 국·공유지 대부료·사용료 등이 있다.[45]

Ⅳ. 후행처분의 취소소송에서 표준지공시지가결정의 위법성을 다툴 수 있는지

1. 확인적 행정행위

통설은 행정청의 정신작용이 사실 또는 법률관계의 확인에 있다는

45) 연차보고서, 88면

데 초점을 맞추고, '특정한 사실 또는 법률관계의 존부 또는 정부에 관하여 의문이 있거나 다툼이 있는 경우에 행정청이 이를 공권적으로 확인하는 행위'를 '확인적 행정행위'라 한다.[46] 이에 대해 독일식 개념을 차용해 '효과 측면'에서, 행정행위의 개념요소인 '규율'에 권리·의무 등 법률관계를 발생·변경·소멸시키는 결정뿐만 아니라 이를 구속력 있게 확인하는 결정도 포함하는데, 규율을 구속력 있게 확인하는 결정이 확인적 행정행위라고 한다.[47] 확인적 행정행위란 법률관계 또는 그로부터 도출되는 개개의 권리·의무를 시민에 대하여 구속력을 가지고 확인하는 행정행위를 말한다.[48] 판례는 확인적 행정행위를 ①소송요건 단계에서 '법률효과가 발생하였는지 확인하는 행정행위이므로 항고소송으로 불복하여야 한다'고 하여 처분성 인정여부와 관련하여, ②본안판단 단계에서 '확인적 행정행위의 성격이 강하여 재량의 여지가 거의 없다'고 하여 행정청의 재량이 있는지와 관련하여 두 가지 다른 맥락에서 사용한다.[49] 처분성에 관한 판례는 효과 측면의 확인적 행정행위 개념을, 재량에 관한 판례는 준법률행위적 행정행위의 하위유형인 확인 개념을 전제로 하여 혼용하여 사용한다.[50] 재량행위 여부는 근거법령의 해석 문제일 뿐이므로 재량이 없다는 근거로서 확인적 행정행위 개념을 사용할 필요는 없어 보인다.[51] 중간적 행정결정과 관련하여 법률관계의 변동이 없음에도 법률관계를 확정시키는 효과가 있어 효과 측면에서 확인적 행정행위 개념은 필요하다.[52]

---

46) 박균성, 전게서(2021), 369면
47) 최계영, "하자의 승계와 쟁송법상 처분 - 대법원 2020. 4. 9. 선고 2019두61137 판결", 행정법판례연구 XXVII-1(2022), 박영사, 73면
48) 최계영, 전게논문(2022), 74면
49) 최계영, 전게논문(2022), 74면
50) 최계영, 전게논문(2022), 75면
51) 최계영, 전게논문(2022), 76면
52) 최계영, 전게논문(2022), 76면
근로복지공단의 사업종류 변경결정이 있고, 이에 따라 국민건강보험공단이 산재보

가격공시법은 권한 있는 행정청이 법에서 정한 절차와 방법에 따라 결정·공시한 가격만 표준지·개별공시가로 인정하고, 이를 조세부과처분 등의 기준으로 활용하도록 하고 있다. 공시지가법상 표준지 및 개별공시지가결정은 기준일의 토지지가를 공권적으로 확정하는 확인적 행정행위로 볼 수 있다.

2. 개별공시지가결정 효력에 관한 판례 검토

(1) 개요

표준지공시지가결정에 대한 판례는 거의 없고 대부분 개별공시지가결정을 다툰 사안들이다.[53] 판례 검토를 통해 기존 논의에서 전제로 삼는 내용이 타당한지 살펴보겠다.

판례는, 가격공시법에서 정한 주요 절차나 방법에 따르지 않은 개별공시결정은 무효이고, 시장·군수·구청장의 공시로 기준일의 개별공시지가결정 효력이 발생하며, 권한 있는 행정청의 경정결정이 가능하여 경정결정이 있으면 기준일에 소급하여 효력이 발생하고, 하자의 승계가 인정되더라도 후행처분의 취소소송 수소법원은 후행처분인 과세처분 등을 전부 취소할 수 있을 뿐이며, 개별공시지가결정이 변경되면 후행처분도 다시 이루어져야 한다고 보았다.

확인적 행정행위의 특성상 공시지가법에서 정한 절차 및 방법에

험료 부과처분을 한 경우, 판례는 근로복지공단이 사업주에 대하여 하는 '개별 사업장의 사업종류 변경결정'에 대하여 사업종류 결정의 주체, 내용과 결정기준을 고려하면, 개별 사업장의 사업종류 결정은 구체적 사실에 관한 법집행으로서 공권력을 행사하는 '확인적 행정행위'라고 보아야 한다고 판단하여 항고소송의 대상인 처분성을 인정하였다(대법원 2020. 4. 9. 선고 2019두61137 판결[사업종류변경처분등취소청구의소]).

53) 한국감정원에서 2014. 12. 발간한 '부동산가격공시 업무 관련 판례 및 질의회신' 책자에 관련 판례가 잘 요약되어 있다.

따라 결정·공시된 것만 유효한 표준지 및 개별공시지가이다. 하자의 승계를 인정하더라도 권한 있는 행정청의 표준지 및 개별공시지가 경정결정이 있어야 후행처분도 경정이 가능하다.

(2) 공시지가법상 주요 절차나 방법 위반은 무효

시장·군수·구청장은 국토교통부장관이 정하여 통보한 '개별공시지가의 조사·산정지침'에 따라 개별공시지가를 조사·산정하여야 하고, 토지가격비준표를 사용하여 개별공시지가를 결정하여야 한다. 토지가격비준표[54]와 '개별공시지가의 조사·산정지침'[55]은 가격공시법 제10조의 시행을 위한 집행명령으로서 법률보충적 성격이 있어 법규적 성질을 가지고, 개별공시지가결정의 적법 여부는 가격공시법 등 관련 법령이 정하는 절차와 방법에 따라 이루어진 것인지에 의하여 결정된다. 따라서 법에서 정한 방식이 아니라 전년도 개별지가에 비교표준지의 전년도 대비 지가상승률을 곱하는 방식으로 산정한 개별지가는 관계 법령의 규정에 의하지 아니하여 위법하고,[56] 토지가격비준표에 의하지 아니한 개별공시지가결정은 위법하다.[57] '개별공시지가의 조사·산정지침'에 규정된 주요 절차에 위배하여 이루어진 개별공시지가결정도 위법하다.[58]

위 93누111 판례는 '이해관계인에게의 의견진술 기회부여라는 절차는 개별공시지가의 조사·산정지침에서 토지평가위원회의 심의와 건설부장관의 확인 등 지가결정의 정당성을 담보하기 위한 다른 절차를 두고 있는 점에 비추어 지가결정행위의 정당성을 확보하기 위해 필수불가결한 절차로는 보여지지 아니하므로 그와 같은 절차위반의 하자가 있다

---

54) 대법원 2013. 5. 9. 선고 2011두30496 판결
55) 대법원 1995. 11. 21. 선고 94누15684 판결
56) 대법원 1994. 6. 14. 선고 94누1715 판결 [개별토지가격결정처분취소]
57) 대법원 1994. 4. 12. 선고 93누19245, 19252 판결[개별토지가격결정처분취소,토지초과이득세부과처분취소]; 대법원, 2014.4.10, 2013두25702
58) 대법원 1994. 02. 08. 선고 93누111 판결 참조

하여 지가결정처분 자체가 당연무효가 되는 것은 아니'라고 보았다. 위 판결에 비춰볼 때 '지가결정의 정당성을 담보하기 위한 주요 절차'라면 그 절차 위반으로 개별공시지가결정이 무효라고 봄이 상당하다.

(3) 개별공시지가결정의 경정결정 및 효력발생요건인 공시

행정처분을 한 행정청은 그 행위에 하자가 있는 경우에는 원칙적으로 별도의 법적 근거가 없더라도 스스로 이를 직권으로 취소할 수 있고,[59] 행정처분에 대한 법정 불복기간이 지났다고 하여 직권으로 취소할 수 없게 되는 것은 아니므로 개별토지가격결정에 하자가 있으며 직권 취소가 가능하다.[60] 개별공시지가결정에 하자가 있다면 일반적인 행정행위와 마찬가지로 권한 있는 행정청이 그 하자를 시정하여 다시 결정할 수 있다.

개별공시지가를 변경하는 경정결정은 공시지가법에 따라 공고되어야 비로소 효력이 발생하고, 경정결정이 있으며 기준일에 소급하여 효력이 발생한다.[61] 개별공시지가가 토지특성조사의 착오 등 지가산정에 명백한 잘못이 있어 경정결정되어 공고된 이상 당초에 결정·공고된 개별공시지가는 그 효력을 상실하고 경정결정된 새로운 개별공시지가가 그 공시기준일에 소급하여 효력을 발생하므로 과세처분을 함에 있어서 기준이 되는 개별공시지가가 경정된 경우에는 경정된 개별공시지가에

59) 대법원 2014. 7. 10. 선고 2013두7025 판결 등 참조

60) 대법원 1995. 09. 15. 선고 95누6311 판결

61) 대법원 1994. 6. 14. 선고 93누19566 판결
당초의 개별공시지가결정시 그 표준지의 선정을 그르치거나 토지특성 조사의 착오 등을 이유로 개별공시지가를 경정결정하는 경우는 단순한 위산·오기 등에 의한 경정의 경우와는 달리 당초의 개별공시지가결정을 취소하고 새로이 개별공시지가를 결정하는 개별공시지가의 변경행위에 해당한다고 볼 것이고(따라서 경정결정되어 공고된 이상 당초의 결정공고된 개별공시지가는 그 효력을 상실하고 경정결정된 새로운 개별공시지가가 그 공시기준일에 소급하여 그 효력을 발생한다), 위와 같은 경정결정은 당초의 결정과 마찬가지로 공고의 방법으로 이를 고지하여야 비로소 그 효력이 발생한다.

의하여야 한다.[62]

(4) 수소법원은 후행처분의 전부 취소만 가능

개별공시지가결정의 적법 여부가 가격공시법상 절차와 방법에 따라 이루어진 것인지에 달려 있기 때문에, 후행행위에 대한 취소소송에서 수소법원은 개별공시지가결정의 위법을 확인하더라도 법원이 임의로 개별공시지가를 산정할 수 없다. 비교표준지 선택에 하자가 있어 개별공시지가산정이 위법한 경우 개발부담금부과처분의 취소를 심리하는 법원은 감정인에 의한 감정평가액을 일응의 개별공시지가로 삼을 수 없고, 개발금부과처분을 전부 취소하여야 한다.[63] 위 판결의 원심 법원은 감정평가액을 기초로 정당한 개발부담금을 산정하고, 부과처분 중 정당부분을 초과하는 부분만 취소하였다.

(5) 후행처분도 경정이 필요

어떤 처분을 위법하다고 판단하여 취소하는 확정판결은 소송상 피

---

62) 대법원 1999. 10. 26. 선고 98두2669 판결 [양도소득세부과처분취소]
경정된 개별공시지가를 소급적용하여 과세처분을 한다고 하여 납세자의 신뢰를 저버리는 것이라거나 불이익변경금지의 원칙에 반한다거나 소급과세로서 조세법률주의에 어긋나는 것이라고 볼 수 없다.

63) 대법원 2000. 6. 9. 선고 99두5542 판결[개별토지공시지가결정처분취소등]
구 개발이익환수에관한법률(1997. 1. 13. 법률 제5285호로 개정되기 전의 것) 제10조의 규정은 부과종료시점지가에 대하여 감정인에 의한 평가방법을 배제하고, 매년 개별공시지가를 결정·공시하여 옴으로써 지가산정의 능력과 경험이 있는 부과관청으로 하여금 개별공시지가를 산정하는 방법과 동일한 방법으로 부과종료시점 당시의 부과대상 토지의 상태를 기준으로 한 일응의 개별공시지가를 산정하고 거기에 정상지가상승분을 더하여 부과종료시점지가를 산정함으로써 개발부담금산정에 있어서의 개별공시지가 적용원칙을 관철하려는 데에 그 취지가 있는 만큼, 부과관청이 부과종료시점지가 산정에 있어 같은 법 제10조 제1항 본문의 규정에 의한 일응의 개별공시지가를 산정한 데에 위법이 있다 하더라도 개별공시지가의 결정과 마찬가지로 부과관청이 기술적·전문적 판단에 기하여 다시 산정하도록 함이 타당하고, 감정인에 의한 감정평가액을 일응의 개별공시지가로 삼을 수는 없다.

고가 되는 처분청뿐만 아니라 그 밖의 관계행정청까지 기속한다(행정소송법 제30조 제1항). 처분청과 관계행정청은 취소판결의 기속력에 따라 그 판결에서 확인된 위법사유를 배제한 상태에서 다시 처분을 하거나 그 밖에 위법한 결과를 제거하는 조치를 할 의무가 있다. 후행처분이 개별공시지가결정의 위법을 이유로 위법하다는 판결이 확정되면 시·군·구청장은 개별공시지가를 다시 결정·고시하여야 하고, 경정된 개별공시지가만 기준일에 유효하므로 과세관청도 변경된 개별공시지가에 기초하여 경정처분을 하여야 한다.[64] 개별공시지가결정이 경정되면 이에 기초한 조세부과 등 후행처분도 다시 이루어져야 한다.

(6) 하자의 치유 불인정

판례는, "선행처분인 개별공시지가결정이 위법하여 그에 기초한 개발부담금 부과처분도 위법하게 된 경우 그 하자의 치유를 인정하면 개발부담금 납부의무자로서는 위법한 처분에 대한 가산금 납부의무를 부담하게 되는 등 불이익이 있을 수 있으므로, 그 후 적법한 절차를 거쳐 공시된 개별공시지가결정이 종전의 위법한 공시지가결정과 그 내용이 동일하다는 사정만으로는 위법한 개별공시지가결정에 기초한 개발부담금 부과처분이 적법하게 된다고 볼 수 없다"고 판시하였다.[65] 위

---

64) 대법원 2019두61137 판결에서, 근로복지공단의 사업종류 변경결정을 취소하는 판결이 확정되면 국민건강보험공단은 사업종류 변경결정에 기초 한 산재보험료 부과처분도 직권취소·변경하여야 한다고 설시한 부분에 관하여 불가쟁력이 발생한 산재보험료 부과처분에 대해서 행정청의 직권취소·변경의무가 있는지 추가 검토가 필요하다고 보면서 의문을 제기하는 견해도 있다. 최계영, 전게논문(2022), 93면; 과세처분(부담금 부과처분도 마찬가지)과 관련하여, 과세관청은 부과제척기간 내에 원칙적으로 제한 없이 경정처분이 가능하다. 일반 행정처분도 하자가 있는 경우에는 별도의 법적 근거가 없다고 하더라도 행정청은 스스로 이를 취소할 수 있다. 다만 부과제척기간 등 법령의 규정이나 수익적 행정행위의 철회 등 다른 법리에 따라 제한될 뿐이다.

65) 대법원 2001. 6. 26. 선고 99두11592 판결[개발부담금부과처분취소]

판례 사안은 선행처분인 1995. 1. 1. 기준 개별공시지가 결정이 있고, 이에 기초하여 1996. 4. 12.자 개발부담금 부과처분이 있었는데, 후행처분취소소송 중 개별공시지가결정이 그 산정절차에 위법사유가 있어 그 결정을 취소하는 판결이 1996. 12. 4. 확정되자 행정청이 다시 적법한 절차를 거쳐 종전과 같은 금액으로 다시 개별공시지가 결정을 한 사안이다.66)

행정소송에서 행정처분의 위법 여부는 행정처분이 있을 때의 법령과 사실상태를 기준으로 하여 판단하여야 하고, 처분 후 법령의 개폐나 사실상태의 변동에 의하여 영향을 받지는 않는다고 할 것이고, 하자 있는 행정행위의 치유는 행정행위의 성질이나 법치주의의 관점에서 볼 때 원칙적으로 허용될 수 없는 것이고, 예외적으로 행정행위의 무용한

66) 위 판결에 대해 ① 원심과 대법원이 '개별공시지가결정의 하자를 개발부담금 부과처분의 위법사유로 인정하는 전제에서(하자의 승계를 인정)' 선행처분의 하자의 치유 여부를 판단하였고, ② 취소소송에서 위법성 판단 기준시는 처분시이지만 두 개 이상의 행위들이 긴밀하게 결합되어 통일적 행정목적이나 결과를 실현시키고 있어 선행행위에 대한 위법 판단 기준시가 후행행위에 대한 판결시로 보는 것이 적절하여, 하자의 승계론이 적용될 수 없는 사안이라고 설명하는 견해가 있다. 선정원, 전게논문(2005. 6.), 172면

조세채무는 개별 세법이 정한 과세요건(납세의무자, 관세물건, 과세표준, 세율)이 충족되면 당연히 성립하고, 과세처분의 위법 여부는 개별세법에서 정한 납세의무 성립시이다. 과세처분 취소소송의 소송물은 '과세관청의 처분에 의하여 인정된 과세표준 및 세액의 객관적 존부'이다. 개발부담금도 과세처분과 마찬가지로 '정당한 금액'의 존부가 소송물이다. 법원은 사실심 변론종결시까지 제출된 자료를 토대로 '납세의무 성립 당시를 기준으로 하여 과세처분이 적법한지(정당한 금액 내인지)'를 판단한다. 따라서 새로 산정된 개별공시지가결정 금액이 기존 개별공시지가결정 금액과 다르다면, 경정된 개별공시지가결정만 1995. 1. 1. 기준 개별공시지가결정으로 유효하고, 납세의무 성립시인 개발행위종료시점의 정당한 개발부담금도 달라져 정당한 금액을 초과하는 부분은 위법하다. 취소소송에서 처분의 위법 여부 기준시가 처분시라고 하여, '처분시'를 기준으로 한 개별공시지가결정을 적용하여 정당한 세액을 결정하는 것이 아니다. 하자의 승계가 문제된 사안이 아니다. 경정된 개별공시지가가 기존 개별공시지가와 금액이 동일하여 행정행위의 무용한 반복을 피하기 위해 하자 치유가 가능한지 문제가 되었다.

반복을 피하고 당사자의 법적 안정성을 위해 이를 허용하는 때에도 국민의 권리나 이익을 침해하지 않는 범위에서 구체적 사정에 따라 합목적적으로 인정하여야 한다.[67] 판례는 개별공시지가결정의 하자 치유를 인정하면 이에 기초한 후행처분에서 처분 상대방에게 가산금 등 부담이 있음을 근거로 개별공시지가결정에 대해 하자의 치유를 인정하지 않았다.

3. 표준지공시지가결정에 관한 검토

(1) 비교판결의 소송형태, 보상금 산정 방식

현행 토지보상법상 보상금 증감에 관한 소송은, 토지소유자 또는 관계인이 사업시행자를 상대로 한 보상금 증액소송과 사업시행자가 토지소유자 또는 관계인을 상대로 제기하는 보상금감액소송 형태가 있고, 보상금 증액소송은 금전지급청구의 형태로 감액소송은 채무부존재확인청구의 형태를 취한다.[68][69] 토지보상법은 형식적으로는 당사자소송이지만 실질적으로는 행정청의 처분을 다투는 소송형태로 '형식적 당사자소송'이다.

---

67) 대법원 2002. 7. 9. 선고 2001두10684 판결 [토지수용이의재결처분취소]

68) 서울행정법원 실무연구회(2022), 전게서, 11면

69) 구 토지수용법(1990. 4. 7. 법률 제4231호로 개정되기 전의 것)은 수용 자체의 위법을 다투거나 보상금 증감에 관한 소송이나 모두 중앙토지수용위원회를 상대로 이의재결의 취소를 구하는 항고소송의 형식을 취하였다. 2003. 1. 1. 토지보상법 시행으로 폐지된 개정 토지수용법은 보상금 증감에 관한 소송에서 재결청 외에도 기업자를 소송당사자로 추가하도록 규정을 두었다. 이에 따라 판례는 보상금 증감 소송은 재결청과 기업자를 공동피고로 한 필요적 공동소송을 취하였고, 재결청을 상대로 이의재결 중 정당한 보상금에 미치지 못하는 부분의 취소 및 기업자를 상대로 법원이 인정한 정당한 보상금과 이의재결 보상금의 차액의 지급을 구하는 형태로 소송이 이루어졌다. 2003. 1. 1. 시행된 토지보상법은 이의재결을 임의적 전치절차로 바꾸고, 보상금 증감 소송에서 재결청인 관할 토지수용위원회를 피고에서 제외하여 보상금 증감 소송은 행정소송법 제3조 제2호에서 정한 '당사자소송'이 되었다.

항고소송과 당사자소송의 결합형태로 운영되던 토지수용법상 보상금 증감소송의 소송물은 이의재결의 적법 여부이므로 원고가 이의 재결의 위법사항인 보상금 결정을 위해 채택한 감정평가서의 위법성을 구체적으로 주장·증명하는 것이 원칙이었다. 다만, 대법원 1993. 6. 29. 선고 92누14779 판결 이후 품등비교에 관하여 평가를 다소 달리한 관계로 감정의 결과에 차이가 생기게 된 경우 감정평가 중 어느 것을 취신하는가는 사실심법원의 재량에 속한다는 판례가 확립됨으로써 대부분 사건에서 이의재결의 위법사항을 구체적으로 주장·증명하지 않아도 보상금 증액을 인정하는 실무가 정착되었다.[70] 보상금 증감소송에서 원고는 재결이나 재결감정의 구체적인 위법성을 주장·증명하지 않더라도 감정이나 적당한 다른 방법으로 정당한 보상금에 관한 주장·증명을 하고 그 결과 인정되는 정당한 보상금이 재결에서 인용된 보상금을 넘어서면 그만큼 보상금의 증액을 명하는 판결을 받을 수 있다.[71]

과세처분 등에 적용되는 표준지나 개별공시지가는 가격공시법에 따른 표준지나 개별공시지가 하나만 있다. 과세처분 취소소송에서 법원이 다른 표준지나 개별공시지가를 선택해 정당한 세액을 계산한다거나 임의로 표준지나 개별공시지가를 정할 수 없다. 보상금 증감소송에서 비교표준지는 반드시 하나로 정해진 것이 아니라 수용대상토지와 유사한 다른 비교표준지 선정이 가능하다. 조세처분의 취소소송과 달리 수용보상금 증감소송에서 법원은 재감정을 통해 비교표준지를 달리 하여 수용대상토지의 정당한 보상금 산정이 가능하다.[72] 소송형태의 차이, 보상금 산정 방식의 차이로 인해, 정당한 보상금 산정을 위해 문제가 된 비교표준지 공시지가결정을 다시 할 필요가 없다.

70) 서울행정법원 실무연구회(2022), 전게서, 14면
71) 서울행정법원 실무연구회(2022), 전게서, 15면
72) 판결 주문은 '피고는 원고에게 OOO원(정당한 보상금) 및 이에 대한 지연손해금을 지급하라'는 형태이다. 수소법원은 반드시 정당한 보상금을 산정하여야 한다.

(2) 표준지공시지가결정의 경정·고시의 파급효

개별공시지가결정의 경우 하자의 승계를 인정하여 후행처분이 취소되면, 개별공시지가경정결정이 있은 후 재차 후속처분이 이루어지더라도 개별토지에 한하여 효력이 미치기 때문에 법적 안정성에 영향이 크다고 할 수 없다. 그러나 표준지공시지가의 경우 문제된 토지가 표준지로서 별도로 개별공시지가가 없고 표준지공시지가가 개별공시지가의 역할을 한다고 하더라도 반드시 권한 있는 행정청인 국토교통부장관의 결정·공시가 있어야 가격공시법에 따른 표준지공시지가이다. 과세관청이나 후행처분을 심리하는 수소법원이 임의로 표준지공시지가를 결정할 수 없다.

국토교통부장관이 표준지공시지가를 경정결정·공시하면 기준일에 소급하여 경정된 표준지공시지가만 유효하다. 해당 토지를 표준지로 하는 다수 필지(평균 64필지)[73]의 개별공시지가가 경정된 표준지공시지가에 따라 모두 다시 산정되어야 한다. 법적 안정성 측면에서 개별공시지가결정과 비교하기 어려울 정도로 그 효력이 미치는 범위가 넓다.[74]

---

73) 하나의 표준지를 기준으로 지가를 산정하여야 할 개별필지의 비율이 전국평균 약 1:64라고 한다. 연차보고서 93면

74) 대법원 1997. 9. 26. 선고 96누7649 판결 [토지초과이득세부과처분취소]
개별토지가격에 대한 불복방법과는 달리 표준지의 공시지가에 대한 불복방법을 지가공시및토지의평가등에관한법률 제8조 제1항 소정의 절차를 거쳐 처분청을 상대로 다툴 수 있을 뿐 그러한 절차를 밟지 아니한 채 조세소송에서 그 공시지가결정의 위법성을 다툴 수 없도록 제한하고 있는 것은 표준지의 공시지가와 개별토지가격은 그 목적·대상·결정기관·결정절차·금액 등 여러 가지 면에서 서로 다른 성질의 것이라는 점을 고려한 것이므로, 이러한 차이점에 근거하여 표준지의 공시지가에 대한 불복방법을 개별토지가격에 대한 불복방법과 달리 인정한다고 하여 그것이 헌법상 평등의 원칙, 재판권 보장의 원칙에 위반된다고 볼 수는 없다.

(3) 가격공시법상 절차와 방법의 중요성 – 무효 인정 범위의 문제

표준지공시지가가 후행처분을 예정하는 중간적 행위이고, 당사자에 대한 불이익이 후행처분에서 현실화되기 때문에 원칙적으로 하자의 승계를 인정하여야 한다는 견해[75]가 있다. 그러나 개별공시지가와 마찬가지로 표준지공시지가도 가격공시법에서 정한 절차와 방법에 따라 결정·공시된 것만 적법·유효한 표준지공시지가이고, 그 표준지공시지가만 과세처분 등 법에서 정한 각종 제도의 기준이 된다. 표준지공시지가가 확정되어 있지 않으면 후행처분이 이루어질 수 없기 때문에 오히려 공시지가 제도의 확인적 행정행위 성질에 비춰 법률관계를 조속히 확정시킬 필요가 있다. 당사자가 표준지공시지가를 기초로 하는 개개 처분의 처분청을 상대로 각 처분을 다투도록 하는 것보다는 표준지공시지가결정을 한 행정청을 상대로 표준지공시지가 자체를 다투는 것이 소송관계를 간명하게 하고 분쟁을 조기에 근본적으로 해결하는 방법이다.

중간적 결정의 성격을 갖는 확인적 행정행위에 대해서 '공권적 확인'이 조속히 확정되어야 한다는 측면에서 하자의 승계를 원칙적으로 인정할 수는 없고, 다만 당사자의 권리구제 보호 측면에서 그 공권적 확인의 전제가 되는 법령상 절차나 방법의 준수 여부를 엄격하게 심사하여야 한다. 공시지가법에서 정한 절차나 방법은 결정된 지가의 정당성을 담보하기 위한 것이므로 그 주요 절차나 방법을 위반한 표준지공시지가결정이라면 무효인 표준지공시지가이고, 후행처분에서 표준지공시지가결정의 공정력을 인정할 수 없다. 표준지공시지가결정의 하자의 승계가 가능하여 당사자가 후행처분의 취소소송에서 그 위법성을 주장할 수 있는지가 아니라, 표준지공시지가결정의 무효 인정 범위를 어디

75) 최계영, 전게논문(2022), 94면

까지 볼 것인지가 중요한 문제이고, 후행처분에 대한 취소소송에서 심리도 이에 집중하여 이루어져야 한다.[76)]

가격공시법 제3조는 표준지공시지가의 조사·평가 및 공시 등을 규정하고, 국토교통부 훈령인 「표준지의 선정 및 관리지침」, 「표준지공시지가 조사 · 평가기준」이 있다. 위 각 훈령은 가격공시법 제3조를 시행하기 위한 집행명령으로서 법률보충적, 법규적 성질이 있어 해당 훈령을 위반할 경우 위법하다. 후행처분에 대한 취소소송에서 원고는 위 각 훈령 내용을 포함하여 표준지공시지가결정이 공시지가법에서 정한 주요 절차나 방법을 위반하여 무효라고 주장할 수 있다. 각 훈령에서 정한 절차나 방법 위반으로 인해 지가 결정이 정당하다고 볼 수 없다면 그 하자는 중대하고 명백하여 표준지공시지가결정이 무효이다. '지가결정의 정당성 담보'가 무효 판단의 기준이 된다. 예컨대 실지조사나 표준지 선정협의가 없다면 그 자체로 표준지공시지가결정은 위법하고, 위 절차는 적정가격 산정을 위한 기초가 되어 중대하고 이를 누락하는 것은 법에서 규정한 절차를 누락한 것이어서 명백한 하자이다.

후행처분을 한 행정청은 통상 표준지공시지가결정 절차나 방법을 구체적으로 숙지하지 못하거나 관련 자료가 없어 소송을 수행하기 어려운 경우가 많다. 국토교통부장관에게 사실조회 등으로 관련 자료를 받아보고 개별 사안에서 당사자가 주장하는 표준지공시지가결정의 하자가 일응 타당해 보이면 표준지공시지가결정을 담당하는 국토교통부장관을 소송에 참가시켜 구체적으로 주장·입증하도록 하는 것이 필요할 수 있다(행정소송법 제17조 참조).

표준지공시지가결정의 위법 여부와 관련하여 기초가 된 감정평가서에 평가방법에 대한 기재가 없어 토지의 적정가격을 반영한 것이라고 인정하기 어렵다는 이유로 표준지공시지가결정이 위법하다고 한 판

76) 대상판결이나 비교판결 모두 원고가 공시지가의 결정 과정에 있어 법령이나 지침이 정한 주요 절차를 위반한 하자 등을 주장·입증하지 않았다고 지적하고 있다.

결[77]이 있다. 국토교통부장관이 두 곳의 감정평가법인에 의뢰하여 이루어진 감정평가 결과에 터잡아 표준지공시지가를 결정하였는데, 위 판결은 훈령 제21조[78]에서 정한 평가방법 중 하나를 선택하여야 한다는 것

---

77) 대법원 2009. 12. 10. 선고 2007두20140 판결 [공시지가확정처분취소]

[3] 표준지 공시지가의 결정절차 및 그 효력과 기능 등에 비추어 보면, 표준지 공시지가는 당해 토지뿐 아니라 인근 유사토지의 가격을 결정하는 데에 전제적·표준적 기능을 수행하는 것이어서 특히 그 가격의 적정성이 엄격하게 요구된다. 이를 위해서는 무엇보다도 적정가격 결정의 근거가 되는 감정평가업자의 평가액 산정이 적정하게 이루어졌음이 담보될 수 있어야 하므로, 그 감정평가서에는 평가원인을 구체적으로 특정하여 명시함과 아울러 각 요인별 참작 내용과 정도가 객관적으로 납득이 갈 수 있을 정도로 설명됨으로써, 그 평가액이 당해 토지의 적정가격을 평가한 것임을 인정할 수 있어야 한다.

[4] 건설교통부장관이 2개의 감정평가법인에 토지의 적정가격에 대한 평가를 의뢰하여 그 평가액을 산술평균한 금액을 그 토지의 적정가격으로 결정·공시하였으나, 감정평가서에 거래선례나 평가선례, 거래사례비교법, 원가법 및 수익환원법 등을 모두 공란으로 둔 채, 그 토지의 전년도 공시지가와 세평가격 및 인근 표준지의 감정가격만을 참고가격으로 삼으면서 그러한 참고가격이 평가액 산정에 어떻게 참작되었는지에 관한 별다른 설명 없이 평가의견을 추상적으로만 기재한 사안에서, 평가요인별 참작 내용과 정도가 평가액 산정의 적정성을 알아볼 수 있을 만큼 객관적으로 설명되어 있다고 보기 어려워, 이러한 감정평가액을 근거로 한 표준지 공시지가 결정은 그 토지의 적정가격을 반영한 것이라고 인정하기 어려워 위법하다고 한 사례.

78) 제21조(평가방식의 적용)

① 표준지의 평가는 거래사례비교법, 원가법 또는 수익환원법의 3방식 중에서 해당 표준지의 특성에 가장 적합한 평가방식 하나를 선택하여 행하되, 다른 평가방식에 따라 산정한 가격과 비교하여 그 적정여부를 검토한 후 평가가격을 결정한다. 다만, 해당 표준지의 특성 등으로 인하여 다른 평가방식을 적용하는 것이 현저히 곤란하거나 불필요한 경우에는 하나의 평가방식으로 결정할 수 있으며, 이 경우 제14조에 따른 조사·평가보고서에 그 사유를 기재하여야 한다.

② 일반적으로 시장성이 있는 토지는 거래사례비교법으로 평가한다. 다만, 새로이 조성 또는 매립된 토지는 원가법으로 평가할 수 있으며, 상업용지 등 수익성이 있는 토지는 수익환원법으로 평가할 수 있다.

③ 시장성이 없거나 토지의 용도 등이 특수하여 거래사례 등을 구하기가 현저히 곤란한 토지는 원가법에 따라 평가하거나, 해당 토지를 인근지역의 주된 용도의 토지로 보고 거래사례비교법에 따라 평가한 가격에 그 용도적 제한이나 거래제한의 상태 등을 고려한 가격으로 평가한다. 다만, 그 토지가 수익성이 있는 경

이 아니라, 세평가격(호가)도 가격자료로 참작할 수 있지만, 근거가 된 감정평가서에 평가요인별 참작 내용 설명이 없어서 위법하다는 취지이다.79) 훈령 제21조에서 3방식에 따라 산정한 가격을 비교하도록 규정하

우에는 수익환원법으로 평가할 수 있다.

④ 표준지의 평가가격을 원가법에 따라 결정할 경우에는 다음과 같이 한다. 다만, 특수한 공법을 사용하여 토지를 조성한 경우 등 해당 토지의 조성공사비가 평가가격 산출시 적용하기에 적정하지 아니한 경우에는 인근 유사토지의 조성공사비를 참작하여 적용할수 있다.

○ [조성 전 토지의 소지가격+(조성공사비 및 그 부대비용+ 취득세 등 제세공과금+적정이윤)] ÷ 해당 토지의 면적 ≒ 평가가격

79) 원심(서울고등법원 2007. 9. 12. 선고 2007누3666 판결) 판단
감정평가법인들은 훈령 제21조가 규정한 표준지 평가방식인 거래사례비교법, 원가법, 수익환원법 중 어느 하나의 방식을 채택하여 평가가격을 산정하지 아니한 채 세평가격만을 참작하여 감정평가를 하였다(평가서에 이러한 평가방법을 적용하지 아니한 합리적인 사유의 설시도 없다). 그리고 원고의 이의신청 후 재감정을 의뢰받은 감정평가법인(가람감정평가법인, 동아감정평가법인)은 담보목적으로 평가된 사례만을 참작하여 당초 공시지가가 적정하다는 평가를 하고 있으나, 표준지 평가방식에 대한 설명없이 담보목적으로 평가한 가격은 정상거래사례로 볼 수 없다(대법원 2003. 2. 28. 선고 2001두3808 판결 등 참조). 결국 이 사건 토지의 2006년도 공시지가를 결정함에 있어서 감정평가법인들의 평가는 관계법령이 요구한 평가방식을 제대로 따르지 아니하여 위법하다고 할 것이고, 따라서 이러한 감정평가 결과를 바탕으로 한 이 사건 처분은 위법하다.
→ 대법원의 판단
피고는 2개의 감정평가법인에 이 사건 토지의 적정가격에 대한 평가를 의뢰하여 그 평가액을 산술평균한 금액을 이 사건 토지의 적정가격으로 결정·공시하였으나, 감정평가서에는 거래선례나 평가선례, 거래사례비교법, 원가법 및 수익환원법 등을 모두 공란으로 둔 채, 단지 이 사건 토지의 전년도 공시지가와 세평가격 및 인근 표준지의 감정가격만을 참고가격으로 삼으면서 그러한 참고가격이 평가액 산정에 어떻게 참작되었는지에 관한 별다른 설명 없이 평가의견을 추상적으로만 기재함으로써, 평가요인별 참작 내용과 정도가 평가액 산정의 적정성을 알아볼 수 있을 만큼 객관적으로 설명되어 있다고 보기 어렵고, 따라서 이러한 감정평가액을 근거로 한 이 사건 표준지 공시지가 결정은 이 사건 토지의 적정가격을 반영한 것이라고 인정하기 어려워 위법하다고 하지 않을 수 없다. 원심의 이 부분 이유 설시에 다소 부적절한 점이 있으나, 이 사건 표준지 공시지가 결정이 위법하다고 한 결론은 정당하고, 거기에 상고이유 주장과 같은, 판결에 영향을 미친 표준지 공시지가 평가방법에 관한 법리오해 등의 위법이 없다.

고, 하나의 평가방식으로 결정할 때는 그 사유를 기재하도록 명시하고 있는 점 등을 고려하면, 위 판결 사안과 같이 감정평가서에 각 방식에 따른 가격을 모두 공란으로 두고 사유도 제대로 기재되어 있지 않다면 그러한 하자는 중대할 뿐 아니라 명백하여 표준지공시지가결정의 무효사유로 볼 수 있다.

대상판결의 원심은 표준지공시지가결정의 기초가 된 감정평가법인이 작성한 '2015년도 표준지 조사사항 및 가격평가의견서'에서 거래사례로 선정된 토지가 공법상 제한의 차이 때문에 비교가능성이 높다고 할 수 없고, 감정가액 및 낙찰가격과 차이가 크다는 사정을 들며 표준지공시지가결정에 하자가 있다는 취지로 판단하였다. 그러나 「표준지공시지가 조사 · 평가기준」에서 여객자동차·물류터미널 부지 평가 기준[80]에 관하여, 인근지역의 주된 용도 토지의 표준적인 획지의 적정가격에 감가율 등을 적용하도록 규정하고 있어 그 기준에 따라 심리가 이루어졌어야 한다. 거래사례가 인근지역의 주된 용도 토지라면 거래사례 선정 자체는 적정하고 면허내용 등을 참작한 감가율이 반영되었는지가 문제인데 그러한 내용은 확인할 수 없다. 1심 판결의 설시와 같이 개별공시지가는 당해 토지의 시가나 실제 거래가격과 직접적인 관련이 있는 것은 아니므로 단지 그 가격이 시가나 실제 거래가격을 초과하거나 미달한다는 사유만으로 그것이 현저하게 불합리한 가격이어

80) 제43조(여객자동차 · 물류터미널 부지)

① 여객자동차·물류 터미널 부지는 인근지역의 주된 용도 토지의 표준적인 획지의 적정가격에 여객자동차·물류 터미널 부지의 용도제한이나 거래제한 등에 따른 적정한 감가율 등을 고려하여 거래사례법으로 평가한다. 다만, 거래사례비교법으로 평가하는 것이 현저히 곤란하거나 적정하지 아니하다고 인정되는 경우에는 원가법 또는 수익환원법으로 평가할 수 있다.

② 제1항에 따라 적정한 감가율 등을 고려하는 경우에는 여객자동차·물류 터미널의 구조 및 부대·편익시설의 현황, 여객자동차·물류 터미널 사업자의 면허(또는 등록, 허가, 신고 등)내용 및 해당 여객자동차·물류 터미널을 이용하는 여객자동차·물류운송사업자 현황 등을 참작하여야 한다.

서 그 가격 결정이 위법하다고 단정할 것은 아니다. 실제 해당 토지의 공시지가 변동을 봐도 2015년도 공시지가가 특별히 이례적으로 보이지 않는다.81)

Ⅴ. 결론

해마다 표준지 및 개별공시지가가 결정·공시되기 때문에, 개별공시지가결정에 따라 부과되는 국유재산 사용료 등과 관련하여 이전부터 다툼이 있던 당사자는 개별공시지가결정이 있고, 그 기초가 되는 표준지공시지가에 문제가 있다고 생각하면 바로 이의 및 행정소송 제기가 가능하다. 표준지 토지소유자에 대한 의견조회82) 제도나 각종 의견 수렴 절차, 매년 반복 공시되는 공시지가의 특성상 후행처분에서 하자의 승계를 인정할 절대적인 필요성이 크다고 보기 어렵다. 표준지 및 개별공시지가가 반복 공시되면서 국민들의 권리의식이 높아지면 기존에 판례가 개별공시지가결정에서 인정하는 수인한도론이 그대로 유지될 수 있을지 의문이다. 표준지공시지가결정과 개별공시지가결정은 목적, 효력 등 여러 가지 면에서 서로 성질이 달라 수인한도론을 근거로 표준지공시지가결정과 관련하여 하자의 승계를 인정하기는 어렵다.

---

81) 부동산공시가격 알리미 참조. 최근 2년간 공시지가에 대하여 기초자료 확인도 가능하다.

성남시 분당구 야탑동 341 27,380.1㎡ 잡종지					표준지공시지가(단위: 원/㎡)		
2023년	2022년	2021년	2020년	2019년	2018년	2017년	2016년
7,047,000	7,620,000	7,115,000	7,100,000	7,100,000	7,100,000	7,000,000	6,800,000
2015년	2014년	2013년	2012년	2011년	2010년	2009년	·
6,800,000	6,830,000	6,900,000	6,900,000	6,900,000	7,200,000	7,800,000	·

82) 국토교통부장관은 표준지공시표준지공시지가를 공시하기 위하여 표준지의 가격을 조사·평가할 때에는 대통령령으로 정하는 바에 따라 해당 토지 소유자의 의견을 들어야 한다(법 제3조 제2항).

가격공시법에서 정한 절차 및 방법에 의하여 결정·공시되어야 유효한 표준지공시지가이다. 대상판결이 표준지공시지가결정을 다투기 위하여 원칙적으로 가격공시법에서 정한 이의절차나 행정소송 등 불복절차에 따라 공시지가결정 자체를 직접 다투어야 하고 선행처분인 표준지공시지가결정 후 후행처분인 조세부과처분에서 선행처분인 표준지공시지가결정의 위법을 독립된 위법사유로 주장할 수 없다고 다시 확인한 것은 확인적 행정행위인 표준지공시지가의 특성을 확인한 것으로 정당하다.

표준지로 선정된 토지에 대하여는 표준지공시지가결정이 개별공시지가결정으로 간주된다고 하더라도 가격공시법에서 표준지공시지가결정의 절차 및 방법으로 결정된 이상 개별공시지가결정과 마찬가지 법리가 적용된다고 볼 수 없다. 비교판결은 수용보상금증액청구 소송에서 비교표준지의 표준지공시지가결정의 구속력 인정 여부에 관한 것으로, 수용보상금증액청구의 소에서 수소법원은 문제가 된 비교표준지가 아니라 다른 비교표준지를 선정하여 재감정을 통해 정당한 수용보상금 산정이 가능하다. 소송형태나 보상금 산정 방법에 있어 비교표준지의 역할이 항고소송에서 표준지공시지가와 다르다. 후행처분에 대한 취소소송에서 하자의 승계를 인정하여 위법성이 확인되더라도 법원이 임의로 표준지공시지가를 결정할 수 없고, 가격공시법상 절차 및 방법에 의하여 다시 표준지공시지가가 결정·공시되어야 하며, 해당 표준지를 기초로 하는 개별공시지가, 후행처분 모두 재처분이 필요하여 하자의 승계에 따라 행정법률 관계에 미치는 영향이 매우 크다. 표준지공시지가결정에 대한 기존 하자의 승계 논의는 표준지공시지가 경정결정의 방법, 효력, 재처분 여부, 법원의 판단 범위에 대하여 잘못된 내용을 전제로 하고 있다.

당사자의 권리 구제는, 당사자가 후행처분에 대한 취소소송에서 표준지공시지가결정의 무효를 주장하고, 무효 인정 범위에 대해 가격공시법상 절차나 방법의 준수 여부를 엄격하게 해석하는 측면에서 접근하여야 하고, 실제 소송의 심리도 이에 집중되어야 한다.[83)]

83) 2019두61137 판결에서 '근로복지공단이 사업종류 변경결정을 하면서 실질적으로 행정절차법에서 정한 처분절차를 준수하지 않아 사업주에게 방어권행사 및 불복의 기회가 보장되지 않은 경우에는 후행처분인 각각의 산재보험료 부과처분에 대한 쟁송절차에서 비로소 선행처분인 사업종류 변경결정의 위법성을 다투는 것이 허용되어야 한다'고 방론으로 설시한 부분은, 하자의 승계가 아니라 선행처분이 법에서 정한 절차를 준수하지 않을 경우 선행처분을 무효로 봐야 한다는 측면에서 이해해야 논리적으로 모순이 없다.
위 판결 중 절차법상 하자 부분에 대해, 실체법상 처분으로 인정되었는데 처분절차를 준수하지 않았다면 쟁송법상 처분으로 하자의 승계가 인정된다고 읽히는 방론은 논리적으로 모순이라는 지적이 있다(최계영, 전게논문, 87면).

참고문헌

서울행정법원 실무연구회, 행정소송의 이론과 실무Ⅱ 토지수용, 난민 및 학교폭력, 사법발전재단(2022년)

박균성, 행정법론(상, 2021년), 박영사

법원실무제요 행정(2016), 법원행정처

하명호, 행정쟁송법(2019년), 박영사

2023년 부동산 가격공시에 관한 연차보고서, 한국부동산원 부동산공시가격 알리미(https://www.realtyprice.kr)

노경필, "표준지의 감정평가방법과 토지소유자의 재산권보장 -대법원 2009. 12. 10. 선고 2007두20140 판결-", 판례실무연구Ⅹ(2011), 박영사

선정원, "하자승계논의 몇 가지 쟁점에 관한 검토(대법원 2001. 6. 26. 선고 99두11592 판결)", 행정판례연구 10집(2005. 6.), 박영사

송시강, "하자의 승계에 관한 법리의 재검토 -대법원 2022. 5. 13. 선고 2018두50147 판결에 대한 평석", 행정법연구 제70호(2023년 3월), 사단법인 행정법이론실무학회

유철형, "재산세부과처분 취소 소송에서 '표준지공시지가결정 위법성'을 다툴 수 있나?", 세정일보(2020. 5. 30.자)

이중교, "부동산 공시가격의 과세상 활용과 권리구제", 조세법연구[28-2], 한국세법학회(2022)

임영호, "하자있는 표준지 공시지가 결정과 그에 대한 쟁송방법", 인권과 정의 378호(2008. 2.), 대한변호사협회

임영호, 비교표준지공시지가결정의 하자와 수용재결의 위법성(2008. 8. 21. 선고 2007두13845 판결), 대법원 판례해설 78호(2008 하반기, 2009. 7.), 법원도서관

최계영, "표준지공시지가결정과 흠의 승계 – 대법원 2008. 8. 21. 선고 2007두13845 판결", 행정판례평선(2011년), 박영사

최계영, "하자의 승계와 쟁송법상 처분 - 대법원 2020. 4. 9. 선고 2019두61137 판결", 행정법판례연구 XXVII-1(2022), 박영사

홍강훈, 「하자승계 문제의 소송법적 해결론」에 따른 하자승계 관련 대법원 판례들의 문제점 분석 및 비판, 공법연구 제50집 제2호(2021. 12.), 사단법인 한국공법학회

국문초록

「부동산 가격공시에 관한 법률」에서 정한 절차 및 방법에 의하여 결정·공시되어야 유효한 표준지공시지가이다. 대상판결이 표준지공시지가결정을 다투기 위하여 원칙적으로 위 법에서 정한 이의절차나 행정소송 등 불복절차에 따라 공시지가결정 자체를 다투어야 하고 후행처분인 조세부과처분에서 선행처분인 표준지공시지가결정의 위법을 독립된 위법사유로 주장할 수 없다고 확인한 것은 확인적 행정행위인 표준지공시지가의 특성을 반영한 것으로 정당하다.

표준지 및 개별공시지가가 반복 공시되면서 국민들의 권리의식이 높아지면 기존에 판례가 개별공시지가결정에서 인정한 수인한도론이 그대로 유지될 수 있을지 의문이다. 표준지로 선정된 토지에 대하여는 표준지공시지가결정이 개별공시지가결정으로 간주된다고 하더라도 가격공시법에서 표준지공시지가결정의 절차 및 방법으로 결정된 이상 개별공시지가결정과 마찬가지 법리가 적용된다고 볼 수 없다. 비교판결(대법원 2008. 8. 21. 선고 2007두13845 판결)은 수용보상금증액청구 소송에서 비교표준지의 표준지공시지가결정의 구속력 인정 여부에 관한 것으로, 수용보상금증액청구의 소에서 수소법원은 문제가 된 비교표준지가 아니라 다른 비교표준지를 선정하여 재감정을 통해 정당한 수용보상금 산정이 가능하다. 소송형태나 보상금 산정 방법에 있어 비교표준지의 역할이 항고소송에서 표준지공시지가와 다르다. 후행처분에 대한 취소소송에서 하자의 승계를 인정하여 위법성이 확인되더라도 법원이 임의로 표준지공시지가를 결정할 수 없고, 가격공시법상 절차 및 방법에 의하여 다시 표준지공시지가가 결정·공시되어야 하며, 해당 표준지를 기초로 하는 개별공시지가, 후행처분 모두 재처분이 필요하다. 하자의 승계 인정에 따라 법률관계에 미치는 영향이 매우 크다. 표준지공시지가결정에 대한 기존 하자의 승계 논의는 표준지공시지가 경정결정의 방법, 효력, 재처분 여부, 법원의 판단 범위에 대하여 잘못된 내용을 전제로 하고 있다.

당사자의 권리 구제는, 당사자가 후행처분에 대한 취소소송에서 표준지공시지가결정의 무효를 주장하고, 무효 인정 범위에 대해 가격공시법상 절차나 방법의 준수 여부를 엄격하게 해석하는 측면에서 접근하여야 하고, 실제 소송의 심리도 이에 집중되어야 한다.

주제어: 표준지공시지가, 개별공시지가, 하자의 승계, 구속력, 수인한도론, 확인적 행정행위

Abstract

Whether it is possible to dispute the 'illegality of the standard land price determination' in a lawsuit for cancellation of the imposition of property tax
– Supreme Court 2022. 5. 13. Decision 2018du50147

Hyunjin Kong*

The publicly announced standard land price is effective only when it is determined and announced according to the procedures and methods set forth in the 「Act on Public Notice of Real Estate Prices」. In order to challenge the publicly announced standard land price determination, the subject judgment must, in principle, contest the publicly announced land price determination itself in accordance with the objection procedure or administrative litigation procedures stipulated in the above Act, and the illegality of the publicly announced land price determination, which is the preceding disposition, in the tax imposition disposition, which is a later disposition, is an independent violation of the law. It was confirmed that it could not be claimed as a reason. This is justified as it reflects the characteristics of the publicly announced standard land price, which is a confirmatory administrative act.

As the public awareness of rights increases as the standard and individual officially announced land prices are repeatedly announced, it is

* Judge, Suwon District Court

doubtful whether the existing precedents can maintain the acceptance limit theory recognized in the individual publicly announced land price determination. Even if the standard land price determination is regarded as an individual official land price determination, for the land selected as the standard lot, it cannot be seen that the same legal principle as the individual official land price determination is applied as long as it is determined by the procedure and method of the standard land price determination in the Price Public Notice Act.

The comparative judgment(Supreme Court 2008. 8. 21. Decided 2007du 13845) is about whether or not to recognize the binding force of the standard land price determination of a comparative standard lot in a lawsuit for increase in expropriation compensation. In a lawsuit for an increase in expropriation compensation, the court can select a different comparative standard land, not the comparative standard land in question, and calculate a legitimate expropriation compensation through reassessment. The role of standard land for comparison in the form of litigation or the method of calculating compensation is different from that of standard land prices in appeal proceedings.

Even if illegality is confirmed by acknowledging the succession of defects in a lawsuit for revocation of a later disposition, the court cannot arbitrarily determine the publicly announced standard land price; the standard land price must be determined and announced again according to the procedures and methods under the Price Public Notice Act; the individual publicly announced land price and all subsequent dispositions based on the standard lot requires re－disposal. The succession recognition of defects has a great impact on legal relationships. The existing discussion on the succession recognition of defects in the standard lot notification price determination is based on the premise of the wrong content about the method, effect, re－disposition of the standard lot notification decision, and the scope of judgment of the court.

Relief of the parties' rights should be approached from the perspective of claiming the invalidity of the standard lot notification price determination in the cancellation lawsuit for the subsequent disposition, and strictly interpreting whether the procedure or method under the Price Public Disclosure Act is observed for the scope of invalidation, and actually the trial of the lawsuit should also focus on this.

Key words: standard land price publicly announced, individual publicly announced land price, succession of defects, binding force, the acceptance limit theory, confirmatory administrative act

투고일 2023. 6. 7.

심사일 2023. 6. 25.

게재확정일 2023. 6. 29.

行政組織法

국가 '법인' 내 공법인의 임무수행의 법적 효과 (우미형)

국가 '법인' 내 공법인의 임무수행의 법적 효과*

우미형**

대상 판결: 대법원 2019. 9. 10. 선고 2016두49051 판결

[대상 판결의 사실관계]

1. 원고(한국도로공사)의 도로관리청 권한의 대행

「도로법」 제23조 제1항 제1호, 제31조에 의하면, 고속도로의 공사와 유지·관리는 고속국도의 도로관리청인 국토교통부장관이 수행하여야 한다. 다만 「도로법」 제112조 제1항[1) 등 관계법령에 따르면, 국토교

* 이 연구는 충남대학교 학술연구비에 의해 지원되었음.
** 충남대학교 법학전문대학원 조교수, 법학박사
1) 「도로법」

통부장관은 한국도로공사로 하여금 그 부담으로 유료도로화할 대상으로 결정된 도로의 신설·개축·유지 및 수선에 관한 공사의 시행과 관리를 하게 할 수 있고, 이 경우 한국도로공사는 해당 도로에 관하여 도로법에 따른 도로관리청의 권한을 대행할 수 있다. 국토교통부장관은 위 각 규정에 따라 '서울-양양 고속도로'와 '순천-완주 고속도로'(이하 '이 사건 각 고속도로'라 한다) 신설에 관한 공사의 시행과 그 유지·관리를 원고에게 수행토록 했고, 그 결과 이 사건 각 고속도로에 대해 원고는 원래적 도로관리청인 국토교통부장관의 권한을 대행하게 되었다.

2. 국유림 무상사용 허가 및 갱신

원고는 유료 고속도로에 해당하는 이 사건 각 고속도로의 건설 공사를 하면서 이 사건 국유림의 지하를 통과하는 터널들(이하 '이 사건 터널들'이라 한다)을 건설하기 위하여 피고1~3[2](이하 '피고들'이라고 한다)에게 이 사건 터널들이 위치하게 될 이 사건 국유림의 지하 부분(이하 '이 사건 지하 부분'이라 한다)에 대한 국유림 사용허가를 신청하였고,[3] 피고들은 이 사건 국유림의 지하 부분에 대한 무상사용을 허가하였다.[4]

제112조(고속국도에 관한 도로관리청의 업무 대행) ① 국토교통부장관은 이 법과 그 밖에 도로에 관한 법률에 규정된 고속국도에 관한 권한의 일부를 대통령령으로 정하는 바에 따라 한국도로공사로 하여금 대행하게 할 수 있다.

② 한국도로공사는 제1항에 따라 고속국도에 관한 국토교통부장관의 권한을 대행하는 경우에 그 대행하는 범위에서 이 법과 그 밖에 도로에 관한 법률을 적용할 때에는 해당 고속국도의 도로관리청으로 본다.

2) 피고1은 산림청 북부지방산림청 홍천국유림관리소장, 피고2는 산림청 북부지방산림청 인제국유림관리소장, 피고3은 산림청 서부지방산림청 순천국유림관리소장이다.

3) 이 사건 각 고속도로와 이 사건 터널들은 도로법 제2조 제1호, 국유재산법 제6조 제2항 제2호 등에 따른 국유(행정)재산으로 기획재정부의 dBrain시스템에 국유재산으로 등록되어 있었다.

4) 피고1은, 제1국유림에 대해서는 2009. 10. 34,318㎡ 사용허가면적에 대해 공공용(고속도로 터널부지)을 사용허가목적으로 하여 2009. 11. ~ 2014. 10. 31. 기간동안 무

이후 이 사건 터널들 중 일부에 대해 피고들은 무상사용 허가기간을 갱신하였다.[5] 「국유림의 경영 및 관리에 관한 법률」(이하 '국유림법'이라 한다) **제21조 제1항 제1호**의 **'국가가 공공용으로 사용하고자 하는 경우'**(이하 **'이 사건 조항'**이라고 한다)에 해당할 경우 동법 제23조 제3항상 "산림청장은 제1항[6]의 규정에 불구하고 제21조 제1항 제1호에 해당하는 경우에는 대부료 등의 전부 또는 일부를 징수하지 아니할 수" 있다. 피고들의 국유림 무상사용 허가 및 갱신 등에 대해서는 국유림 사용료 면제가 가능한 위 조항이 적용된 것으로 보인다.

3. 유상사용허가로의 전환 및 국유림 사용료 부과처분

원고가 도로공사 또는 도로이용목적 등 공적인 목적을 위해 국유림을 사용하는 것은 국가기관이 사용하는 것으로 보기 어렵다는 중앙행정심판위원회의 재결등이 이어졌다.[7] 그에 따라 피고들은 이 사건 각

상 사용허가를 하였고, 제2국유림에 대해서는 2011. 3. 21. 115,275㎡ 사용허가면적에 대해 공공용(도로)을 사용허가목적으로 하여 2011. 3. ~ 2016. 2. 28. 기간동안 무상 사용허가를 하였다. 피고2는 제3국유림에 대해 2011. 7. 18. 454,060㎡ 사용허가면적에 대해 공공용(도로–터널)을 사용허가목적으로 2011. 3. 14. ~ 2016. 2. 28. 기간동안 무상 사용허가를 하였다. 피고3은 제4국유림에 대해 2008. 2. 1. 81,837㎡ 사용허가면적에 대해 고속도로 지하터널부지를 사용허가목적으로 하여 2008. 1. 21. ~ 2013. 1. 20. 기간 동안 무상 사용허가를 하였다.

5) 피고1은 제1국유림에 대해 2014. 10. 27.을 갱신일로 하여 사용허가목적을 기존과 동일하게 공공용(고속도로 터널부지)로 하고 갱신된 사용허가기간을 2014. 11. 1. ~ 2019. 10. 31.로 하여 무상으로 허가하였다. 피고3은 제4국유림에 대해 2013. 1. 17.을 갱신일로 하여, 사용허가목적을 역시 사실상 기존과 동일하게 공공용(고속도로 지하터널부지)로 하고 갱신된 사용허가기간을 2013. 1. 21. ~ 2017. 1. 20.로 하여 무상으로 허가하였다.

6) 제23조(대부료 등) ①산림청장은 제21조 제1항의 규정에 의하여 대부등을 하는 때에는 대통령령이 정하는 요율과 산출방법에 의하여 매년 대부료 또는 사용료(이하 '대부료등'이라 한다)를 징수하여야 한다.

7) 2013. 6. 28. 양산국유림관리소장은 원고의 도로공사와 관련한 국유림 사용에 대해 사용료 부과처분을 하였고 이에 대해 원고가 행정심판으로 다투었다. 중앙행정심

지하 부분의 사용허가목적 및 사용허가조건을 변경하여 이 사건 각 지하 부분에 대한 무상사용허가를 소급하여 유상허가로 전환하였고, 그에 따라 원고에게 이 사건 각 지하 부분에 대한 국유림 사용료를 소급하여 부과하였다(이하 위 부과처분을 '이 사건 처분'이라 한다).[8)]

[사건의 경과]

1. 1심판결(서울행정법원 2015. 12. 17. 선고 2015구합68796 판결) 및 원심판결(서울고등법원 2016. 7. 26. 선고 2016누30929 판결)

원고의 주장은 다음과 같다.[9)]

"원고는 「도로법」에 따라 도로관리청인 국토교통부장관의 고속국도의 신설·유지 및 수선에 관한 공사 등의 권한 일부를 대행하는 자로, 국가의 하부행정기관이나 국가의 사무를 대신 수행하는 자의 지위에서

판위원회는 원고가 고속국도의 관리에 관한 권한의 일부를 대행하는 자에 불과할 뿐 국가기관이 아니고, 유료고속국도는 불특정 다수의 사람이 자유롭게 사용하도록 제공되는 공공용 시설이 아니라 일정 금액의 통행료를 지불하는 사람에 한하여 이용할 수 있는 시설에 불과하므로 사용료 부과는 적법하다고 판단하였다. 이후 원고는 위 재결에 대해 더이상 다투지 않았으며 이후 서부지방산림청의 종합감사에서 유료고속국도의 터널공사에 허가된 국유림 무상사용허가를 유상으로 변경하기로 하여 그 감사 결과가 산림청 각 조직으로 하달되었다.

8) 원고는 이 사건 처분의 위법을 주장하면서 동시에 피고 대한민국을 상대로 이 사건 처분에 따라 이미 납부한 국유림 사용료 및 그에 대한 이자 상당액을 부당이득으로 반환하여야 한다는 청구를 병합하여 제기하였다. 이하에서 이 부분에 대한 논의는 생략한다.

9) 원고는 위 주장 외에도 ① 이 사건 터널들의 심도 등을 고려할 때 이 사건 각 국유림에 관한 대한민국의 소유권이 이 사건 각 지하 부분에까지 미친다고 할 수 없으며, ② 피고들이 소급하여 유상사용으로 변경한 것은 신뢰보호원칙에 위배된다는 주장을 하였다. 이하에서는 이들 주장에 대한 논의는 생략한다.

이 사건 터널들을 축조하여 일반에 제공하게 된 것이므로, 원고의 이 사건 각 지하 부분 사용은 이 사건 조항에 해당하여 같은 법 제23조 제3항 제1호에 따라 국유림 사용료가 면제되어야 한다."

제1심판결과 제1심판결을 그대로 인용한 원심판결은 원고가 이 사건 각 지하 부분에 이 사건 터널들을 설치하고 유지·관리하는 것이 단지 국토교통부장관의 집행기관으로서 이 사건 고속도로 공사 및 유지·관리 권한 중의 일부를 대행하는 데 불과하다고 볼 수는 없고, 이 사건 각 고속도로의 공사 및 유지·관리에 관한 국토교통부장관의 권한 자체가 실질적으로 원고에게 위탁되어 이전되었다고 봄이 타당하다고 보았다. 그 주요 이유는 다음과 같다.

①「도로법」 제112조 제2항은 원고가 국토교통부장관의 권한을 대행하는 경우 그 대행하는 범위에서 이 법과 그 밖에 도로에 관한 법률을 적용할 때에는 원고를 해당 **고속국도의 도로관리청으로 보도록** 규정하고 있다.

② 그에 따라 원고는 이 사건 각 고속도로에 관한 도로관리청의 지위에서 독자적인 판단에 따라 자신의 이름으로 도로의 점용허가(도로법 제61조), 점용료의 징수(도로법 제66조) 및 무단점용자에 대한 변상금의 부과·징수권한(도로법 제72조) 등의 권한을 행사할 수 있고, 권한 행사의 효과 역시 원고에게 **귀속**된다.

③ 원고는 도로의 설치·관리와 그 밖에 이에 관련된 사업을 함으로써 도로의 정비를 촉진하고 도로교통의 발달에 이바지함을 목적으로 **한국도로공사법에 의하여 설립된 독립된 공법인**으로(한국도로공사법 제1조), 같은 법 제12조 제1항에 따라 휴게소 및 주유소의 설치와 관리 사업 등을 통하여 수익을 얻는 **영리법인으로서의 성격**도 가지고 있고, 원고가 각종 사업을 시행한 결과 발생한 이익은 같은 법 제14조에 따라 원고의 이월손실금의 보전, 이익준비금의 적립에 사용되고 남은 부분은

결국 원고의 주주에게 배당되는 등 **원고를 국가에 속하는 단체나 기관이라고 볼 수는 없다.**

그에 따라 제1심 판결과 원심 판결은 원고가 국가와는 독립된 공법인으로서 이 사건 각 고속도로의 일부인 이 사건 터널들을 설치하고 유지·관리함으로써 이 사건 각 지하 부분을 사용하고 있다고 보아야 하므로 원고의 이 사건 지하 부분 사용은 이 사건 조항에 해당하지 않는다고 판단하였다.

2. 대상 판결

(1) 원고의 상고이유

원고는 상고이유에서, 이 사건 조항의 '국가'를 협의(俠義)의 중앙행정기관이 '직접'관리하는 경우로만 한정하여 해석할 수 없고, 원고는 국토교통부장관의 감독을 받는 국가 출자 공공기관으로서 사실상 국가의 하부조직의 지위에서 이 사건 각 지하부분을 관리하고 있어 이 사건 조항에서의'국가'에 포함된다고 주장하였다.[10]

(2) 대법원의 판단

대법원은 원심판결을 그대로 수긍하면서 원고의 상고를 기각하였다.

10) 원고는 이 사건 터널이 국가 소유인 공공용 재산에 해당하는 이상, 형식적으로 그 관리의무가 누구에게 있는지와 상관없이 '국가'가 사용한 것이라는 주장도 했지만, 이 부분은 이글의 논의의 대상에서 제외한다.

[판결의 평석]

I. 사안의 쟁점

대상 판결은 「도로법」 제112조 제2항상 '대행'이 강학상 대행인지 위탁인지가 쟁점이라고 보면서, 비록 원고가 '도로관리청'의 지위에서 국가의 임무를 수행하더라도 국가로부터 형식적으로 법인격이 독립된 공공기관이기 때문에 이 사건 조항의 '국가'에는 해당할 수 없다는 하였다. 대법원이 수긍한 원심 판단의 핵심은 결국 원고가 국가와 법인격을 달리하는 독립된 공법인이자 영리법인이라는 점이다.

만약 국토교통부장관이 이 사건 임무수행 권한을 독립된 공법인이 아닌 국가법인에 속한 행정기관에 위탁하였다고 가정하더라도 법원은 대상판결과 동일한 판단을 하였을까. 아마도 그 경우에는 「도로법」 제112조 제2항상 '대행'을 강학상 위탁으로 해석하더라도 대상 판결과 달리 이 사건 조항을 적용하여 판단하였을 것이다. 대상 판결에는 국가와 법인격을 달리하는 공행정주체로서의 공법인과 국가와의 관계는 어떠한지 등에 대해 깊이 고민하지 않은 채, 법인격 및 법효과의 귀속과 관련하여 민사법 법리에 경도된 사고가 고스란히 반영되어 있다. 또한 '국가'의 개념을 고정적 불변 개념으로 이해하고 있기도 하다. 즉, 유독 국가나 법인격을 가진 공공단체, 행정주체 등 행정조직법적 개념에 대해서는 지금까지의 판례가 고정된 상(민사법상 '법주체'의 개념)을 전제로 한 것처럼 보인다.

요컨대, 이 사건의 쟁점은 강학상 대행과 위탁의 구별기준이 아니다. 국가 내지 공공단체가 '법인격'을 갖고 법적 효과가 '귀속'된다는 것이 어떤 의미를 가지는지, 특히 이 사건 지하 부분을 관리하는 원고의 권한이 국가 사무임이 분명한데도 그 권한 행사의 효과가 최종적으로 '국가'로 귀속된다고 보기 어려운지가 핵심 쟁점이다.

이하에서는 대상 판결이 도로법 제112조 제2항에서 '대행'을 강학상 위탁으로 본 후 별다른 논증 없이 곧바로 이 사건 원고를 이 사건 조항에서의 '국가'에 포함되지 않는다고 판단한 논리적 전제에 대해 살펴보고(II. 판례의 이해), 대상판결에 대한 비판적 입장에서 오늘날 '국가 법인격'의 의미, 공행정주체로서의 원고의 지위, 공행정주체의 권한행사 효과의 '귀속' 등에 대한 논의를 기초로 이 사건 조항을 재해석해본다(III. 법리의 검토).

II. 판례의 이해

대상 판결은 원고가 이 사건 각 지하 부분에 이 사건 터널들을 설치하고 유지·관리하는 국토교통부장관의 권한 자체가 원고에게 위탁되었으므로 그에 따른 당연한 결론으로 원고는 이 사건 조항에서의 '국가'에 해당하지 않는다고 보았다. 그 이유에서는 원고가 이 사건 각 고속도로에 관하여 수행하는 권한 행사의 효과가 원고에게 (최종적으로) 귀속되고, 원고는 독립된 공법인이라는 점을 들고 있다. 다시 말해, 대상 판결은 원고가 수행하는 임무가 국가사무일지라도 원고는 국가와 독립된 법인격을 가지고 있기 때문에 원고가 행하는 임무 수행의 법적 효과는 결코 (이 사건 조항뿐 아니라 우리 법질서에서의 모든) 국가에 귀속되기 어렵다고 본 것이다. 이는 행정주체의 법인격에 대해 민사법에 기초한 고정관념, 즉 모든 법인격 주체는 권리능력을 가지고 있고 법인격을 가진 행정주체의 임무수행의 법적 효과는 해당 법인격 주체로 '최종' 귀속된다는 사실을 전제로 한다. 요컨대, 대상판결은 국가의 '법인격'과 기타 공공단체의 '법인격'을 동일하게 이해하고 있으면서, '법인격'에 따라 임무의 성격도 달라진다고 보고 있다.

1. 행정주체로서의 국가와 '사인'으로서의 공공단체 원고

행정주체란 행정임무를 수행하는 법주체로, 국가는 법인격을 가진 법인으로 행정법관계의 시원적 법주체라는 것이 통설이다. 국가행정의 일부가 지방자치단체, 공공단체 등에게 위임 또는 위탁되는 경우가 있고 이 경우에도 국가행정으로서의 실질은 그대로 유지된다.[11]

그런데 수임자가 독립된 법인격을 가지고 있는 경우 국가행정의 법적 효과는 국가가 아닌 수임자에게 귀속된다고 보는 것이 대체적인 판례의 태도이고 이에 대한 관련 학설은 찾아보기 쉽지 않다. 다만 사인에 대한 '협의의 위탁'인 경우에는 그 법적 효과가 사인에게 귀속되고, 대행의 경우에는 위임자인 국가에 귀속된다고 설명되고 있다.[12] 대상 판결은 "도로의 설치·관리 등을 통해 도로의 정비를 촉진하고 도로교통의 발달에 이바지"하는 공익을 목적으로 입법자가 설립한 원고 한국도로공사를 '사인'으로 보고, 「도로법」 제112조 제2항에서의 '대행'의 법적 성질을 강학상 위탁으로 논증한 후 이 사건 결론에 이르렀다.

2. 권한의 대행과 위탁

(1) 권한의 의의 및 효과

행정청의 권한이란 행정청이 법령상 행정주체를 위해 그 의사를 결정하고 표시할 수 있는 범위 또는 행정청이 유효하게 직무를 수행할 수 있는 범위를 말한다. 행정청은 국가의 기관에 불과하므로 행정청이 권한을 행사한 효과는 국가에 귀속한다.[13]

---

11) 박균성, 「행정법론(上)」, 제18판, 2019, 98－99면.
12) 박균성, 위의 책, 99면.
13) 김동희, 「행정법II」, 제26판, 2021, 13－14면; 김남진/김연태, 「행정법II」, 제26판, 2022, 14－15면.

(2) 권한의 대행과 위탁

강학상 '대행(代行)' 개념에 대한 확립된 견해는 찾아보기 어렵다. 실정법상 '대행'은 법정대리로서의 대행, 위임·위탁으로서의 대행, 행정사무지원으로서의 대행 등으로 나뉜다.[14] 대상 판결에서 이 사건 조항에서의 대행은 굳이 말하자면 위임·위탁으로서의 대행에 해당할 것이다.

위탁이란 사인에게 주로 기술적·전문적 성격의 업무를 위탁하는 것을 말한다. 「정부조직법」 제6조 제3항과 「행정권한의 위임 및 위탁에 관한 규정」(이하 '규정'이라 한다) 제10조 이하에 규정되어 있다. 권한의 위탁은 법률이 정한 권한을 이전하는 것이므로 권한의 위임과 마찬가지로 행정권한 법정주의에[15] 따라 법률의 근거가 있어야 한다. 규정 제2조 제3호에서는 지방자치단체가 아닌 법인·단체 등에게 행정기관의 사무를 맡겨 그의 명의로 그의 책임 아래 행사하도록 하는 것을 모두 '민간위탁'으로 정의하고 있다.[16]

---

14) 홍정선, "지방자치법상 민간위탁의 개념 - 행정실무상 유사개념과의 비교를 중심으로 -", 「지방자치법연구」, 통권 제40호 제13권 제4호, 2013, 96-97면.

15) 대법원 1992. 4. 24. 선고 91누5792 판결.

16) 「정부조직법」

제6조(권한의 위임 또는 위탁) ① 행정기관은 법령으로 정하는 바에 따라 그 소관사무의 일부를 보조기관 또는 하급행정기관에 위임하거나 다른 행정기관·지방자치단체 또는 그 기관에 위탁 또는 위임할 수 있다. (후문 생략)

③ 행정기관은 법령으로 정하는 바에 따라 그 소관사무 중 조사·검사·검정·관리 업무 등 국민의 권리·의무와 직접 관계되지 아니하는 사무를 지방자치단체가 아닌 법인·단체 또는 그 기관이나 개인에게 위탁할 수 있다.

「행정권한의 위임 및 위탁에 관한 규정」

제2조(정의) 이 영에서 사용하는 용어의 뜻은 다음과 같다.

1. "위임"이란 법률에 규정된 행정기관의 장의 권한 중 일부를 그 보조기관 또는 하급행정기관의 장이나 지방자치단체의 장에게 맡겨 그의 권한과 책임 아래 행사하도록 하는 것을 말한다.
2. "위탁"이란 법률에 규정된 행정기관의 장의 권한 중 일부를 다른 행정기관의 장에게 맡겨 그의 권한과 책임 아래 행사하도록 하는 것을 말한다.
3. "민간위탁"이란 법률에 규정된 행정기관의 사무 중 일부를 지방자치단체가 아닌 법인·단체 또는 그 기관이나 개인에게 맡겨 그의 명의로 그의 책임 아래 행사

행정권한의 위임이나 위탁이 있으면 위임청은 위임사항의 처리에 관한 권한을 잃고 그 사항은 수임청의 권한이 된다. 대법원 1996. 11. 8. 선고 96다21331 판결에 따르면, 도로의 유지·관리에 관한 상위 지방자치단체의 행정권한이 행정권한 위임조례에 의하여 하위 지방자치단체장에게 위임되었다면 그것은 기관위임이지 단순한 내부위임이 아니고 권한을 위임받은 하위 지방자치단체장은 도로의 관리청이 되며 위임관청은 사무처리의 권한을 잃는다. 한편 규정에 따르면, 위임, 위탁, 민간위탁을 가리지 않고 위임 · 위탁기관의 수임 · 수탁기관에 대한 일반적 지휘 · 감독권 및 감독책임이 인정된다(제6, 8, 9조).

(3) 대상 판결의 경우

규정 제5장 민간위탁사항 제54조 제5항 제1호에서는 국토교통부 소관 사항 중 고속국도 관련 사무를 한국도로공사에 '위탁'한다고 규정한다. 이때 위임청은 국가가 아닌 국토교통부 장관이며 수임청은 한국도로공사이므로, 위탁을 통해 그 범위 내에서 권한을 잃는 주체는 엄밀히 말하면 국가가 아닌 국토교통부 장관이다. 한국도로공사가 '민간'위탁에 따라 수탁사무를 처리하더라도 규정 제6, 8, 9조 등에 근거하여 위임청인 국토교통부 장관은 그 사무처리가 위법하지 않고 부당할 때에도 이를 취소 또는 정지할 수 있다.[17] 다만 어느 모로 보나 이 사건 원고가 수행하는 임무가 국가임무라는 사실에는 의문의 여지가 없다.

3. 원고의 지위와 권한 및 의무

(1) 권한 수탁자로서의 원고의 지위

법률해석의 기본 원칙상 법에서 '대행'이라고 규정하더라도 이에 얽매이지 말고 법의 체계적 해석 및 그 실질에 따라 강학상 위탁에 해

하도록 하는 것을 말한다.

17) 다만, 강학상 권한의 위탁의 경우에 위탁기관은 하급기관이 아닌 수탁기관에 대한 지휘감독권이 없다고 보고 있다. 박균성, 행정법론(下), 제10판, 2012, 28면.

당하는지를 판단해야 한다. 그리고 대상 판결은 이 사건 조항의 '대행'을 강학상 위탁으로 해석하였다. 이 점에 대해서는 선행 판결에 비추어 보면 대상 판결의 논증에 별다른 문제가 없다. 즉, 대법원 2014. 7. 10. 선고 2012두23358 판결에서는 철도기본법상 철도의 관리청인 국토교통부장관이 철도시설의 건설 및 관리 등에 관한 업무의 일부를 한국철도시설공단이 '대행'하도록 한 경우, 동법상 대행의 범위 안에서 철도시설공단이 철도의 관리청으로 간주되므로 '대행'이라는 법문언에도 불구하고 국토교통부 장관의 권한이 한국철도시설공단에 위탁되었다고 하면서, 행정재산에 관한 관리청인 국토해양부 장관의 변상금 부과 권한이 한국 철도시설공단에게 위탁되어 이전되었다고 봄이 타당하다고 보았다.[18] 대상 판결의 사안과 선행 판결의 사안은 '대행'의 해석에 있어 다르다고 보기 어려우므로, 이 사건 원고가 도로법상 대행하고 한국도로공사법상 수탁받은 임무의 범위 안에서 원고는 단순히 강학상 대행자가 아닌 수탁자의 지위에 있다고 볼 수 있다.[19]

그런데 이 사건 조항의 '대행'을 대상 판결이 강학상 위탁이라고 해

---

18) 대법원 2014. 7. 10. 선고 2012두23358 판결에서는 관리청에게 명문의 규정이 없이 변상금 부과 권한을 인정하였다. 그런데 변상금을 대외적으로 '부과'하는 권한과 국가의 임무를 수행하는 한국도로공사와 협의의 국가 행정기관인 산림청장 상호간 국가조직 내에서 임무의 수행을 위해 필수적으로 수반되는 '금전적 의무를 부담하는 의무'는 전혀 다르다. 변상금 부과는 행정청이 금전적 부담을 부과하는 처분을 하는 것으로 일반적인 행정권한에 해당하고 그 이행으로 납부되는 부담금은 결국 국고로 귀속되는 반면, 관리청이 사용료를 부담한다는 의무는 금전적 의무부담의 주체가 되는 것으로 이는 관리청(행정청)의 개념과 친하지 않다. 도로법 제85조 제1항에서도 이 사건에서와 같이 국토교통부장관이 도로관리청인 경우 그 비용을 국가가 부담함을 원칙으로 규정하고 있다. 즉, 이 사건의 쟁점은 국유림 지하의 국유재산을 관리하는 도로관리청이 '독립된 법인격'을 가졌다는 이유만으로 국가에 대해 국유림 사용료를 지불해야 하는지에 대한 것이다.

19) 박균성 교수 또한 현행 「도로법」 제112조와 동일한 내용을 규정했던 「고속국도법」 제6조상 한국도로공사에 의한 고속국도에 관한 건설교통부장관의 권한의 대행은 실질에 있어서는 권한의 위탁으로 보는 것이 타당하다는 견해이다(박균성, 「행정법론(下)」, 16판, 2018, 41면).

석한 주된 근거는 「도로법」 제112조의 제2항이다. 동 조항에서는 "그 대행하는 범위에서 도로법과 그 밖에 도로에 관한 법률을 적용할 때 해당 고속국도의 관리청으로 본다"고 하여 간주 규정으로 정하고 있다. 그렇다면 이 사건 조항의 '대행'이 결과적으로 대상 판결에서와 같이 강학상 위탁으로 해석될 수 있지만 입법 의도상 강학상 대행의 의미는 전혀 없었는지에 대해 생각해볼 여지가 있다.

(2) 「도로법」 제112조의 제2항의 입법적 의의

위에서 살펴본 바와 같이 이 사건 조항의 '대행'을 대상 판결이 강학상 위탁이라고 해석한 주된 근거는 「도로법」 제112조의 제2항이다. 물론 강학상 용어와 실정법상 용어는 언제든지 다를 수 있다. 그럼에도 입법자가 이 사건 조항에서 명확하게 '대행'대신 위탁이라는 용어를 사용했다면 위와 같은 간주 규정도 필요 없었을 텐데 왜 입법자는 굳이 '대행'이라는 용어를 사용하고 거기에 더해 간주 규정을 두었을까.

「도로법」 제112조 제2항은 학설과 판례에 따른 행정실무 및 소송실무상의 불편을 극복하기 위해 만들어진 특례 규정으로 볼 여지가 있다. 대행자가 피대행자(원행정청)의 명의나 대행관계를 밝히지 아니하고 자신의 명의로 처분을 한 경우에는, 명의자인 대행자가 항고소송의 피고가 되어야 하지만 대외적으로 처분 권한 없는 자의 처분이어서 당연무효라는 것이 확립된 판례이다(대법원 1994. 6. 14. 선고 94누1197 판결). 고속국도의 관리에 관하여 한국도로공사는 자신의 명의로 거래를 하거나 처분 권한을 행사할 수 있어 고속국도 관련 도로점용허가, 변상금부과처분 등을 다투는 취소소송 및 토지수용 등 손실보상금 관련 당사자소송에서 한국도로공사가 피고가 된다. 즉, 「도로법」 제112조 제2항은 관련 소송에서 국토교통부장관이나 대한민국이 피고가 되지 않으려는 의도로 만든 규정에 불과하며, 고속도로 관리에 관한 국가 및 국토교통부 장관의 포괄적 권한과 책임을 제한하거나 부정하려는 의도로 만들어진 규정이 아니라고 볼 수 있다.

나아가 이 사건 고속국도의 도로관리청은 국토교통부 장관(「도로법」 제23조 제1항 제1호)으로 원고가 국토교통부 장관의 일부 권한을 대행하더라도 국토교통부 장관은 여전히 고속국도의 지정 · 고시(11조), 도로의 사용 개시 및 폐지(39조) 등 원고에게 위탁되지 않은 나머지 권한을 여전히 도로관리청의 지위에서 수행한다. 즉, 국토교통부 장관은 고속국도 관리에 관한 자신의 포괄적 권한 중 고속도로의 일상적인 관리·운영에 관한 권한(사실행위 및 집행행위)만을 한국도로공사에게 대행하게 할 뿐이고 고속국도의 설치, 노선변경, 확장 등의 중요한 정책결정은 자신에게 유보하고 있으며, 한국도로공사의 대행 행위에 따른 법적 책임은 원칙적으로 국토교통부 장관에게 귀속된다. 따라서 비록 이 사건 조항에서의 '대행'이 「도로법」 제112조 제2항을 근거로 위탁으로 해석되는 점은 수긍할 수 있으나, 동 조항이 이 사건 관련 임무 수행을 하는 원고를 이 사건 조항에서의 '국가'로 포섭하는 데에 법적 장애가 될 수 없다.

(3) 수탁받은 권한의 범위와 사용료 부담

이 사건 지하 부분에 대한 원고의 도로(터널 부지) 사용권 획득 권한은 도로의 설치, 관리 권한에 당연히 포함된다고 할 수 있다. 가정적으로 이 사건 원고가 조직법상 독립적 법인격을 가지는 도로공사가 아니라 원래적 의미의 도로관리청인 국토교통부 장관이라고 생각해보면, 피고들은 국토교통부 장관이 국가의 기관인 도로관리청이라는 사정만으로도 국유림 사용료를 부과하는 이 사건 처분을 하지 않았을 것이다. 국토교통부 장관의 도로관리권한이 지방자치단체의 장에게 위임되었다고 가정하더라도, 지방자치단체의 장은 국가의 기관의 지위에서 해당 수임임무를 수행하는 것이므로 지방자치단체의 장이 도로의 관리권한을 위임받아 도로관리청의 지위를 가진다고 하여 (국가의 기관지위를 가지는데 불과한) 산림청장이 지방자치단체의 장에게 국유림 사용료 부과처분을 했을 것이라고 보기 어렵다.

이렇게 본다면 원고는 위탁 범위 내에서 이 사건 고속국도의 도로관리청으로 간주되므로, "도로관리청이 국토교통부 장관인 도로에 관한 것은 국가가 부담하고, 그 밖의 도로에 관한 것은 해당 도로의 도로관리청이 속해 있는 지방자치단체가 부담한다"는 도로법 제85조 제1항 규정은 국토교통부 장관의 권한을 위탁받아 도로관리청으로 간주된 원고에 대해서도 그대로 적용된다. 요컨대, 우연히 관리청의 권한을 위임받은 자가 법인격 있는 공공기관이라는 사정이 바로 부담금 납부 의무의 주된 근거가 되어서는 안 된다.[20)]

Ⅲ. 법리의 검토

1. 대상 판결에 대한 비판적 고찰의 필요성

(1) 공법영역에서 '법인격'의 특수성

대상 판결은 국가를 '법인'으로 전제하고 원고를 국가에서 독립된 공적 권한을 행사하는 여러 공법영역의 법인격 주체 중 하나로 보고 있다. 일반적으로 법인격이란 법이 특정 대상에 대해 법질서에서의 '인'(권리·의무의 최종적 귀속주체)으로서의 지위를 부여하는 것으로 법인격 부여 대상보다 상위법질서가 부여할 수 있는 것이다. 그렇기에 아래에서 보듯이 국가법인에서의 '법인격'은 국가법인 조직에 속한 여러 행정주체의 법인격과 같은 평면에서 이해할 수 없다. 지금까지 우리나라에서 행

20) 한편 원고는 대한민국으로부터 유료도로법상 유료도로관리권을 출자받은 권리자이다. 동 관리권은 유료도로를 유지 및 관리하면서 통행료등을 받을 수 있는 권리를 내용으로 하며, 원고가 유료도로관리권을 출자받았기 때문에 관리에서 비롯된 (예상치 못한) 추가적인 비용도 부담해야 한다는 주장이 가능할 수는 있다. 그러나 이는 이 사건 조항에서의 국가에서 당연히 법인격이 독립된 행정주체를 제외함을 전제로 하는 것인데, 이 사건 조항을 사실상 국가 내부의 법관계에서 임무수행 국가기관 상호 간의 비용정산 관계로 이해한다면 유료도로관리권이 적용될 여지가 없다.

정조직법에 대한 기본적 이론 연구가 충분히 이루어지지 않은 탓에 공법영역에서 법인격의 상대성, 법효과의 귀속 등에 대해 깊이 고민하지 못했고, 그 결과 공법영역에서의 '법인격'이 민사법에서의 개념과 동일하게 이해되었다. 그에 따라 대상 판결에서와 같은 판단이 주저 없이 내려졌다고 생각한다.

(2) 국가 행정청으로서의 원고의 지위

원고 한국도로공사는 독립된 법인격이 있는 행정주체이면서 동시에 행정청으로 기능한다. 한국도로공사의 법인격은 전체 국가조직 내에서 국가의 법질서에 의해 법인격이 인정된다는 점에서 국가의 법인격보다는 지방자치법 제3조에 따른 지방자치단체의 법인격에 가깝다. 엄밀히 말하면 국가와 지방자치단체 외에 법인격을 가지는 공공단체의 임무는 예외 없이 '자신'의 임무가 아닌 국가 또는 지방자치단체의 임무라는 점에서 원고 한국도로공사는 헌법상 자치권에 근거하여 자치사무를 수행할 권한이 인정되는 지방자치단체와도 다르긴 하지만 말이다. 그런데 대상 판결이 너무도 당연하게 여겨 논증조차 이루어지지 않은 전제 사실 중에는 (국가와 한국도로공사의 '법인격'이 전혀 다른 의미라는 점을 차치하고서라도) 공법질서에서 법인격이 달라지면 법효과의 귀속이 아예 불가하다는 논리가 있다. 즉, 하나의 법인격 안에서 이루어진 임무 수행의 법적 효과의 귀속은 해당 법인격 내에서 종결되어야 한다는 것이다. 그랬기에 이 사건 조항에의 적용 여부를 판단하기에 앞서 「도로법」 제112조 제2항에서의 '대행'의 법적 성질을 치밀히 논증하였다. 그런데, 사실 위탁인지 여부는 이 사건 조항의 적용 여부를 판단하는데 그리 중요하지 않다. 위임이나 위탁이 있더라도 일정한 경우에는 귀속이 가능하다는 사실, 즉, 귀속관계의 복잡성과 상대성에 대해 우리는 이미 잘 알고 있다. 확립된 판례에 따르면, 지방자치단체의 경우 국가의 사무를 수행하게 되는 기관위임 사무에서 대외적으로는 지방자치단체의 장이 권한 행사의 주체로 등장하지만 국가배상관계에서는 위임을 받은 지방자치단체의 장의 권한 수행의 법적 효과가 국가로 최종 귀속하기 때문이다.

요컨대, 원고가 「공공기관의 운영에 관한 법률」(이하 '공공기관법')상의 공공기관으로 행정조직으로서의 국가와 별도의 법인격을 가지더라도 위임·위탁된 권한의 행사주체로서 관리청이라면 그 범위에서는 국가의 행정조직으로 보아야 할 것이다. 원심은 [(지방자치단체가 아닌) 다른 법인격 주체에 대한 권한의 위탁 ➔ 국가의 권한을 행사하더라도 별도의 법인격 주체로 귀속되어야 한다]는 논리를 전제로 하는데 이는 옳지 않다. 기관위임의 법리를 관리청으로서의 원고에 대해 적용할 수 있다면 원고는 수탁범위내에서 자신의 이름과 책임으로 권한을 행사하더라도 국가의 기관으로서의 지위인 관리청으로 인정될 수 있다.[21]

1. 국가법인에 대한 이론적 기초: 독일의 논의를 중심으로

(1) 국가조직의 구성

행정조직법 이론이 축적된 독일에서 국가조직은 상호 법적·사회적으로 중첩되어 얽혀 있으면서도 동시에 일정한 독립성을 가지는 여러 주체들로 이루어져 있다고 이해된다.[22] 독일 기본법 제86조, 제87조 제3항에서도 연방조직과 관련하여 연방 행정부 뿐 아니라 공법상 연방 법인이나 기관 등 국가의 직접 및 간접 국가행정을 수행하는 모든 기관이

---

21) 참고로 대상 판결에서는 원고의 영리법인으로서의 성격과 이 사건 터널부지 관리청으로서의 지위가 직접적인 관련을 가진다는 점을 전제로, 원고가 영리주체이므로 당연히 관리청으로서 권한과 관계된 (갑작스러운) 추가 예산까지 부담해야 한다고 본다. 그러나 원고가 영리주체적 성격도 일부 가지고 있는 것과 이 사건 고속국도 설치 또는 관리 권한은 무관하다. 오히려 원고를 영리주체로 볼 경우 원고 주주의 이해관계를 생각하면 부담하지 않아도 될 비용을 굳이 부담하는 것은 영리성에 반한다.

22) Wolff/Bachof/Stober/Kluth, Verwaltungsrecht II, 7. Aufl., 2010, S. 210~211; 우미형, 『Hans J. Wolff 의 행정조직법 이론에 관한 연구』, 서울대학교 박사학위논문, 2016, 115면.

연방(Bund)에 속한다고 정하고 있다.[23] 독일 실무에서도 국가조직에서 법인격을 가진 모든 공법상 법인이 행하는 임무 수행의 효과가 국가법인으로 귀속된다는 사실에 대해서 전혀 의문이 제기되지 않는다.[24] 이러한 독일의 법규와 실무를 근거로, 크게 국가행정의 수행은 직접행정과 간접행정으로 구분된다. 간접행정은 기본적으로 국가행정을 담당할 새로운 법인의 설립에 의해 가능하다. 법인의 설립에 따라 직접행정에서 기능하는 위계구조를 대신하여 국가의 감독 권한이 들어선다. 간접행정도 '국가행정'이기에 민주적 통제가 유효하게 작동해야 하기 때문이다. 독일에서는 이 경우 국가로부터 어떤 식의 감독과 통제가 이루어지든, 간접행정이 감독 주체인 연방 법인에 속한다는 사실은 의심할 수 없다는 점이 중요하다고 강조된다.[25]

이처럼 국가조직 내에는 국가의 행정기관뿐 아니라 실정법상 독립된 법인격이 인정되는 지방자치단체와 여러 공공단체가 속해 있다. 우리의 행정법 교과서에서는 국가를 시원적 행정주체로 당연히 법인격을 가진다고 설명하는데 국가가 가지는 '법인격'의 의미와 국가조직에 속하

---

23) **Art 86**

Führt der Bund die Gesetze durch bundeseigene Verwaltung oder durch bundesunmittelbare Körperschaften oder Anstalten des öffentlichen Rechtes aus, so erläßt die Bundesregierung, soweit nicht das Gesetz Besonderes vorschreibt, die allgemeinen Verwaltungsvorschriften. Sie regelt, soweit das Gesetz nichts anderes bestimmt, die Einrichtung der Behörden.

Art 87

(3) Außerdem können für Angelegenheiten, für die dem Bunde die Gesetzgebung zusteht, selbständige Bundesoberbehörden und neue bundesunmittelbare Körperschaften und Anstalten des öffentlichen Rechtes durch Bundesgesetz errichtet werden. Erwachsen dem Bunde auf Gebieten, für die ihm die Gesetzgebung zusteht, neue Aufgaben, so können bei dringendem Bedarf bundeseigene Mittel- und Unterbehörden mit Zustimmung des Bundesrates und der Mehrheit der Mitglieder des Bundestages errichtet werden.

24) Dürig/Herzog/Scholz, Grundgesetz-Kommentar, GG Art. 83, 2022. 9., Rn. 126, 127.

25) Dürig/Herzog/Scholz, 위의 책, Rn. 128.

면서 '법인격'을 가지고 있는 행정주체와의 차이를 제대로 설명하지 않고 있다. 우리 헌법에서도 국가조직과 여러 행정주체 상호 간의 포함관계를 명시적으로 밝히고 있지는 않고 있으나 공임무의 수행을 위해 설립된 공공단체가 국가조직에 포함된다는 사실을 부인할 수는 없다. 물론 행정조직법에 대한 연구가 비교적 많이 이루어진 독일에서조차 행정조직을 구성하는 여러 주체의 분류 기준과 기본개념 등은 여전히 체계적이지 않고 모호하다고 여겨진다. 행정조직법 영역에서 여러 다양한 행정임무수행 주체를 구별하는 일정한 기준이 사용되는 경우에도 다른 유사 개념 또는 이해와 구별하려는 시도는 거의 없고 행정조직법의 기초 개념의 모호성은 결과적으로 조직법의 조종적 기능까지 상실하게 한다고 지적되기도 한다.[26] 그럼에도 독일에서는 행정조직법 영역에서의 기본개념, 즉 '법인격', '귀속', '권리능력'등의 개념에 대해서는 대체로 합의가 이루어졌고 이는 우리에게도 적지 않은 시사점을 주기에 이하에서는 독일의 행정조직법상 기본 개념과 관련 이론을 간단히 소개하면서 대상 판결을 평석해 본다.

(2) 권리능력과 귀속의 개념

권리능력(Rechtsfähigkeit) 또는 법주체성(Rechtssubjektivität)이란 권리 또는 의무의 주체(Träger)가 될 능력, 즉, 일반적으로 말해서 법규범의 귀속주체가 될 능력을 의미한다. 따라서 권리능력은 법규범을 전제로 하고 법규범의 해석에 따라 달라진다. 달리 말해 권리능력은 법규상 법효과가 귀속되는 최종점의 확인을 위한 구별기준이다. 법에 따라 일정한 권한 내지 권능을 분배받게 되고 당해 조직법규에 따른 최종적 귀속점이 되는 경우 모두 그 범위 내에서 권리능력이 인정된다. 이는 Hans J. Wolff(한스 율리우스 볼프)가 기초를 닦은 개념으로 오늘날에도 여전히 중요한 의미를 가진다고 한다.[27][28]

---

26) Wolff/Bachof/Stober/Kluth, 앞의 책, S. 345.
27) Wolff/Bachof/Stober/Kluth, 앞의 책, S. 347.

복잡한 국가조직 내에서 발생하는 다양한 귀속(Zurechnung)의 개념을 명확하게 할 필요성에 대해서도 일찍이 볼프가 강조한 바 있다. 볼프는 잠정적 귀속과 최종적 귀속의 구별을 중요시했다. 전통적 이해에 따르면 오로지 법인(Juristische Person)만이 귀속의 최종주체로서 등장한다. 그런데 볼프는 법인 상호 간의 귀속 또한 승인하고 이른바 지체(Glied) 개념을 도입하여 귀속의 개념을 확장하였다.[29] 심지어 볼프는 법인 내부에서 행정임무를 수행하는 주체도 최종귀속주체가 될 수 있다고 보면서 결국 귀속의 영역에서 법인의 도그마틱적 의미는 사라졌다고 평가되기도 한다.[30] 법인격이 여전히 필요하다는 일부 입장에서도 법인 개념을 권한의 집합의 법적 구성을 위한 개념으로 이해한다. 가령 연방과 주 사이의 법적 관계 또는 주와 지방자치단체 사이의 법적 관계는 내부법 관계이고, 반면 행정과 시민의 관계는 외부법 관계라고 볼 수도 있지만, 국가와 지방자치단체 상호 간의 감독 관계 또한 외부적 법적 효과를 일으키는 외부법 관계일 수 있으므로 행정조직법상 법인격은 내부법과 외부법을 구별짓는 기준이 될 수 없다고 본다.[31]

---

28) 私法은 권리능력을 개개의 법명제가 아닌 전체 법질서상 다른 권리능력 주체와의 거래에 참여할 수 있는 일반적 자격으로 파악하지만 공법상 권리능력은 규범의 내용에 따라 상대적이다. Isensee/Kirchhof(Hg.), 앞의 책, S.1273.; 우미형, 앞의 글, S.112.

29) 볼프는 일찍이 국가법인이 법인격을 가진다는 것과 지방자치단체 등 기타 공법인이 법인격을 가진다는 의미가 다르다는 점을 '지체'라는 개념을 통해 드러냈다. 즉, 지방자치단체나 공공단체를 법인격이 있는 국가기관으로 이해한 것이다. 볼프는 국가조직 이외의 나머지 공법상 단체는 비록 법기술론적 관점에서 법인격이 인정되더라도 기본적으로 국가조직과 관련해서는 기관의 지위로 파악된다고 보았다. 우미형, 위의 글, 141면; Wolff/Bachof/Stober/Kluth, 앞의 책, S.211.

30) Wolff/Bachof/Stober/Kluth, 앞의 책, S. 352－353. 한편 행정작용의 법효과가 최종적으로 귀속된다면 법인의 지위가 인정되고 이러한 법인이라는 개념은 행정조직의 권리능력을 설명하는 개념으로 오늘날에도 포기하기 어려운 주요 개념이라는 견해도 있다. Isensee/Kirchhof(Hg.), Handbuch des Staats Rechts, Dritte Aufl., Band V, 2007, S.474－475.

31) Isensee/Kirchhof(Hg.), 위의 책, S.477－478.

(3) 국가 법인격의 함의

私法상 법인이 정당화되는 이유 또는 목적은 기관담당자의 행위로 인한 책임이 법인의 재산으로 제한된다는 데에서 찾을 수 있다. 그런데 전통적인 국가법인도 재산 책임의 한정을 위한 개념일까. 과거 독일 행정조직법의 이론적 기초를 놓은 독일의 법철학자이자 행정법학자인 볼프는 국가와 공공단체의 재산 책임은 원칙적으로 제한되지 않는다고 보았다. 민사법상 법인의 경우와는 달리 국가재산이 다 소진되는 극단적인 경우에도 국가의 재정책임이 소멸된다고 볼 수는 없다는 것이다. 그럼에도 불구하고 볼프가 국가조직을 법인으로 구성한 이유는 국가의 재산이 소진되어 최종적 채무자인 국민들이 결국 책임을 지게 되는 극히 예외적인 상황에서조차 국가조직은 제3자에 대해서는 항상 최종적인 귀속주체가 되어야 하기 때문이다.[32] 우리나라 통설은 행정주체로서의 국가법인을 행정권의 권한 의무 및 책임의 주체로서 행정작용 효과의 귀속주체로 이해한다. 다시 말해 원론적으로는 볼프와 마찬가지로 관할권 규범의 총체에 대해서만 법인격을 인정한 것으로 이해할 수 있다.[33]

우리는 별다른 고민 없이 공법인이든 사법인이든 법인은 '완전한 권리능력'을 가졌다고 여기곤 한다. 즉, 완전한 권리능력이란 사법관계에 참여할 능력을 가졌다는 의미로 이해된다. 그런데 공법인이 공법인으로서 '완전한' 권리능력을 가졌다고 말하기는 쉽지 않다. 독일에서 연방이나 주, 지방자치단체는 확실히 다른 행정단위보다 더 많은 권리능력을 가지고 있긴 하지만 그 밖에 다른 행정주체나 기관을 포함한 행정단위 상호 간의 권리능력 상호간의 차이는 그저 상대적이다.[34] 그런데 공법 영역에서의 행정주체는 항상 법상 정해진 권한 내에서 활동할 수 밖에 없다는 점을 떠올리면 이들에게는 부분적 권리능력만 인정된다는

32) 우미형, 앞의 글, 78면.
33) 우미형, 앞의 글, 93면.
34) Isensee/Kirchhof(Hg.), 앞의 책, S.481–482.

점이 분명해진다. 더군다나 자연인이나 사인이 조직한 사법상 조직의 경우에도 모든 권리 의무의 주체가 될 수는 없다. 그렇지만 일반적으로 민사법관계에서는 완전한 권리능력을 인정한다고 관행적으로 인정하고, 행정주체는 민사법관계에 참여할 때에 한정해서는 완전한 권리능력이 제한적으로 인정된다. 결과적으로 권리능력은 법해석에 따라 그 정도의 차이가 발생할 수는 있다.[35)]

오늘날 독일에서는 국가조직을 논할 때 반드시 법인(Juristische Person)이란 용어를 사용하지는 않는다. 공공영역뿐 아니라 민간영역에서조차 최종적 귀속주체로 설명되는 법인의 개념을 깨고 부문별 특성에 기반하여 귀속기준을 각각 설정해 나가는 경향이 있다는 점도 중요하다. 공공영역에서는 법인이 법상 권한의 범위 내에서 임무 수행이 가능하므로, 공법상 법인이 작동하는 영역에서는 이러한 경향이 더 강하다. 심지어 법인 개념은 지금까지에 부여된 기본적인 지도 기능을 더이상 수행하지 못한다고까지 한다.[36)][37)]

대한민국헌법은 주지하듯이 대한민국이라는 국가의 설치법으로, 헌법차원의 국가는 입법, 사법, 행정권을 망라하며 법치국가에서 국가의 법적 개념을 국가권한규범의 총체라고 볼 수 있다면 여기에서 국가는 법상 권한을 행사하는 모든 주체를 포함할 것이다. 이 사건 원고가 독립적 법인격을 가졌다고 하더라도 그 권한은 곧 국토교통부 장관의 권한이 이전되어 온 것이고, 국토교통부는 행정각부에 해당하여 당연히 헌법상 국가의 일부를 이루므로 결과적으로 원고가 헌법상 국가의 권한을 행사한다는 점은 부인할 수 없다. 권한의 법적 근거를 끝까지 거슬러 올라가면 원고의 권한이 '국가'의 권한임은 의문의 여지가 없다.

---

35) Wolff/Bachof/Stober/Kluth, 앞의 책, S.349.

36) Wolff/Bachof/Stober/Kluth, 앞의 책, S.351.

37) 예외적으로 국가조직이 전체로서든, 연방, 지방자치단체, 공기업 등의 형태로든 사법관계에서 재산의 주체로 등장할 때만 재산권의 귀속주체로서 '법인격'을 가졌다고 본다.Isensee/Kirchhof(Hg.), 앞의 책, S.1270－1271.

3. [보론] 공기업의 영리성

대상 판결에서는 원고인 한국도로공사가 공기업으로서 가지는 '기업성'을 곧 영리성이라고 이해하고 원고가 영리 주체이므로 피고들과의 '대외적' 관계에서 당연히 비용을 부담할 책임이 있다고 보았다. 한국도로공사가 공공기관법상 준시장형 공기업이라고 하더라도 여기서 공기업이 가지는 영리성이 「상법」 제169조[38]에서와 같이 회사의 본질적 속성으로서의 '영리성'을 의미하는지는 의문이다. 오히려 공기업에서의 '공공'은 본질적·목적적 요소이고 '기업' 내지 '독립기관'은 수단적 요소로 이해하는 것이 타당하다.[39] 대상 판결에서도 이 사건 고속도로 설치, 관리를 위한 이 사건 지하부분 사용허가를 받는 임무는 원래 국가가 도로관리청으로 수행해야 할 국가의 임무임이 법 규정상 명백하다. 원고는 이러한 국가의 임무를 보다 효율적이고 경제적으로 수행하기 위하여 설립된 독립한 법인격을 가진 행정주체일 뿐이다. 설령 대상 판결의 취지대로 '영리성'을 인정한다 하더라도 이 사건 조항의 자연스러운 해석에 따라 도로관리청으로써의 원고를 국가(조직)의 일부로 보아 원고가 스스로 비용을 부담하지 않을 수 있는 방법이 있음에도, 굳이 비용을 부담한다고 하는 것이 과연 상법에서 말하는 협의의 '영리성'의 개념에 부합하는지도 의문이다.

4. 대상 판결의 재구성

이 사건 조항에서의 '국가'를 해석하는 방안에는 첫째, 원고를 포함하는 전체 국가조직으로 해석하는 견해, 둘째, '국가의 임무를 수행하는'

38) 제169조(회사의 의의) 이 법에서 "회사"란 상행위나 그 밖의 영리를 목적으로 하여 설립한 법인을 말한다.

39) 朴正勳, "公共機關과 行政訴訟— 공공기관의 '행정청 자격'에 관한 대법원판례의 극복을 위해 —", 「행정법연구」, 제60호, 2020, 20면.

주체로서의 '국가'로 해석하는 견해, 셋째, '국가'를 국가의 직접행정의 범위까지로 제한하는 견해가 가능하다. 대상 판결은 첫째 내지 둘째 견해에 대해서는 아예 고려조차 하지 않은 채, 도로법 제112조 제2항의 '대행'을 강학상 '위탁'으로 보고 원고가 국가의 '직접행정'에 포함되지 않으므로, 즉 '독립된 공법인'으로 국가에 속하는 단체나 기관이 아니므로 이 사건 조항이 (당연히) 적용되지 않는다고 보았다. 위에서 살펴본 독일의 통설적 행정조직법 이론에 따르면 대상 판결에는 다음과 같은 논리상 오류가 있다.

① 대상 판결은 구체적 법규정과 관계없이, 언제나 '국가'내부에는 독립된 법인격을 가진 조직은 포함될 수 없다고 단정하였다. 독일에서는 이제 국가법인이라는 용어를 많이 쓰지 않지만 사용하는 경우에도 국가법인 내에 '법인격 주체'가 얼마든지 포함될 수 있다는 점에 대해서는 전혀 이견이 없다.

② 공법영역에서 인정되는 '법인격' 여부 및 정도는 실정법 규정의 해석에 따라 달라진다. 이른바 '완전한 법인격'을 가지는 것으로 이해되는 사법 질서에 참여할 수 있는 자격인 법인격과 달리 공법영역에서의 '법인격'은 실정법상 귀속규범의 내용에 따라 달라진다. 대상 판결은 국가 '법인'과 한국도로공사의 '법인'을 동일한 선상에서 이해하는 오류를 저질렀을 뿐 아니라 공법영역에서의 '법인'의 개념이 고정적이라고 보고 있다.

③ 대상 판결은 국가조직 내부에 한국도로공사가 포함된다는 점을 받아들이지 않았기에, 당연한 논리적 귀결로 법인과 법인 상호 관계에서의 귀속 가능성을 부인한다. 공법영역에서 법인격의 상대성, 내부관계와 내부관계의 구별기준으로서 법인격 개념의 무용성 등에 대한 이해가 부족한 결과이다.

④ 대상 판결에서 명확하게 판시하지는 않았으나 독립한 법인격을 가진 공기업은 영리성을 가진 사법상 조직에 가깝다고 보았다. 공기업

내지 공공기관의 '공공성'은 독립적 법인격을 통해 희석된다는 사실은 판례가 공공기관의 행정주체성을 일반적으로 부인하는 것에서 쉽게 알 수 있다. 이는 결국 공법상 '법인격'이론에 대한 부족한 이해에서 비롯되었다고 생각한다.

위와 같은 고민을 바탕으로 대상 판결을 재구성해 보면 다음과 같다.

이 사건 조항에서의 국가를 굳이 국가의 직접행정에 한정해서 볼 이유는 없다. 최소한 국가의 임무를 수행하는 범위에서는 원고를 '국가'로 볼 수 있다. 이 사건 원고의 임무가 '국가의 임무'를 수행한다는 점에 대해서는 다툼이 없다. 그렇다면 원고의 법인격에도 불구하고 해당 임무의 법적효과는 '국가'로 귀속된다. 설령 도로법 제112조 제2항의 '대행'을 강학상 위탁이라고 보더라도 독립된 법인이자 해당 임무의 수행범위에서 '행정청'의 지위를 가지는 원고의 당해 행위는 바로 국가로 귀속된다고 봄이 타당하다.

Ⅳ. 요약과 결론

국가행정조직은 여러 형태의 다양한 단위조직으로 구성되어 있다. 기본적으로 행정의 임무는 헌법에 기초하고 법률로 구체화되며, 그에 기초하여 임무수행단위가 정해지고 그 임무수행의 구체적 법적 효과는 개별 법규정에서 정하는 바에 따른다. 임무수행단위에는 법인격이 있는 여러 공법상 법인이 포함된다. 국가로부터 형식적으로 독립한 법인격을 가진 공법인은 모든 법관계에서 국가로부터 독립적인 것이 아니다. 독립한 법인격을 가진 원고와 사인인 행정상대방과의 법관계에서는 원고에게 최종적으로 법효과가 귀속될 수 있다. 그러나 원고가 일정한 경우

대 사인과의 관계에서 최종적 법적 효과의 귀속점으로 기능한다고 하여 원고가 수행하는 임무의 원래적 권한주체인 국가와의 관계에서도 원고에게 항상 법적 효과가 최종적으로 귀속한다고 볼 수는 없다. 공법영역에서의 법인격은 전혀 선험적 개념이 아니다. 대상 판결에서 원고가 국가의 임무를 수행하는 점에 있어 의문이 없는 한 원고는 이 사건 조항에서의 '국가'로 보아야 마땅하다.

참고문헌

김남진/김연태, 「행정법II」, 제26판, 2022
김동희, 「행정법II」, 제26판, 2021
박균성, 「행정법론(上)」, 제18판, 2019
박균성, 「행정법론(下)」, 제16판, 2018

朴正勳, "公共機關과 行政訴訟— 공공기관의 '행정청 자격'에 관한 대법원 판례의 극복을 위해 —", 「행정법연구」, 제60호, 2020
우미형, 『Hans J. Wolff 의 행정조직법 이론에 관한 연구』, 서울대학교 박사학위논문, 2016
홍정선, "지방자치법상 민간위탁의 개념－행정실무상 유사개념과의 비교를 중심으로－", 「지방자치법연구」, 통권 제40호 제13권 4호, 2013
Isensee/Kirchhof(Hg.), Handbuch des Staats Rechts, Dritte Aufl., Band V, 2007
Dürig/Herzog/Scholz, Grundgesetz－Kommentar, 2022
Wolff/Bachof/Stober/Kluth, Verwaltungsrecht II, 7. Aufl., 2010

국문초록

대상 판결은 이 사건 각 지하 부분에 이 사건 터널들을 설치하고 유지·관리하는 국토교통부장관의 권한 자체가 원고인 한국도로공사에게 위탁되었으므로 그에 따른 당연한 결론으로 원고는 이 사건 조항에서의 '국가'에 해당하지 않는다고 보았다. 특히 그 이유에서 원고가 이 사건 각 고속도로에 관하여 수행하는 권한 행사의 효과가 원고에게 (최종적으로) 귀속되고, 원고는 독립된 공법인이라는 점을 들고 있다. 다시 말해, 대상 판결은 원고가 수행하는 임무가 국가사무일지라도 원고는 국가와 독립된 법인격을 가지고 있기 때문에 원고의 임무수행의 법적 효과는 결코 (이 사건 조항뿐 아니라 우리 법질서에서의 모든) 국가에 귀속되기 어렵다고 보았다. 이러한 대상 판결은 행정주체의 법인격에 대해 민사법에 기초한 고정관념, 즉 모든 법인격 주체는 권리능력을 가지고 있고, 법인격을 가진 행정주체의 임무수행의 법적 효과는 해당 법인격 주체로 '최종' 귀속된다는 이해에 기초하고 있다.

국가행정조직은 여러 형태의 다양한 단위로 구성되어 있다. 국가의 임무수행단위에는 법인격이 있는 여러 공법상 법인이 포함된다. 국가로부터 형식적으로 독립한 법인격을 가진 공법인은 모든 법관계에서 국가로부터 독립적인 것은 아니다. 독립한 법인격을 가진 원고와 사인인 행정상대방과의 법관계에서는 원고에게 최종적으로 법효과가 귀속될 수 있다. 그러나 원고가 일정한 경우 대 사인과의 관계에서 최종적 귀속점으로 기능한다고 하여 원고가 수행하는 임무의 원래적 권한주체인 국가와의 관계에서도 원고에게 항상 법적 효과가 최종적으로 귀속한다고 볼 수는 없다.

나아가 이 사건 조항에서의 국가를 굳이 국가의 직접행정에 한정해서 볼 이유도 없다. 최소한 국가의 임무를 수행하는 범위에서는 '국가'로 볼 수 있다. 이 사건 원고의 임무가 '국가의 임무'를 수행한다는 점에 대해서는 다툼이 없다. 그렇다면 원고의 법인격에도 불구하고 해당 임무의 법적 효과는 '국가'로 귀속된다고 볼 수 있다. 설령 도로법 제112조 제2항의 '대행'을 강학상 위탁이라고 보더라도 독립된 법인이자 해당 임무의 수행 범위에서 ‘행정청’의 지위를 가지는 원고의 당해 행위는 바로 국가로 귀속된다고 봄이 타당하다.

주제어: 국가, 행정청, 공법인, 공기업, 행정주체

Abstract

The legal effects of task performance by a public legal entity within 'state corporation.'*

Woo Mee Hyung**

The target decision regarded that the plaintiff, the Korea Expressway Corporation, does not fall under the category of "state" in this case provision because the authority of the Minister of Land, Infrastructure and Transport, who is responsible for the installation, operation, and maintenance of the tunnels in question in each underground section of this case, has been delegated to the plaintiff. Particularly, the target decision argues that the effects of the plaintiff's exercise of authority regarding each expressway in this case (ultimately) belong to the plaintiff and emphasizes the fact that the plaintiff is an independent public corporation. In other words, the target decision holds that even if the plaintiff's tasks are considered state affairs, the legal effects of the plaintiff's task performance cannot be attributed to the state (not only in this case provision but also in our legal system as a whole) because the plaintiff has an independent legal personality. Such a target decision is based on a fixed notion rooted in civil law regarding the legal personality of administrative entities. All entities with legal personality possess legal capacity, and the legal effects of task performance by an administrative

* This work was supported by research fund of Chungnam National University.

** Assistant Professor, Chungnam National University Law School entity with legal personality are ultimately attributed to that entity itself.

The national administrative organization is composed of various units in different forms. As the incumbents of public administration, their duties are based on the Constitution and specified by laws, with the specific legal effects of their duties determined by individual statutory regulations. The units performing these duties include various public legal entities with legal personality. Public legal entities with formally independent legal personality from the state are not entirely independent in all legal relationships. In legal relationships between the plaintiff, who possesses independent legal personality, and the administrative counterpart, the final legal effects may be attributed to the plaintiff. However, even in cases where the plaintiff functions as the final attribution point in relation to the signatory, it cannot be assumed that the plaintiff always has the final legal effects in its relationship with the state, which is the original authority of the duties performed by the plaintiff. Legal personality in the public law domain is not a purely a priori concept. Unless there is doubt about the plaintiff's performance of the state's duties, it should be regarded as the "state" in this provision of the case. Furthermore, there is no reason to restrict the interpretation of the state in this provision of the case solely to direct administration by the state. At the very least, it can be regarded as the "state" within the scope of performing the state's duties. There is no dispute regarding the fact that the plaintiff in this case is performing the "state's duties." Therefore, despite the plaintiff's legal personality, it can be considered that the legal effects of those duties are attributed to the "state." Even if we regard the "agency" in Article 112, Paragraph 2 of the Road Traffic Act as a form of delegation, it is reasonable to conclude that the acts of the plaintiff, an independent legal entity with the status of the "administrative agency" within the scope of performing the relevant duties, are directly attributed to the state.

Keywords: State, Independent legal entity, administrative agency, government corporation, agency

투고일 2023. 6. 11.

심사일 2023. 6. 25.

게재확정일 2023. 6. 29.

地方自治法

수도시설 분담금의 법적 성격 및 지방자치법상 주민의 개념 (허이훈)

수도시설 분담금의 법적 성격 및 지방자치법상 주민의 개념

허이훈*

대상판결 : 대법원 2022. 4. 14. 선고 2020두58427 판결

Ⅰ. 평석대상 판결의 개요

1. 사실관계

– 원고(주식회사 호반건설)는 울산광역시 중구 우정동, 유곡동 등 일원에 있는 2,797,067㎡에 혁신도시를 건설하는 택지개발사업(이하 '이 사건 택지개발사업'이라 한다)의 시행자인 한국토지주택공사로부터 그 사

* 대구지방법원 판사

업지구 중 일부인 C-2블록 24,271㎡를 매수하여 그 지상에 아파트 및 상가를 신축、분양하는 주택건설사업(이하 '이 사건 사업'이라 한다)을 하였다.

– 이 사건 택지개발사업을 위해 설치된 상수도시설만으로는 이 사건 사업지구에 수도공급이 불가능하게 되자, 원고는 이 사건 사업지구에 총 346세대의 아파트와 상가(이하 '이 사건 아파트 및 상가'라 한다)를 신축한 후 2014. 6. 13. 피고(울산광역시 상수도시업본부 중부사업소장)[1]에게 위 아파트에 대하여는 구경 100mm의, 위 상가에 관하여는 구경 25mm의 신규 급수시설공사를 신청하였다.

– 피고는 위 급수시설공사신청을 승인하면서, 2014. 6. 16. 구 울산광역시 수도급수조례(2014. 11. 6. 울산광역시조례 제1476호로 개정되기 전의 것, 이하 '이 사건 급수조례'라 한다) 제15조 제1항에 따라 원고에게 이 사건 아파트 및 상가에 관한 시설분담금 합계 163,443,900원(아파트 161,093,900원 + 상가 2,360,000원)을 부과하였다(이하 '이 사건 처분'이라 한다).

– 이 사건 급수조례는 '시설분담금'에 관하여 정수장·가압장·배수지·송수관 등 수도시설에 소요된 건설비를 전용급수설비의 신설 또는 급수관의 구경확대 공사를 신청하는 자로부터 징수하는 분담금으로 정의하였고(제2조 제5호), 그 산정기준은 급수관의 구경 크기에 따라 특정한 금액이 정해져 있었다(제15조 제1항).

1) 울산광역시는 수도법에 따른 수도사업자로서 「울산광역시 수도급수 조례」를 제정하여 피고에게 위 조례에 따른 울산광역시장의 권한 중 급수공사의 시행 등에 관한 사항, 급수공사비에 관련된 사항, 시설분담금의 부과、징수 등에 관한 사항을 위임하였다.

2. 원심[2]의 판단

원심은 ① 이 사건 처분에 따른 시설분담금이 수도법 제71조 등에 따른 '원인자부담금'에 해당함에도 그 납부의무를 부담하지 않은 원고에게 부과된 것이어서 위법할 뿐만 아니라, ② 이 사건 사업의 장소와 직원의 거주지가 울산광역시라는 사정만으로는 원고를 울산광역시의 주민이라고 인정할 수 없어 지방자치법 제138조에 따른 분담금 납부의무자에 해당하지 않아 이 사건 처분에는 구 지방자치법 제138조 위반의 위법도 있다[3]고 판단하였다. 나아가 위와 같은 하자가 중대、명백하다고 보아, 이 사건 처분이 위법하다고 보면서도 그 하자가 중대、명백하다고 할 수 없어 원고의 청구를 기각한 제1심판결을 취소하고, 이 사건 처분은 무효임을 확인한다고 판단하였다.

3. 대법원의 판단

대법원은 아래 [1] 법리 판시를 바탕으로, 원고에게 <u>이 사건 급수조례 제15조 제1항에 따라 부과된 시설분담금</u>은 이 사건 택지개발사업의 시행자에게 이 사건 택지개발사업지구에 새롭게 필요한 상수도시설의 공사비용을 부담시키는 것이 아니라 이미 상수도시설이 설치된 이 사건 사업지구에서 신규 급수시설공사를 신청한 자에게 기존 상수도시설의 순자산 가치를 기초로 산출된 돈을 부과하는 것이어서, <u>구 지방자</u>

---

2) 부산고등법원 2020. 11. 25. 선고 2020누21159 판결
3) 원심은 이 사건 처분이 위법하다고 판단하면서 그 근거로 여러 가지 사정을 열거하면서 위와 같이 이 사건 시설분담금은 수도법 제71조 등에 따른 '원인자부담금'에 해당하는데 원고는 그 납부의무자에 해당하지 않아 위법하다고 판단하면서 추가적으로 위와 같이 판단하였는바, 가정적으로 이 사건 처분이 구 지방자치법 제138조에 근거한 시설분담금으로 보더라도 위 규정에 따른 분담금 납부대상자인 '주민'에도 해당하지 않아 위법하다고 판단한 것으로 볼 수 있다.

치법 제138조 및 제139조에 근거를 둔 '시설분담금'이라고 판시하였다.

> [1] 수도법 제71조 및 수도법 시행령 제65조에서 정한 '원인자부담금'은 주택단지 등의 시설이 설치됨에 따라 상수도시설의 신설·증설 등이 필요한 경우에 그 원인을 제공한 자를 상대로 새로운 급수지역 내에서 설치하는 상수도시설의 공사비용을 부담시키는 것이고, 구 지방자치법((2021. 1. 12. 법률 제17893호로 전부 개정되기 전의 것, 이하 '구 지방자치법'이라 한다) 제138조, 제139조 및 이에 근거한 조례에서 정한 '시설분담금'은 이미 상수도시설이 설치된 급수지역 내에서 전용급수설비의 신설 등 새롭게 급수를 신청하는 자를 상대로 기존 상수도시설의 잔존가치를 기준으로 그 공사에 소요된 건설비를 징수하는 것이어서, 각각 근거 법령, 부과 목적·대상, 산정기준 등을 달리한다.(밑줄 필자)

아울러 아래 [2] 법리 판시를 바탕으로, 원고가 이 사건 아파트 및 상가의 신축·분양 사업을 수행하는 과정에서 울산광역시에 인적、물적 설비를 갖추고 계속하여 사업을 한 경우에는 울산광역시의 구역 안에 '사업소'를 둔 것으로서 당시 울산광역시에 주소를 가진 주민에 해당한다고 볼 여지가 있고, 원고가 울산광역시로부터 상수도를 직접 공급받는 것은 아니더라도 상수도를 공급받을 수 있는 상태의 개별 건축물을 제3자에게 신축·분양함으로써 울산광역시의 수도시설 설치로 특히 이익을 받았다고 보아 구 지방자치법 제138조 등에서의 부담금 징수 요건을 충족한 것으로 판단하였다.

> [2] 구 지방자치법 제138조에 따른 분담금 납부의무자인 '주민'은 구 지방세법(2020. 12. 29. 법률 제17769호로 개정되기 전의 것)에서 정한 균등분 주

> 민세의 납부의무자인 '주민'과 기본적으로 동일한 의미이므로, 법인이 해당 지방자치단체의 구역 안에 주된 사무소 또는 본점을 두고 있지 않더라도 '사업소'를 두고 있다면 구 지방자치법 제138조에 따른 분담금 납부의무자인 '주민'에 해당한다. 따라서 어떤 법인이 특정한 지방자치단체에서 인적·물적 설비를 갖추고 계속적으로 사업을 영위하면서 해당 지방자치단체의 재산 또는 공공시설의 설치로 특히 이익을 받는 경우에는 구 지방자치법 제138조에 따른 분담금 납부의무자가 될 수 있고, 구 지방자치법 제138조에 따라 분담금 제도를 구체화한 조례에서 정한 부과 요건을 충족하는 경우에는 이중부과 등과 같은 특별한 사정이 없는 한 그 조례에 따라 분담금을 납부할 의무가 있다.(밑줄 필자)

이와 달리 판단한 원심의 판단에 법리오해의 위법이 있다고 보아, 나머지 상고이유(하자의 중대·명백 여부에 관한 법리오해의 위법 등)에 대한 판단을 생략한 채 원심판결을 파기, 환송하였다. 한편, 대상판결의 판시 가운데 위 [2] 법리 판시 부분은 2021. 4. 19. 선고된 대법원 2016두45240 판결에서 제시된 법리를 다시 한 번 원용한 것이다. 대법원 2015두45240 판결은 대상판결 [2] 판시 쟁점인 법인이 지방자치법 제138조에 따른 분담금 납부의무자가 되기 위한 요건에 관하여만 판단하였고, 같은 날(2021. 4. 29.) 선고된 대법원 2017두57431 판결은 추가적으로 수도법 제71조 제1항에 따른 원인자부담금을 부담하였음에도 이와 별도로 지방자치법 제138조 및 제139조 제1항의 위임에 근거한 조례에 따라 시설분담금을 추가로 부과하는 경우, 원인자부담금과 시설부담금은 그 대상이 동일하여 부담금관리 기본법 제5조 제1항이 금지하는 부담금 이중부과에 해당하고 그 하자가 중대、명백하다고 판단하였다.[4)]

4) 대법원 2016두45240 사건의 파기환송 전 원심은 주민에 해당하지 않고 기존 수도시설로 특히 이익을 받는 자에도 해당하지 않아 지방자치법 제138조의 요건을 충족하지 못하였다는 이유만으로 원고 승소 판결을 선고하였음에 반하여 대법원 2017

대상판결의 파기환송심(부산고등법원 2022누20808)의 경우 아직 판결 선고가 이루어지지 않았는데(2023. 7. 20. 선고기일 지정) 울산광역시에 지방세법상 사업소를 둔 원고에 대한 지방자치법 제138조, 이 사건 수도급수조례 제15조 제1항 등에 따른 시설분담금 부과 자체는 가능함을 전제로, 부담금 이중부과 금지 원칙 위반(부담금관리법 제5조 제1항 위반) 여부 및 그 하자의 중대·명백 여부 등이 다투어졌을 수 있다. 위 대법원 2015두45240 판결, 2017두57431 판결을 비롯한 관련사건의 대부분은 원고가 한국토지주택공사이다. 반면, 대상판결은 이미 기반시설을 조성한 한국토지주택공사로부터 택지개발사업부지의 일부를 매수하여 아파트 신축 등 주택건설사업을 영위한 건설업자가 원고이어서 부담금 이중부과 쟁점에 관계된 사실관계가 일부 차이가 있을 수 있다.

Ⅱ. 검토의 방향

대상판결 및 관련사건은 택지개발사업 등 대규모 개발사업을 시행하면서(이에 대부분 사건의 원고가 '한국토지주택공사'이다) 그 사업 시행자가 수도법 제71조에 따라 그 비용으로 해당 사업지구의 수도시설을 설치하였는데, 이후 해당 지방자치단체가 '수도급수 조례'에 근거하여 시설분담금 부과처분을 하자 그 취소 또는 무효확인을 구한 사안이다(대상판결

두57431 사건의 원심은 위와 같은 이유와 함께 추가로 부담금 이중부과에 해당한다는 이유로 원고 승소 판결을 선고하였다. 이에 대법원 2016두45240 사건에서는 파기환송 판결이 선고되고 파기환송심[부산고등법원(창원) 2022. 7. 14. 선고 2021누10371 판결]에서 부담금 이중부과에 해당한다는 이유로 원고 승소 판결이 선고되었음에 반하여(피고가 상고하지 않아 확정되었다), 대법원 2017두57431 사건에서는 원심판단에는 지방자치법 제138조에 관한 법리를 오해한 잘못이 있으나 부담금 이중부과 금지 원칙에 위배되어 위법하다는 원심의 판단이 정당한 이상, 원심의 위와 같은 잘못이 판결 결과에 영향을 미쳤다고 볼 수는 없다고 보아 상고기각 판결이 선고되었다.

사건을 비롯하여 상당수의 사건이 제소기간을 도과하여 소 제기가 이루어졌다).

대상판결에서 법리 판시가 이루어진 쟁점 이외에, 상수도법 제71조에 따른 원인자부담금과 시설부담금의 이중부과 여부 등 관련 쟁점이 다수 있었다. 관련사건 가운데 최초 상고가 이루어진 시점이 2016년이었는데, 6년여가 지나 2021. 4. 29. 선고된 2016두45240 판결 등을 통해 주된 쟁점인 구 지방자치법 제138조의 분담금 납부의무자인 '주민'의 개념 등에 관한 판단이 이루어졌다. 대법원이 많은 고민을 하였음을 엿볼 수 있다.

앞서 언급한 바와 같이 대상판결의 판시 가운데 지방자치법 제138조의 '주민' 개념에 관한 내용은 2016두45240 판결에서 제시된 법리를 다시 한 번 원용한 것이다. 수도시설 분담금의 법적 근거에 관한 판시는 관련사건 중 대상판결에서 최초 이루어졌는데 그 이유는 뒤에서 다시 한 번 보겠지만 관련사건의 원심 대부분이 당해 시설분담금의 법적 성격을 구 지방자치법 제138조 등에 근거를 둔 분담금으로 본 것과 달리 대상판결의 원심만이 수도법 제71조에 따른 원인자부담금으로 보았기 때문이다.

이 글에서 대상판결에서 법리 판시가 이루어진 수도시설 분담금의 법적 근거(Ⅲ.항)와 구 지방자치법 제138조의 분담금 납부의무자인 '주민'의 개념(Ⅳ항)에 관한 대상판결 판단의 논거 및 그 타당성 등에 관하여 구체적으로 살펴보겠다. 파기환송심의 쟁점인 부담금 이중부과 금지 위반(부담금관리법 제5조 제1항 위반) 여부 및 그 하자의 중대·명백 여부는 대상판결의 대법원 판단사항이 아닐 뿐만 아니라 그에 관한 검토는 상수도원인자부담금 산정에 관한 기술적인 설명이 선행되어야 하고 위 [1], [2] 법리와 비교하여 상대적으로 법리적 의미가 크지 않다고 볼 여지가 있어 이 글에서 그에 관한 검토는 생략하겠다.

Ⅲ. 수도시설 분담금의 법적 성격

1. 문제의 소재

'부담금'이란 특정 공익사업에 충당하기 위하여 당해 공익사업과 특별한 관계에 있는 자에 대하여 부과하는 공법상의 금전급부의무를 의미한다. 부담금관리 기본법 제2조는 부담금을 "중앙행정기관의 장, 지방자치단체의 장, 행정권한을 위탁받은 공공단체 또는 법인의 장 등 법률에 따라 금전적 부담의 부과권한을 부여받은 자가 분담금, 부과금, 기여금, 그 밖의 명칭에도 불구하고 재화 또는 용역의 제공과 관계없이 특정 공익사업과 관련하여 법률에서 정하는 바에 따라 부과하는 조세 외의 금전지급의무(특정한 의무이행을 담보하기 위한 예치금 또는 보증금의 성격을 가진 것은 제외한다)"라고 정의하고 있다.

한편, 부담금관리 기본법 제3조는 "부담금은 별표에 규정된 법률에 따르지 아니하고는 설치할 수 없다."고 규정하고 있는데(이를 '부담금 법정주의'라 한다),[5] 별표에서 '수도법 제71조에 따른 원인자부담금(제43

5) 다만, 대법원 2014. 1. 29. 선고 2013다25927, 25934 판결은 "부담금관리 기본법의 제정 목적, 부담금관리 기본법 제3조의 조문 형식 및 개정 경과 등에 비추어 볼 때, 부담금관리 기본법은 법 제정 당시 시행되고 있던 부담금을 별표에 열거하여 그 정당화 근거를 마련하는 한편 시행 후 기본권 침해의 소지가 있는 부담금을 신설하는 경우 자의적인 부과를 견제하기 위하여 위 법률에 의하여 이를 규율하고자 한 것이나, 그러한 점만으로 부담금부과에 관한 명확한 법률 규정이 존재하더라도 그 법률 규정과는 별도로 반드시 부담금관리 기본법 별표에 그 부담금이 포함되어야만 그 부담금 부과가 유효하게 된다고 해석할 수는 없다."라고 하면서, 부담금관리 기본법의 별표는 제75조에 '집단에너지사업법 제18조에 따른 집단에너지 공급시설 건설비용 부담금'만 있을 뿐 '도시가스사업법 제19조의2에 따른 가스공급시설 설치비용 부담금'은 없으나, 그러한 사정이 가스공급시설 설치비용 부담금의 부과가 위법하다고 볼 사정은 될 수 없다고 판단하였다. 즉 판례는 부담금 부과에 관한 명확한 근거 법률규정이 존재하는 경우, 부담금관리 기본법 제3조 별표에 규정되어 있지 않다고 하여 곧바로 당해 부담금 부과처분이 위법하게 되는 것은 아니라는 입장이다.

호)', '지방자치법 제138조에 따른 지방자치단체 공공시설의 수익자 부담금(제72호)'을 설치 가능한 부담금으로 규정하고 있다. 부담금의 종류는 부담자의 공익사업과의 관계에 따라 수익자부담금, 원인자부담금, 손괴자부담금으로 구분하는 것이 일반적이다. ㉮ '수익자부담금'은 공익사업으로 인하여 특별한 이익을 받는 자에 대하여 그 수익의 한도 내에서 당해 사업경비의 일부를 부담시키기 위하여 부과하는 금전급부의무, ㉯ '원인자부담금'은 공익사업을 필요하게 만든 원인을 제공한 자에 대하여 당해 사업경비의 일부를 부담시키기 위하여 부과하는 금전급부의무, ㉰ '손괴자부담금'은 공익사업의 시설을 손괴하는 사업 또는 행위를 한 자에 대하여 당해 시설의 유지・수선비 등의 전부 또는 일부를 부담시키기 위하여 부과하는 금전급부의무를 말한다.[6] 이 사건 시설분담금은 수익자부담금에 해당하는 것으로 볼 수 있는데 그 근거 법률규정을 원심은 '수도법 제71조 등'으로 보았음에 반하여, 대상판결은 '지방자치법 제138조 등'으로 보았다. 근거 법률규정을 무엇으로 볼 것인지에 따라 이 사건 시설분담금이 적법・유효하기 위하여 충족하여야 할 요건이 달라진다.

아래에서는 먼저 사전적 검토로서 수도법 제71조에 따른 원인자부담금 및 이 사건 급수조례에 따른 시설분담금의 관련규정 및 그 내용에 관하여 구체적으로 살펴본 다음, 이를 바탕으로 이 사건 시설분담금의 근거 법률규정을 지방자치법 제138조 등으로 본 대상판결의 타당성에 관하여 검토하겠다. 특히 근거 법률규정을 지방자치법 제138조 등으로 볼 경우 위 규정상의 요건 충족 여부, 즉 공공시설의 설치로 원고가 특히 이익을 받는 경우에 해당하는지 여부가 문제되는데, 이는 역으로 지방자치법 제138조 등이 근거 법률규정이 될 수 있는지와 관계된다.

6) 박균성, 행정법론(하)(제15판), 박영사(2017), 450−453면 참조.

2. 관련 제도 개관

가. 수도법 제71조에 따른 원인자부담금

수도법은 '수도시설'에 관하여 '원수나 정수를 공급하기 위한 취수·저수·도수·정수·송수·배수시설, 급수설비, 그 밖에 수도에 관련된 시설'로 정의하고 있다(제3조 제17호). 수도법은 제71조 제1항은 '원인자부담금'이라는 표제 아래 '수도공사를 하는 데 비용 발생의 원인을 제공한 자(주택단지·산업시설 등 수돗물을 많이 쓰는 시설을 설치하여 수도시설의 신설이나 증설 등의 원인을 제공한 자 포함)' 및 '수도시설을 손괴하는 사업이나 행위를 한 자'에게 그 수도공사、수도시설의 유지나 손괴 예방을 위하여 필요한 비용의 전부 또는 일부를 부담하게 할 수 있다고 규정하고 있다(이하, 전자를 '원인자부담금', 후자를 '손괴자부담금'이라 한다). 같은 조 제2항은 제1항에 따른 부담금의 산정 기준과 징수방법, 그 밖에 필요한 사항은 대통령령으로 정한다고 규정하고 있고,[7] 그 위임에 따른 수도법 시행령 제65조는 제3항에서 원인자부담금을 구성하는 비용의 항목에 관하여, 제5항에서 손괴자부담금을 구성하는 비용에 관하여 각 규정하면서, 제6항에서 비용의 산출에 필요한 세부기준을 다시 조례에 위임하고 있다. 그 가운데 원인자부담금에 관한 제3항을 보면, '원인자부담금은 다음 각 호의 비용을 합산한 금액으로 한다'고 한 이후에 각 호의 비용을 규정하고 있는데, '수도시설의 신설·증설 비용' 이외에도, '시설물의 원상복구에 드는 공사비'부터 '홍보에 든 경비 등'까지 정수,

---

7) 수도법 제71조(원인자부담금) ① 수도사업자는 수도공사를 하는 데에 비용 발생의 원인을 제공한 자(주택단지、산업시설 등 수돗물을 많이 쓰는 시설을 설치하여 수도시설의 신설이나 증설 등의 원인을 제공한 자를 포함한다) 또는 수도시설을 손괴하는 사업이나 행위를 한 자에게 그 수도공사、수도시설의 유지나 손괴 예방을 위하여 필요한 비용의 전부 또는 일부를 부담하게 할 수 있다.
② 제1항에 따른 부담금의 산정 기준과 징수방법, 그 밖에 필요한 사항은 대통령령으로 정한다.

송수, 배수를 포함하여 수도시설 설치 관련 제 비용을 사업자가 부담하도록 하고 있다.[8)]

수도법 제71조, 같은 법 시행령 제65조의 위임에 따라 각 지방자치단체는 '상수도 원인자부담금 징수 조례'를 제정·운영하고 있는데, 울산광역시의 경우에도 「울산광역시 상수도 원인자부담금 징수 조례」를 통해 수도법 제71조에 따른 원인자부담금의 산정 및 부과·징수 등에 관

8) 수도법 시행령 제65조(원인자부담금) ① 수도사업자는 법 제71조 제1항에 따라 수도공사를 하는 데에 비용 발생의 원인을 제공한 자(주택단지·산업시설 등 수돗물을 많이 쓰는 시설을 설치하여 수도시설의 신설이나 증설 등의 원인을 제공한 자를 포함한다)에게 원인자부담금을 부담하게 하려면 법 제71조 제2항에 따른 원인자부담금의 산정기준과 납부방법 등에 대하여 이를 부담할 자와 미리 협의하여야 한다. 이 경우 협의가 이루어지지 아니하면 수도사업자는 수돗물 사용량에 따라 수도공사에 드는 비용 등을 고려하여 그 부담금액을 정할 수 있다.
② 수도사업자는 제1항에 따라 원인자부담금을 부담하게 하려면 수도공사 등에 드는 비용을 산출하여 그 금액·납부기한 및 납부장소를 납입고지서에 적어 부담금을 낼 자에게 알려야 한다.
③ 제1항에 따른 원인자부담금은 다음 각 호의 비용을 합산한 금액으로 한다.
1. 수도시설의 신설·증설 비용
2. 시설물의 원상복구에 드는 공사비
3. 수도시설의 세척 등으로 인하여 사용할 수 없게 된 수돗물의 요금에 상당하는 금액
4. 단수로 인한 급수차 사용경비
5. 도로복구비와 도로결빙 방지비용
6. 복구작업에 동원된 차량 및 직원의 경비
7. 그 밖에 홍보에 든 경비 등
④ 수도사업자는 법 제71조 제1항에 따라 수도시설을 손괴하는 사업이나 행위를 한 자에게 원인자부담금을 부담하게 하려면 수도시설의 수선과 유지에 관한 비용이나 손괴 예방을 위한 시설의 설치에 필요한 비용을 산출하여 부담금의 금액·납부기한 및 납부장소를 납입고지서에 적어 부담금을 낼 자에게 알려야 한다.
⑤ 제4항에 따른 원인자부담금은 다음 각 호의 비용을 합산한 금액으로 한다.
1. 수도시설의 손괴 등으로 인하여 새거나 사용할 수 없게 된 수돗물의 요금에 상당하는 금액
2. 제3항 제2호 및 제4호부터 제7호까지의 규정에 따른 비용
⑥ 제3항 및 제5항에 따른 비용의 산출에 필요한 세부기준은 해당 지방자치단체의 조례로 정한다.

하여 필요한 사항을 규정하고 있다.[9]

위 원인자부담금은 '기존 수도시설'을 사용하려 하는 수돗물의 일반 수요자가 부과 대상자가 되는 것은 아니고, 주택단지·산업시설 등 수돗물을 많이 쓰는 시설을 설치하여 수도시설의 신설·증설케 하여 비용 발생의 원인을 제공한 자가 그 대상자이다. 한편, 수도법 시행령 제65조 제1항은 원인자부담금을 부담하게 하려면 법 제71조 제2항에 따른 원인자부담금의 산정기준과 납부방법 등에 대하여 이를 부담할 자와 미리 협의하여야 한다고 규정하고 있는데, 대규모 개발사업의 경우에는 위 협의를 통해 사업시행자가 그의 비용으로 수도시설의 신설ㆍ증설 등의 공사를 직접 시행하는 것이 일반적이고, 원고가 이 사건 사업을 시행하면서도 피고와 협의한 바에 따라 원고의 비용으로 수도시설 설치공사를 시행하였다. 이와 같이 원고의 비용으로 수도시설 설치공사를 시행함으로써 이미 원인자부담금을 부담하였는바, 위와 같이 원고가 부담한 원인자부담금과 이 사건 처분으로 부과된 시설분담금이 동일한 대상에 대하여 중복하여 부과된 부담금에 해당하여 부담금관리법 제5조 제1항이 금지하는 이중부과에 해당하는지 여부가 문제된다.

나. '수도급수 조례'에 따른 시설분담금

상수도 원인자부담금에 관한 수도법 제71조와는 별도로, 수도법 제38조 제1항, 제70조는 수도시설의 설치비용은 원칙적으로 수도사업자가 부담하나, 수도사업자가 지방자치단체인 경우 급수설비에 관한 공사의 비용부담은 지방자치단체의 조례로 정할 수 있도록 규정하고 있다.[10] 이때 '급수설비'란 '수도사업자가 일반 수요자에게 원수나 정수를

9) 「울산광역시 상수도 원인자부담금 징수 조례」 제1조(목적) 이 조례는 「수도법」 제71조와 같은 법 시행령 제65조에 따라 울산광역시 수도시설에 대한 원인자부담금의 산정 및 부과ㆍ징수 등에 관하여 필요한 사항을 규정함을 목적으로 한다.

10) 수도법 제38조(공급규정) ① 일반수도사업자는 대통령령으로 정하는 바에 따라 수돗물의 요금, 급수설비에 관한 공사의 비용부담, 그 밖에 수돗물의 공급 조건에 관

공급하기 위하여 설치한 배수관으로부터 분기(分岐)하여 설치된 급수관(옥내급수관을 포함한다)·계량기·저수조(貯水槽)·수도꼭지, 그 밖에 급수를 위하여 필요한 기구(器具)'를 의미한다(제3조 제24호). 아파트 등 대규모 공동주택의 수돗물 공급체계를 도식화하며 아래와 같은데, '정수장 ⇒ 송수관 ⇒ 배수지 ⇒ 배수관'은 원칙적으로 수도사업자가 자신의 비용으로 설치하여야 하나, 수도사업자가 지방자치단체인 경우 '급수관 이하 설비'(= 급수설비)는 조례로 수요자가 부담할 수 있도록 한 것이다.

정수장 ⇒ 송수관 ⇒ 배수지(배수펌프) ⇒ 배수관(배수본관 → 배수지관) ⇒ 급수관 ⇒ 주수도계량기실 ⇒ 단지내 배관(저수조) ⇒ 세대별 수도계량기 ⇒ 수요자

각 지방자치단체는 수도법 제38조 제1항 단서의 위임에 따라 '수도급수 조례'를 제정하여 급수설비의 설치비용은 '급수공사 신청자'가 부담하도록 하고 있다. 그런데 문제는 모든 지방자치단체 조례에서 '수도급수 조례'에 급수공사 신청자로부터 '급수설비 설치비용'만이 아니라, 개별 법률상의 근거 없이 이미 설치된 기존 수도시설의 잔존가치를 일응의 기준으로 산정한 '시설분담금'을 받도록 규정하고 있다는 것이다. 이는 수도와 유사한 기반시설인 도시가스와 난방에 관해서는 개별 법률인 도시가스사업법, 집단에너지사업법에서 수도시설 분담금과 유사한 설치비용 관련 부담금(분담금)에 관한 규정을 두고 있는 것과도 대비된다.[11]

한 규정을 정하여 수돗물의 공급을 시작하기 전까지 인가관청의 승인을 받아야 하고, 승인을 받은 사항을 변경하려는 경우에도 또한 같다. 다만, 수도사업자가 지방자치단체이면 그 지방자치단체의 조례로 정한다.

제70조(수도 설치비용의 부담) 수도(급수설비는 제외한다)의 설치비용은 수도사업자가 부담한다.

11) 도시가스사업법 제19조의2(가스공급시설 설치비용의 분담) ① 일반도시가스사업자는 가스공급시설 설치비용의 전부 또는 일부를 도시가스의 공급 또는 가스공급에

울산광역시의 경우에도 앞서 본 「울산광역시 상수도 원인자부담금 징수 조례」와 별도로 「울산광역시 수도급수 조례」를 제정하여[12] 급수공사비와 함께 시설분담금을 징수하여 왔다. 대상판결 사안에 적용되는 이 사건 급수조례의 내용을 살펴 보면, 먼저 제2조 제5호에서 '시설분담금'을 '정수장, 가압장, 배수지, 송수관 등 수도시설에 소요된 건설비를 전용급수설비의 신설 또는 급수관의 구경확대 공사를 신청하는 자로부터 징수하는 분담금'으로 정의하고 있다. 제5조에서 급수공사의 구분에 관하여 규정한 다음, 제6조 제1항에서 수돗물을 공급받고자 하는 자는 미리 시장에게 급수공사(= 급수설비의 신설, 개조, 수선 및 철거 등의 공사)의 신청 및 승인(가능통지)을 받아야 한다고 규정하고, 제14조 제1항에서 급수공사를 승인받은 신청자는 급수공사비를 선납하도록 규정하고 있다. 그런데 제15조는 '시설분담금'이라는 표제 하에 제1항에서 "제5조 제1호의 신설공사를 신청하는 자는 동 지역은 별표 1, 읍·면 지역은 별표 2의 시설분담금을 납부하여야 한다."고 규정하고 있는데, [별표 1], [별표 2]에 의하면 계량기 구경별로 부담금액을 산정하고 있다.[13]

관한 계약의 변경을 요청하는 자에게 분담하게 할 수 있다.
② 일반도시가스사업자가 제1항에 따라 가스공급시설 설치비용을 분담하게 할 때에는 다음 각 호의 기준에 따라야 한다. (각호 생략)
집단에너지사업법 제18조(건설비용의 부담금) ① 사업자는 공급시설 건설비용의 전부 또는 일부를 그 사용자에게 부담하게 할 수 있다.
② 제1항에 따른 부담금은 용도별 부과 대상 단위에 단위당 기준단가를 곱하여 산정한 금액으로 한다.

12) 다만, 다른 지방자치단체에서는 '수도급수 조례'의 제1조에서 수도법 제38조 이외에 근거 법률규정으로 지방자치법 제138조를 규정하는 경우가 많으나, 울산광역시의 이 사건 급수조례에서는 수도법 제38조만이 근거 법률규정으로 되어 있다.

13) 이 사건 급수조례 제2조(정의) 이 조례에서 사용하는 용어의 뜻은 다음과 같다.
1. "급수설비"란 수도사업자가 일반의 수요자에게 원수 또는 정수를 공급하기 위하여 설치한 배수관으로부터 분기하여 설치된 급수관(옥내급수관을 포함한다)·계량기·저수조·수도꼭지·그 밖에 급수를 위하여 필요한 기구를 말한다.
3. "급수공사"란 급수설비의 신설·개조·수선·철거 또는 개량하는 공사를 말한다.
5. "시설분담금"이란 정수장, 가압장, 배수지, 송수관 등 수도시설에 소요된 건설비

위와 같이 '시설분담금' 정의 규정에서 '정수장, 가압장, 배수지, 송수관 등 수도시설에 소요된 건설비를 …징수하는 분담금'으로 규정하고 있어, 시설분담금액은 수도시설에 소요된 건설비가 기준이 되어야 한다. 그런데 이 사건 급수조례만이 아닌 다른 '수도급수 조례'에서도 시설분담금에 관하여 본문에서 급수공사를 하고자 하는 자는 구체적인 산정기준에 관한 내용 없이 별표의 시설분담금을 납부하여야 한다고만 규정한 이후에 별표에서 구경별 금액만을 정하는 것이 일반적이다. 그런데 '수도급수 조례'에 적시되어 있지 않지만, 위 구경별 금액은 '기존의 수도공급을 위해서 설치된 자산비용의 현재 잔존가치', 즉 순자산을 기준으로 산정하고 있다.[14] 다만 대부분의 지방자치단체는 순자산 변경에

를 전용급수설비의 신설 또는 급수관의 구경확대 공사를 신청하는 자로부터 징수하는 분담금을 말한다.

제5조(급수공사의 구분) 급수공사는 다음과 같이 구분한다. (각 호 생략)

제6조(급수공사의 신청 등) ① 수돗물을 공급받고자 하는 자는 시장에게 급수공사를 신청하여야 한다.

② 시장은 제1항의 신청을 받은 경우에는 기존 수용가의 급수지장여부, 인근지역 수압 등을 조사하여 급수가능 여부와 제12조에 따른 급수공사 비용을 신청인에게 통지하여야 한다.

제14조(급수공사비의 납부 및 정산) ① 제6조제2항에 따른 급수공사 가능통지를 받은 자는 통지받은 날부터 15일 이내에 급수공사비를 납부하여야 한다. 다만, 도시계획사업 등의 시행으로 인한 관 이설공사 등에 관하여 사전에 협의가 있은 경우에는 그러하지 아니하다.

제15조(시설분담금) ① 제5조제1호의 신설공사를 신청하는 자는 동 지역은 별표 1, 읍·면 지역은 별표 2의 시설분담금을 납부하여야 한다.

② 공동주택 또는 오피스텔의 급수공사 시설분담금은 각 호(戶)의 구경별 인입배관 구경을 적용하여 각 호별로 산정한다. 이때 호별 산정기준에는 분양단위별 시설물을 포함한다.

③ 급수관의 구경확대공사를 신청하는 자는 별표 1과 별표 2의 해당 시설분담금중 신·구 인입배관 구경별 시설분담금의 차액을 납부하여야 한다.

④ 급수설비가 이미 설치된 장소에 공동주택 또는 오피스텔을 건축하는 경우의 시설분담금은 각 호별로 산정하되 이미 설치된 인입배관 구경의 시설분담금에 부족분이 발생할 경우에는 그 차액을 납부하여야 한다.

14) 상수도 원인자부담금 제도개선방안에 관한 연구, 한국수도경영연구소(2006. 12.),

따른 시설분담금을 매년 변경하지 않아 차이가 발생할 수밖에 없다.

시설분담금은 기존 급수구역에서 신규 급수신청을 할 때 위 시설부담금 정의 규정에서 보듯이 '정수장, 가압장, 배수지, 송수관 등 수도시설에 소요된 건설비' 명목으로 징수하는 것으로서, 가입금 또는 기존 시설 이용대금으로서의 성격을 가진다. 앞서 본 수도법 제71조에 따른 원인자부담금과 '수도 급수조례'에 따른 시설분담금의 성격 등을 표로 정리하면 다음과 같다.

항목	원인자부담금	시설분담금
부과대상	신규 급수지역 급수자 (대규모 개발)	기존 급수지역 급수자 (신규 급수 신청자)
성격	관련시설 비용균등분담	가입금 성격
산정기준	정수, 송수, 배수를 포함하는 모든 상수도 설치비용	감가상각분을 제외한 순자산 (이미 설치된 시설의 잔존가치)
적용시점	미래시점	과거시점
근거법률	수도법 제71조	지방자치법 제138조

3. 구 지방자치법 제138조(현행 제155조)의 요건 충족 여부

가. 구체적인 검토에 앞서

이 사건 시설분담금은 이 사건 사업의 시행자에게 이 사건 택지개발사업지구에 새롭게 필요한 수도시설의 공사비용을 부담시키는 것이 아니라 이미 수도시설이 설치된 이 사건 사업지구에서 신규 급수시설공사를 신청한 원고에게 기존 수도시설의 순자산 가치를 기초로 산출된 돈을 부과한 것이다. 수도법 제71조의 원인자부담금 부과 대상이 '수도시설의 신설·증설'임에 비추어 신규 수도시설의 신설·증설 등이 수반되지 아니한 채 '수도급수 조례'에 근거하여 급수공사 신청인으로부터

57면 참조.

징수하여 온 시설분담금의 법적 성격이 위 원인자부담금에 해당하지 아니함은 분명하다. 따라서 이 사건 시설분담금을 수도법 제71조에 따른 원인자부담금으로 본 원심의 판단은 위법함이 명백하다.

그런데 수도법 제71조가 근거 법률규정이 아니라 할지라도 곧바로 지방자치법 제138조를 근거 법률규정으로 볼 수 있는 것은 아니고, 위 규정에서의 요건을 충족하여야 한다. 지방자치법 제22조 단서는 "주민의 권리제한 또는 의무부과에 관한 사항이나 벌칙을 정할 때에는 법률의 위임이 있어야 한다."고 규정하고 있는바, 이 사건 시설분담금의 부과는 주민에 대한 의무부과에 관한 사항이어서 법률의 위임이 있어야 함을 물론이다.[15] 다만, 학계의 통설[16] 및 판례[17]는 국가행정권에 의한

15) 대법원 2012. 11. 22. 선고 2010두19270 전원합의체 판결 : 지방자치법 제22조, 행정규제기본법 제4조 제3항에 의하면 지방자치단체가 조례를 제정함에 있어 그 내용이 주민의 권리제한 또는 의무부과에 관한 사항이나 벌칙인 경우에는 법률의 위임이 있어야 하므로, 법률의 위임 없이 주민의 권리제한 또는 의무부과에 관한 사항을 정한 조례는 효력이 없다.

16) 홍정선, 신지방자치법(제2판), 박영사(2013), 323면 참조.

17) 대법원 2017. 12. 5. 선고 2016추5162 판결 : 지방자치법 제22조, 행정규제기본법 제4조 제3항에 따르면 지방자치단체가 조례를 제정할 때 내용이 주민의 권리 제한 또는 의무 부과에 관한 사항이나 벌칙인 경우에는 법률의 위임이 있어야 한다. 법률의 위임 없이 주민의 권리를 제한하거나 의무를 부과하는 사항을 정한 조례는 효력이 없다. 그러나 법률에서 조례에 위임하는 방식에 관해서는 법률상 제한이 없다. 조례의 제정권자인 지방의회는 선거를 통해서 지역적인 민주적 정당성을 지니고 있는 주민의 대표기관이다. 헌법 제117조 제1항은 지방자치단체에 포괄적인 자치권을 보장하고 있다. 따라서 조례에 대한 법률의 위임은 법규명령에 대한 법률의 위임과 같이 반드시 구체적으로 범위를 정하여 할 필요가 없다. 법률이 주민의 권리의무에 관한 사항에 관하여 구체적으로 범위를 정하지 않은 채 조례로 정하도록 포괄적으로 위임한 경우에도 지방자치단체는 법령에 위반되지 않는 범위 내에서 주민의 권리의무에 관한 사항을 조례로 제정할 수 있다.
헌법재판소 2004. 9. 23. 선고 2002헌바76 결정 : 지방자치단체는 헌법상 자치입법권이 인정되고, 법령의 범위 안에서 그 권한에 속하는 모든 사무에 관하여 조례를 제정할 수 있다는 점과 조례는 선거를 통하여 선출된 그 지역의 지방의원으로 구성된 주민의 대표기관인 지방의회에서 제정되므로 지역적인 민주적 정당성까지 갖고 있다는 점을 고려하면, 조례에 위임할 사항은 헌법 제75조 소정의 행정입법에

행정입법의 위임에는 '구체적으로 범위를 정하여' 위임할 것이 요구되나, 지방의회는 민주적 정당성을 가진 기관이기 때문에 법률이 조례에 위임하는 경우 그 위임은 반드시 구체적인 위임만을 뜻하는 것은 아니고, 포괄적인 위임도 가능한 것으로 본다. 이와 관련하여 헌법재판소 2011. 4. 28. 선고 2009헌바167 결정은 구 지방자치법 제129조(현 지방자치법 제138조)가 법률유보원칙 위반, 재산권 침해에 해당하지 않아 합헌이라고 판단한바 있다.[18] 포괄위임도 가능하더라도 조례에서 정하는 사항이 상위 법령의 위임의 범위를 벗어나서는 안 된다(지방자치법 제22조 본문 참조). 지방자치법 제138조, 제139조 제1항을 근거로 조례에서 주민을 대상으로 하는 분담금을 규정하더라도, 그 내용은 지방자치단체

위임할 사항보다 더 포괄적이어도 헌법에 반하지 않는다고 할 것이다.

18) 헌법재판소 2011. 4. 28. 선고 2009헌바167 결정 [결정요지]

가. 이 사건 법률조항은 '지방자치단체'는 '재산 또는 공공시설의 설치로 인하여' '주민의 일부'가 '특히 이익을 받는 경우'에는 '이익을 받는 자'로부터 그 '이익의 범위 안'에서 징수한다고 함으로써 분담금 부과 및 징수의 주체, 분담금 부과의 요건과 한계에 관한 내용을 직접 규정하고 있으므로, 분담금 징수와 관련한 재산권 제한의 본질적인 사항에 관하여 국회가 직접 결정하고 있다. 또한, 헌법 제117조 제1항이 보장하고 있는 지방자치단체의 자치재정권과 자치입법권에 비추어 볼 때, 선거를 통해서 그 지역적인 민주적 정당성을 지니고 있는 주민의 대표기관인 지방의회의 의결에 따른 분담금의 부과와 징수가 국가의사의 근본적 결정권한이 국민의 대표기관인 의회에 있다고 하는 의회민주주의의 원리에 배치되는 것이라 할 수 없다. 이 사건 법률조항의 규율대상은 지방자치단체에 따라서 지극히 다양한 성질을 가지는 것이어서, 일의적으로 법률에서 그 요건을 규정하기보다는, 지역의 실정에 대한 구체적인 경험을 가진 지방자치단체가 책임 있는 결정을 내리도록 하는 것이 요망되는 경우에 속하므로 법률유보원칙에 위배되지 아니한다.

나. 분담금 납부의무자들은 '지방자치단체의 재산 또는 공공시설의 설치로 특히 이익을 받는 주민'들이라는 점, 수익을 받는 자가 그 비용을 부담하는 것은 형평성을 제고하는 점, 분담금은 받는 이익을 한도로 하는 점 등에 비추어 보면, 이 사건 법률조항이 분담금을 부과하여 달성하려는 지방자치단체의 재원 조달 및 주민들 사이 부담의 형평이라는 공익이 제한되는 재산권에 비해 결코 작다고 할 수 없다. 또한 분담금과 도시계획세는 그 목적 또는 부과의 대상을 달리하고, 기반시설부담금은 중복 부분이 공제되었다. 따라서 이 사건 법률조항은 재산권을 과도하게 제한하지 아니한다.

의 재산 또는 공공시설의 설치로 주민의 일부가 특히 이익을 받는 경우를 징수 대상으로 하고, 징수액을 그 이익의 범위 내에서 정하여야 하는 것이다.

이와 관련하여 대상판결은 “원고가 울산광역시로부터 상수도를 직접 공급받는 것은 아니더라도 상수도를 공급받을 수 있는 상태의 개별 건축물을 제3자에게 신축·분양함으로써 울산광역시의 수도시설 설치로 특히 이익을 받았다”고만 하였다. 급수공사 신청인이 직접 당해 건축물을 사용하기 위한 것인지, 아니면 신축·분양하여 제3자로 하여금 사용하도록 하기 위한 것인지에 따라 달리 볼 것은 아니어서 위와 같은 판단 자체는 충분히 수긍할 수 있다(분양가에 시설분담금이 반영될 것이다). 그러나 그에 앞서 일반적으로 급수공사 신청인이 공공시설이라 할 수 있는 지방자치단체의 수도시설 설치로 특히 이익을 받는 자에 해당하는지가 문제될 수 있다. 대상판결은 시설분담금 징수 대상자가 ‘특히 이익을 받는 자’에 해당하는 것을 전제로 한다고 볼 수 있으나, 그에 관하여 견해의 대립이 있을 수 있다 할 것인바, 항을 바꾸어 구체적으로 살펴보겠다.

나. ‘위임근거 부정설’의 근거

먼저 위임근거 부정설은 ‘수도급수 조례’ 규정의 내용은 ‘공공시설의 설치로 특히 이익을 받는 일부 주민에 대하여 이익의 범위에서 부과되는 분담금’에 포섭될 여지가 없다는 것이다. 이익의 범위가 특정되지도 않고 이익 범위 내에서 부과되는 구조도 아니며, 수도시설은 수도사업자가 그 설치비용을 부담하여야 하는 기반시설이라는 것이다. 도시가스사업법이나 집단에너지사업법에서 설치비용의 분담금을 명시하고 있는 데 반하여, 수도법은 원인자부담금만을 규정하고 있는 점에 비추어 보면, 신설이나 증설을 포함하지 아니하는 기존 수도시설에 대하여 신규 급수신청을 하는 주민이 특별한 이익을 받는다고 보기는 어렵고, 기존 시설에 대한 유지·보수비용은 수도사용료에 포함되어 실수요자가 부담하면 족하다는 것이다.

현실적으로 지방자치단체 내 수도시설을 이용하지 않는 주민을 쉽게 상정하기 어렵고(기존 수도시설은 일부 주민이 아닌 모든 주민이 이용하는 것이다), 또한 급수신청을 하여 수도시설을 신규 이용하게 된다 할지라도 기존 주민과 같은 조건으로 이용하는 것에 불과하다 할 것인바, 모든 국민은 보편적으로 수돗물을 공급받아 이용할 수 있어야 한다는 점에서(수도법 제2조 제6항[19]), '위임근거 부정설'도 나름의 설득력이 있다.

다. '위임근거 긍정설'의 타당성

그러나 '위임근거 긍정설' 및 이를 전제로 한 대상판결의 판단은 타당하고 할 것인바, 그 구체적인 이유는 다음과 같다.

첫째, 지방자치법 제138조에서의 '특별한 이익'이란 단순한 '일반적 이익'에 대칭되는 상대적 개념으로 보아야 한다. 위 규정에서의 '특히 이익을 받는 자'의 개념, 범위 등이 쟁점이 된 대법원 판결은 없었던 것으로 보인다. 학계에서도 활발한 논의는 없었던 것으로 보이나, 홍정선 교수는 위 규정에서의 특별한 이익은 추상적 이익으로 족하다고 하여,[20] 같은 전제에 서 있다고 할 것이다. 이에 의할 경우 부담금액이 납부의무자의 이익에 엄격하게 비례하여야 할 것을 요구하는 것은 아니

---

19) 수도법 제2조(책무) ⑥ 국가, 지방자치단체 및 수도사업자는 빈곤층 등 모든 국민에 대한 수돗물의 보편적 공급에 기여하여야 한다.

20) '부과의 요건'에 관하여 "단순한 수선의 경우는 분담금부과의 대상이 아닐 것이다. 분담금도 공용지정된 공공시설의 개념을 전제로 한다. 동시에 납부의무자의 특별한 이익의 향수를 전제로 한다. 여기서의 특별한 이익은 추상적 이익으로 족하다. 분담금의 부담여부는 분담금납부자의 의사에 의존하는 것이 아니라, 객관적인 상황에 의존한다."라고, '책정방식'에 관하여 "분담금의 책정방식은 수수료·사용료의 경우와 유사하다. 그러나 비용상환주의가 더 적합하다. 구체적인 이용가능성이 정확하게 정해지기는 거의 어렵다."고 설명한다(홍정선, 신지방자치법(제2판), 박영사(2013), 543면 참조).

다. 급수관을 설치하는 자는 수도관(배수관)에 접속이 필요하게 되고, 그 접속자인 주민은 공공시설인 정수장 및 가압장 등 수도시설로부터 이익을 받게 되므로, 접속자인 주민은 수도시설의 설치로부터 특별한 이익을 누리는 일부 주민으로 볼 수 있다. 급수설비가 설치되면 그 시설을 이용하는 자는 공공시설인 수도시설의 편익을 누릴 수 있게 되는 자에 해당할 수 있다. 즉, 특별한 이익을 받는 자로부터 분담금을 징수할 수 있다는 것은 공공시설 등의 실제 이용자와 단순히 잠재적 이용자를 구별하기 위한 취지라 할 것이므로, 공공시설인 수도관이 연결되면, 그를 이용하는 주민은 공공시설로부터 특별한 이익을 받게 되는 자로 볼 수 있다.

둘째, 수도 사용량이 많을수록 기존 수도시설을 통해 받게 되는 이익의 규모가 커진다고 볼 수 있다. 일응 계량기 구경이 커질수록 기존 수도시설을 많이 이용하는 것으로 보는 것은 합리적이다. 수도의 사용량에 따라 기존 수도시설로부터 얻는 이익의 정도는 차이가 있을 수밖에 없고, 주민자치법 제138조에서 특히 이익을 받는다는 것이 반드시 해당 지방자치단체의 주민 가운데 일부만이 독점적으로 얻게 되는 이익으로 한정하여야 하는 것은 아니다.

셋째, '수도급수 조례'에 근거한 시설분담금 징수가 법률상의 근거가 없다고 보아 무효라고 볼 경우 지금까지 각 지방자치단체가 행하여 온 시설분담금 부과처분의 효력이 문제될 여지가 있다는 '법적 안정성' 측면도 고려하지 않을 수 없다. 위임의 근거는 있다고 보면서 이 사건 급수조례 제15조 등에 따른 시설분담금 부과·징수 대상을 조례에서 규정한 요건을 충족하더라도 상위법률에 합치되도록 해석하는 것이 타당하다.

4. 대상판결의 의의 등

대법원은 대상판결 이전에도 수도급수 조례에 근거한 시설분담금의 법률상 근거를 지방자치법 제138조, 제139조 제1항으로 보아 왔다. 대법원 2006. 6. 22. 선고 2003두8128 전원합의체 판결[21]은 '수도급수 조례'상 시설분담금을 지방자치단체의 재산 또는 공공시설의 설치로 인하여 특히 이익을 받는 주민으로부터 그 이익의 범위 안에서 조례로써 분담금을 징수할 수 있도록 한 구 지방자치법 제129조, 제130조 제1항(현 지방자치법 제138조, 제139조 제1항)을 근거로 하는 것이라고 판시한바 있다. 또한 대법원 2009. 6. 23. 선고 2009두1839 판결[22]은 수도급수 조례에 근거한 시설부담금 부과처분의 위법이 다투어진 사안인데, 수도법 제71조 제1항은 시설분담금 부과의 근거 조항으로 볼 수 없다고 판단한 이후에, 지방자치법 제138조에 기한 시설분담금이 기반시설부담금 등과 이중과세에 해당한다고 볼 수도 없다는 이유로 원고의 주장을 배척한 바 있다. 앞서 본 바와 같이 도시가스, 난방과 달리 수도의 경우에는 개별 법률상의 명시적인 근거조항이 없고 (이 사건 급수조례는 아니나) 많은 지방자치단체의 '수도급수 조례'에서 위임 근거법률로 지방자치법 제138조 등을 규정하는 상황에서, 정면으로 쟁점이 되지는 않았으나 판례도 지방자치법 제138조 등이 시설분담금의 근거 법률조항이 될 수 있

---

21) 대법원 2006. 6. 22. 선고 2003두8128 전원합의체 판결 : 한편, 수도조례 제11조 제1항은 전용급수장치를 신설하거나 급수관의 구경을 확대하고자 하는 자에 대하여 시설분담금을 제8조의 규정에 의한 정액공사비와 동시에 부과하도록 규정하고 있고, 이는 지방자치단체의 재산 또는 공공시설의 설치로 인하여 특히 이익을 받는 주민으로부터 그 이익의 범위 안에서 조례로써 분담금을 징수할 수 있도록 한 지방자치법 제129조 및 제130조 제1항을 근거로 하는 것이나, … (밑줄 필자)

22) 대법원 2009. 6. 23. 선고 2009두1839 판결 : 어느 법률의 위헌 여부를 다투기 위하여는 그 위헌 여부가 재판의 전제가 되어야 한다(대법원 2008. 6. 12.자 2008아17 결정 등 참조). 그런데 기록에 의하면, 이 사건 처분은 수도법 제71조 제1항의 원인자부담금으로서가 아니라 지방자치법 제138조, 제139조 제1항, 인천광역시 수도급수 조례 제14조에 근거한 시설분담금의 부과처분임을 알 수 있으므로, 수도법 제71조 제1항은 이 사건에 적용되는 법률 조항이 아니어서 그 위헌 여부가 재판의 전제가 될 수 없다. 따라서 이 사건 처분이 수도법 제71조 제1항에 근거한 것임을 전제로 위 법률 조항의 위헌을 다투는 상고이유의 주장은 받아들일 수 없다.(밑줄 필자)

음을 전제로 판단하여 온 것이다.

앞서 본 2016두45240 판결을 비롯하여 대상판결보다 먼저 선고가 이루어진 관련사건에서도 '수도급수 조례'에 따른 시설분담금의 근거 법률규정을 지방자치법 제138조로 본 후 원고인 한국토지주택공사가 위 규정에 따른 분담금 납부의무자인 '주민'에 해당하는지 여부 등 그 요건 충족 여부 등에 관하여 판단하였다. 위와 같이 당해 시설분담금을 지방자치법 제138조에 근거를 두고 있다고 본 대법원의 판단은 기존 대법원 판례를 따른 것으로 볼 수 있다.

다만, 관련사건에서는 당해 사건의 원심에서도 마찬가지로 지방자치법 제138조에 따른 시설분담금으로 보았기 때문에 당사자가 위 시설분담금의 법적 성격에 관하여 상고이유로 주장하지 않아 그에 관한 직접적인 판단이 이루어지지는 않았다. 반면 대상판결의 원심은 달리 판단하였기에, 이 사건 시설분담금이 지방자치법 제138조 및 제139조에 근거를 둔 '시설분담금'이라는 점에 관한 명시적인 판단이 이루어졌다. 특히 대상판결은 "수도법 제71조 및 수도법 시행령 제65조에서 정한 '원인자부담금'은 주택단지 등의 시설이 설치됨에 따라 상수도시설의 신설 · 증설 등이 필요한 경우에 그 원인을 제공한 자를 상대로 새로운 급수지역 내에서 설치하는 상수도시설의 공사비용을 부담시키는 것이고, 지방자치법 제138조, 제139조 및 이에 근거한 조례에서 정한 '시설분담금'은 이미 상수도시설이 설치된 급수지역 내에서 전용급수설비의 신설 등 새롭게 급수를 신청하는 자를 상대로 기존 상수도시설의 잔존가치를 기준으로 그 공사에 소요된 건설비를 징수하는 것이어서, 각각 근거 법령, 부과 목적 · 대상, 산정기준 등을 달리한다."고 판시하여, 시설부담금의 근거법률이 지방자치법 제138조라는 점에 더하여, 수도법 제71조 등에 따른 원인자부담금과 부과 목적 · 대상, 산정기준 등을 달리한다는 점을 명확히 하였다.

징수액의 규모 및 그 대상자에 비추어 보았을 때 입법론적으로 시설분담금에 관하여 수도법 등 개별 법률에 보다 명시적인 근거를 두는 것이 바람직하다고 볼 수 있다. 그러나 앞서 본 바와 같이 지금까지 지방자치법 제138조에 근거하여 부과·징수가 이루어져온 시설분담금에 관하여 징수 대상자가 공공시설인 수도시설의 설치로 특히 이익을 받는 자에 포섭되지 않아 법률상 근거가 없다고 볼 것은 아니다. 구체적인 판단 근거의 설시가 다소 미흡한 부분이 없지 않으나, 이 사건 급수조례 제15조 제1항에 따라 부과된 이 사건 시설부담금이 지방자치법 제138조 및 제139조에 근거를 둔 분담금으로 본 대상판결의 판단은 위 시설분담금의 부과 목적、대상, 산정기준 등에 비추어 타당하다 할 것이다.

Ⅳ. 구 지방자치법 제138조(현행 제155조)의 '주민' 개념

1. 지방자치법상 주민 개념에 관한 논의 개관

가. 자연인에 관한 논의

지방자치법 제12조는 "지방자치단체의 구역 안에 주소를 가진 자는 그 지방자치단체의 주민이 된다."라고 규정하고 있는바, 주민의 인정 기준인 '주소를 가진 자'의 해석이 문제되는데, 지방자치법에는 위 주소의 의미에 관하여 별도의 규정을 두고 있지 않다. 자연인의 주소에 관하여 민법 제18조는 '생활의 근거가 되는 곳'을 주소로 한다고 규정하고 있는데, 그에 대한 특별규정으로 주민등록법 제23조 제1항은 "다른 법률에 특별한 규정이 없으면 주민등록법에 따른 주민등록지를 공법 관계에서의 주소로 한다."고 규정하고 있다. 따라서 외국인이 아닌 자연인의 경우 원칙적으로 주민등록지를 지방자치법 제12조에서의 주민 요건인 주소로 볼 수 있다.[23)]

학계에서도 대체로 주민등록지를 기준으로 주소를 판단하여야 하는 것으로 본다. 다만 주장내용을 구체적으로 보면, '반드시' 주민등록지가 주소가 되어야 한다는 견해와 '일반적으로' 주민등록지가 주소가 된다는 견해 등 차이가 있다. 후자의 경우 주민등록지가 아니라 할지라도 '생활의 근거가 되는 곳' 등도 주소가 될 수 있다는 것인지, 아니면 주민등록지를 생활의 근거가 되는 주소로 추정한다는 것인지 구체적인 의미가 명확하지 않다. 다만, 학계의 논의가 대상판결 및 관련사건과 같이 지방자치법 제138조에 따른 분담금 부과·징수대상 범위 등에 관한 구체적인 분쟁의 상황까지 고려하지는 않는 것으로 보인다.[24)]

23) 외국인도 지방자치법상 주민이 될 수 있는데, 주민등록법상 외국인은 주민등록을 할 수 없으므로 민법 제18조 등에 따라 주소를 판단하여야 한다. 지방자치법 제15조 제1항 제3호 등은 이를 전제로 한다.
지방자치법 제15조(조례의 제정과 개폐 청구) ① 19세 이상의 주민으로서 다음 각 호의 어느 하나에 해당하는 사람(「공직선거법」 제18조에 따른 선거권이 없는 자는 제외한다. 이하 이 조 및 제16조에서 "19세 이상의 주민"이라 한다)은 … 해당 지방자치단체의 장에게 조례를 제정하거나 개정하거나 폐지할 것을 청구할 수 있다.
3. 「출입국관리법」 제10조에 따른 영주의 체류자격 취득일 후 3년이 경과한 외국인으로서 같은 법 제34조에 따라 해당 지방자치단체의 외국인등록대장에 올라 있는 사람

24) '지방자치법상 주민의 개념'에 관하여 이진수 교수는 주민의 인정기준에 관하여, '생활의 근거설'과 '주민등록 기준설'의 학설 대립이 있는 것으로 설명한다[지방자치법상 '주민'(住民)의 개념 – 지방자치법 제138조의 분담금 부과·징수대상이 되는 주민 개념과 관련하여 –, 특별법연구(16권), 사법발전재단(2019), 55, 56면]. 그런데 '생활의 근거설'을 취한 것으로 분류하는 학자의 주장내용을 보면 일본의 논의를 무비판적으로 수용한 것으로 보이고 주민등록법 제23조 제1항의 규정을 고려한 것인지 의문이다. 예컨대, "구병삭, 주석 지방자치법, 박영사(1995), 156면"의 내용을 보면 "학설과 판례는 민법 제18조 제1항 생활의 근거되는 것을 주소로 한다는 규정을 공법영역에서도 타당한 것으로 보고 있다"고 설명하고 있는데, 뒤에서 보는 일본의 학설과 판례를 그대로 인용한 것 아닌가 의심스럽다(주민등록법상 규정에 관한 언급 자체가 없다).
한편, 이진수 교수는 김동희 교수가 '생활의 근거설'을 취하는 것으로 분류하였는데 "김동희, 행정법 Ⅱ(제25판), 박영사(2019), 59면"의 내용을 보면 "자연인은 생활의 근거가 되는 곳이 그 주소가 되나 주민등록법은 공법관계의 주소를 주민등록지로 하고 있으므로, 주민등록지가 원칙적으로 주소로 된다"고 설명하여 '주민등록 기준

나. 법인에 관한 논의

법인 또한 자연인과 마찬가지로 지방자치법 제12조의 요건을 충족하면, 즉 지방자치단체의 구역 안에 주소를 가진다면 지방자치법 제138조의 분담금 부과ㆍ징수대상인 주민에 해당하는 것으로 보는 것이 타당하다. 지방자치법 제13조 제1항은 '주민의 권리'에 관하여 "주민은 법령으로 정하는 바에 따라 소속 지방자치단체의 재산과 공공시설을 이용할 권리와 그 지방자치단체로부터 균등하게 행정의 혜택을 받을 권리를 가진다."고 규정하고 있고, 제21조는 '주민의 의무'에 관하여 "주민은 법령으로 정하는 바에 따라 소속 지방자치단체의 비용을 분담하여야 하는 의무를 진다."고 규정하고 있을 뿐, 그 권리ㆍ의무의 주체를 자연인인 주민으로 제한하고 있지 않다. 또한 성질상 자연인인 주민만이 주체가 될 수 있는 권리의 경우에는 '국민인 주민'(지방선거참여권에 관한 제13조 제2항), '19세 이상의 주민'(조례 제정·개폐청구권에 관한 제15조, 감사청구권에 관한 제16조) 등과 같이 명시적으로 자연인인 주민이 그 대상임을 규정하고 있다. 나아가 지방자치법 제13조 제1항은 주민으로 하여금 소속 지방자치단체의 재산과 공공시설을 이용할 권리를 부여하고 있고, 제138조는 그 재산과 공공시설의 설치로 특히 이익을 받는 주민으로부터 분담금을 징수할 수 있도록 한다. 법인이 지방자치단체의 재산과 공공시설을 이용하고 그 설치로 특히 이익을 받음에도 법인이라는 이유만으로 분담금의 징수대상에서 제외하는 것은 형평에 반한다.

학계에서도 대체로 법인 또한 지방자치법상 주민이 될 수 있는 것으로 본다.[25] 법인의 경우에도 지방자치법상 주민이 되기 위해서는 지

설'로 분류하는 것이 보다 타당한 것으로 보인다.

25) 최봉석 교수만이 법인의 경우 지방자치법상 주민이 될 수 없다는 견해를 취하는 것으로 보인다[최봉석, 지방자치법론, 삼원사(2018), 58면 참조]. 최봉석 교수의 논거를 보면, "대한민국 국민의 자격과 기본권을 헌법이 규정하는 것과 마찬가지로 지방자치제도가 헌법이 보장하고 있는 필수적 제도라는 점, 헌법이 명문으로 '주민의

방자치법 제12조에 따라 해당 지방자치단체의 구역 안에 주소를 가질 것을 요건으로 한다고 보아야 하는데, 민법, 상법은 법인의 주소를 주된 사무소 또는 본점의 소재지로 규정하고 있다.[26] 이를 근거로 행정법, 지방자치법 교과서 등에서도 법인의 경우 주된 사무소의 소재지 또는 본점의 소재지가 위치한 지방자치단체의 주민이 된다고 설명하는 것이 일반적이다.[27]

자연인의 경우 원칙적으로 주민등록지를 주소로 보아야 하나 예외적으로 생활의 근거가 되는 곳 등도 주소가 될 수 있다고 보는 견해에 의할 경우, 법인의 경우에도 원칙적으로 주된 사무소의 소재지 등이 주소가 되나 반드시 그에 한정되는 것은 아니라고 보는 것이 논리적으로 일관된다. 그렇지만 예외적으로 어떠한 요건 하에 주된 사무소의 소재지 등이 아닌 경우에도 주소로 인정될 수 있을 것인지 등에 관한 논의는 없다.

한편, 특별법에 의한 법인의 주소지는 그 특별법이 정하는 바에 의하여야 할 것이라고 설명하면서 그 예로 한국은행법 제7조를 들고 있다.[28] 그런데 한국은행법 제7조[29]는 주소에 관하여 별도의 규정을 둔

복리'를 지방자치제도의 목적으로 규정한 점, 헌법재판소법이 법인에 대한 헌법소원청구권을 인정하지 않는 점 등을 볼 때, 지방자치단체 내에 민법상의 주소로 의제되는 소재지를 갖는 법인을 지방자치법상 주민으로 보는 데는 무리가 있는 것으로 보인다. 법인이 지방자치단체 내에서 갖는 법적 지위와 권한은 지방자치법에 의거한 것이라기보다는 오히려 다른 법령에 의해 인정되는 지위와 권한으로 이해하는 것이 합리적일 것이다."라는 것이다.

26) 민법 제36조(법인의 주소) 법인의 주소는 그 주된 사무소의 소재지에 있는 것으로 한다.
상법 제171조(회사의 주소) 회사의 주소는 본점소재지에 있는 것으로 한다.

27) 박균성, 행정법론(하)(제15판), 박영사(2017), 88면, 홍정선, 신지방자치법(제2판), 박영사(2013), 135면, 김동희, 행정법 Ⅱ(제25판), 박영사(2019), 59면, 최창호 · 강형기, 지방자치학, 삼영사(2016), 407면 참조.

28) 홍정선, 신지방자치법 제2판, 박영사(2013), 135면, 최창호 · 강형기, 지방자치학, 삼영사(2016), 407면 참조.

29) 한국은행법 제7조(사무소) 한국은행은 주된 사무소를 서울특별시에 두며, 업무수행

것이 아니라 주된 사무소의 소재지를 서울특별시로 한다는 규정인데, 한국은행의 주소를 주된 사무소의 소재지인 서울특별시로 본다는 취지라면 특별한 의미가 없는 것으로 보는 것이 타당하다.

2. 비교법적 고찰 : 일본의 학설 및 판례[30)]

일본 지방자치법에서도 우리 지방자치법과 유사하게 주민의 개념 정의에 관하여 제10조 제1항에서 “시정촌의 구역 내에 주소를 주고 있는 사람”이라고 규정하고 있다.[31)] 일본 민법도 자연인의 경우 생활의 본거지가 있는 곳을 주소로 규정하고 있는데, 통설은 시정촌의 구역 내에 생활의 본거지가 있다는 사실만으로 주민의 자격을 취득하며, 우리나라의 주민등록부에 해당하는 주민기본대장에 기재하는 것은 공증행위에 불과하고 그것이 주민의 요건은 아니라고 본다. 주민기본대장에 기재된 것은 기재된 주소가 지방자치법상의 주소라는 것을 추정할 뿐이고, 반증이 가능한 것으로 본다. 주민기본대장에 기록이 되어 있다고 하더라도, 실제로는 주민이 아니라고 주장하는 경우에, 만약 그 주장의 증명에 성공한다면 주민기본대장의 기재와는 다르게 판단할 수 있다고 한다.[32)]

상 필요하다고 인정할 때에는 정관(定款)으로 정하는 바에 따라 지사무소(支事務所) 및 대리점을 둘 수 있다.

30) 독일의 경우 주민의 유형을 거주자, 시민, 명예시민 등으로 구분하는 등 우리 지방자치법과는 규율체계에 있어 상당한 차이가 있어, 독일에서의 주민의 개념에 관한 논의는 우리 지방자치법 해석에 있어 직접적으로 참조하기 어려운 것으로 사료된다[독일에서의 주민의 개념에 관한 논의의 상세한 내용은 “류지태, 주민의 법적지위, 자치연구(제4권 제1호), 한국지방자치연구소(1994)” 참조].

31) 第十条 市町村の区域内に住所を有する者は゛当該市町村及びこれを包括する都道府県の住民とする゜

제10조 ① 시정촌의 구역 내에 주소를 두고 있는 사람은 당해 시정촌 및 이를 포함하는 도도부현의 주민이 된다.

32) 이진수, 앞의 논문, 55－60면 참조.

일본 최고재판소 평성20(2008). 10. 3. 선고 평성 19년 제137호 판결[33]도 같은 취지로 이해된다. 오사카시 키타구 소재의 도시공원인 오기마치 공원에 불법으로 설치된 텐트(이하 '이 사건 텐트'라 한다)를 기거장소로 하는 원고(상고인)가 오사카시 키타구청장 피고(피상고인)에게 이 사건 텐트의 위치를 주소로 이전신고를 제출했는데, 불수리 처분을 하자 그 취소를 구한 사안으로, 원고가 이 사건 텐트의 위치에 주민기본대장법상 주소를 가진다고 볼 수 있는지 여부가 쟁점이었다.[34] 그런데 주민기본대장법상 주소 또한 지방자치법 제10조 제1항의 주민의 주소와 마찬가지로 해석된다.[35] 주민기본대장법에는 주소의 정의가 없지만, 일본 민법에 주소를 생활 근거지로 규정하고 있는데 위 최고재판소 판결은 주민기본대장법, 즉 주민자치법상 주소는 '생활의 본거지'임을 전제로 판단하였다.

일본 민법 제50조와 상법 제54조 제2항도 우리나라 민법 제36조, 상법 제171조와 마찬가지로 주된 사무소의 소재지, 본점소재지를 법인·회사의 주소로 본다고 규정하고 있다. 이를 근거로 일본에서도 법인이 지방자치법상 주민이 되기 위한 요건에 관하여 법인은 주된 사무소의

33) 일본 최고재판소 平成20(2008). 10. 3. 선고 平成 19年 第137号 판결 : 상고인은 도시공원법을 위반하여 도시공원에 불법으로 설치된 캠핑 텐트를 기거 장소로 공원 시설인 배관 등을 이용하여 일상 생활을 영위하고 있는 점 등 원심의 적법하게 확정한 사실관계 아래에서는 <u>사회통념상 위 텐트의 위치가 객관적으로 생활의 본거지로서의 실체를 구비하고 있는 것으로 볼 수는 없다</u>. 상고인이 위 텐트의 위치에 주소를 가지는 것이라고 할 수 없다고 하여 이 사건 불수리 처분은 적법하다고 한 원심의 판단은 승인할 수 있다. 원심 판결에 위법이 없어 상고이유는 받아들일 수 없다.(밑줄 필자)

34) 判例タイムズ 1285号 62면 참조.

35) 住民基本台帳法 第四条 住民の住所に関する法令の規定は´ 地方自治法（昭和二十二年法律第六十七号）第十条第一項に規定する住民の住所と異なる意義の住所を定めるものと解釈してはならない｡
주민기본대장법 제4조 주민의 주소에 관한 법령의 규정은 지방자치법 (쇼와 이십년 법률 제67호) 제10조 제1항에 규정하는 주민의 주소와 다른 의미의 주소를 정하는 것으로 해석되어서는 안 된다.

소재지, 본점소재지가 있는 지방자치단체의 주민이 되는 것으로 설명하는 것이 일반적이다.[36] 법인이 지방자치법상 주민이 되기 위한 요건이 쟁점이 된 최고재판소 판결 등은 확인되지 않는다.

한편, 우리 지방자치법 제138조에 해당하는 일본 지방자치법 제224조는 분담금 부과、징수대상에 관하여는 '특정한 이익을 받는 자'라고 되어 있을 뿐, '주민'이 요건으로 부가되어 있지 않다. 이에 특별한 이익을 받는 사실이 인정되면 분담금 부과·징수의 대상이 되는 것으로 보고, 부담금 부과의 대상을 주민에 한정하지 않는 것으로 된다. 즉, 당해 지방공공단체 내에 토지나 가옥을 소유하고 있는 다른 공공단체의 주민도 분담금 부과·징수의 대상이 될 수 있다고 본다.[37] 따라서 일본 지방자치법 제224조의 해석론은 '주민'을 분담금의 부과·징수대상으로 규정한 우리 지방자치법 제138조의 요건을 해석함에 있어 참조하기 어려운 것으로 사료된다.

3. 법인이 지방자치법 제138조상 주민이 되기 위한 요건

가. 구체적인 검토에 앞서

입법론[38]은 별론으로, 지방자치법 제138조가 분담금 부과·징수의

36) 川崎政司, 지방자치법 제2차 정판, 公職硏 52면, 長野士郎, 축조 지방자치법 제12차 개정신판, 学陽書房, 113면 참조.

37) 이진수, 앞의 논문, 64면 참조.

38) ① 지방자치법 제7장 제3절에서 함께 규정하고 있는 지방세(제135조), 사용료(제136조), 수수료(제137조), 분담금(제138조) 중 제138조의 분담금을 제외하고는 주민이라는 제한을 두고 있지 아니한 점, ② 지방자치법 제138조에 의한 분담금은 지방자치단체의 재산, 공공시설의 설치에 소요되는 비용 중에서 그 재산이나 공공시설을 수익하는 주민이 수익의 범위 안에서 그 비용의 일부를 분담하도록 하는 것으로서 수익자부담금의 성격을 가진다는 점에서 오히려 주민으로 그 대상을 제한함으로써 주민의 경우와 비교하여 형평에 반하는 결과가 발생할 수 있는 점 등에 비추어, 일본 지방자치법과 같이 지방자치법 제138조의 분담금 부과·징수대상을 주민으로 제한할 필요가 없다는 입법이 타당하다고 볼 여지가 있다.

대상을 '주민'으로 규정하고 있는 이상, 위 규정에 따른 분담금 부과·징수대상이 되기 위해서는 주민에 해당하여야 한다. 지방자치법 제136조, 제137조의 사용료, 수수료의 경우 주민을 대상으로 한다고 규정하고 있지 않음에 반하여 제138조의 분담금의 경우에만 '주민'을 대상으로 한다고 규정하고 있는데 그 입법취지 등을 확인할만한 자료는 없다. 아울러 대상사건 및 관련사건 이전에 지방자치법상 주민의 개념 여부가 쟁점이 되어 판단이 이루어진 대법원 판결 또한 확인되지 않는다.

지방자치법 제12조는 지방자치법상 주민의 요건에 관하여 당해 지방자치단체의 구역 안에 법인이 '주소를 가질 것'을 요건으로 하므로 이때 주소의 의미가 문제된다. 논의의 범위를 좁혀, 지방자치법 제138조에 따른 분담금 납부의무자인 '주민'의 개념에 관하여 다음과 같은 견해를 상정할 수 있다.

- 법인부정설 : 자연인만이 지방자치법상 주민이 될 수 있어, 법인은 주민이 될 수 없다는 견해
- 협의설 : 주된 사무소 또는 본점 소재지만이 주소가 될 수 있다는 견해
- 광의설 : 주된 사무소 또는 본점의 소재지로 한정된다고 볼 것은 아니고, 주소로서의 객관적인 징표를 갖추었다면 주소지가 될 수 있다는 견해 (구체적으로 어느 범위까지 주소로 인정할 것인지는 해석에 맡겨짐)

앞서 본 바와 같이 학계에서는 지방자치법 제12조의 주민의 자격에 관하여 설명하면서 법인의 경우 대체로 주된 사무소 또는 본점의 소재지를 주소로 본다. 지방자치법 제138조의 주민의 개념 또한 마찬가지로 보는 이상 '협의설'을 취하는 것으로 볼 수 있다(최봉석 교수만이 '법인부정설'을 취하였다). 그런데 지방자치법 제138조의 분담금 부과·징수의 대상이 될 수 있는 주민(자연인 포함)의 개념에 관한 논의는 없는 것으로 보인다. 또한 법인의 경우에도 원칙적으로 주된 사무소의 소재지 등이

주소가 되나 반드시 그에 한정되는 것은 아니라는 견해에 의할 경우, 예외적으로 주된 사무소의 소재지 등이 아닌 경우에도 주소로 인정될 여지는 있다고 볼 수 있다. 다만, 예외적으로 어떠한 경우 주소로 인정될 수 있을 것인지에 대한 논의는 없는 것으로 보인다.

대상판결의 원심을 비롯하여 관련사건의 하급심 대부분은 '협의설'에 따라 당해 사건의 원고(대부분 '한국토지주택공사')가 당해 지방자치단체의 '주민'이 아니어서 지방자치법 제138조에 따른 분담금 납부의무자가 될 수 없다고 판단하였다. 반면 대법원은 광의설의 전제에 서 주된 사무소 내지 본점 소재지만이 아닌 지방세법상 사업소 소재지에도 당해 법인이 주소를 가진 것으로 보아 '주민'이 될 수 있다고 판단하였다. 대상판결을 비롯한 대법원 판결의 설시를 보면, 법인의 주된 사무소와 본점 소재지 이외에, 지방세법상 사업소 소재지도 주소지가 될 수 있다는 취지이지 추가로 사업소 소재지만이 주소지가 될 수 있다는 것은 아님을 주의하여야 한다.

뒤에서 보겠지만 '협의설'과 '광의설'의 견해 대립은 합목적적 해석, 나아가 법형성의 허용 여부 및 그 한계에 관한 견해 대립으로 볼 수 있다. 앞서 본 바와 같이 지방자치법이 법인을 주민의 범위에서 제외하고 있다고 볼 근거가 없다는 점에서 '법인부정설'은 타당하다고 보기 어렵다. 이하에서는 먼저 '협의설'의 논거에 관하여 살펴본 다음 '광의설'에 따른 대상판결의 타당성에 관하여 검토하겠다.

나. '협의설'의 근거

지방자치법 제12조는 '주민의 자격'에 관하여 '지방자치단체의 구역 안에 주소를 가진 자'로 규정하고 있는데 지방자치법에 법인의 주소에 관하여 별도의 규정이 없는 이상 민법, 상법 등의 규정에 따를 수밖에 없다. 민법이 일반사법(一般私法)으로 기능하듯이, 법인에 관한 민법 제3장은 모든 종류의 단체에 적용되는 일반단체법(一般團體法)이라고 할 수 있으므로, 단체나 법인에 관한 다른 특별법이 없는 때에는 민법 제3장 이하의 규정이 준용되거나 유추적용된다.[39] 즉, 민법 제36조는 "법인의 주소는 그 주된 사무소의 소재지에 있는 것으로 한다."고, 상법 제171조는 "회사의 주소는 본점소재지에 있는 것으로 한다."고 규정하고 있는 이상, 법인은 주된 사무소 또는 본점의 소재지가 위치한 지방자치단체에 한하여 그 주민이 될 수 있다.[40]

침익적 행정처분의 근거가 되는 행정법규는 엄격하게 해석ㆍ적용하여야 하여야 하는바, 판례도 대법원 2013. 12. 12. 선고 2011두3388 판결 등을 통해 "침익적 행정행위의 근거가 되는 행정법규는 엄격하게 해석ㆍ적용하여야 하고 그 행정행위의 상대방에게 불리한 방향으로 지나치게 확장해석하거나 유추해석해서는 안 되며, 그 입법 취지와 목적 등을 고려한 목적론적 해석이 전적으로 배제되는 것은 아니라고 하더라도 그 해석이 문언의 통상적인 의미를 벗어나서는 안 된다."고 하였다.[41] 특히 분담금의 경우 준조세 성격을 가지고 있다는 점에서 더욱

---

39) 김용덕 대표편집, 주석민법 총칙(1), 한국사법행정학회(2019), 457면.

40) 대상판결의 원심도 원고가 울산광역시의 주민이 아니라고 판단하면서 그 근거로 지방자치법 제12조, 민법 제36조, 상법 제171조를 들고 있다.

41) 광역교통시설부담금부과처분 취소청구 사건인 대법원 2007. 10. 26. 선고 2007두9884 판결에서도 "조세나 부담금에 관한 법률의 해석에 관하여, 그 부과요건이거나 감면요건을 막론하고 특별한 사정이 없는 한 법문대로 해석할 것이고 합리적 이유 없이 확장해석하거나 유추해석하는 것은 허용되지 아니한다"고 판시하였다. 특히 학교용비부담금 부과처분 취소청구 사건인 대법원 2016. 11. 25. 선고 2015두37815 판결은 "한편 학교용지부담금 부과의 근거 규정을 입법 취지와 목적 등을 고려하여 해석하더라도 부과대상이 되는 개발사업의 범위를 넓게 해석하기 어렵다. 학교용지법의 입법 취지가 학교용지 확보의 필요성을 야기하는 모든 주택용지·주택 공급 사업이 학교용지부담금의 부과대상임을 전제로 하고 있다고 보기도 어렵기 때문이다. 만일 모든 주택용지·주택 공급 사업이 원칙적으로 학교용지부담금의 부과대상이라는 취지라면, 일정 규모 이상의 신규 주택용지ㆍ주택을 공급하여 학교용지 수요를 초래한 사업자에게는 학교용지부담금을 부과하되, 일정한 경우 예외로 한다는 입법형식을 취하는 것이 합리적이다. 그런데도 학교용지법은 학교용지부담금의 부과대상이 되는 개발사업의 범위를 그 근거 법률의 종류에 따라 한정하는 입법형식을 취하고 있으므로, 해당 근거 법률에 따른 사업만이 학교용지

그러하다.[42]

(설령 위임근거가 있는 것으로 본다 할지라도) 앞서 '위임근거 부정설'의 논거에서 보듯이 '수도급수 조례'상의 시설분담금 자체가 문제가 많은 상황에서 법률규정을 문언의 의미에 충실하게 엄격하게 해석하는 것이 타당하다. 형평의 문제 등이 있을 수 있으나 해당 지방자치단체에 주된 사무소 등이 위치하지 아니한 법인에 대하여 지방자치법 제138조의 분담금을 부과하기 위해서는 법률의 개정이 요구되는 것이지,[43] 지방자치법 제12조의 문언에도 불구하고 형평성, 현실적인 필요성 등을 근거로 '주소의 개념' 및 그에 따른 '시설분담금 부과·징수의 대상'을 확장해석하는 것은 허용될 수 없다.

다. '광의설'의 타당성

'광의설'을 취함으로써 구체적 타당성 있는 결론 도출이 가능하다는 점에 관하여는 이론의 여지가 없을 것이다. 그럼에도 대상판결의 원

부담금의 부과대상임을 원칙으로 삼았다고 볼 수 있다. 따라서 보금자리주택건설사업은 학교용지법 제2조 제2호에 정한 학교용지부담금 부과대상 개발사업에 포함되지 않는다고 보아야 하고, 이와 달리 학교용지부담금 부과대상 개발사업에 포함된다고 해석하는 것은 학교용지부담금 부과에 관한 규정을 상대방에게 불리한 방향으로 지나치게 확장해석하거나 유추해석하는 것이어서 허용되지 않는다."고 판시하였다.

42) 헌법재판소 2009. 10. 29. 선고 2008헌바45 결정은 도로교통안정분담금이 준조세 성격을 가진다고 판시한 바 있다. 아울러 먹는물관리법에 따라 먹는샘물 수입판매업자에게 부과되는 수질개선부담금의 위헌 여부가 다투어진 헌법재판소 2004. 7. 15. 선고 2002헌바42 결정 사건에서 다수의견은 합헌이라고 보았으나 위헌이라고 본 반대의견(4인)은 "준조세적 성격을 가진 부담금은 자칫 공과금 부담의 형평성을 훼손하고 국회의 재정통제권을 무력화시킬 수 있기 때문에, 납부의무자가 특정한 공적 과제에 대하여 일반국민에 비해 특별히 밀접한 관련성이 있는 경우에 예외적으로 최소한의 범위 내에서 허용되어야 하며, 그 위헌성은 엄격하게 심사되어야 한다."고 판시한 바 있다.(밑줄 필자)

43) 예를 들어 지방자치법 제138조에서 '주민'의 요건을 삭제하거나 지방자치법에 주민요건에 관하여 별도의 규정을 두는 방안 등을 고려할 수 있을 것이다.

심을 비롯하여 관련사건의 하급심 대부분이 '협의설'에 따라 결론을 낸 것은 법인의 경우 지방세법 제12조를 매개로 민법 제36조, 상법 제171조에 따른 주된 사무소 또는 본점 소재지에서만 당해 지방자치단체의 주민이 될 수 있다고 보아서이다. 다시 말해 '광의설'의 해석은 법률 문언에 반하는 해석이라는 것이다. 지방자치법 제138조에서 규정한 주민의 개념을 '광의설'과 같이 해석하는 것이 가능한지에 관하여, 먼저 법률해석의 일반론에 관하여 살펴본 후 이를 바탕으로 대상판결 사안을 검토하겠다.

1) 목적론적 해석과 법형성

독일에서는 전통적으로 법학방법론의 두 기둥은 '법발견(Rechtsfindung)'과 '법형성(Rechtsfortbildung)'이라고 하며, 이 둘의 관계는 다음과 같이 설명된다. '법발견'이란 법관에 의한 법률 해석이 '법문언의 가능한 의미' 안에 머물러 있으면서 기존의 전통적인 해석방법으로 3단논법에 의해 포섭·적용가능한 경우인 반면, 해당 사안에 대한 법적 결정이 '법문언의 가능한 의미'를 넘어선 것이라면, 이것은 바로 규율되어야 할 사안에 대해 적합한 법규정이 존재하지 않는 소위 '법의 흠결'의 경우이며, 여기서 기존의 전통적인 해석방법으로는 적용하기 곤란하여 유추적용 또는 목적론적 축소·확대적용을 통해 법흠결을 보충하는 법관의 '법형성'이 이루어진다는 것이다. 요컨대, '법문의 가능한 의미'(mölicher Wortsinn des Normtextes)는 법발견과 법형성을 구분하는 기준이 된다.[44)]

법학방법론에서 법형성의 첫 번째 조건 내지 한계는 '법률의 흠결'인데, 이는 '입법자가 의도하지 아니한 불완전성'(planwidrige Unvollstandigkelt)

44) 이에 대한 일반이론을 자세하게 설명하고 있는 논문으로, 박정훈, 行政法과 法解釋 — 法律留保 내지 議會留保와 法形成의 限界 —, 행정법연구 제43호, 행정법이론실무 합회(2015), 24면 이하 및 김영환, 법학방법론의 관점에서 본 유추와 목적론적 축소, 법철학연구 제12권 제2호, 세창출판사(2009), 7면 이하 참조.

을 의미한다. 흠결 여부의 판단은 법률의 객관적인 법의 목적, 일반적인 법 원리 등을 고려하여야 할 것인바, 이러한 일반적 법 원리에는 예컨대 동일한 것의 동등한 취급이 속한다. 그러므로 법률이 특정사례 A를 특정한 방식으로 규율하고 가치 판단적으로 동일한 사례 B에 대해 어떤 규칙도 포함하지 않는다면 그러한 규율의 부재는 법률의 흠결로서 보아야 한다. 그런데 이는 의도하지 아니한 흠결이어야 하는바, 위 예에서 입법자가 의도적으로 B에 대하여 규율하지 않고자 그에 관한 규칙을 두지 아니한 것이라면 이는 '법률의 흠결'로 볼 수 없다.

오늘날 법흠결과 그것의 보충이 법학방법론적으로 널리 인정된다. 독일연방헌법재판소는 이에 대해 "… 법은 제정된 법률의 전체와 동일한 것이 아니다. 경우에 따라서는 국가권력의 실정적인 제정에 대해 그 이상의 법이 존재하고 그것은 그 연원을 의미 전체로서의 헌법적인 법질서 가운데 지니고 있으며 실정적인 법률에 대해 수정수단으로 영향을 미칠 수 있다. 그러한 법을 발견하고 결정에 실현시키는 것은 사법의 임무이다."라고 판시하기도 하였다.[45]

우리 대법원 판결 가운데 법정의견에서 위와 같이 법형성 등의 개념, 필요성 등에 관하여 설시가 이루어진 적은 없으나, 민사소송에서 법형성이라는 표현을 사용하지 않았을 뿐 법형성을 통해 결론을 도출한 것으로 평가되는 사건이 다수 있다.[46] 또한 전원합의체판결의 보충의견, 별개의견에 법형성 등에 관한 설시가 여러 차례 이루어진바 있는데,[47] 대법관 김재형은 보충의견, 별개의견을 통해 위와 같은 법률해석

45) BVerfGE 34, 269.

46) 대표적인 예로 친생자관계부존재확인 사건인 대법원 2019. 10. 23. 선고 2016므2510 전원합의체 판결을 들 수 있다.

47) 반대의견에서 다수의견은 허용되지 아니하는 법형성에 해당한다는 취지로 비판하면서(즉, 법형성 자체가 허용되지 않는다는 것은 아니다) 그에 관한 설시가 이루어진 경우가 많았는데, 대표적인 예로 대법원 1998. 4. 23. 선고 95다36466 전원합의체 판결을 들 수 있다.

방법론을 정면으로 채용하여 "유추는 법규범이 법의 공백을 메우기 위하여 그 문언의 통상적인 의미를 벗어나 적용되는 것으로 법률의 흠결 보충이라고 할 수 있다. 이것은 해석을 통하여 문언의 가능한 의미를 찾아내는 법발견이 아니라, 법관이 있어야 한다고 판단하는 법을 다른 법규범을 매개로 만들어내는 법형성이다. 이러한 유추를 위해서는 먼저 법적 규율이 없는 사안과 법적 규율이 있는 사안 사이에 공통점 또는 유사점이 있어야 하고, 법규범의 체계, 입법의도와 목적 등에 비추어 유추적용이 정당하다고 평가되는 경우에 비로소 유추적용을 인정할 수 있다."(대법원 2022. 7. 21. 선고 2018다248855, 248862 전원합의체 판결), "법률에 명시적 규율이 없다고 해서 언제든지 법관의 법형성이 허용되는 것은 아니다. 법형성이 허용되는 '법률의 흠결이나 공백'이란 입법자가 의도하지 않았던 규율의 공백을 뜻(한다)."(대법원 2019. 6. 20. 선고 2013다218156 전원합의체 판결) 등의 설시를 하였다. 특히 행정소송으로서 조정반지정취소처분취소청구 사건에 관한 대법원 2021. 9. 9. 선고 2019두53464 전원합의체 판결의 보충의견을 통해 "목적론적 축소나 확장은 법규의 문언이나 맥락에 따른 해석이 불합리한 결론에 도달하게 되는 경우에 법규의 목적을 고려하여 문언의 가능한 의미보다 축소하거나 확대하여 적용하는 것을 가리킨다. 이것은 일반적으로 목적론적 해석과 명확하게 구별하지 않고 해석의 일종으로 보아 축소해석이나 확대해석이라고 하기도 하지만, 엄밀하게 말하면 법적 규율의 공백을 보충한다는 점에서 법관에 의한 법형성의 일종이다. 그 가운데 목적론적 확장은 입법 목적을 달성하기 위하여 문언의 가능한 의미를 넘어 법규를 확대하여 적용하는 것을 말한다."라고 하면서 당해 사건에서 법형성의 일종인 헌법합치적 법률해석을 통해 결론을 도출하는 것이 타당하다는 의견을 개진하기도 하였다.

다만 행정법에서는 위와 같이 '법률의 흠결' 조건을 갖추는 한 민사법에서와 같이 더 이상 제한 없이 법형성이 허용되느냐, 아니면 형법상 유추금지와 같이 행정상대방에게 불리한 내용의 법형성은 금지되느냐의 문제가 제기된다. 독일에서는 후자가 다수설이지만, 공익상 필요성이 강하고 법적안정성이 해치지 않는 경우에는 침익적 법형성도 허용된다는 견해도 유력하다고 한다.[48] 이에 관하여 우리 대법원 판례는 불리한 내용의 법형성이 절대적으로 금지되지는 않는다는 입장인 것으로 사료된다. 앞서 본 대법원 2011두3388 판결 등 판례는 "침익적 행정행위의 근거가 되는 행정법규는 엄격하게 해석ㆍ적용하여야 한다"라고 하면서도 뒤이어 "그 행정행위의 상대방에게 불리한 방향으로 지나치게 확장해석하거나 유추해석해서는 안 된다"고 설시하고 있다. 즉, 불리한 방향의 확장해석, 유추해석이 절대적으로 금지되는 것이 아니라 '지나치게'의 범위 내에서 가능하다는 것으로 해석된다. 이에 관하여는 구체적인 판단기준의 제시가 없다는 비판은 가능할 수 있을 것으로 보인다. 한편, 위 판결 등은 위와 같은 판시에 이어 "(지나치게 확장해석하거나 유추해석해서는 안 되며,) 그 입법 취지와 목적 등을 고려한 목적론적 해석이 전적으로 배제되는 것은 아니라고 하더라도 그 해석이 문언의 통상적인 의미를 벗어나서는 안 된다."고 설시하였는데, 이때 '문언의 통상적인 의미를 벗어나서는 안 된다'는 의미는 문언에 반하는 해석은 허용되지 않는다는 취지로 생각된다. 앞서 본 대법관 김재형의 보충의견에서의 지적과 같이 판례는 법형성 중 '목적론적 축소나 확장'은 일반적으로 목적론적 해석과 명확하게 구별하지 않고 해석의 일종으로 보아 축소해석이나 확대해석이라고 하기도 하는바, 이에 위와 같이 확장해석, 유추해석의 원칙적 금지에 관하여 설시한 이후에 목적론적 해석을 언급한 것으로 볼 수 있다.

조세법규의 해석에 있어서도 판례는 "세법률주의의 원칙상 조세법규의 해석은 특별한 사정이 없는 한 법문대로 해석하여야 하고 합리적

---

48) 박정훈, 위의 논문, 31, 32면 참조.

이유 없이 확장해석하거나 유추해석하는 것은 허용되지 않지만, 법규 상호 간의 해석을 통하여 그 의미를 명백히 할 필요가 있는 경우에는 조세법률주의가 지향하는 법적 안정성 및 예측가능성을 해치지 않는 범위 내에서 입법 취지 및 목적 등을 고려한 합목적적 해석을 하는 것은 불가피하다."고 설시하여(대법원 2020. 7. 29. 선고 2019두56333 판결 등 다수), '합리적 이유'가 있는 경우에는 확장해석, 유추해석이 허용된다고 하는 한편 합목적적 해석의 필요성 및 그 한계에 관하여 판시하였다.

2) 사안의 검토

가) '법률의 흠결' 조건을 갖춘 것으로 볼 수 있는지?

이와 같이 법형성 허용의 필요조건은 '법률의 흠결'로서, 흠결된 것이 아닌 당해 사안에 관하여 명문의 규정이 있음에도 그에 반하여 법형성을 하는 것은 법원의 법률해석권의 범위를 명백하게 일탈하는 것이어서 허용될 수 없다. 따라서 '광의설' 채부 가부에 관한 논의의 출발점은, "지방자치법 및 관계 법률의 문언의 의미가 지방자치법 제12조가 제138조의 해석에 있어서도 법인의 경우 '관계 법률의 주소지 개념을 가져와' 그 지방자치단체에 '주된 사무소 또는 본점'을 두고 있는 경우만을 한정하여 분담금 부과·징수 대상으로 규정한 것인지", 즉, "다른 해석의 여지가 없는지"에 대한 검토에서 출발하여야 한다. 그런데 다음과 같은 사정에 비추어, 지방지차법 제138조의 주민 개념 해석에 관하여 '입법자가 예정한 제도의 취지'는 법인이 해당 지방자치단체의 구역 안에 주된 사무소 또는 본점을 둔 경우만을 부담금 부과징수의 대상으로 규율하고자 한 것이 아니어서, 그 이외에 주민으로 인정될 수 있는 경우에 관하여 규율의 공백이 있는 '법률의 흠결'이 있는 것으로 보는 것이 타당하다.

첫째, 지방자치법은 여러 조항에서 권리·의무의 주체이자 법적 규율의 상대방으로서 '주민'이라는 용어를 사용하고 있는데 지방자치법에는 '주민'의 개념을 구체적으로 정의하는 규정이 없는 반면, 그 입법 목적, 요건과 효과를 달리하는 다양한 제도들이 포함되어 있는 점을 고려하면, 지방자치법이 단일한 주민 개념을 전제하고 있는 것으로 보기 어렵다. 자연인이든 법인이든 누군가가 지방자치법상 주민에 해당하는지 여부는 개별 제도별로 제도의 목적과 특성, 지방자치법뿐만 아니라 관계 법령에 산재해 있는 관련 규정들의 문언, 내용과 체계 등을 고려하여 개별적으로 판단할 수밖에 없다.

둘째, 민법 제12조, 민법 제36조는 일정한 장소를 주소로 하여 법률관계의 기준으로 할 필요가 있다는 점에서 '생활의 근거지', '주된 사무소의 소재지'를 주소로 본다고 규정한 것이다.[49] 자연인에 관하여 주민등록법 제23조 제1항은 "다른 법률에 특별한 규정이 없으면 이 법에 따른 주민등록지를 공법(公法) 관계에서의 주소로 한다."고 규정하고 있음에 반하여, 법인의 경우 그러한 규정이 없어 탄력적 해석의 여지가 크다 할 것인바, 다른 법률관계, 특히 공법(公法) 관계의 경우 생활의 근거지, 주된 사무소의 소재지로 반드시 주소가 제한된다고 볼 것은 아니다.

셋째, 지방자치법은 10개 장(章)으로 구성되어 있는데, 그중 제2장은 '주민'이라는 제목으로 주민의 다양한 참여권과 의무를 규정하고 있다. 제2장의 첫 번째에 위치한 제12조에서 '주민의 자격'이라는 제목으로 "지방자치단체의 구역 안에 주소를 가진 자는 그 지방자치단체의 주민이 된다."라고 규정한 다음, 제13조 제1항에서 지방자치단체의 재산·공공시설 이용권, 지방자치단체로부터 균등하게 행정의 혜택을 받을 권리, 제13조 제2항에서 지방선거 참여권, 제14조에서 주민투표 참여권, 제15조에서 조례의 제정과 개폐 청구권, 제16조에서 주민의 감사청구권, 제17조에서 주민소송 제기권, 제20조에서 주민소환 청구권을 규정

---

49) 김용덕 대표편집, 주석민법 총칙(1), 한국사법행정학회(2019), 377-378면 참조.

하고 있고, 마지막으로 제21조에서 "주민은 법령으로 정하는 바에 따라 소속 지방자치단체의 비용을 분담하여야 하는 의무를 진다."라고 규정하고 있다. 지방자치법 제13조 제2항, 제14조, 제15조, 제16조, 제17조, 제20조에 의한 참여권 등의 경우 지방자치법 자체나 관련 법률에서 일정한 연령 이상 또는 주민등록을 참여자격으로 규정하고 있으므로(공직선거법 제15조, 주민투표법 제5조, 「주민소환에 관한 법률」 제3조 참조) 자연인만을 대상으로 함이 분명하고, 제12조는 기본적으로 제2장에서 정한 다양한 참여권 등을 행사할 수 있는 주민의 자격을 명확히 하려는 의도로 만들어진 규정이라고 볼 수 있다.

이에 반하여 제13조 제1항에서 정한 재산·공공시설 이용권, 균등하게 행정의 혜택을 받을 권리와 제21조에서 규정한 비용분담 의무의 경우 자연인만을 대상으로 한 규정이라고 볼 수 없다. '제13조의 지방자치단체의 재산、공공시설을 이용할 권리의 귀속 주체'와 '제21조의 그 재산、공공재산 이용에 따른 분담금 징수 대상'은 동일하게 해석하여야 할 것이다. 지방자치법상 법인의 인정 범위를 '협의설'과 같이 제한하면 재산、공공시설을 이용할 권리 또한 제한되는 것으로 해석할 수밖에 없다. 즉, 대상판결 사안만 놓고 보면 지방자치법상 주민의 개념을 정함에 있어 그 범위를 넓게 인정하는 것이 침익적 결과를 초래하지만, 반드시 그러한 것은 아니다. 지방자치법상 법인의 권리·의무 관계를 규율하는 내용을 전체적으로 조망하는 것이 필요하다 할 것인바, 지방자치법상 주민에게 부여되는 재산, 공공시설의 이용에 관한 권리 및 그에 따른 의무의 범위를 어디까지 인정할 것인지의 관점에서 접근하여야 한다.

앞서 본 지방자치법의 규율 체계 측면을 보았을 때 지방자치법 제12조가 제13조, 제21조에서의 규율 대상인 주민의 개념, 특히 그 주민이 자연인이 아닌 법인인 경우를 염두에 둔 규정으로 보기 어렵다. 대상판결에서 문제되는 지방자치법 제138조에 따른 분담금 납부의무자가 될 수 있는 주민에 해당하기 위하여 해당 지방자치단체의 구역 안에 주된 사무소 또는 본점 소재지를 두고 있는 경우로만 한정된다고 볼 것은 아니다. 민법 제36조, 상법 제171조는 민법과 상법의 적용에서 일정한 장소를 법률관계의 기준으로 삼기 위한 필요에서 만들어진 규정인 것이지, 공법(公法) 관계에서 법인의 주소지가 이에 한정되고 나아가 당해 법률관계에서의 주민으로 보아야 한다는 규정으로 볼 수 없다. 따라서 '광의설'을 취한다고 하여 그것이 문언에 반하는 해석이라고 단정할 수 없다.

나) 목적론적 확장이 정당하다고 평가할 수 있는지?

지방자치법 제138조가 제72조 등과의 관계에서 법인이 위 제138조의 분담금 부과ㆍ징수 대상인 주민이 되기 위한 요건과 관련하여 반드시 당해 지방자치단체에 주된 사무소 또는 본점을 두고 있는 경우만으로 한정하여야 하는 것은 아니라 할지라도, 그 자체만으로 곧바로 그 이외의 경우까지 주민 인정 범위가 확대되어야 한다는 것은 아니다. 입법자의 의도, 법률의 객관적인 법의 목적, 일반적인 법 원리(헌법원리 포함) 등에 따른 정당성이 인정되는 경우에 한하여 확장 해석이 가능하다 할 것이다. 이와 같이 예외적으로 인정되는 사유를 조세법규의 해석에 관한 판례에서 '합리적 이유'로 표현한 것으로도 볼 수 있다.

지방자치법 제138조는 지방자치단체의 재산 또는 공공시설의 설치에 따른 분담금 징수 대상을 '주민의 일부가 특히 이익을 받으면 이익을 받는 자'로 규정하고 있다. 앞서 본 바와 같이 그 입법취지 등을 확인할 만한 자료는 없으나, 입법자의 의사를 추단한다면 무엇일까? 재산, 공공시설의 설치를 통해 일시적으로 이익을 받는 것이 아니라 지속적으로 이익을 받는 경우에 한하여 부담금을 징수하겠다는 것으로 생각해볼 수 있다.

법인의 경우 당해 지방자치단체에 주된 사무소 또는 본점을 두고 있는 경우라면 대체로 그에 해당할 것이다. 그런데 법인이 당해 지방자치단체에 주된 사무소 내지 본점을 두고 있는 경우만이 아니라, 지방자치단체의 재산, 공공시설의 이용에 따른 지방자치법 제138조 분담금 제도의 취지 등을 고려하여 주민의 개념에 포섭될 여지가 있는 것이다. 주된 사무소 등의 소재지가 아닌 법인의 영업 근거가 되는 분사무소, 사업소 등만 소재하더라도 실제 그 소재지 지방자치단체의 재산, 공공시설을 이용하고 각종 행정상 혜택을 받는다.

지방자치법 제138조의 분담금은 조세와 같이 반대급부 없이 부과되는 것이 아니라 특별한 이익 향유에 상응하여 부과된다는 점에서 주된 사무소 또는 본점의 소재 여부에 따라 분담금의 부과 가부가 달라지는 것은 형평(공평)의 원칙에도 부합하지 않다. 대상판결의 원고 본점은 현재 서울특별시에 소재하나 전국적으로 여러 지방자치단체에서 아파트 건설업 등의 사업을 수행하는바, 사업 현장이 서울특별시의 구역 안인지 밖인지의 우연한 사정에 따라 분담금 부과·징수 대상 여부가 달라진다고 보는 것은 형평에 반하는 결과를 가져온다. 세제 혜택 등을 목적으로 주식회사의 본점을 주된 사업소가 있는 지방자치단체가 아닌 다른 지방자치단체에 두는 경우도 비일비재하다. 특히 규모가 큰 주식회사의 경우 다양한 사업부문을 두고 여러 지방자치단체에서 사업을 영위하는 것이 일반적이다. 이러한 문제 상황으로부터 공평과 비례의 원칙 및 정의의 관점에서 입법 취지 및 목적 등을 고려한 주민 인정 요건의 확대 요구가 생겨날 수밖에 없다.

아울러 '협의설'에 의할 경우 이미 수십여 년 동안 기존에 이루어진 무수한 처분이 위법하게 된다. 법인이 건축주인 건축물의 경우에 그 법인이 당해 지방자치단체에 주된 사무소 등을 두고 있지 아니한 경우에도 시설분담금을 징수하여 왔는데, 지금에 와 당사자도 전혀 예측하지 못한 주된 사무소 또는 본점 소재지 여부라는 우연한 사정을 기준으로 처분의 적법 여부가 달라진다고 볼 경우 '법적 안정성'에 반하는 결과가 초래된다는 사정도 고려될 수 있을 것이다.

앞서 본 바와 같은 사정에 비추어 지방자치법 제138조의 주민이 되기 위한 요건을 당해 지방자치단체에 주된 사무소 또는 본점 소재지만이 아니라 지방자치법 제138조의 분담금 부과 징수의 목적 등에 비추어 실질적으로 당해 지방자치단체에 주소를 둔 주민으로 평가할 수 있는 객관적인 징표를 가진 경우까지 확장해석할 정당성이 인정된다 할 것이다. 한편, 이와 같은 '광의설'은 법인이 지방자치법 제138조의 주민이 되기 위한 요건에 있어 당해 지방자치단체에 주된 사무소 또는 본점이 소재하는 경우만이 아닌 주소로서의 객관적인 징표를 갖춘 경우까지 확장하는 것으로서 '목적론적 확장(확대)'(teleologische Extension)으로 평가할 수 있다. 이는 법적용의 범위를 확장한다는 점에서 유추와 유사하나 법의 목적에 의해 법적용의 범위를 확장한다는 범에서 그 독자성이 인정된다.50)

다) 지방세법상 '사업소'를 둔 경우까지 포섭될 수 있는지?

'광의설'에 의하더라도 법인의 주소지가 주된 사무소나 본점의 소재지에 한정되지 않는다 할지라도, 어떠한 경우까지 주소지로 인정할 것인지의 문제는 남는다. 다만, 위와 같이 법인이 주민이 되기 위한 요건이 당해 지방자치단체에 주된 사무소 또는 본점이 소재하는 경우에 한정하지 아니할 경우 법해석의 여지는 넓어지게 된다. '광의설'을 취하는 이상 대상판결 사안과 같이 법인이 시설분담금 부과ㆍ징수 당시 당해 지방자치단체에 지방세법상 사업소를 두고 있는 경우라면 당해 지방자방자치단체의 주민으로 봄에 있어 어려움이 없다 할 것이다.

지방세법상 지방자치법 제138조는 제7장 '재무'의 제3절 '수입과 지출' 부분에 위치하고 있는데, 위 장의 첫 번째에 위치한 제135조 "지방자치단체는 법률로 정하는 바에 따라 지방세를 부과·징수할 수 있다."라고 규정하고 있다. 지방세 세목 중 하나인 '주민세'는 지방자치단

50) 김영환, 앞의 논문, 19면 참조.

체가 행정서비스를 제공하기 위하여 필요한 경비의 부담을 널리 주민들에게 분담하도록 하는 조세로서 지방자치단체로부터 행정서비스를 받고 있는 것에 착안하여 널리 그 부담을 분담하도록 하고 있다. 주민세는 균등분, 재산분, 종업원분으로 구분되는데, 균등분은 인두세(人頭稅)의 성격을 가진 조세로서 주민이라고 하는 지방자치단체의 구성원 자격으로서 그가 속한 단체에 납부하는 최소한도의 기본회비에 해당한다(헌법재판소 2005. 10. 27. 선고 2004헌가22 전원재판부 결정[51] 참조).

구 지방세법(2020. 12. 29. 법률 제17769호로 개정되기 전의 것)은 균등분 주민세의 납세의무자를 '지방자치단체에 주소를 둔 개인', '지방자치단체에 사업소를 둔 법인' 등으로 규정하면서(제75조 제1항), 사업소를 '인적 및 물적 설비를 갖추고 계속하여 사업 또는 사무가 이루어지는 장소'라고 정의하고 있다(제74조 제4호).[52] 법인이 지방자치단체에 사업소,

---

51) 헌법재판소 2005. 10. 27. 선고 2004헌가22 : 주민세는 지방자치단체가 행정서비스를 제공하기 위하여 필요한 경비의 부담을 널리 주민들에게 분담하도록 하는 조세로서 지방자치단체가 재원조달을 위해 부과하는 지방세의 일종이며, 지방세의 분류 중 징수목적에 따른 분류인 보통세와 목적세 중 보통세에 속하고 과세권자인 지방자치단체의 유형에 따른 분류에는 시·군세에 속한다. 주민세는 지방자치단체로부터 행정서비스를 받고 있다는 것에 착안하여 널리 그 부담을 분담하도록 하는 성격을 가지고 있다는 점에서 소득의 재분배를 주된 기능으로 하는 소득세와는 성격을 달리한다. 이러한 주민세는 균등할과 소득할로 구분되는데, 균등할은 인두세(인두세)의 성격을 가진 조세로서 주민이라고 호칭되는 지방자치단체의 구성원인 회원의 자격으로서 그가 속한 단체에 납부하는 최소한도의 기본회비에 해당한다고 할 수 있다. 소득할은 소득의 정도에 따라 부담하는 조세로서 소득세할·법인세할·농업소득세할로 나누어지는데 이는 각각 그 과세표준을 소득세액, 법인세액, 농업소득세액으로 하고 있어 이들 조세의 부가세적 성격이 있기는 하지만 근원적으로는 주민이라는 데 착안해서 소득의 정도에 따라 지역사회비용을 능력에 맞게 분담시킨다는 데 그 기조를 두고 있다.(밑줄 필자)

52) 구 지방세법(2020. 12. 29. 법률 제17769호로 개정되기 전의 것) 제74조(정의) 주민세에서 사용하는 용어의 뜻은 다음 각 호와 같다.

4. "사업소"란 인적 및 물적 설비를 갖추고 계속하여 사업 또는 사무가 이루어지는 장소를 말한다.

제75조(납세의무자) ① 균등분의 납세의무자는 다음 각 호의 어느 하나에 해당하는

즉 '인적 및 물적 설비를 갖추고 계속하여 사업 또는 사무가 이루어지는 장소'를 두었다면 그 지방자치단체에 균등분 주민세 납부의무를 부담하고, 그러한 경우라면 지방세법 제13조 제1항에 따른 재산·공공시설 이용에 관한 권리를 가지고 그에 상응하여 지방세법 제138조에 따른 분담금 납부의무를 부담한다고 봄이 상당하다(물론 위 분담금 납부의무는 특히 이익을 받는 경우로 한정된다).[53]

자로 한다.

1. 지방자치단체에 주소(외국인의 경우에는 「출입국관리법」에 따른 체류지를 말한다. 이하 이 장에서 같다)를 둔 개인. (단서 생략)
2. 지방자치단체에 사업소를 둔 법인(법인세의 과세대상이 되는 법인격 없는 사단·재단 및 단체를 포함한다. 이하 이 장에서 같다)
3. 지방자치단체에 대통령령으로 정하는 일정한 규모 이상의 사업소를 둔 개인(이하 "사업소를 둔 개인"이라 한다)

53) 이진수 교수는 지방자치법 제138조의 분담금 부과、징수대상인 주민의 개념 및 범위에 관하여 검토하면서 광의설과 마찬가지로 "지방자치법상 '주민'이라는 개념은 단일한 개념이 아니라 문제되는 조항별로 다양한 의미를 가질 수 있다."고 하면서, "지방자치법 제138조는 지방자치단체가 부과、징수하는 재산 또는 공공시설의 설치를 위한 수익자부담금에 대한 일반적인 근거 조항이기 때문에, 탄력적 해석을 통하여 주민 개념을 넓게 인정할 수 있다."고 보았다. 다만 이러한 해석이 자의석인 것이 되어서는 안 될 것이므로 합리적인 기준이 있어야 할 것이라고 하면서, "주민등록이나 정관의 기재 등 공부상 기재로는 주민이라고 할 수 없지만, 생활의 실질적인 근거가 있거나 법인인 경우 영업활동의 근거가 있다고 할 수 있는 경우에는 동조의 주민에 해당하는 것으로 보아 분담금을 부담시키는 것이 타당하다. 비교법적으로 살펴본 독일과 일본의 예처럼, 토지 등 부동산을 소유하고 있거나, 영업활동을 하고 있는 경우라면 여기에 해당한다고 볼 수 있을 것이다."라는 의견을 개진하였다(이진수, 앞의 논문, 66, 67면 참조).

'광의설' 및 대상판결의 판시를 보면 주된 사무소 내지 본점 소재지 이외에 지방세법상 사업소 소재지의 경우에도 그 지방자치단체에 주소를 가진 것으로 볼 수 있다는 것이지, 추가적으로 주소지가 될 수 있는 장소가 사업소 소재지에 한정하는 것은 아니다. 이진수 교수의 견해는 기본적으로 광의설과 궤를 같이 한다고는 볼 수 있는데, 지방자치법 제138조의 경우 주민일 것을 요건을 함에 반하여 앞서 본 바와 같이 독일의 경우 주민의 유형을 거주자, 시민, 명예시민 등을 구분하는 등 우리 지방자치법과는 규율체계에 있어 상당한 차이가 있고, 일본의 경우에는 지방자치법상 분담금 부과、징수 대상을 주민으로 한정하고 있지 아니하여, 독일, 일본에서 분담금 부과 대상이라고 본 사례들에 대해서까지 광범위하게 주민의 개념을

라) 소결

지방자치법 제12조가 '주민의 자격'을 '지방자치단체의 구역 안에 주소를 가진 자'로 정하고 있으나 이는 위에서 본 바와 같이 주로 자연인의 참여권 등을 염두에 두고 만들어진 규정이고, 지방자치법은 주소의 의미에 관하여 별도의 규정을 두고 있지 않다. 법인이 지방자치법 제138조에 따른 분담금 납부의무자인 '주민'에 해당하기 위한 요건에 관하여 '법률의 흠결'이 있는 것으로 평가할 수 있고, 해당 지방자치단체의 구역 안에 주된 사무소 또는 본점을 두고 있는 경우만이 아닌 지속적으로 당해 지방자치단체의 재산, 공공시설에 대하여 이용관계가 형성될 수 있는 경우로까지 주민 인정 범위를 확장하여 해석하는 것이 정당하다고 평가된다. 어떤 법인이 해당 지방자치단체에서 인적·물적 설비를 갖추고 계속적으로 사업을 영위하는 경우라면 위와 같은 확장 해석이 정당화된다고 봄에 있어 어려움이 없다. 위와 같이 계속적으로 사업을 영위하면서 해당 지방자치단체의 재산 또는 공공시설의 설치로 특히 이익을 받는 경우 지방자치법 제138조에 따른 분담금 납부의무자가 될 수 있다고 본 대상판결의 판단은 적극적인 법형성을 통해 구체적 타당성 있는 결론을 도출하고자 하였다는 점에서 그 의의가 있다.

Ⅵ. 나가며

주된 사무소 또는 본점 소재지 여부와 무관하게 지난 수십여 년 동안 급수공사를 신청한 법인에 대하여 '급수공사 조례'에 근거하여 수도시설 시설분담금의 부과·징수가 이루어져왔다. 지금까지 위 시설분담금의 법적 성격이 무엇인지, 근거 법률규정을 지방자치법 제139조로 보

확장하여 분담금 부과·징수대상이라고 보기는 어려운 것으로 사료된다.

면 주민일 것을 요하는데 그 요건은 무엇인지에 관하여 판례에서 정면으로 문제된바 없었고 이에 따라 학계에서도 관련 쟁점에 관하여 활발한 논의는 없었다. 개별 건축물의 신축에 따른 수도시설 분담금의 경우 그 징수액이 크지 아니한 것에도 그 이유가 있을 것이다. 그러다가 대규모 개발사업을 영위하여 수도법 제71조에 따른 원인자부담금을 부담한 사업자에 대하여 수도시설 분담금 부과가 이루어지자 다수의 관련 소송이 제기되었고 개별 쟁점에 관한 하급심의 결론이 엇갈렸는데, 대상판결을 비롯한 관련판결로서 관련 분쟁을 종결시켰다는 점에서 큰 의의가 있다.

국민들의 법적 예측가능성, 법적 안정성 등을 보장하기 위하여는 그 자체로 침익적 성격을 가진 법규나, 혹은 침익적 처분의 근거가 되는 법규는 그 요건, 절차, 효과 등이 다른 해석의 여지가 없을 정도로 명확하게 규정되어 있는 것이 바람직하다. 그런데 실제로는 입법상의 부주의, 입법기술상의 문제, 사회환경의 변화 등으로 법규의 내용 자체가 분명하지 아니하거나, 서로 모순되거나 문언대로만 해석할 경우 입법목적이나 현실에 맞지 않는 경우 등이 종종 있다. 이러한 경우 법규의 문언을 우선시하고 확장해석이나 유추해석 금지 원칙에 충실하게 판단할 것인지, 아니면 입법목적 등을 고려한 목적론적 해석을 함으로써 구체적 타당성 및 공익실현을 도모할 것인지 결정하는 것은 매우 어려운 문제로, 특히 행정소송에서의 가장 큰 난제가 아닐까 싶다.

다수의 하급심에서 주로 한국토지주택공사인 원고가 당해 지방자치단체에 주된 사무소 또는 본점을 두고 있지 않음을 근거로 지방자치법 제138조의 부담금 징수 대상인 '주민'에 해당하지 않아 수도시설 분담금의 부과·징수대상이 되지 않는다고 보았다. 그럼에도 대법원이 단순히 당시 소송 계속 중인 관련사건에서만이 아닌 다른 법인에 대한 시설분담금 부과처분의 적법성이 문제될 수 있고 그에 따른 사회적 파장 등까지도 고려한 것으로 보인다.

물론 사법부가 문언을 벗어나 규범 수범자에게 침익적인 방법으로 해석을 하는 것은 사법작용을 넘어서 사실상 입법작용을 하는 것이라는 비판을 받을 수 있다. 법규에 미비점이 있는 경우 사법부가 이를 해석으로 덮으려는 것보다 법규의 문언 및 법규 해석의 원칙에 충실하게 판단함으로써 법적 예측가능성을 확보하고 장기적으로는 충실하고 신중한 입법 풍토가 정착될 수 있는 점 등을 고려하면, 파급효과를 지나치게 고려할 것이 아니라 문언에 충실하게 판단하는 것이 더 바람직하였을 것이라는 반론도 충분히 가능할 것으로 보인다.

대상판결 및 관련사건 판결을 통해 지방자치법 제138조의 주민의 개념 등의 해석과 관련하여 대법원 입장은 정리되었지만, 앞으로도 문언에 충실한 해석과 목적론적 해석, 그리고 법적 안정성 확보와 공익 실현 사이 중 어느 것을 우선할 것인지가 문제되는 사례는 계속 생길 것이고, 그러한 사례에서 대상판결이 참고할 수 있는 판결이 될 것으로 기대된다.

참고문헌

[단행본]

구병삭, 주석 지방자치법, 박영사(1995)

김동희, 행정법 Ⅱ (하)(제25판), 박영사(2019)

김용덕 대표편집, 주석민법 총칙(1), 한국사법행정학회(2019)

박균성, 행정법론(하)(제15판), 박영사(2017)

박정훈, 행정법의 체계와 방법론, 박영사(2005)

최봉석, 지방자치법론, 삼원사(2018)

최창호·강형기, 지방자치학, 삼영사(2016)

홍정선, 신지방자치법(제2판), 박영사(2013)

[논문]

김영환, 법학방법론의 관점에서 본 유추와 목적론적 축소, 법철학연구 제12권 제2호, 세창출판사(2009)

류지태, 주민의 법적지위, 자치연구 제4권 제1호, 한국지방자치연구소(1994)

박정훈, 行政法과 法解釋 — 法律留保 내지 議會留保와 法形成의 限界 —, 행정법연구 제43호, 행정법이론실무학회(2015)

서보국, 조세법상 법관의 법형성과 그 한계, 조세법연구 제28권 제1호, 세경사(2022)

성중탁, 부담금제도에 대한 비교법적 검토와 개선방안, 토지공법연구 제79집, 한국토지공법학회(2017)

송시강, 공법상 부담금에 관한 연구 - 재원조달책임에 있어서 평등원칙 —, 행정법연구 제57호, 행정법이론실무합회(2019)

윤지은, 사업시행자의 비용부담과 원인자부담금 — 수도법상 상수도원인자부담금을 중심으로 —, 법조 제69권 제5호(통권 제743호), 법조협

회(2020)
이원우, 판례연구방법론, 행정판례와 공익(청담 최송화 교수 희수 기념논문집), 박영사(2018)
이진수, 지방자치법상 '주민'(住民)의 개념 – 지방자치법 제138조의 분담금 부과·징수대상이 되는 주민 개념과 관련하여 –, 특별법연구 제16권, 사법발전재단(2019)
전훈, 자치입법과 국가입법의 갈등과 해결, 법학논고 제68집, 경북대학교(2019)

[보고서]
상수도 원인자부담금 제도개선방안에 관한 연구, 한국수도경영연구소(2006)

[일본 문헌]
判例タイムズ 1285号
川崎政司, 지방자치법 제2차 개판, 公職研면,
長野士郎, 축조 지방자치법 제12차 개정신판, 学陽書房

국문초록

주된 사무소 또는 본점 소재지 여부와 무관하게 지난 수십여 년 동안 급수공사를 신청한 법인에 대하여 '급수공사 조례'에 근거하여 수도시설 시설분담금의 부과·징수가 이루어져왔다. 지금까지 위 시설분담금의 법적 성격이 무엇인지, 근거 법률규정을 지방자치법 제139조로 보면 주민일 것을 요하는데 그 요건은 무엇인지에 관하여 판례에서 정면으로 문제된 바 없었다. 그러다가 택지개발사업 등 대규모 개발사업을 시행하면서 그 사업 시행자가 수도법 제71조에 따라 그 비용으로 해당 사업지구의 수도시설을 설치하였는데, 이후 해당 지방자치단체가 '수도급수 조례'에 근거하여 시설분담금 부과처분을 하자 다수의 소송이 제기되었고 개별 쟁점에 관한 하급심의 결론이 엇갈렸는데, 대상판결을 비롯한 관련판결로서 관련 분쟁을 종결시켰다는 점에서 큰 의의가 있다.

국민들의 법적 예측가능성, 법적 안정성 등을 보장하기 위하여는 침익적 처분의 근거가 되는 법규는 그 요건, 절차, 효과 등이 다른 해석의 여지가 없을 정도로 명확하게 규정되어 있는 것이 바람직하다. 그런데 실제로는 입법상의 부주의, 입법기술상의 문제, 사회환경의 변화 등으로 법규의 내용 자체가 분명하지 아니하거나, 서로 모순되거나 문언대로만 해석할 경우 입법목적이나 현실에 맞지 않는 경우 등이 종종 있다. 이러한 경우 법규의 문언을 우선시하고 확장해석이나 유추해석 금지 원칙에 충실하게 판단할 것인지, 아니면 입법목적 등을 고려한 목적론적 해석을 함으로써 구체적 타당성 및 공익실현을 도모할 것인지 결정하는 것은 매우 어려운 문제로, 특히 행정소송에서의 가장 큰 난제가 아닐까 싶다.

대상판결 및 관련사건 판결을 통해 지방자치법 제138조의 주민의 개념 등의 해석과 관련하여 대법원 입장은 정리되었지만, 앞으로도 문언에 충실한 해석과 목적론적 해석, 그리고 법적 안정성 확보와 공익 실현 사이 중 어느 것을 우선할 것인지가 문제되는 사례는 계속 생길 것이고, 그러한 사례에서 대상판결이 참고할 수 있는 판결이 될 것으로 기대된다. 이 글에서는 대상판결에서 법리 판시가 이루어진 수도시설 분담금의 법적 근거와 구 지방자치법 제138조의 분담금 납부의무자인 '주민'의 개념에 관한 대상판결 판단의 논거 및 그 타당성 등에 관하여 검토하였다. 특히 '주민'의 개념을 법인이 해당 지방자치단체에 주된 사무소 또는 본점을 두고 있는 경우만이 아닌 지방세법상 '사업소'를 두고 있는 경우까지 확장 해석한 것과 관련하여 법형성(목적론적 확장)의 허용요건 및 그 한계 측면에서 분석하였다.

주제어: 수도시설 분담금, 지방자치법상 주민 개념. 법형성의 허용요건, 목적론적 확장

Abstract

The legal nature of waterworks facilities contributions and the concept of residents under the Local Autonomy Act

Ihoon Heo*

Regardless of whether the main office or head office is located, for the past several decades, waterworks facility contributions have been assessed and collected based on the 'Water Supply Construction Ordinance' for corporations that have applied for water supply works. So far, there has been no direct problem in the precedents about what the legal nature of the above facility contribution is, and what the requirement is for residents to be a resident if the basis legal regulation is Article 139 of the Local Autonomy Act. Then, while carrying out a large－scale development project such as a housing site development project, the project implementer installed water facilities for the project district at the expense in accordance with Article 71 of the Water Supply Act. A number of lawsuits were filed and the conclusions of the lower courts on individual issues were mixed.

In order to guarantee the public's legal predictability and legal stability, it is desirable that the laws and regulations that are the basis for infringing dispositions be clearly stipulated so that their requirements, procedures, and effects, etc., leave no room for other interpretation. However, in practice, the contents of laws themselves are not clear due

---

* Judge, Daegu District Court

to negligence in legislation, problems in legislative technology, and changes in social environment. In this case, it is very difficult to decide whether to prioritize the text of the law and faithfully judge the principle of prohibition of extended interpretation or inferential interpretation, or to pursue specific validity and realization of the public interest by carrying out a teleological interpretation in consideration of the legislative purpose, etc. In particular, it seems to be the biggest challenge in administrative litigation.

Although the position of the Supreme Court has been clarified in relation to the interpretation of the concept of residents in Article 138 of the Local Autonomy Act through the subject judgment and related case judgments, it will continue to be difficult to determine which one is between the interpretation faithful to the text and the teleological interpretation, and securing legal stability and realizing the public interest. There will continue to be cases in which priority will be given, and in such cases, it is expected that the target judgment will be a judgment that can be referred to. In this article, we reviewed the legal grounds for waterworks contributions, for which judicial decisions were made in the subject judgments, and the grounds and validity of the subject judgment judgments regarding the concept of 'residents', who are obligated to pay the contributions under Article 138 of the former Local Autonomy Act. In particular, in relation to the expansion of the concept of 'resident' to the case where a corporation has a 'business office' under the Local Tax Act, not only the case where the corporation has its main office or head office in the local government, It was analyzed in terms of acceptance requirements and their limitations.

Keyword: waterworks facilities contributions, the concept of residents under the Local Autonomy Act. Permissive requirements of legal formation, teleological extension

투고일 2023. 6. 11.

심사일 2023. 6. 25.

게재확정일 2023. 6. 29.

外國判例 및 外國法制 研究

최근(2021-2022) 독일 행정판례 동향과 분석*

이재훈**

Ⅰ. 들어가는 말

본 연구는 2021년과 2022년에 이루어진 독일 연방행정법원(Bundesverwaltungsgericht)의 업무수행에 대한 개황을 소개하고 당해 연도에 공간된 연방행정법원의 주요 판례를 살펴보는 것을 주요 목적으로 한다. 이와 같은 기본적인 연구의 목적은 기존에 수행되어 온 독일 행

* 이 논문은 2023년도 성신여자대학교 학술연구조성비 지원에 의하여 연구되었음.
** 성신여자대학교 법과대학 법학부 조교수, Dr. jur.(법학박사).

정판례 동향과 분석 연구에 잇닿아 있다. 본 연구가 기존의 연구 목적을 계승하듯, 본 연구의 방법론 또한 지난 연구들을 통해 수행되어온 방법론을 계승하고 있다. 즉, 본 연구는 지속적으로 진행되어 온 독일 연방행정법원의 판례와 실무 개황을 소개하는 과거의 연구의 연장선상에 있는 연구이다. 따라서 본 연구를 통해 소개되는 주요 독일 행정판례는 기존의 연구와 마찬가지로 원칙적으로 독일 연방행정법원이 자신들의 연차보고서를 통해 소개하고 있는 주요 판례들 중에서 선정되었다.

최근 독일 행정판례들의 구체적인 내면을 들여다보면 개별 행정법 영역에서의 유럽화가 심화되고 있다는 점을 발견할 수 있다. 연방행정법원 판례들의 구체적 판시사항들을 살펴보면 유럽연합법과 관련된 쟁점이 있는지 없는지, 문제되는 법조가 유럽연합법적 관점에서 유럽연합법에 위반되는 것인지 아닌지, 어떠한 법조를 해석해내는 방식이 기존에 유럽연합 사법재판소가 설시했던 법리에 부합하는지 아닌지 등의 논의가 빈번히 등장한다는 점을 쉽게 발견할 수 있다. 하지만 본 연구는 유럽연합 회원국 행정법의 유럽화 현상에 대해서는 연구 대상으로 삼고 있지 않으므로, 이하에서 선정된 판례들을 살펴봄에 있어 유럽연합법적 쟁점은 사상되어 있다는 점을 사전에 밝혀두는 바이다.

이하에서는 우선 선행연구들과 마찬가지로 연방행정법원 연차보고서에 공개하고 있는 연방행정법원의 업무수행과 관련된 현황을 살펴본 후(이하 Ⅱ.), 연방행정법원의 주요 판례의 판시사항들을 살펴보도록 한다(이하 Ⅲ.). 해당 판례에 대한 이해를 돕기 위한 목적에서 구체적인 사실관계와 함께 경우에 따라서는 구체적인 적용 법조의 주요 내용도 서술되었고, 각 판례에서 다루어진 논의들을 심도 있게 소개하기 위한 목적에 따라 소개되는 판례의 편수는 6편으로 제한되었다는 점도 모두에 밝혀두는 바이다.

Ⅱ. 독일 연방행정법원 관련 최근(2021-2022) 업무 수행 개황[1)]

1. 개관

독일 연방행정법원에 접수된 사건의 수는 2017년 이후 2020년까지 지속적으로 감소되는 추세를 보였는데,[2)] 이러한 추세는 2021년과 2022년에도 지속되고 있다. 독일 연방행정법원에 접수된 사건수과 관련하여, 2021년에는 2020년 대비 약 6.6%가 감소하였으며, 2022년에는 2021년 대비 약 9.6%가 감소하였다.

독일 연방행정법원에 계류되었던 사건 처리 건수도 지속적인 감소 추세를 나타내고 있으며, 2021년에는 2020년 대비 약 14.3%가 감소하였으며, 2022년에는 2021년 대비 약 7.9%가 감소하였다.

한편 연말 기준 독일 연방행정법원에 소송 계속 중인 사건의 수의 경우, 2020년까지는 지속적으로 감소하는 추세를 보이고 있었으나, 2021년에는 2020년에 비해 소폭 증가하였고, 2022년에는 2021년 대비 근소하게 증가하였다.

이와 관련된 최근 통계는 아래의 표와 같다.

---

1) 이하의 독일 연방행정법원 업무처리와 관련된 사항은 독일 연방행정법원이 공간한 2021년 연차보고서 및 2022년 연차보고서의 내용을 정리하여 소개한 것임을 밝혀둔다: Bundesverwaltungsgericht, Jahresbericht 2021, S. 14 f.; Bundesverwaltungsgericht, Jahresbericht, S. 14 f. 이에 대한 독일 연방행정법원의 공식 보도자료는 독일 연방행정법원 홈페이지를 통해서도 확인할 수 있다:
https://www.bverwg.de/de/pm/2022/16(최종접속일: 2023.6.4.) ;
https://www.bverwg.de/de/pm/2023/18(최종접속일: 2023.6.4.).

2) 계인국, 최근(2020) 독일 행정판례 동향과 분석, 행정판례연구 27－1, 한국행정판례연구회, 2022, 314면.

연도	접수건수	처리건수	연말 소송계속 중인 사건 수
2017	1459	1407	782
2018	1344	1441	685
2019	1251	1300	636
2020	1160	1237	559
2021[3)]	1083/1084	1060/1059	582/584
2022	980	975	589

출처: https://www.bverwg.de/de/pm/2022/16(최종접속일: 2023.6.4.) 및
https://www.bverwg.de/de/pm/2023/18(최종접속일: 2023.6.4.) 종합

2. 상고절차(Revisionsverfahren) 및 재항고절차(Beschwerdeverfahren) 처리기간

(1) 상고절차 처리기간

2021년의 경우 판결을 통한 상고절차 종국 기간은 13개월 11일로, 2020년(15개월 3일)에 비해 짧아졌으나, 2022년의 경우 14개월 26일로 2021년에 비하여 처리기간이 소폭 증대하였다. 최근 6년 간 판결을 통한 상고절차 종국 기간은 아래의 표와 같다.

3) 2021년 통계의 경우, 2021년에 발간된 연차보고서와 2022년에 발간된 연차보고서 상의 수치 차이가 존재하므로 양자 모두 병기하였다. 앞의 수치가 2021년도에 발간된 연차보고서에 기재된 수치이고, 뒤의 수치가 2022년도에 발간된 연차보고서에 기재된 수치이다. 이러한 수치의 차이가 발생하게 된 배경에 대해서는 독일 연방행정법원의 연차계획서에 기재된 바는 없다. 이러한 통계가 과거를 복기하여 수집 및 처리된다는 점을 고려한다면 2022년에 발간된 연차보고서의 수치가 옳은 수치일 것으로 추측되지만, 독일 연방행정법원이 발간한 매년의 통계를 객관적으로 기술하기 위한 목적에서, 두 가지 수치를 모두 기재하였음을 밝혀둔다.

연도	판결을 통한 상고심 종국 기간
2017	12개월 9일
2018	14개월 16일
2019	15개월 13일
2020	15개월 3일
2021	13개월 11일
2022	14개월 26일

출처: https://www.bverwg.de/de/pm/2022/16(최종접속일: 2023.6.4.) 및 https://www.bverwg.de/de/pm/2023/18(최종접속일: 2023.6.4.) 종합

(2) 재항고절차 처리기간

재항고절차의 처리기간의 경우 2020년에는 평균 4개월 26일이, 2021년에는 평균 4개월 25일이, 2022년에는 평균 4개월 13일이 소요되었다. 2021년의 경우 재항고사건의 47.52%가 3개월 이내에, 61.94%가 6개월 이내에 처리되었고, 2022년의 경우 재항고사건의 45.16%가 3개월 이내에, 65.90%가 6개월 이내에 종료되었다.

3. 인프라시설 프로젝트에 대한 처리

인프라시설 프로젝트(Infrastrukturvorhaben)과 관련한 독일 연방행정법원에서의 절차는 시심적 성격과 종심적 성격을 동시에 갖고 있는데, 2021년에는 이러한 사건이 총 37건 제기되어, 2020년의 47건에 비해 감소하였다. 한편 2022년의 경우 이와 관련된 사건이 총 23건 제기되어 2021년도에 비해서는 감소하였다.

2021년 제기된 사건 중 17건이 장거리 도로 관련 인프라시설 프로젝트와 관련 있었다. 철도 관련 인프라시설 프로젝트에 대한 소 제기는 6건, 에너지공급망 인프라시설 프로젝트와 관련된 소제기는 11건, 수로

인프라시설 프로젝트와 관련하여 이루어진 소제기는 3건이 있었다.

2022년의 경우, 장거리 도로 인프라시설 프로젝트와 관련된 사건이 4건, 철도 인프라시설 프로젝트 관련 사건이 4건, 에너지공급망 인프라시설 프로젝트 관련 사건이 12건, 수로 인프라시설 프로젝트 관련 사건이 1건이 제기되었다.

독일 연방행정법원에서의 인프라시설 프로젝트에 대한 소송 진행기간은 2021년 및 2022년 공히 평균 12개월 18일이었다. 이와 관련된 최근 동향은 아래의 표와 같다.

연도	연방 행정법원을 시심기관으로 하는 인프라시설 프로젝트에 대한 소송 진행 기간
2017	11개월 10일
2018	12개월 23일
2019	10개월 23일
2020	9개월 16일
2021	12개월 18일
2022	12개월 18일

출처: https://www.bverwg.de/de/pm/2022/16(최종접속일: 2023.6.4.) 및
https://www.bverwg.de/de/pm/2023/18(최종접속일: 2023.6.4.) 종합

Ⅲ. 2021년 및 2022년 독일의 주요 행정판례 분석

1. 차량의 이산화탄소 배출량 정보에 대한 정보공개 청구 [BVerwG 10 C 2.20 - Urteil vom 26. April 2021]

(1) 주요 요지

환경정보법(Umweltinformationsgesetz) 제2조 제1항 제1호 제3문 a목

에 따른 예외에는 입법절차를 통해 생성된 정보만이 포함된다.

(2) 사실관계 및 소송의 경과

1) 사실관계

환경보호단체인 원고는 2015년 11월 5일 서한을 통해 연방교통·디지털인프라부(이하 연방교통부라 함) 장관에게 2015년 11월 4일 연방교통부에 제출된 프레젠테이션과 이와 관련된 메모를 열람할 것을 청구하였다. 이러한 문건들은 소송참가자의 디젤스캔들과 관련된 사항을 담고 있는 것으로서, 소송참가자가 제조한 차량의 이산화탄소 배출량과 관련되어 있었다. 이러한 청구를 받게 된 연방교통부는 본 사건의 소송참가자에게 이와 같은 열람 신청 사실에 대해서 알려주었고, 소송참가자는 이에 대해 반대하였다.

2015년 12월 22일 연방교통부는 원고의 신청을 거부하였다. 이와 같은 거부를 함에 있어 연방교통부는 소송참가자의 영업 비밀에 해당하는 사항이기 때문이라고 하면서, 이러한 소송참가자의 영업 비밀을 비공개하여 실현되는 사익이 이를 공개하여 실현되는 공익보다 더 크다는 등의 이유를 제시하였다. 이와 같은 거부 결정에 대해 원고가 이의를 제기하였으나, 받아들여지지 않았고, 이에 원고는 의무이행소송을 제기하였다.

2) 소송의 경과

1심 법원인 베를린 행정법원(VG Berlin)은 피고에 대해 내용 삭제 없이 원고가 열람을 신청한 서류들을 열람할 허용해야만 할 의무를 진다며 원고의 청구를 인용하였다. 이에 대하여 피고와 소송참가자가 항소하였다. 그리고 2심 법원인 베를린–브란덴부르크 상급행정법원(OVG Berlin–Brandenburg)은 피고와 소송참가자의 항소가 이유 없다는 판결을 내렸다.

이에 불복하기 위하여 연방행정법원에 상고가 이루어졌으나, 연방행정법원은 상고가 이유 없음을 이유로 기각판결을 하였다.

(3) 대상 판결의 주요 내용

환경정보법 제3조 제1항 제1문에 근거한 원고의 환경정보 접근 신청과 관련하여, 대상 판결과 관련해서는 소송당사자들 사이에서 원고가 열람을 신청한 정보 자체가 환경정보법 제2조 제3항상의 환경정보에 해당한다는 것에 대해서는 다툼이 없었기 때문에, 상고심에서는 주로 정보공개 신청 거부에 대한 정당한 예외가 인정되는 것인지에 대한 쟁점들이 다루어지고 있다.

1) 공개 예외 대상 정보로서 입법 관련 정보[4]인지 여부에 대한 판단

환경정보법 제2조 제1항은 정보공개 의무를 부담하는 기관과 관련하여 규율하고 있으며, 환경정보법 제2조 제1항 제1호 제1문은 연방정부를 환경정보법상 정보공개 의무를 부담하는 기관으로 명시하고 있다. 다만 환경정보법 제2조 제1항 제1호 제3문 a목에 따르면 최상급 연방행정청이 입법과 관련한 업무를 수행하는 경우에는 이러한 때 정보공개

4) 피고는 원고의 환경정보 열람 신청을 거부하면서 입법 관련 정보이므로 접근신청의 대상이 되지 않는다는 이유를 제시하지는 않았으나, 1심 판결문(VG Berlin, VG 2 K 236.16 – Urteil vom 19. Dezember 2017)을 살펴보면 원고는 소송에서는 해당 서류들이 환경정보법 제2조 제1항 제1호 제3문 a목에서 정하고 있는 입법 작용과 관련된 정보에 해당한다는 내용의 처분사유 추가를 한 것으로 판단된다. 이와 관련하여 1심 판결문을 살펴보면 피고는 해당 문서들이 유럽연합 차원에서 이루어지는 입법절차와 관련된 정보라고 주장한 것으로 추정되며, 유럽연합 차원에서의 입법절차도 환경정보법 제2조 제1항 제1호 제3문 a목에 포섭된다는 주장을 한 것으로 추정된다. 이와 관련하여 1심 법원은 유럽연합 차원의 입법절차는 해당 조항에 포섭되지 않으며, 국내 입법절차만이 이에 해당된다고 판단하여 피고의 주장을 배척한 것으로 판단된다. 연방대법원은 해당 입법절차에 국내 입법절차만이 포섭되는 것인지, 아니면 유럽연합 입법절차까지 포섭되는 것인지에 대해서는 명확하게 판시하고 있지 않으며, 해당 쟁점에 대해서는 판단을 유보한다는 판시를 하고 있다.

의무를 부담하지 않아도 되는 예외를 규율하고 있다. 따라서 정보 공개 신청의 대상이 되는 문서들이 입법절차와 관련이 있다면 이는 공개되지 않아도 될 수 있는 가능성이 존재한다.

이러한 쟁점과 관련하여 연방행정법원은 입법 과정에서 이용된 정보라고 하여 모두 공개 대상에서 제외되는 것은 아니라고 판시하며, 정보의 공개 여부를 판단함에 있어 관련 정보의 유형을 구분해야 한다고 판시하고 있다. 이러한 맥락에서 연방행정법원은 ① 입법절차 그 자체에서 발생된 정보와, ② 입법절차 진행 중 필요하여 입수된 자료로 그 유형을 구분할 수 있다고 하며, 정보공개의 예외에 해당하는 정보는 전자의 유형, 즉 구체적인 입법절차 그 자체를 통해서 생성된 정보에 해당한다고 판시하였다. 이와 함께 연방행정법원은 환경정보법 제2조 제1항 제1호 제3문 a목의 보호법익은 입법절차에 참여하고 있는 최상위 연방행정청에 대한 무제한적인 내부적 의사결정 가능성 보장과 이를 통한 적절한 입법절차 진행의 보장이라고 판시하였고, 구체적인 입법과정 외에서 생성된 정보(②에 해당하는 정보)의 공개 그 자체는 이러한 법익을 침해하지 않는다고 판시하였다. 또한 연방행정법원은 대상 판결과 관련된 사실관계를 살펴보면 정보공개 신청이 된 서류들은 소송참가자의 법률위반 가능성과 관련된 판단을 위해 피고에게 전달된 것이므로 입법절차와 관련된 정보 자체가 아니라는 점도 다시금 확인하고 있다.

2) 환경정보 접근 신청 거부 사유에 대한 판단

독일의 환경정보법은 다양한 유형의 환경정보 공개 신청에 대한 정당한 거부 사유들을 규율하고 있다. 특히 환경정보법 제8조와 제9조에서는 환경정보 공개 신청에 대해서 거부할 수 있는 사유들이 규율되어 있다.[5] 하지만 연방행정법원은 당해 사건에서 열람 신청 대상이 된

5) 독일 환경정보법 제8조 및 제9조에서 정하고 있는 환경정보에 대한 접근 신청 거부 사유에 대하여 소개하고 있는 국내 선행 연구로는, 강현호, 환경정보의 공개 및 전파에 대한 법적 고찰, 환경법연구, 제38권 제3호, 한국환경법학회, 2016, 250면.

환경정보에 대해서는 정당한 접근 거부 사유가 존재하지 않는다고 판시하였다.

가. 환경정보 접근 신청 거부 사유에 대한 환경정보법상의 규율

환경정보법 제8조 제1항 제1문 제3호는 공개에 대한 공익이 더 우월하지 않는 한, 정보의 공개가 ① 진행 중인 재판의 진행 또는 ② 타인의 공정한 절차 진행에 대한 청구권 또는 ③ 형사법적 · 질서위반행위법적·징계법적 조사에 부정적인 영향을 미칠 수 있는 경우, 환경정보에 대한 접근신청이 거부된다고 규율하고 있다.

그리고 환경정보법 제9조 제1항 제1문 제3호 전단은 당사자가 동의하거나 공개에 대한 공익이 우월하지 않은 한, 공개를 통해 기업의 비밀 및 영업상 비밀에 접근하게 되는 경우 환경정보에 대한 접근 신청이 거부된다고 규율하고 있다. 또한 환경정보법 제9조 제2항 제1문에 따르면 공개를 통한 공익이 우월하지 않은 이상 사인인 제3자가 법적 의무를 부담하지 않거나 법적 의무를 부담하게 될 수 있는 상황이 아님에도 환경정보를 정보공개 의무를 부담하는 기관에게 전달한 경우 당해 사인의 동의 없이 당해 환경정보에 접근하게 할 수 없다고 규율하고 있다.

한편 환경정보법 제9조 제1항 제2문과 제2항 제2문의 경우 이러한 거부 사유에 대한 한계 규정을 두고 있는데, 환경정보가 임밋시온에 관련되는 경우, 이러한 예외적인 거부 사유가 있음에도 불구하고 이를 근거로 임밋시온 관련 환경정보에 대한 접근은 거부될 수 없다고 규율하고 있다.

나. 환경정보법 제8조상의 거부 사유에 대한 판단

우선 환경정보법 제8조 제1항 제1문 제3호와 관련하여 현재 계속 중인 재판이 존재하지 않으며, 해당 정보를 둘러싸고 소송참가자와 타인 간의 민사소송도 진행되고 있지 않다는 점, 또한 원심을 통해 확정된 사실을 고려한다면 해당 정보의 공개를 통한 형사사건 조사 등에도 부정적인 영향이 없는 상황이기 때문에 연방행정법원은 환경정보법 제8조 제1항 제1문 제3호를 근거로 원고의 열람 신청을 거부하는 것은 타당하지 않다고 판시하였다.

다. 환경정보법 제9조상의 거부 사유에 대한 판단

환경정보법 제9조에서 정하고 있는 거부 사유들과 관련해서도 연방행정법원은 이들을 근거로 원고가 피고에게 신청한 열람 신청이 정당하게 거부될 수 없다고 판시하였다.

소송참가인이 피고에게 제공한 정보는 법적 의무에 따른 것도 아니고 의무 부담의 대상이 될 소지가 있어서 제공된 것도 아니기 때문에 기본적으로 환경정보법 제9조 제2항에서 정하고 있는 구성요건에는 해당된다고 연방행정법원은 판단하였다. 하지만 이러한 공개를 통해서 소송참가인의 이미지 실추가 있을 수는 있겠지만 해당 정보를 공개하는 공익적 가치가 더 우월하다고 판시하였다.

또한 연방행정법원은 환경정보법 제9조 제1항 제3호를 통해 규율되고 있는 기업의 비밀 및 영업의 비밀에 대한 정보공개 거부와 관련하여, 이는 비밀의 공개로 인해 시장에서의 경쟁상황에 부정적인 효과를 방지하는 것을 목적으로 한다는 것을 전제로, 해당 정보들이 기업의 비밀 및 영업의 비밀과 관련성이 있을 수는 있으나, 기업의 비밀이나 영업의 비밀이란 것은 시간이 지날수록 비밀로서의 가치가 감소되는 것이며, 시간의 도과에도 불구하고 비밀성이 감소되지 않았다는 점은 비밀성을 주장하는 측에서 입증해야 한다는 기존의 연방행정법원의 판시사항을 원용하면서, 당해 사건과 관련된 환경정보들은 5년 이상 된 과거의 정보에 해당하므로 현재성을 갖고 있는 비밀이라고 보는 것은 더 이상 힘들 것이라는 언급을 하였다.

다만 이러한 논의들과는 별개로 환경정보법 제9조 제1항 제2문과 제2항 제2문에서 환경정보가 임밋시온에 관련되는 경우 각종 정보공개

거부 사유가 있음에도 불구하고 이를 근거로 임밋시온 관련 환경정보에 대한 공개가 거부될 수 없다고 규율하고 있고, 원고가 열람하고자 하는 정보들 중 소송참가인이 제조한 차량의 이산화탄소 배출량과 관련된 정보는 임밋시온과 관련된 환경정보에 해당하기 때문에 이와 관련하여 피고에게는 정당한 거부 사유가 없다고 연방행정법원은 판시하였다.

다른 한편 환경정보법 제9조 제1항 및 제2항 그 자체에서 정하는 예외 사유들이 존재한다고 하더라도 해당 정보의 공개로 인한 공익이 더 큰 경우에는 예외의 예외로 해당 정보의 공개를 정당하게 거절할 수 없는 구조를 취하고 있는데, 당해 사안의 경우 정보 공개를 통한 공익이 더 크다고 연방행정법원은 판단하고 있다.

2. 연방내무부의 트위터 다이렉트 메시지에 대한 정보 공개 청구[BVerwG 10 C 3.20 – Urteil vom 28. Oktober 2021]

(1) 주요 요지

1. 트위터 다이렉트 메시지로서 트위터 Inc.에 저장되어 있는 정보는 정보자유법(Gesetz zur Regelung des Zugang zu Informationen des Bundes; Informationsfreiheitsgesetz; IFG) 제2조 제1호 제1문상의 공적 정보(amtliche Information)[6]에 해당하지 않는다.

---

6) 정보자유법 제2조 제1호는 다음과 같다. 이하의 번역은 독자의 편의를 위해 일정 부분 의역되었기 때문에 원문도 함께 병기하였다.

정보자유법 제2조(개념정의) 이 법률에서 사용되는 개념은 다음과 같다. 1. 공적 정보(amtliche Information)란 그 저장방식을 불문하고 모든 공적 목적을 위한 기록(Aufzeichnug)을 말한다. 어떠한 업무 과정의 본질적 구성부분이 아닌 초안과 메모는 공적 정보에 해당하지 않는다.	§ 2 Begriffsbestimmungen Im Sinne dieses Gesetzes ist 1.amtliche Information: jede amtlichen Zwecken dienende Aufzeichnung, unabhängig von der Art ihrer Speicherung. Entwürfe und Notizen, die nicht Bestandteil eines Vorgangs werden sollen, gehören nicht dazu;

2. 어떠한 정보가 정보자유법 제2조 제1호 제1문상의 공적 정보가 되기 위해서는 그것이 담고 있는 내용이 공적 목적에 연관된 것이라는 것만으로는 아니 되며 그 기록이 공적 목적에 연관된 것이어야 한다.

3. 어떠한 기록의 내용이 규정에 부합한 문서처리의 원칙(Grundsätzen ordnungsgemäßer Aktenführung)에 따라 문서화할 의미가 있는(aktenrelevant) 것인 경우 이러한 기록은 객관적으로 공적 목적에 연관된 것이라고 할 수 있다.

(2) 사실관계 및 소송의 경과

1) 사실관계

연방내무부는 @BMI_Bund라는 트위터 공식 계정을 사용하여 왔다. 연방내무부는 트위터 공식 계정 활용하는 방식으로 공중이 접근할 수 있는 공개적인 글을 트위터에 올리는 방식뿐만 아니라 다이렉트 메시지를 통한 의사소통 방식도 활용하여왔다. 연방내무부는 유한회사 F의 편집프로그램을 활용하여 트위터를 운용하였는데, 다이렉트 메시지는 트위터 앱과 F사의 편집프로그램을 통해서 운용되었다. 모든 다이렉트 메시지는 트위터 Inc.의 서버에 저장되어 있었으나, 이를 불러올 수는 있었다. 피고인 연방내무부의 경우 트위터 다이렉트 메시지와 관련해서 저장하고 있는 데이터가 전혀 없는 상황이었다.

원고의 정보공개 청구와 관련하여 피고인 연방내무부는 공적 정보에 해당하지 않는다는 이유로 이를 거부하였고, 이와 관련하여 트위터 다이렉트 메시지들이 문서화할 가치가 없는 것들이라는 점도 제시하였다. 이러한 거부에 대한 이의제기도 받아들여지지 않았고, 이에 원고는 소를 제기하였다.

2) 소송의 경과

1심 법원인 베를린 행정법원은 연방내부무에서 트위터를 이용하여 보낸 다이렉트 메시지들이 정보자유법 제2조 제1호에서 정하고 있는 공적 정보에 해당한다고 판단하였다. 그리고 이와 같은 판단을 내림에 있어, 정보자유법 제2조 제1호에서 정의하고 있는 공적 정보라는 개념은 넓게 해석되어야 하며, 따라서 전적으로 사적(개인적) 목적과 관련된 정보인 경우에만 정보자유법 제2조 제1호상의 공적 정보에 포섭되지 않게 된다고 판단하였다. 또한 문서화 가치(Aktenrelevanz)가 있는지 없는지 여부는 공적 정보인지 여부에 대한 판단을 함에 있어서 문제되지 않는다고 하였다.

이에 피고인 연방내무부는 비약상고(Sprungrevision)[7]를 신청하며, 다이렉트 메시지는 공적 정보가 아니며, 어떠한 정보가 공적 목적을 갖기 위해서는 그러한 정보가 행정업무과정과 연관성이 있어야 하며 이로 인하여 이러한 정보가 행정업무과정의 일부분이 되어야 한다고 하였다. 연방내무부는 트위터 다이렉트 메시지는 시민들의 질의사항 또는 언론의 질의사항에 대해서 비공식적 답변을 하는데 사용되었으며, 이는 전화 문의를 대신하는 기능으로 사용된 것일뿐이라고 하였다.

이러한 비약상고는 허용되었고, 또한 그 이유가 있는 것으로 연방행정법원에 의해 받아들여졌다.

(3) 대상 판결의 주요 내용

연방행정법원은 원심 법원이 전적으로 그리고 명백히 사적(개인적) 목적과 관련된 정보를 제외한 모든 정보들이 공적 정보라고 정보자유법 제2조 제1호를 해석하는 것은 타당하지 않다고 판시하였다.

연방행정법원은 기록 매체 내지 저장 매체와 관련해서는 정보자유

---

7) 독일 행정법원법 제134조는 비약적 상고에 대해서 명시적으로 규율하고 있다. 참고로, 우리의 행정소송법은 비약상고에 대해서는 규율하고 있지 않으나, 대법원은 2017. 5. 11. 선고 2017두33145, 33152 판결을 통해 민사소송법 제422조 제2항과 제390조 제1항 단서가 행정소송법 제8조 제2항을 통해 준용되기 때문에 행정소송에서도 비약상고가 허용될 수 있다는 입장을 취한 바 있다.

법 제2조 제1호 제1문을 넓게 해석해야 한다고 파악하여, 아날로그 매체뿐만 아니라 디지털 매체도 공적 정보를 저장하는 매체로 파악된다고 설시하였다. 연방행정법원은 글, 도표, 사진, 녹음자료와 같은 기록물, 각종 마그네틱에 이루어진 기록, CD, DVD, 필름과 같이 정보자유법의 입법이유서에서 제시하고 있는 매체뿐만 아니라 기술의 발전에 의해서 더욱 다양해지는 매체까지도 이에 포함된다고 설시하였고, 따라서 트위터 Inc.에 저장되어 있는 다이렉트 메시지 또한 - 저장 매체라는 측면에 국한하여 판단하면 - 공적 정보가 될 가능성은 있다고 설시하였다.

한편, 연방행정법원은 기록 그 자체가 공적 목적 수행에 관련되어야 한다는 점에서 정보 그 자체가 담고 있는 내용 그 자체가 공적 목적과 관련된 것을 의미하는 것이 아니라 해당 정보의 기록이 공적 목적 수행에 관련되어야 한다고 설시하였다. 그리고 이는 어떠한 기록을 발생시킨 행정청의 주관적 의사 또는 규정에 부합하는 문서처리의 원칙에 대한 객관적 규율을 통해서 파악할 수 있는 것이라고 연방행정법원은 설시하였다.

이러한 설시와 관련하여 연방행정법원은 연방내무부의 트위터 다이렉트 메시지의 경우 연방내무부에 의한 공적 기록으로서의 성격 부여가 존재하지 않는다고 하였으며, 연방내무부에 의해서 저장되지도 않았다는 사실에 주목하였다. 그리고 트위터 Inc.의 경우 공적 주체와 사적 주체를 불문하고 자신의 서비스 모델에 따라 서비스를 제공한 것일 뿐, 행정보조인도 아니며, 트위터 Inc.의 서버에 비록 다이렉트 메시지가 저장되어 있다고는 하나 이는 이용자의 필요에 따라 다시금 사용할 수 있기 위한 목적을 위해서 저장되어 있는 것일 뿐이라는 점에도 주목하였다. 또한 트위터 다이렉트 메시지는 대민 업무와 관련된 약속 시간을 잡거나 이미 공개되어 있는 담당자 정보를 제공하는 등의 형태로 사용되었고, 언론과 관련된 업무의 경우도 약속 시간 확정, 관할과 관련된 질문에 대한 답변 등과 관련되어 사용되었다는 점에 주목하였다. 이러한 점들을 통해 연방행정법원은 연방내무부가 트위터 다이렉트 메시지를 공적 목적 수행을 위해서 기록된 것이라고 판단하지 않았다.

또한 규정에 부합한 문서처리의 원칙이라는 객관적 관점에서 보았을 때 트위터 다이렉트 메시지는 공적인 목적을 위해 기록된 것은 아니라고 연방행정법원은 판단하였다. 이러한 판단을 하는 과정에서 중요한 관점은 다이렉트 메시지들이 행정과정의 일부분을 차지하고 있는지, 즉 문서화해 놓을 의미가 있는지 여부에 달려있으며, 연방행정법원은 이와 관련된 정보자유법의 입법이유서를 통해 입법자가 제시하고 있는 '공적 활동과 관련이 없는 정보들은 공적 정보에서 제외된다'는 점을 고려하였다.

3. 성명 등 정보 공개 신청과 개인정보 보호

[BVerwG 10 C 5.21 – Urteil vom 1. September 2022]

(1) 주요 요지

환경정보법에 따라 공개되는 개인정보가 정보공개 신청인 또는 제3자에 의해 인터넷에 유포될 수도 있다는 일반적 리스크는 환경정보법 제1항 제1문 제1호상의 현저한 이익침해의 근거가 되지 못한다. 환경정보법 제1항 제1문 제1호상의 현저성 여부 판단과 관련해서는 유사한 규정인 정보자유법 제5조 제3항 및 제4항의 적용을 통해서 구체화 된 바 있으며, 이들 규정에 의해서 규율되고 있는 개인정보의 공개는 일반적으로 관계자의 이익을 현저하게 침해하지 않는다.

(2) 사실관계 및 소송의 경과

1) 관련 법조

환경정보법 제9조 제1항 제1문 제1호는 당사자가 동의하거나 공개에 대한 공익이 우월하지 않은 한, 정보공개를 통해 개인정보가 공개되고 이로 인하여 관련자의 이익이 현저하게 침해될 수 있는 경우 환경정보에 대한 접근 신청이 거부된다고 규율하고 있다.

정보자유법 제5조 제1항 제1문은 신청인의 정보에 대한 이익이 정보 공개의 차단을 통한 제3자의 이익보다 우월하거나 제3자가 동의한 경우에 한하여 개인정보에 대한 공개가 허용된다고 규정하고 있다. 또한 정보자유법 제5조 제3항은 제3자가 감정인, 전문가 또는 이러한 방식으로 일정한 절차에서 견해를 표명하였고, 정보공개 신청이 제3자의 성명, 직위, 학위, 직업적 명칭 및 기능상의 명칭, 사무실주소 및 전화번호에 한정되는 경우에는 신청인의 이익이 제3자의 보호가치 있는 이익보다 일반적으로 우월하다고 규율하고 있다. 그리고 정보자유법 제5조 제4항은 담당자의 성명, 직위, 학위, 직업적 명칭 및 기능상의 명칭, 사무실주소 및 사무실전화번호는 이들이 공적 업무의 표현의 결과이고 다른 예외적 구성요건을 충족하지 않는 이상 정보공개에서 제외되지 않는다고 규율하고 있다.

2) 사실 관계

원고는 유리산업 분야에 속한 기업으로, 대량의 전기를 소비하고 있는 기업이다. 이러한 기업적 속성으로 인해 원고 기업은 특별 보상규정 비용 법규명령(Besondere-Ausgleichsregelung-Gebührenverordnung)에 따라 일정한 비용을 납부하는 대상에 해당하는데, 원고는 해당 규정이 적법한 것인지에 규명하고 싶어 했다. 이를 위해 원고는 해당 규정에서 정하고 있는 비용 산식과 관련된 정보, 해당 법규명령 발령의 배경 및 이와 관련된 진행 과정에 관한 정보 등에 대한 접근을 원했다.

2016년 5월 11일 원고는 당시 연방경제·에너지부(현 연방경제·기후보호부, 이하 연방경제부라 함)에게 환경정보법 제4조 제1항에 근거하여 정보에 대한 접근 신청을 하였다. 이러한 원고의 신청에 대해서 연방경제부는 2016년 6월 9일 원고의 신청에 따라 원고가 원하는 문서 부분을 복사하여 전달하기로 결정하였고, 개인정보가 담긴 부분은 검게 칠하여 볼 수 없도록 한 복사본을 원고에게 제공하였다.

원고는 이와 같이 검게 칠해진 개인정보 관련 부분도 공개되어야 한다고 주장하면서 해당 법규명령 발령과 관련된 자들(행정청 소속 공무원, 관련 협회 소속 직원 및 연방의회 원내 교섭단체 직원 등)의 성명, 직위, 이메일 주소 및 사무실 전화번호와 같은 업무상 연락처가 공개되어야 한다고 하였다.

3) 소송의 경과

이와 관련하여 1심 법원인 베를린 행정법원과 2심 법원인 베를린－브란덴부르크 상급행정법원은 원고의 청구를 기각하였으나, 연방행정법원은 원심 법원의 판결을 파기환송 하였다. 연방행정법원은 원심이 환경정보법 제9조 제1항 제1문 제1호에 부합하지 않는 근거에 기반하여 정보 공개 신청에 대한 거절 사유의 요건을 인정하였다고 판단하였다.

(3) 판결의 주요 내용

1) 환경정보법상 개인정보 공개 거부사유의 단계적 판단

환경정보법 제9조 제1항 제1항 제1문에 따르면 환경정보법 제4조 제1항에 따른 환경정보에 대한 신청은 관련자가 동의하거나 공개를 통한 공익이 우월하지 않은 이상 개인정보와 관련된 정보 공개로 인하여 관련자의 이익이 현저히 침해될 소지가 있으면 거부된다고 규정하고 있는데, 이러한 개인정보와 관련된 정보의 공개 거부 사유가 성립하는지를 판단하는 단계는 2단계로 구성되어 있다고 연방행정법원은 판시하고 있다.

연방행정법원에 따르면, 우선 첫 번째 단계에서 검토할 사항은 개인정보와 관련된 정보의 공개를 통해 관계인의 이익이 현저히 침해되었는지 여부이다. 연방행정법원은 이와 관련하여 입법자가 환경정보법 제9조 제1항 제1문 제1호를 통해 공개를 통한 관계인의 이익이 현저히 침해되지 않다고 판단되는 경우에는 일반적으로 정보공개의 이익이 비밀유지의 이익보다 우선하는 것으로 규율하고 있다고 판시하였다. 그리고 이에 따라 모든 개인정보와 관련된 정보가 관계인의 이익을 현저하게 침해하는 것이 아니며, 오히려 현저한 이익침해가 인정되는 경우에 한하여 정보 접근에 대한 신청이 거절되는 사유가 발생하는 것이라고 판시하였다. 따라서 이러한 현저한 이익 침해의 상황이 인정되지 않는다면 두 번째 검토 단계인 구체적 상황에 있어서 공개의 이익과 비밀 유지의 이익간의 형량 및 공개에 대한 공익이 우월한 것인지 여부에 대한 판단 자체는 문제되지 않는다고 한다.

이와 같은 두 단계로 구성된 판단 방식은 환경정보법 제9조 제1항 제1문에서 정하고 있는 거부 사유들을 체계적 관점에서 살펴보았을 때도 확인될 수 있다고 연방행정법원은 판시하였다. 연방행정법원은 환경정보법 제9조 제1항 제1문 제2호 및 제3호에서 정하고 있는 거부 사유들의 경우 해당 정보에 대한 접근으로 인하여 지적재산권, 기업의 비밀 또는 영업의 비밀 등에 대한 비공개성이 훼손되는 경우 거절 사유로 충분하지만 제1호에서 정하고 있는 개인정보와 관련해서는 비공개성의 훼손뿐만 아니라 이로 인한 현저한 이익침해까지도 요구하고 있다는 점을 제시하고 있다.

2) 입법자의 사전적 이익형량 결과로서 환경정보법 제9조 제1항 제1문 제1호

이처럼 환경정보법 제9조 제1항 제1문 제1호의 입법방식과 관련하여, 연방행정법원은 정보에 대한 공개의 이익과 비공개의 이익 간의 충돌을 해결하는 것이 규율의 목적이라는 점으로부터 구체적인 상황별 이익충돌의 해결방안이 직접적으로 도출되는 것은 아니지만, 그렇다고 하여 구체적 상황에 따른 이익형량만이 유일한 방안으로 고려되는 것은 아니라고 판시하였다. 연방행정법원은 이러한 맥락에서 입법자가 상위법이 한정 짓고 있는 규범적 틀 안에서 일반적인 이익형량을 우선적으로 실시하는 것도 가능하고, 입법자가 이익형량의 방향성을 제시하는 규율을 통해 행정청의 결정 방향성을 제시하는 것도 가능하다고 판시하였다.

이러한 맥락에서, 연방행정법원은 환경정보법 제9조 제1항 제1문 제1호의 규율 내용은 입법자에 의해, 개별 사안에서의 이익형량은 관계자의 이익에 대한 현저한 침해가 있는 경우 - 즉, 개인정보자기결정권에 대한 중대하게 침해하는 경우 – 에 한하여 이루어져야 하고, 관계자의 관점에서 현저한 이익 침해가 없는 경우에는 비공개의 이익에 비해 정보공개의 이익이 우위를 갖는 형태로 구성된 것으로 판단하였다. 이처럼 입법자가 특정한 이익이 우선한다는 가치판단을 하고 이를 명시적으로 입법화 한 또 다른 예가 환경정보법 제9조 제1항 제2문에서 임밋시온과 관련된 정보인 경우 환경정보법 제9조 제1항 제1문 각 호의 사유가 있더라도 거절되지 않는다고 규율하고 있는 부분에서도 발견된다고 연방행정법원은 설시하였다.

3) 이익침해의 현저성 판단1: 성명, 직위, 학위, 직업적 명칭 및 기능상의 명칭, 사무실주소 및 전화번호 공개를 통한 이익침해의 현저성 여부와 정보공개법의 유추적용

연방행정법원은 성명, 직위, 학위, 직업적 명칭 및 기능상의 명칭, 사무실 주소 및 사무실 전화번호 정보의 공개는 이익침해의 현저성이 없는 것으로 판시하였다. 다만 이러한 정보의 공개가 사생활에 대한 부정적 영향이 있는 경우에는 이익침해의 현저성이 인정될 수 있고, 이러한 경우 이와 같은 이익침해의 현저성이 있음에도 불구하고 공개의 이익이 우월한 경우에는 이익침해의 현저성에도 불구하고 해당 개인정보는 공개될 수 있다고 판시하였다.

그리고 성명, 직위, 학위, 직업적 명칭 및 기능상의 명칭, 사무실 주소 및 사무실 전화번호 정보의 공개가 일반적으로 이익침해의 현저성이 없다는 판단은 환경정보법 제9조 제1항 제1문과 유사한 규정인 정보공개법 제5조 제3항 및 제4항과 관련된 법리를 통해 파악될 수 있고, 또한 정보공개법 제5조 제3항 및 제4항의 규정이 환경정보법 제9조 제1항 제1문 제1호와 관련하여 유추적용 된다고 연방행정법원은 판시하였다.

연방행정법원은 정보자유법 제5조 제3항과 제4항은 외부 전문가 활용 및 행정과정의 담당자와 관련하여 행정작용의 투명성을 확보하는 것을 목적으로 두고 있으며, 이들 규정은 주로 직업 또는 공직과 관련된 정보와 관련된 사회적 개인정보에 대해 규율하고 있고, 이와 관련된 상황에서는 개별적인 형량을 하지 않아도 되게 함으로써 법집행의 효율성, 예측가능성 및 통일성을 확보하게 해주는 기능을 담당한다고 판시하고 있다. 그리고 본 사안에서 문제 되는 상황이 이와 다르지 않기 때문에, 정보공개법 제5조 제3항 및 제4항에 상응하는 규율이 부재하고 있는 것은 입법자의 계획에 반하는 법률의 공백(planwidrige Gesetzeslücke)[8]이라고 판단할 수 있다고 연방행정법원은 판단하였다. 연방행정법원은 환경정보법 제9조 제1항 제1문 제1호가 입법자의 계획에 반하는 법률의 공백이라고 판단할 수 있는 또 다른 근거로 환경정보법이 제정된 이후 제정된 소비자정보법(Verbraucherinformationsgesetz)에서 해당 규정과 본질적으로 같은 문제를 다루는 조항에서 정보공개법 제5조 제3항 및 제4항을 준용할 것을 명시적으로 규율하고 있다는 점도 제시하고 있다.

이러한 판단에 따라 환경정보법 제9조 제1항 제1문 제1호와 관련

8) 법형성의 전제인 법흠결로서 입법자의 계획에 반하는 불완전성에 대한 국내 선행 연구로는, 김영환, 법학방법론의 관점에서 본 유추와 목적론적 축소, 법철학연구, 제12권 제2호, 한국법철학회, 2009, 5면 이하.

하여 정보공개법 제5조 제3항 및 제4항이 유추적용 된다면, ① 제3자가 감정인 내지 전문가로서, 또는 이러한 방식으로, 일정한 절차에서 견해를 표명하였고, 정보공개 신청이 제3자의 성명, 직위, 학위, 직업적 명칭 및 기능상의 명칭, 사무실주소 및 전화번호에 한정되는 경우와 ② 담당자의 성명, 직위, 학위, 직업적 명칭 및 기능상의 명칭, 사무실주소 및 사무실전화번호는 이들이 공적 업무의 표현의 결과인 경우, 이러한 개인정보의 공개는 현저한 이익의 침해를 야기하지 않는다는 것이라고 연방행정법원은 판시하였다. 다만 이러한 정보라고 하더라도 이러한 정보의 공개가 관계자의 사생활에 부정적인 영향을 미치게 되는 경우, 즉 이익침해의 현저성이 예외적으로 인정되는 경우에는 정보공개의 이익이 우월한 것인지 여부에 대한 추가적 판단이 필요하게 된다고 연방행정법원은 판시하였다. 그리고 정보공개의 이익이 더 우월한 것인지를 판단하게 되는 경우, 관계자의 입장에서는 정보공개로 인해 발생하게 될 불이익의 유형, 범위와 개연성이 고려되어야 하며, 공개의 공익성과 관련해서는 개인정보의 공개와 관련된 고양된 공익이 필요하게 된다고 연방행정법원은 설시하였으며, 무엇보다 모든 형태의 정보공개 신청이 이미 내포하고 있는 일반적인 이익을 넘어서는 이익을 추구하는 경우에 개인정보공개에 대한 우월이 인정될 수 있다고 연방행정법원은 판시하였다.

4) 이익침해의 현저성 판단2: 인터넷을 통한 공개된 개인정보 유포의 리스크

원심에서는 환경정보법에 의해 공개된 개인정보가 정보공개신청인 또는 제3자에 의해 인터넷을 통해 유포될 수 있는 리스크로 인해 관계자들의 이익이 현저히 침해된다는 입장을 취했다. 하지만 연방행정법원은 환경정보법에 의해 공개된 정보에 대한 목적구속성이 없다는 점이 일체의 개인정보 공개로 인해 관계자의 이익이 현저히 침해될 수도 있다는 접근 방식의 근거가 되지 못한다고 판시하였다. 연방행정법원은 환경정보법에서 개인정보에 대한 목적구속성을 포기하고 있는 것은 일반적인 정보보호법적인 규율들과 다른 특수한 규율이라고 판시하면서, 이러한 맥락에서 환경정보법 제9조 제1항 제1문 제1호에서 특수하게 규율하고 있는 사항이 일반적인 개인정보보호법적 판단을 통해서 도외시되면 안 된다고 판시하였다.

이러한 맥락에서 연방행정법원은 이러한 리스크는 각종 커뮤니케이션이 발달한 현대 사회에서는 항상 존재하는 조건에 불과하며, 환경정보법에서는 정보공개 신청인에게 목적구속성을 부여하고 있지 않기 때문에, 신청인이 정보공개를 임의의 목적으로 신청하여, 임의의 목적으로 공개된 정보를 활용하는 것도 가능하다고 판시하였다. 무엇보다 인터넷을 통한 유포라는 리스크를 통해 이익침해의 현저성을 인정하게 된다면, 해당 거부사유의 조건이 실질적으로는 항상 충족되는 상황이 발생하게 된다고 연방행정법원은 판시하였다.

4. 정보공개 신청과 국가기밀[BVerwG 10 C 3.21 - Urteil vom 23. Juni 2022]

(1) 주요 요지

1. 보안평가법(Sicherheitsüberprüfungsgesetz; SÜG) 제4조 제1항 제1문은 연방기록물법 제6조 제1항 제1문상의 비밀유지를 위한 연방의 법령에 해당한다.

2. 연방기록물법 제11조 제3항의 60년 보호기간에 해당하기 위해서는 보안평가법 제4조 제1항 제1문상의 실체적 구성요건에서 정하고 있는 조건 충족뿐만 아니라 보안평가법 제4조 제2항 제1호부터 제3호

에 해당하는 기밀 등급 지정과 이러한 등급 지정과 관련된 최소한의 실체적 정당화 사유가 필요하다.

(2) 사실관계 및 소송의 경과

1) 사실관계

언론인인 원고는 연방총리실에 연방기록물관리법(Gesetz über die Nutzung und Sicherung von Archivgut des Bundes; Bundesarchivgesetz; BArchG)[9]에 근거하여 1972년부터 1985년 아르헨티나, 칠레, 파라과이 및 우루과이에 대한 연방안보이사회(Bundessicherheitsrat)의 문서에 대한 공개를 신청하였고 또한 검색도구(Find－ und Recherchiemittel)[10]의 열람을 신청하였다.

이러한 공개 신청은 부분적으로 허용되어, 연방총리실은 일정한 부분이 검게 칠해진 문서들 제공하는 한편, 1981년부터 1985년에 기록된 문서들의 경우는 공개를 거부하였다. 이러한 거부 사유로는 이들 문서가 기밀로 지정되어 있고, 또한 기밀 지정 해제는 연방의 이익에 대한 위험을 야기할 수 있기 때문에 검토하고 있지 않다고 하였다. 또한 연방총리실의 기밀보관소(VS－Registratur)[11]의 검색도구 그 자체도 기밀

9) 독일의 연방기록물관리법에 대한 전반적인 내용을 소개하고 있는 선행연구로는, 이정은/박민/윤은하, 독일「연방기록물관리법」분석을 통한 독일 기록관리법제 연구, 기록학연구 61, 한국기록학회, 2019, 71면 이하.

10) 본 사안에서의 '검색도구'란 일반적인 인터넷 검색도구를 의미하는 것이 아니라 특정한 기록물 보관소에서 보관하고 있는 기록물 또는 보존기록 등을 검색할 수 있는 색인, 목록, 카탈로그 등을 의미한다. 우리나라 국가기록원의 경우도 "기록물관리기관이 소장 기록물의 관리와 검색을 위해서 필요한 정보를 기술한 문헌의 총칭. 대표적인 검색도구로는 기술서, 가이드, 목록, 시소러스(검색어사전) 등이 있다."고 검색도구에 대해서 기술하고 있다. 이에 대해서는 https://www.archives.go.kr/next/data/standardTermDetail.do?seq=47&page=1&search_type=term&keyword=%EA%B2%80%EC%83%89%EB%8F%84%EA%B5%AC(최종접속일: 2023.6.4.). 문헌정보학의 관점에서 검색도구와 대한 선행연구로는, 설문원, 기록 검색도구의 발전과 전망, 기록학연구 23, 한국기록학회, 3면 이하를 참조할 것.

(VS－Geheim)이라고 하였다.12)

2) 소송의 경과

이와 관련하여 1심 법원인 베를린 행정법원은 피고가 신청인인 원고에게 공개하기를 거부한다고 결정한 문서들 중 일부에 접근할 수 있도록 보장해야만 한다고 판결하였다.

한편 2심 법원인 베를린－브란덴부르크 상급행정법원은 1심 법원에서 원고에게 접근이 가능하도록 판시한 문서들 중 일부는 연방기록물법에 따라 생성되고 60년이 지나서야 비로소 사용될 수 있는 것이라고 하면서, 이는 여전히 실질적으로 기밀 유지의 필요성이 있는 것들이기 때문에 공개 대상에서 제외시켰다. 또한 원심 법원은 원고의 검색도구 이용에 대한 청구도 인용하지 않았다.

원고는 상고심에서 원심법원이 공개 대상이 아니라고 판시한 문서들도 모두 공개되어야한다고 주장하였고, 검색도구도 이용할 수 있어야 한다고 주장하였다. 하지만 연방행정법원은 이러한 원고의 주장들을 받아들이지 않았다.

(2) 판결의 주요 내용

연방행정법원은 연방기록물관리법의 적용대상에 대해서는 연방정보자유법의 적용이 이루어지지 않는다고 판시하였다. 연방기록물관리법

---

11) 문헌정보학에서 레지스트리(Registratur; registry)는 문서의 유입이나 반출, 문서 이동 등에 대한 관리를 처리하는 사무실 또는 시스템을 의미한다. 이에 대해서는 https://www.kla.kr/kla/reference07/1787?sfl=wr_subject&stx=%EB%A0%88%EC%A7%80%EC%8A%A4%ED%8A%B8%EB%A6%AC&sop=and(최종접속일: 2023.6.4.).

12) 대상판결의 내용을 살펴보면 접근 신청의 대상이 된 문서들은 연방기록물관리법상의 연방기록보존소 또는 중간기록보존소에 이관되지 않고 연방총리실에 보관되어 온 것으로 판단된다. 다만 연방기록물관리법 제11조 제6항에 따르면 발생한지 30년이 도과하였고, 여전히 연방기관이 처분권한을 갖고 있는 문서의 이용과 관련해서는 연방기록물관리법의 규정이 준용된다고 규율되어 있기 때문에, 본 사안의 원고의 접근 신청은 연방기록물관리법에 따라 이루어졌다.

에 따른 연방기록물에 대한 접근 근거 규정이 연방정보자유법에 따른 정보공개에 대한 특별법이고 일반법을 원용할 필요가 없도록 완결적으로 규정되어 있다는 점을 이와 같은 판단의 근거로 제시하였다.

연방기록물법 제11조 제3항에 따르면 어떠한 문서가 비밀유지에 대한 연방 법령(Rechtsvorschrift des Bundes)에 적용을 받는 경우 그 문서로 구성된 기록물은 해당 문서의 발생일로부터 60년이 지나기 전까지 이용이 배제되어 있다. 연방행정법원은 해당 법문상의 연방 법령에는 형식적 의미의 법률과 법규명령이 포함된다고 판시하였다. 이러한 맥락에서 본 사안에서는 해당 문서들이 비밀유지 대상인지 여부를 판단하는 과정에서 다양한 규율들이 검토되었으나, 종국적으로는 형식적 법률에 해당하는 보안평가법과 관련된 법리가 검토되었다.[13)]

이와 관련하여 연방행정법원은 연방기록물법 제11조 제3항에서 규율하고 있는 발생일로부터 60년 이후 이용이 가능한 문서가 되기 위해서는, 어떠한 문서가 보안평가법 제4조 제1항에서 규율하고 있는 기밀로서의 실체적 속성[14)]뿐만 아니라, 보안평가법 제4조 제2항에서 정하고 있는 4등급[15)] 중 제1~3등급에 해당하는 등급 지정이 있어야만 하고,

---

13) 연방안보이사회 운영규정(Geschäftsordnung des Bundessicherheitsrates)과 연방내무부의 비밀보호에 대한 행정규칙(Allgemeine Verwaltungsvorschrift des Bundesministeriums des Innern für Bau und Heimat zum materiellen Geheimschutz)은 외부효를 갖지 않는 내부법에 불과하므로 법령에 해당하지 않아 이에 기반한 판단은 이루어지지 않았다.

14) 보안평가법 제4조 제1항에서 정의하고 있는 기밀은 그 형식과는 무관하게, 공익상, 특히 연방 또는 주의 이익보호를 목적으로, 비밀유지가 필요한 사건, 대상 또는 인식을 의미한다.

15) 보안평가법 제4조 제2항은 기밀의 보호필요성에 따라 연방기관에 의해 4단계의 등급이 부여됨을 규율하고 있다. 제1등급(STRENG GEHEIM)은 권한 없는 자가 인지하였을 때 독일 연방 또는 주의 존립 또는 치명적인 이익에 위험을 끼칠 수 있는 기밀에 부여된다. 제2등급(GEHEIM)은 권한 없는 자가 인지하였을 때 독일 연방 또는 주의 안보에 위험을 미칠 수 있거나 독일 연방 또는 주의 이익에 중요한 손해를 끼칠 수 있는 기밀에 대해 부여된다. 제3등급(VS-VERTRAULICH)는 권한 없는 자가 인지하였을 때 독일 연방 또는 주의 이익에 해가 될 수 있는 기밀에 부여된

또한 단순히 등급 지정이 있는 수준에서 그치는 것이 아니라 실제 해당 문서가 담고 있는 내용이 실제로 최소한 제3등급 기밀에 해당하기 위한 정당한 사유를 갖고 있어야 한다고 판시하였다. 참고로, 제4등급에 해당하는 기밀이 이에 포함되지 않는 이유로는 연방내무부의 비밀보호에 대한 행정규칙 제16조 제1항 제1문에서 이미 제4등급 기밀 지정 기간을 30년으로 설정하고 있고, 또한 제17조에서는 제4등급 기밀 지정기간을 더 이상 연장할 수 없다고 규율하고 있기 때문에, 이러한 기밀에 대해서는 60년에 해당한 비밀 유지가 문제되지 않기 때문이라고 연방행정법원은 언급하고 있다.

원심의 심리절차를 통해 공개대상에서 제외된 문서들은 독일 연방지역에 주둔하는 미군의 전략, 중거리무기시스템의 기술적 세부 요소 및 군사전략적 평가, 연방안보이사회의 전술 방어전략 및 독일군과 타 유럽 국가 소속 군대의 협업(특히 나토 동부 지방에서의 협업), 인근 국가의 정황 및 이에 대한 비판적 언급 등을 그 내용을 삼고 있으므로, 이와 같은 내용들을 고려하면 해당 문서들에 대한 원고의 이용은 거부 되어야 하는데, 이들 문서는 보안평가법 제4조 제1항상의 연방의 이익 보호를 위한 기밀로, 그 실질적 내용도 제3등급에 해당하는 기밀로 지정하기에 정당한 것이기 때문이라고 연방행정법원은 판시하였다.

또한 연방행정법원은 원고에게 검색도구를 이용할 권리가 부여되어 있지 않다고 판시하였다. 연방행정법원은, 연방기록물법 제1항 제10호는 문서를 저장 방식과는 무관한 모든 기록이라고 정의하고 있고, 동항 제11호의 경우 문서 중 정치적, 법적, 경제적, 사회적 내용을 담고 있어서 학술적, 입법적, 행정적, 사법적 이유 등 기타 이유가 있는 문서들을 보존가치 있는 문서로 정의하고 있어, 문서라는 개념 그 자체는 연방기록물법에서 광범위하게 정의하고 있기는 하지만, 검색도구는 기

다. 제4등급(VS－NUR FÜR DEN DIENSTGEBRAUCH)는 권한 없는 자가 인지하였을 때 독일 연방이나 주의 이익에 부정적일 수 있는 기밀에 부여된다.

록이라기보다는 이러한 문서를 찾기 위해 만들어진 도구에 불과할 뿐, 이러한 문서 그 자체에는 해당하지 않는다고 판단하였다. 따라서 이에 따라 검색도구는 연방기록물관리법에 의해 접근 가능한 대상으로 포섭되지 않는다고 판시되었다.

5. 외국인체류법상 체류허가 명령에 대한 동의 여부에 대한 연방내무부의 판단여지[BVerwG 1 A 1.21 – Urteil vom 15. März 2022]

(1) 주요 요지

1. 인도적 이유에 따라 특정한 외국인 그룹에 대하여 체류허가를 발령하라는 외국인체류법(Gesetz über den Aufenthalt, die Erwerbstätigkeit und die Integration von Ausländern im Bundesgebiet; Aufenthaltsgesetz; AufenthG)[16]상 주 최상위 행정청의 명령은 중요한 정치적 결정이며, 이러한 명령이 이루어지기 위해서는 외국인체류법 제23조 제1항 제3문에 따라 연방의 통일성을 유지하기 위하여 연방내무부의 동의가 필요하다. [중략]

4. 연방내무부는 이러한 동의를 할 것인지를 결정할 때 연방내무부에게 (전적으로) 부여된 관점인 연방의 통일성에 초점을 맞추어야 한다. 연방의 통일성이라는 개념을 구체화할 때 연방내부무에게는 법원의 심사밀도가 축소되는 판단여지가 부여된다.

5. 연방의 통일성은 수용 대상이 되는 인적 그룹이 연방 내에서 원칙적으로 통일성 있게 대우받는 것과 연관되며, 무엇보다 각 주와 연방

16) 해당 법률의 제명을 이와 같이 번역한 문헌으로는 서보국, 판단여지이론의 재고, 외법논집, 제40권 제4호, 한국외국어대학교 법학연구소, 2016, 29면; 장경원, 최근(2006/2007) 독일 행정판례의 동향 및 분석 연구, 행정판례연구 XIV, 한국행정판례연구회, 2009, 459면.

에 대한 부정적 영향력을 방지하는 것에 목적을 두고 있다. [이하 생략]

(2) 사실관계 및 소송의 경과

1) 관련 법조

외국인체류법 제23조 제1항 제1문에 따르면 주 최상위 행정청은 국제법적 이유 내지 인도주의적 이유 또는 독일 연방 공화국의 정치적 이익을 유지하기 위해 특정 국가 출신의 외국인 또는 기타 특정한 외국인 그룹에 대해 체류 허가를 하도록 하는 명령(Anordnung)[17]을 내릴 수 있다. 그런데 외국인체류법 제23조 제1항 제3문에 따르면 연방의 통일성 유지(Wahrung der Bundeseinheitlichkeit)를 위해 이러한 명령은 연방내무부의 동의를 필요로 한다고 규정하고 있다.

2) 사실 관계

2019년 그리스 모리아 섬의 난민 시설 내에 난민 수용 인원이 증가함에 따라 해당 시설 내 난민들의 생활환경이 점차 악화 되었다. 이와 같은 상황에서 2020년 3월 연방정부는 연정협약을 통해 유럽 차원의 해결의 일환으로 인도주의적으로 어려운 상황에 처한 약 1,000명 내지 1,500명의 긴급한 치료가 필요하거나 보호자가 없는 아동과 관련하여 그리스를 지원하고 적정 수의 아동을 독일 내로 받아들이기로 하였다.

2020년 4월 베를린 주는 연방내무부가 자신의 수용 명령에 대해 동의를 해준다면 보호자가 없는 70인의 아동을 더 수용하겠다는 점을 밝혔으나, 연방내무부는 2020년 5월 7일 이러한 명령에 대한 동의를 서면으로 거절하였다.

---

17) 비록 법문에서 Anordnung이라는 법문을 채택하고 있지만, 해당 작용형식의 법적 성격은 행정행위가 아닌 외부효를 갖고 있지 않은 행정규칙 내지 행정지시에 해당한다고 평가받고 있다. 이에 대해서는 Kluth/Bohley, in: Kluth/Heusch(Hrsg.), BeckOK Ausländerrecht(Stand: 01.04.2023), BAufenthG § 23 Rn. 9; Röcker, in, Bergmann/Dienelt(Hrsg.), Ausländerrecht, 14. Aufl., AufenthG § 23 Rn. 7.

이후 베를린 주는 연방내무부의 동의를 구한다는 의사와 함께 2020년 6월 9일자 인도적 수용명령(안)을 연방내무부에 전달하였다. 당해 인도적 수용명령(안)은 해당 명령이 발령되는 시점에 모리아 지역에 체류 중인 난민 300명가량을 인도주의적 관점에서 수용하기 위해 3년가량의 사증발급 및 체류허가를 할 것을 그 내용으로 담고 있었다.

이에 2020년 7월 8일 연방내무부는 이와 같은 베를린 주의 인도적 수용명령(안)에 대해 동의하지 않는다는 거부 의사를 밝혔다. 이와 같은 거부 의사와 함께 연방내무부는 이러한 수용명령은 외국인체류법 제23조 제1항의 요건을 충족하지 않으며, 연방의 통일성 유지에 부합하지 않는다고 하였다. 또한 연방내무부는, 연방정부는 인도주의적 차원에서 해당 시설의 난민을 일정 부분 수용할 것을 결정하였고, 이에 따라 난민인정과 관련하여 특정한 결과에 정향되지 않은 절차를 진행하려 하고 있는데, 베를린 주가 제시하고 있는 수용명령(안)은 막바로 체류허가가 발령되는 것을 그 내용으로 담고 있으므로, 이와 같이 개별 주에서 자체적인 기준과 절차를 운용하는 것은 타당하지 않다고 의견을 표명하였다. 연방내무부는, 무엇보다 이러한 동의 제도는 대외정책과 관련된 연방의 고유한 권한이 반영된 것이라고 하였다.

원고 베를린 주는 외국인체류법 제23조 제1항에 따라 발령하려고 하였던 모리아 난민 시설 내에 특별히 보호가 필요하다고 인정된 300인에 대한 인도적 체류허가에 대한 명령(안)에 대하여 연방내무부가 동의를 거절한 것이 위법하다는 것을 확인해 줄 것을 연방행정법원에 소구하였다. 이와 같은 소구를 하면서 베를린 주는 자신들의 수용명령은 인도주의적 사유에 근거하고 있기 때문에 외국인체류법 제23조 제1항의 요건을 충족하고 있다고 주장하였으며, 외국인체류법이 주에게 정책적 형성 권한을 부여하고 있는 반면 연방내무부에게는 연방의 통일성 확보라는 목적을 위한 동의와 관련된 권한만을 부여하고 있으므로 이러한 연방의 통일성 확보라는 개념은 좁게 해석되어야 한다고 주장하였다.

따라서 연방의 통일성 확보를 근거로 이루어진 연방내무부의 동의 거절은 어떠한 주가 다른 주들 또는 연방에 부담이 되게 통일적인 법적용을 불가능하게 할 정도의 위험이 있는 경우에만 한정적으로 고려될 수 있는 것이라고 주장하였다. 그러면서 자신들은 재정적 측면, 각종 물적 지원 시설의 측면에서 다른 주나 연방에게 부정적인 영향력이 발생하지 않도록 준비되어 있다고 하였다.

3) 소송의 경과

본 소송은 행정법원법 제50조 제1항 제1호에서 정하고 있는 연방과 주 간의 공법적 분쟁 중 헌법적 분쟁에 속하지 않는 사안에 해당하기 때문에 연방행정법원이 시심법원이자 종심법원으로서 재판 관할을 갖고 있다. 원고인 베를린 주가 제기한 이와 같은 확인의 소와 관련하여 연방행정법원은 기각 판결을 내렸다.

(2) 판결의 주요 내용

대상 판결은 주 차원의 난민 수용과 관련하여 연방과 주 간에 발생한 기관소송을 그 배경으로 하고 있다. 그리고 대상 판결에서 나타나는 분쟁의 주된 이유는 주 정부가 취하고 있는 난민 수용 정책의 관점과 연방 정부가 취하고 있는 난민 수용 정책의 관점이 서로 다르다는 점에 있다. 그리고 이러한 정책적 관점의 차이로 인해 발생하는 연방 정부와 주 정부 간의 마찰은 외국인체류법 제23조 제1항 제3문에 자리 잡고 있는 연방내무부의 주 최상위 행정청의 명령에 대한 동의를 매개로 법적 분쟁으로 촉발되었다. 본 사건에서 중요하게 다루어진 법적 이슈는 연방내무부가 이러한 동의를 할 것인지 말 것인지에 대한 판단은 어느 정도 수준에서 이루어질 수 있는 것이며, 이러한 판단에 대한 사법심사의 밀도는 어느 정도에 미치는 것인지와 관련되어 있다. 그리고 이러한 법적 문제의 기초는 결국 외국인체류법 제23조 제1항 제3문에서 규율하고 있는 '연방의 통일성 유지'의 해석 및 이와 관련된 연방내무부의 판단에 대한 사법심사 규율 밀도와 관련되어 있다.

외국인체류법 제23조 제1항 제3문에 따르면 연방내무부는 연방의 통일성 유지를 고려하여 주 최상위 행정청의 명령에 대해서 동의를 할 수도 동의하지 않을 수도 있다. 이에 따라 주 최상위 행정청의 명령이 연방내무부의 관점에서 연방의 통일성 유지에 부합하지 않다고 판단되는 경우 연방내무부는 해당 명령에 대해서 동의를 하지 않을 수 있다. 연방행정법원은 대상판결을 통해 외국인체류법 제23조 제1항과 관련하여 주 최상위 행정청과 연방내무부 모두 정책적 판단을 할 수 있으며, 이러한 판단을 하는 과정에서 이들 기관 모두 일정한 수준의 형성 여지가 존재한다고 판단하고 있으며, 특히 외국인체류법 제23조 제1항 제3문에서 규율하고 있는 '연방의 통일성 유지'의 규범적 개념을 구체화하는 과정에 있어서 연방내무부의 판단여지가 존재한다고 설시하였다.

연방행정법원은 이러한 연방의 통일성 유지 여부에 대한 판단에 따른 동의 여부에 대한 결정은 정치적 결정(politische Entscheidung)이며 이러한 결정은 연방 차원의 고도화된 정치적 결정에 속할 수밖에 없다고 판단하였다. 특히 연방의 통일성이 유지될 수 있는 한계점으로서 연방이 수용할 수 있는 수준의 예외 사항에 대한 판단은 정치적 평가가 수반될 수밖에 없는 것이기 때문에, 이는 광범위한 법원의 통제에 대한 예외로 인정되는 영역이라고 판단하였다. 이러한 판단과 함께 연방행정법원은 이러한 사안에 대한 사법심사는 행정청이 절차적 규율을 준수하였는지 여부, 적용될 법개념에 대한 올바른 이해가 있었는지 여부, 중요한 사실관계에 대하여 옳게 파악했는지 여부, 자의금지를 위반하지 않았는지 여부, 판단을 내릴 때 일반적으로 통용되는 평가척도를 사용하였는지 여부에 제한된다고 설시하고 있다.

또한 연방행정법원은 '연방의 통일성 유지'에 대한 판단과 관련하여 조금 더 구체적으로 설시하며, 외국인체류법 제23조 제1항 제3문상 연방내무부가 판단하게 되는 연방의 통일성 유지라는 사항은 한편으로는 수용 여부가 문제되는 외국인 그룹에 대한 독일 연방 내에서의 통일적 대우라는 관점, 다른 한편으로는 독일내의 각 주 사이에 발생하게 될 수 있는 부정적 효과와 연방 차원에서 발생하게 될 수 있는 부정적 효과를 예방하는 것과 관련되어 있다고 설시하였다.

연방 내 수용 여부가 문제되는 외국인 그룹에 대한 통일적 대우와 관련하여 연방행정법원은 이는 독일의 전 영역에서 이들에 대한 절대적 평등을 실현하는 것을 의미하는 것은 아니라는 점, 그리고 각 주 차원에서 수용명령에 대한 정책적 판단이 이루어질 수 있도록 외국인체류법 제23조 제1항 제1문이 규율하고 있다는 점을 들어 '연방의 통일성 유지'는 외국인 수용과 관련된 가능한 한 외국인 수용 실무를 통일적으로 운용하도록 하는 것을 의미하는 것으로 볼 수 있다고 판시하였다. 따라서 각 주의 수용명령의 규율 내용 또한 이러한 관점에서 가능한 한 각 주 간의 내용적 통일성을 확보하는 형태로 구성되는 것이 요청되는데, 연방 차원에서 인도적 차원의 난민 수용 프로그램을 운용하는 상황에서, 이와는 상이한 형태의 수용명령에 대해서 연방내무부가 동의를 거부하는 것은 허용되는 것이며, 이러한 것이 연방의 통일성과 관련하여 중요한 의미를 갖는 것이라고 연방행정법원은 판시하고 있다.

또한 각 주 사이에 발생할 수 있는 부정적 효과와 연방에 발생할 수 있는 부정적 효과에 대해서 연방내무부가 판단여지를 갖고 있는 있지만, 실제로 구체적인 상황에서 연방내무부가 동의를 거부하는 경우에는 이에 합당한 근거가 필요하다고 연방행정법원을 설시하였다. 또한 연방행정법원은 수용명령이 담고 있는 예외적 규율 내용으로 인해 발생하는 부정적 효과가 크면 클수록 연방내무부의 거부와 관련하여 근거제시를 통한 정당화 필요성이 축소되는 반면, 주의 수용명령이 담고 있는 예외적 규율이 세부적 요소에 불과하여 통일성 저해와 관련된 부정적 효과가 크지 않는 상황에서는 연방내무부가 동의를 거절하기 위해서 특별히 유의미한 근거를 제시하거나, 그렇지 못하는 경우에는 동의를 해야만 한다고 판시하고 있다.

6. 캠프 형태의 장기간 옥외집회와 관련된 인프라 시설이 집회의 자유의 보호 대상이 되는지 여부[BVerwG 6 C 9.20 – Urteil vom 24. Mai 2022]

(1) 판결의 주요 요지

프로테스트캠프(Protestcamp)[18]가 갖고 있는 장기간 개최되는 속성 그 자체는 기본법 제8조상의 집회의 자유와 상치하지 않는다. 행정청은 연방 집회 및 시위에 관한 법률(이하 연방집시법이라 함) 제15조 제1항의 조건에 따라 프로테스트캠프의 기간을 제한할 수 있다. 집회로 판단되는 프로테스트캠프의 인프라 시설은 해당 캠프가 목적하는 의사표현과 내용적으로 관계가 있거나 캠프를 위해 논리적으로 필수적이고 공간적으로 이에 귀속시킬 수 있다면 연방집시법을 통해 구성된 집회의 자유의 보호의 대상이다.

(2) 사실관계 및 소송의 경과

1) 사실관계

원고는 2017년 6월 24일과 8월 7일에 8월 18일부터 29일까지 들판에서 개최될 라인란트 기후캠프 2017(이하 기후캠프라 함)을 연방 집시법 제14조에 따른 옥외집회로 아헨 경찰청에 신고하였다. 집회참석자들은 캠프가 진행되는 구역에 머물면서 갈탄 광산 및 갈탄을 이용한 전력 발전으로 인해 해당 지역과 환경, 그리고 기후가 파괴되고 있다는 항의를 할 예정이었다. 집회 참석자의 수는 확정적이지는 않았으나 최대 약

18) 특정한 사안에 반대의 목소리를 높이기 위하여 일정한 장소에서 장시간 진행되는 캠프를 의미한다.

6000명이 동시에 참석할 수 있을 것으로 예상되었다. 해당 집회를 위해 공연용 대형천막 등 각종 천막, 취사장, 무대, 스피커 시설, 발전기, 자원순환식 화장실도 설치될 예정이었다. 또한 참석자들이 숙박할 수 있는 장소와 위생시설(Sanitäranlagen)을 위한 공간도 예비 되어 있었다.

2017년 8월 14일 아헨 경찰청은 해당 기후 캠프가 집회라는 점을 확인하였다. 그리고 연방집시법 제15조 제1항에 따른 부담을 통해, 집회 신청서에 기재된 들판이 아닌, 과거에 자갈채취장으로 쓰였던 지역과 스포츠 광장을 집회장소로 사용하라고 하였다. 이후 원고는 농경지(임대지역1)를 임대한 후 2017년 8월 18일에 임대지역1과 이에 인접한 스포츠 광장에서 집회를 개최하겠다고 문서로 통지하였다. 2017년 8월 18일자 처분을 통해 아헨 경찰청은 2017년 8월 14일 처분의 부담을 변경하여, 임대지역1과 스포츠 광장을 집회 장소로 활용하도록 하였고, 스포츠 광장에는 집회 참석자들의 숙박용 텐트가 설치될 수 있었다.

스포츠 광장이 숙박용 텐트로 가득 차게 되자 원고는 별도의 임대지역2를 숙박용 텐트와 위생시설 설치를 위해 제공하였다. 그리고 원고는 2017년 8월 22일 문서를 통해 아헨 경찰청에 임대지역2도 집회 장소의 일부라는 것을 알렸다. 같은 날 아헨 경찰청은 임대지역2가 집회 장소로 활용되는 것을 거부하였다. 실제 집회에 사용되지 않고 단순히 숙박용 텐트와 위생시설이 설치되기 위한 공간을 집회 장소에 포함시킬 수 있는 법적 근거가 없다는 것이 이유였다.

2) 소송의 경과

2018년 3월 14일 원고는 임대지역2가 집회장소로 사용될 수 없다고 한 2017년 8월 22일자 아헨 경찰청의 처분이 위법하다는 것을 확인하기 위한 소를 제기하였다. 1심 법원인 아헨 행정법원(VG Aachen)은 원고의 소를 기각하였으나, 2심 법원인 뮌스터 소재 노르트라인 베스트팔렌 상급행정법원(OVG Münster)은 대상 처분이 위법하다는 점을 확인하였고, 연방행정법원은 피고의 상고를 기각하였다.

(3) 판결의 주요 내용

연방행정법원은 프로테스트캠프에 대하여 새롭게 점차 확산되는 집단적 항의의 유형으로서, 일반적으로 특정 장소에서 운영되기 때문에 장소적 관련성에 의해 성격이 부여되기도 하지만, 시간적 지속성에 의해서 그 성격이 더 강하게 부여된다고 판단하면서, 프로테스트캠프는 며칠에 걸쳐서 진행될 수도 있지만 경우에 따라서는 몇 년에 걸쳐서 진행될 수도 있다고 언급하였다. 그리고 이처럼 프로테스트캠프가 장기간 지속적으로 이루어지는 행사라는 점에서 캠프참가자들에게는 캠프와 관련된 인프라가 필요하게 되고, 특히 캠프와 장소적으로 인접한 곳에 식사, 숙박, 위생과 관련된 시설이 필요로 하게 된다는 점에 주목하였다.

이를 배경으로 연방행정법원은 프로테스트캠프가 집회에 해당하는지를 판단하기 위하여, 집회의 자유와 관련된 법리를 검토하였다. 연방행정법원은 우선 집회의 자유와 관련되어 기존의 축적된 법리를 검토하며, 집회는 공동체의 의사형성에 참여하기 위한 의사표현의 성격을 갖고 있다는 점, 기본법에서 보장하고 있는 집회의 자유를 통해 기본권 주체의 권리, 특히 주최자가 집회의 장소, 시간, 유형 및 내용을 결정할 권리가 도출된다는 점, 그리고 행정청은 연방집시법 제15조에 규정된 조건에 따라 이를 제한할 수 있다는 점을 검토하였다.

한편 연방행정법원은, 전형적인 집회는 데모의 형식으로 이루어지기는 하지만 집회의 자유가 보호하는 영역에는 그 외에 기타 다양한 방식으로 참석자들의 의사를 표현하는 것도 포함된다고 하면서, 집회의 개념은 새롭게 설정될 수 있다는 점을 설시하였다. 한편 연방행정법원은 어떠한 행사가 공적 의사 형성에 지향하는 요소와 그렇지 않은 요소를 함께 갖고 있는 경우, 이처럼 혼합적 성격을 갖고 있는 행사가 집회에 해당하는지 아닌지 여부는 당해 행사의 전반적 분위기에 따라 결정된다고 언급하였다. 그리고 이러한 행사의 경우 어떠한 요소가 더 우월한 것인지 의심 없이 확인될 수 있는 것이 아니라면 집회의 자유가 갖는 중요성을 고려하여 그러한 행사는 집회로 다루어져야 한다고 연방행정법원은 판시하였다.

또한 연방행정법원은 기본법 제8조를 통해 도출되는 행사의 시간과 기간을 결정할 주최자의 권리에 따라 집회는 장시간 진행될 수 있으며 따라서 장시간 진행된다는 행사의 특성으로 인해 프로테스트캠프가 집회의 성격을 갖지 못하는 것은 아니라고 판시하면서, 다만 극단적으로 긴 캠프 행사 기간은 그 캠프가 사실상 집회에 특화된 목적을 따르는 것이 아니라는 징표가 될 수는 있다고도 판시하였다. 그리고 이러한 맥락에서 어떠한 캠프가 집회인지 아닌지 여부를 판단할 때, 행사 주최자가 신청하거나 행정청과 협의할 때 표현한 의사가 중요하다고 연방행정법원은 판시하였다. 그리고 이와 관련하여 프로테스트캠프의 주최자가 관할청에 신청을 할 때 구체적인 프로그램과 함께 완벽한 콘셉트를 제출해야만 하는 것은 아니지만 제출 내용 등에서 객관적으로 보았을 때 공동체의 의사형성에 참여할 의사소통의 목적이 도출되어야 한다고도 판시하였다. 이러한 맥락에서 연방행정법원은 프로테스트캠프는 장기간 이루어지는 행사이므로 해당 행사가 집회로서의 성격을 인정받기 위해서는 주최자가 전체적인 콘셉트를 통해 집회로서 특화된 해당 캠프의 목적을 구체화하여야 한다고 판시하였다.

연방행정법원은, 관할 행정청이 연방집시법 제15조 제1항에 근거하여 공익에 대한 직접적 위험과 관련하여 집회의 성격을 갖고 있는 행사의 시간 설정에 대한 주최자의 자기결정권을 제한할 수 있기 때문에, 프로테스트캠프로 인하여 수인할 수 없는 제3자의 권리 침해 또는 공익 침해를 방지하기 위하여 집회의 개념에 다른 부가적 요소를 추가할 필요는 없다고 판시하였다. 연방행정법원은 프로테스트캠프의 기간을 제한하는 처분은 구체적인 사안에서 당해 행사를 통해 행사되는 집회의 자유와 제3자의 권리 또는 공익간의 실제적 조화를 형성하는데 우수한 도구라는 점, 그리고 이러한 판단 과정에서 프로테스트캠프의 운영 기간이 길면 길수록 이들 간의 형량이 이루어지는 과정에서 제3자의 권리 또는 공익의 의미 더 중요성을 획득하게 된다는 점도 판시하였다.

한편 연방행정법원은 집회로 판단되는 프로테스트캠프의 인프라 시설은 이러한 시설이 내용적 측면에서 해당 캠프가 목적하는 의견표명과 관련성이 있는 경우에만 집회의 자유의 보호 대상에 포함되는 것은 아니라고 판시하였다. 이러한 시설이 논리적으로 보았을 때 해당 캠프에 필수적이고 공간적으로 귀속시킬 수 있는 경우라면 이 또한 집회의 자유의 보호대상에 포함된다고 연방행정법원은 판시하였다. 한편 프로테스트캠프와 관련된 인프라 시설의 논리적 필수성과 고양된 공간적 연관성이라는 징표로 인해 단순히 집회가 먼 곳에서 진행되어 숙박할 곳을 필요로 하는 자들에게 제공되는 인프라는 집회의 자유의 보호대상 범위에 포함되지 않는다고 연방행정법원은 판시하였다.

Ⅳ. 맺음말

독일 행정법원의 판례는 기본적으로 독일에서 발생한 사안을 독일 개별행정법의 관점에서 판단하고 있기 때문에, 독일 행정법원의 판례에서 우리나라의 행정재판 실무에 직접 수용하여 활용할 수 있는 법리를 찾아내는 것은 쉬운 일이 아니며, 어찌 보면 타당성이 떨어질 수도 있는 일이라고 생각된다. 기본적으로 법원의 재판은 해당 법원이 소속된 국가의 법을 기반으로 사안을 분석하고, 개별 법령을 해석하고, 분석된 사안을 해석된 법령에 포섭시키는 작용이기 때문이다.

다만, 그렇다고 하여 해외 판례를 심도 있게 살펴보는 것이 단순히 학문적 호기심 충족의 일환이라고 평가내릴 수는 없다. 비교법적 연구가 갖고 있는 학문적 함의가 제고되기 위해서는 비교법적 연구의 대상이 되는 국가가 어떠한 법제도를 갖고 있는지, 그러한 법제도가 어떠한 입법적 배경에 의해서 발생하게 되었는지, 그리고 그러한 제도가 실제로는 어떻게 운용되고 있으며, 종국적으로는 해당 법제도가 재판실무에서 어떻게 해석 및 적용되고 있는지를 전주기적 관점에서 살펴볼 필요가 있다. 그리고 이러한 전주기적 연구를 가능하게 해주는 핵심적인 연구 문헌이 바로 비교법적 연구의 대상 국가의 최고 법원이 내린 판례라고 할 수 있다. 이러한 점에서 해외 판례의 동향과 분석이라는 작업은 비교법적 연구의 관점에서 지속적으로 심도 있게 진행되어야 하는 장기적 과제라고 평가할 수 있으며, 이를 통해 행정소송뿐만 아니라 우리나라의 행정법 전반의 발전에 밑거름이 되는 기초적 연구물의 축적이 이루어질 것이라고 판단된다.

참고문헌

[국내문헌]

강현호, 환경정보의 공개 및 전파에 대한 법적 고찰, 환경법연구, 제38권 제3호, 한국환경법학회, 2016.

계인국, 최근(2020) 독일 행정판례 동향과 분석, 행정판례연구 27－1, 한국행정판례연구회, 2022.

김영환, 법학방법론의 관점에서 본 유추와 목적론적 축소, 법철학연구, 제12권 제2호, 한국법철학회, 2009.

서보국, 판단여지이론의 재고, 외법논집, 제40권 제4호, 한국외국어대학교 법학연구소, 2016.

이정은/박민/윤은하, 독일 「연방기록물관리법」 분석을 통한 독일 기록관리법제 연구, 기록학연구 61, 한국기록학회, 2019

장경원, 최근(2006/2007) 독일 행정판례의 동향 및 분석 연구, 행정판례연구 XIV, 한국행정판례연구회, 2009,

[해외문헌]

Bergmann/Dienelt(Hrsg.), Ausländerrecht, 14. Aufl. Beck, 2022.

Kluth/Heusch(Hrsg.), BeckOK Ausländerrecht, 37. Ed. 1.4.2023.

Bundesverwaltungsgericht, Jahresbericht 2021, 2021.

Bundesverwaltungsgericht, Jahresbericht 2022, 2022.

[인터넷 자료]

https://www.bverwg.de/de/pm/2022/16(최종접속일: 2023.6.4.).

https://www.bverwg.de/de/pm/2023/18(최종접속일: 2023.6.4.).

https://www.archives.go.kr/next/data/standardTermDetail.do?seq=47&page=1&search_type=term&keyword=%EA%B2%80%EC%83%89%EB

%8F%84%EA%B5%AC(최종접속일: 2023.6.4.).
https://www.kla.kr/kla/reference07/1787?sfl=wr_subject&stx=%EB%A0%88%EC%A7%80%EC%8A%A4%ED%8A%B8%EB%A6%AC&sop=and (최종접속일: 2023.6.4.).

국문초록

본 연구는 2021년과 2022년 독일 연방행정법원의 업무 개황을 소개하고 독일 연방행정법원의 연차보고서에서 선정한 주요 행정판례 중 일부를 선정하여 소개함으로써 행정판례와 관련된 최근 독일의 동향을 소개하는 것을 그 목적으로 한다. 본 연구를 통해 소개되는 최근 독일 판례의 주제는 아래와 같다.

- 차량의 이산화탄소 배출량 정보에 대한 정보공개 청구
- 연방내부부의 트위터 다이렉트 메시지에 대한 정보공개 청구
- 성명 등 정보 공개 신청과 개인정보 보호
- 정보공개 신청과 국가기밀
- 외국인체류법상 체류허가 명령에 대한 동의 여부에 대한 연방내무부의 판단여지
- 캠프 형태의 장기간 옥외집회와 관련된 인프라 시설이 집회의 자유의 보호 대상이 되는지 여부

주제어: 연방행정법원, 정보공개, 환경정보공개, 판단여지, 집회의 자유

Zusammenfassung

Aktuelle Rechtsprechungen des Deutschen Bundesverwaltungsgerichts und dessen Geschäftslage in den Jahren 2021/2022

Jae–Hoon Lee*

Bei diesem Beitrag handelt es sich um die wichtigen Urteilen des Deutschen Bundesverwaltungsgerichts, welche in den Jahren 2021/2022 gefallen wurden. Hinzu kommt, dass die durch den Jahresbericht 2021 und denselben 2022 veröffentlichte Geschäftslage des Deutschen Bundesverwaltungsgerichts in den Jahren 2021/2022 dargestellt wird. Im deutschen Verwaltungsrechtssystem sind verschiedene Schichte bezogen auf den Zugang zur Information ablesbar; Zugang zur Information i.R. des IFG, Zugang zur Information i.R. des UIG, Zugang zur Information durch die Benutzung des Archivgutes. Als die bedeutsamen Urteilen des Deutschen Bundesverwaltungsgrichts werden die Urteilen, welche von der Auseinandersetzumg mit dem Zugang zur Information und der Rechtverfigungsgrundlage der Verweigerung des Antrags auf den Zugang zur Information stark geprägt wurden, behandelt. Zudem wird ein Urteil im Bereich des Ausländerrechts, wobei es um die Beurteilungsspielräme des BMI geht, dargestellt. Des Weiteren wird ein vom versammlungsrechtlichen aktuellen Issue geprägtes Urteil vorgestellt.

* Assistant Professor, Dr. jur., Sungshin Women's University, College of Law

Keywords: Bundesverwaltungsgericht, Zugang zur Information, Zugang zur Umweltinformation, Beurteilungsspielraum, Versammlungsfreiheit

투고일 2023. 6. 11.
심사일 2023. 6. 25.
게재확정일 2023. 6. 29.

최근(2021-2022) 일본 행정법판례의 동향과 검토

황헌순*

* 법학박사, 한국법제연구원 부연구위원.
고견을 주신 심사위원들께 지면을 통해서나마 깊은 감사의 말씀을 드립니다.

1. 시작하며

본고는 2021년 하반기에서 2022년 하반기까지의 일본 행정법 분야에서 중요하게 논의된 판례 소개를 목적으로 한다.[1] 구성은 기본적으로 각 판결에 있어 사안의 개요, 법원의 판단, 해설의 형식으로 하여 살펴보기로 한다. 대상판결은 총 10건이지만, 이미 국내에 소개된 판결의 경우 생략하기로 한다.[2]

각 판결은 내용적으로 크게 나누어 행정입법, 행정행위, 행정계약, 행정지도, 정보공개·개인정보보호, 당사자소송, 국가배상과 관련이 있다. 대상판결 중에는 최근 세계적으로 문제된 코로나19와 관련한 판결, 동일본대지진과 관련한 사항과 같이 우리나라에도 이미 알려져 있는 사안들도 있지만, 이외에도 일본 국내에서 최근 사회적으로 중요하게 다루어졌던 내용들도 있으므로 이하에서 살펴보기로 한다.

1. 일본의 행정법상 주요 판례

가. 영화출연자가 마약 및 향정신약 단속법 위반에 의해 유죄판결을 받은 것을 이유로 한 조성금 교부거부처분의 적법성(도쿄고등재판소 2022년 3월 3일 판결[3])

1) 사안의 개요

영화제작회사인 X(원고·피항소인)는 2018년 11월 22일 독립행정법인 일본예술문화진흥회 Y(피고·항소인)[4]의 이사장(이하 '이사장'이라 한다)

1) 판례선정에 대해서는 『令和4年度重要判例百選』, 有斐閣, 2023, 28면 이하 참조.

2) 大阪地判令和3年2月22日判決(平成26年(行ウ)第288号·平成28年(行ウ)第47号)의 경우 일본에서도 중요판례로 언급되지만, 이혜진, "최근(2020－2021) 일본 행정판례의 동향과 검토", 「행정판례연구」 제27집 제1호, 2022, 232면 이하에서 소개한 바 있으므로, 본 글에서는 지면의 수 등을 고려하여 생략하기로 한다.

3) 東京高判令和4年3月3日判決(令和3年(行コ)第180号).

에 대해, X가 제작하는 영화(영화명: 미야모토가 너에게(宮本から君へ), 이하 '본건 영화'라 한다)의 제작사업을 위하여 문화예술진흥비조성금(이하 '본건 조성금'이라 한다)의 교부를 요청하였다. X는 2019년 3월 29일 위 사업을 조성대상으로 하는 취지의 교부내정(이하 '본건 내정'이라 한다)에 기초하여, 조성금 1,000만엔의 교부를 신청하였다.

본건 조성금의 재원은 문화청장관이 Y에게 교부하는 문화예술진흥비보조금을 이용하는 것으로 되어 있으며, 진흥회법 및 적정화법 내에는 자금의 지급, 기타 필요한 원조에 관한 구체적 요건에 대한 규정은 없었으며, 다만, 이사장은 Y가 행하는 조성사업과 관련하여 Y 내부규정으로서 '문화예술진흥비보조금에 의한 조성금 교부요강'(이하 '본건 요강'이라 한다)을 두고 있다.

이후 2019년 7월 10일 본건 영화에 출연하는 자 1명(이하 '본건 출연자'라 한다)이 코카인을 사용하여, 마약 및 향정신약단속법의 위반으로 체포·기소되어 유죄판결을 확정받았다. 이에 Y는 본건 영화에 조성금을 교부하는 것은 공익성의 관점에 비추어 적당하지 않다고 보아 위 조성금을 교부하지 않는다는 취지의 결정(이하 '본건 처분'이라 한다)을 행했다. 대상판결은 X가 Y에 대해 본건 처분의 취소를 구한 사안이며, 대상판결의 주된 쟁점은 본건 처분이 이사장이 가진 재량권 범위를 일탈 또는 남용했는가 하는 점에 있다 할 것이다.

이에 대해 원심인 도쿄지방재판소 2021년 6월 21일 판결[5]은 본건 처분이 이사장의 재량권 범위를 일탈 또는 남용한 것으로서 위법하다

---

4) Y는 「독립행정법인 일본예술문화진흥회법」(이하 '진흥회법'이라 한다)에 의해 설립된 독립행정법인이다. Y의 업무에는 '예술가 및 예술과 관련한 단체가 행하는 예술의 창조 또는 보급을 도모하기 위한 공연, 전시 등의 활동'에 대한 자금의 지급 등의 원조를 행하는 것이 포함되어 있다(진흥회법 제14조 제1항 제1호 가목(イ)). 이 자금의 지급에는 「보조금 등과 관련한 예산집행의 적정화에 관한 법률」(이하 '적정화법'이라 한다)이 적용된다(진흥회법 제17조).

5) 東京地判令和3年6月21日判決(令和1年(行ウ)第634号).

고 보아 본건 처분을 취소했다. 즉, 본건 교부가 약물남용의 방지라는 공익에 미치는 영향과 교부거부처분에 의해 발생하는 경제적 불이익이나 표현활동에 대한 영향을 검토한 후에, 교부거부처분을 위법하다고 판단했다.

2) 법원의 판단

대상판결은 원심 판결과 다르게 판단했다. 즉, 약물의 사용은 마약단속법 및 기타 법령에 의해 엄정한 처벌의 대상이 되고 있으며, 또한 후생노동성 등에 의해 약물남용의 근절을 위한 활동이 강화되고 이를 위한 다양한 대처가 실시되고 있는 점을 볼 때 여전히 심각한 사회문제라 할 수 있다. 이러한 상황 하에서 문화예술진흥비보조금 교부신청이 있었던 영화에 대해 출연자가 교부내정 후 마약단속법 위반죄로 유죄판결을 받고 그 판결이 확정되었다는 사실을 바탕으로, 처분행정청이 약물남용의 방지라는 공익적 관점에서 보조금을 교부하지 않기로 결정한 것은 재량권 범위를 일탈하거나 남용한 것이라고는 할 수 없다.

3) 해설

일본 행정사건소송법 제30조(재량처분의 취소)는 '행정청의 재량처분에 대해서는 재량권의 범위를 넘거나 그 남용이 있는 경우에 한하여 재판소는 그 처분을 취소할 수 있다.'고 규정하고 있다. 즉, 행정재량은 행정활동에 대한 법률의 규율이 불충분한 경우, 행정청에게 인정되는 자유판단의 여지이므로, 행정재량의 행사에 대해서는 보통 위법성의 문제가 발생하지 않지만, 너무나도 불합리한 행정재량의 행사는 위법으로 평가되는 것이다.[6)]

대상판결에서의 본건 조성금은 특정 사업을 실시하는 자에게 당해 사업을 장려하기 위해 은혜적으로 교부하는 보조금(법률의 규정에 기초하지 않고 급부되는 예산보조의 성질을 가지는 임의적 보조금)의 성격을 가지며,

6) 芝池義一,『行政法読本[第3版]』, 有斐閣, 2013, 74면.

이는 처분의 수범자에게 최저생활의 보장을 도모하는 것과 같은 성질이 아니다. 또한 Y는 공공의 이익 증진을 목적으로 설립된 독립행정법인이며, 그 업무의 수행에 있어서는 위 목적에 비추어 공공의 이익에 합치할 것이 요구된다.[7)]

또한 Y가 행하는 조성사업의 대상활동(예술가 및 예술에 관한 단체가 행하는 활동 등)은 아주 다양하므로, 본건 조성금 교부 여부의 실체적인 기준을 정하는 것은 어렵다 할 것이다. 진흥회법이 본건 조성금의 교부에 관한 구체적인 지급요건을 정하고 있지 않은 점도 어떤 활동을 조성대상으로 할지 등에 대해 이사장의 합리적인 재량에 맡기는 취지로 이해된다. 따라서 이사장은 예술의 전문가로 구성되는 기금운영위원회에 의한 예술적 관점의 전문적 관점에 기초하여 교부내정을 행한 경우라 하더라도, 교부신청의 심사절차에서 공익성의 관점(예술적 관점 이외의 관점)에서 본건 조성금을 교부하는 것이 부적당하다고 인정될 때는 본건 조성금을 교부하지 않는 취지의 결정을 할 수 있다고 이해된다.[8)]

그럼에도 대상판결은 최고재판소가 종래부터 재량판단에 있어 '사회관념(혹은 사회통념)상 현저히 타당성을 결하는 경우'[9)]를 판단한 부분의 고려는 적었던 것으로 보여진다. 그렇다면, 대상판결에서도 보조금 지급의 목적 및 효과가 출연자 개인에게 미치는 것이 아니라, 문화예술단체 및 그 구성원들에게까지 미치는 중대한 사안이라면, 대체조치를 강구할 필요가 있었던 것이 아닌가 생각된다.

대상판결은 본건 조성금이나 본건 처분의 성격에 관한 이해 하에

---

7) 判例タイムズ1505号, 2023, 43면.

8) 判例タイムズ1505号, 2023, 43면.

9) 最判平成8年3月8日判決(平成7年(行ツ)第74号). 이는 공립학교 학생이 종교상의 이유로 검도수업의 이수를 거부한 것에 대해 학교가 대체조치에 대해 검토하지 않고 유급처분 및 퇴학처분을 한 것이 사회관념상 현저히 타당성을 결하는 처분이라고 본 것이며, 이 처분은 재량권 범위를 일탈한 위법한 것으로 본 사안이다.

서 본건 처분에 대한 재판소의 위법성심사의 범위는 한정되는 것을 전제로 하여 판단한 것이며, 처분재량의 사법심사의 방식에 대한 지금까지의 판례나 하급심재판례의 입장을 답습한 것이라 할 수 있다. 또한 대상판결은 재량처분에 대한 사법심사가 문제된 사례로서 특별히 눈에 띄는 심사방법을 채택한 것은 아니지만, 유사한 재판례가 종래에 없었으며 제1심과 항소심의 판단이 다른 점[10]도 동종 사례를 판단할 시에 참고로 할 수 있다는 점에서 의미를 가진다 할 것이다.[11]

나. 신형 인플루엔자등 대책특별조치법에 따른 음식점의 야간영업정지명령에 대한 적법성(도쿄지방재판소 2022년 5월 16일 판결[12])

1) 사안의 개요

도쿄도 내에서 레스토랑을 운영하는 X(원고)가 코로나19와 관련하여 「신형인플루엔자등 대책특별조치법」(이하 법 또는 특조법이라 한다)에 근거하여 행해진 도쿄도의 영업시간 단축명령이 위법하다고 주장하며, 도쿄도를 상대로 손해배상을 청구한 사안이다.[13] 특조법 제45조 제3항[14]에 기초하여 도쿄도지사는 음식점 등의 시설관리자에 대해 시

10) 野田崇, "映画出演者が麻薬及び向精神薬取締法違反により有罪判決を受けたことを理由とする助成金不交付決定処分の適法性", 『令和4年度重要判例百選』, 有斐閣, 2023, 38면.

11) 判例タイムズ1505号, 2023, 44면.

12) 東京地判令和4年5月16日判決(令和3年(ワ)第7039号). 대상판결에 대해서는 判例タイムズ1502号, 2023, 135면 이하, 日野辰哉, "新型インフルエンザ等対策特別措置法による飲食店の施設の夜間使用停止命令の適法性", 『令和4年度重要判例百選』, 有斐閣, 2023, 39－40면 등 참조.

13) 구체적인 사실관계에 대해서는 이혜진, 앞의 문헌, 243면 참조.

14) 제45조(감염을 방지하기 위한 협력요청 등) ③시설관리자 등이 정당한 이유가 없음에도 전항의 규정에 따른 요청에 응하지 않는 때는 특정 도도부현지사는 신형인플루엔자등의 만연을 방지하고, 국민의 생명 및 건강을 보호하고, 국민생활 및 국민경제의 혼란을 회피하기 위해 특히 필요하다고 인정하는 때에 한하여 당해 시설관리자 등에 대해 당해 요청과 관련한 조치를 강구할 것을 명할 수 있다.

또한 동법 제79조는 '제45조 제3항의 규정에 따른 명령에 위반한 경우에는 당해 위

설사용제한 등의 조치를 강구할 것을 명할 수 있었는데, 도쿄도지사는 특조법 소정의 절차를 바탕으로 2021년 2월 26일 특조법에 기초한 영업시간단축을 요청(이하 '본건 요청'이라 한다)했으며, 3월 18일에는 원고가 도쿄도내에서 야간영업을 계속하고 있던 26개 점포를 대상 시설로서 야간영업의 시설사용 정지명령(이하 '본건 명령'이라 한다)을 발한 것이다.[15)]

2) 법원의 판단

원고에 대한 본건 명령은 특조법 제45조 제3항의 '특히 필요하다고 인정하는 때'의 요건에 해당하지 않아 위법하지만,[16)] 도시자가 본건 명령을 발함에 있어서 과실이 있다고까지는 할 수 없으며, 직무상의 주의의무를 위반했다고는 인정될 수 없다고 하여 특조법 및 본건 명령의 위헌성에 대해서는 특조법 제45조 제2항 및 제3항 소정의 규제는 동법의

반행위를 한 자는 30만엔 이하의 과태료(過料)에 처한다.'고 규정하고 있다.

15) 본건의 쟁점은 원고가 본건 요청에 따르지 않은 정당한 이유가 있었는가 하는 점, 본건 명령이 특별히 필요했다고 인정되지 않은 점 등의 이유에서 본건 명령은 위법하며, 또한 특조법 및 본건 명령은 영업의 자유, 표현의 자유 등 기본적 인권을 침해한다는 등의 이유에서 위헌이며, 본건 명령에 따라 영업시간을 단축함으로 인해 매출감소와 같은 영업손해를 입었다고 주장하며 국가배상법 제1조 제1항에 기초하여 도쿄도(피고)에게 상기 손해의 일부에 대한 배상을 요구한 사안이다.

16) ① 본건 대상시설에서 3개의 밀(밀폐·밀집·밀접)에 해당하는 환경 중 적어도 밀폐공간(환기가 나쁜 밀폐공간)이 발생했었다고는 할 수 없으며, 다른 한편으로 상당한 감염방지대책이 실시되고 있었으므로 집단발생의 위험성이 높다고 볼 수 없는 점, ② 특조법은 시설관리자가 제45조 제2항의 요청에 따르지 않은 것에 더해, 특히 필요하다고 인정하는 때에 한정하고 있는 것이므로, 그 재량의 폭이 광범위한 것이라고는 할 수 없는 점, ③원고가 실시하고 있던 감염방지대책의 실정이나 집단발생의 위험 정도 등 개별 사정의 유무를 확인하지 않고, 본건 시설에서 야간 영업을 계속하는 것이 직접 음식으로 인해 감염위험을 높였다고 인정할 근거는 발견하기 어려운 점, ④ 원고가 영업을 계속한다는 주장으로 인하여 실제로 야간영업을 계속한 음식점의 존재를 인정하기에 충분한 증거가 없는 점 등을 그 이유로 볼 수 있다.

목적에 비추어 불합리한 수단이라고는 할 수 없으므로, 이러한 각 조항들이 원고의 영업의 자유를 침해하고, 위헌인 법령이라고는 볼 수 없으며, 또한 본건 명령은 원고의 표현의 자유에 대한 과도한 간섭으로서 헌법 제21조 제1항에 위반한다고 볼 수 없다고 하여 원고의 청구를 기각했다.

3) 해설

대상판결은 신형코로나바이러스감염증의 확산방지대책으로서의 긴급사태선언 기간 중에 도쿄도지사에 의한 음식점 영업시간단축의 요청에 따르지 않은 사업자인 원고에 대해 피고인 도지사가 특조법 제45조 제3항에 기초하여 발한 영업시간단축명령의 적법성에 대해 동항이 규정하는 '특히 필요하다고 인정하는 때'의 요건을 충족하기 위해서는 불이익처분을 행하더라도 부득이하다고 할 수 있을 정도의 개별적 사정이 있을 것을 요한다고 했다.

이에 수반하여 원고 점포의 감염대책이나 감염자 집단발생의 위험정도, 다른 음식점의 야간 영업계속을 유발할 우려의 유무, 본건 명령은 4일 동안만 효력을 가진다는 것이 확정되어 있던 점, 다른 사업자와의 불공평성 등을 고려하여 상기 개별 사정은 인정될 수 없어 동 명령은 위법하다고 했지만 도지사의 주의의무위반은 인정될 수 없다고 하여[17]

17) 도지사의 주의의무위반을 국가배상여부의 판단으로 했다는 점에서 이론상 직무행위기준설에 입각한 것으로 보인다. 이는 국가배상법상 위법판단에 있어 공무원이 직무상 요구되는 주의의무를 다하지 않은 경우 위법하다고 판단하는 것이다(芝池義一, 앞의 책, 386－387면). 이와 관련하여 소득세 확정신고 후 본래 납부하여야 할 세액보다 더 많은 세금을 납부한 경우 경정청구를 할 수 있는데, 소득세의 경정과 관련하여 最判平成5年3月11日判決(平成1年(オ)第930号)은 '세무서장이 행하는 소득세의 경정은 소득금액을 과대하게 계산했었다 하더라도, 그것으로 바로 국가배상법 제1조 제1항에서 말하는 위법이 있었다는 평가를 받는 것이 아니라, 세무서장이 자료를 수집하고, 이에 기초하여 과세요건사실을 인정, 판단함에 있어 직무상 통상 기울여야 할 주의의무를 다하지 않고 경정을 했다고 인정되는 사정이 있는 경우에 한하여 위의 위법평가를 받는 것'이라 한 바 있다.

국가배상청구를 기각했다.[18)]

또한, 대상판결은 2021년에 개정된 특조법 제45조 제3항 명령이 처음 발해진 '시간단축명령'에 있어 사업자에 의한 손해배상청구에 대해 재판소의 판단이 내려진 첫 사건으로서 의미를 가진다.[19)] 또한 법 제45조 제3항 명령에 위반한 경우, 당해 위반행위를 한 시설관리자는 과태료 부과대상이 되므로(조치법 제79조), 그 운용은 신중해야 하는 사안이며, 대상판결의 위와 같은 내용으로 인해 일본 내에서도 많은 언론 매체에서 보도되었다는 점에서 의미를 가진다.[20)]

다. 징계처분에 의해 정직기간 중인 공무원이 동료 등에게 행한 행동으로 인한 정직 6개월 징계처분의 적법성(최고재판소 2022년 6월 14일 판결[21)])

1) 사안의 개요

2016년 2월 Y시(피고·피항소인·상고인) 소방서에서 심폐소생기 부적절 사용사건이 발생했다. 이 사건을 계기로 같은 해 12월 27일 Y시 시장은 제3자 위원회에 Y시 소방본부의 복무규정위반 등 비위행위에 관한 조사 등(이하 '본건 조사'라 한다)을 의뢰했다. 그 결과 Y시에 소방직원으로 근무하고 있던 X(원고·항소인·피상고인)가 상사 및 부하에게 수차례의 폭언 및 폭행을 한 점이 지적되었으며, X는 2017년 2월 22일 징계심사위원회를 거쳐 같은 달 27일 Y시 소방장으로부터 정직 2개월의

18) 野呂充, "行政法判例の動き", 『令和4年度重要判例解説』, 有斐閣, 2023, 29면.

19) 日野辰哉, 앞의 문헌, 40면.

20) 判例タイムズ1502号, 2023, 137면.

21) 最判令和4年6月14日判決(令和3年(行ヒ)第164号). 대상판결에 대해서는 判例タイムズ1504号, 2023, 24면 이하, 森稔樹, "懲戒処分により停職期間中の公務員が行った同僚等への働き掛けを理由とする停職6月の懲戒処分の適法性", 『令和4年度重要判例解説』, 有斐閣, 2023, 41면 이하, 石塚武志, "懲戒処分にかかる関係者への威迫等につき第2の懲戒処分が行われた事例", 新・判例解説Watch vol.32, 2023, 45면 이하, 水町勇一郎, "懲戒理由である暴行の被害者等への威迫行為を理由とする停職処分の適法性—氷見市(消防職員停職処分)事件", ジュリスト1574号, 2022, 4면 이하 등 참조.

징계처분(이하 '제1처분'이라 한다)을 받았다.[22)]

X는 제1처분에 의한 정직기간 중 X의 폭언 및 폭행에 대한 사정을 알고 있던 동료 A와 B에게 자신에 대한 처분을 가볍게 하기 위해 어떠한 행동을 할 것을 요청하는 등의 행위를 했으며, 이에 협조하지 않을 시 보복이 있을 것이라는 언동을 했다. X는 위와 같은 A 및 B에 대한 반사회적 위법행위로 인해 2017년 4월 24일 및 26일 징계심사위원회를 거쳐 같은 달 27일 Y시 소방장으로부터 정직 6개월의 징계처분(이하 '제2처분'이라 한다)을 받았다. X는 제1처분 및 제2처분의 취소, 그리고 국가배상법 제1조 제1항에 기초한 손해배상을 요구하며 제소했다.

1심판결인 토야마지방재판소 2020년 5월 27일 판결[23)]은 제1처분, 제2처분 모두 재량권 범위의 일탈·남용이 없다고 보아 X의 청구를 기각했다. 이에 X가 항소했으며, 항소심인 나고야고등재판소 카나자와지부 2021년 2월 24일 판결[24)]은 제1처분에 대해서는 X의 취소청구를 기각했다. 한편, 제2처분에 대해서는 제1처분의 정직기간을 크게 상회하는 점, 최장 기간인 6개월의 정직으로 했다는 점에서 과도하다고 보아 소방장에게 부여된 재량권 범위를 일탈·남용한 위법한 것으로 보아 취소하고, 손해배상청구의 일부를 인용했다.

이에 Y가 제2처분에 대한 항소심 판단에 불복하며 상고신청하고, X가 제1처분에 대한 항소심 판결에 불복하며 부대상고신청을 하게 되었다.

---

22) 참고로 일본의 소방직원 계급은 크게 소방총감, 소방사감, 소방정감, 소방감, 소방사령장, 소방사령, 소방사령보, 소방사장, 소방부사장, 소방사로 구분된다. 인구 30만 규모의 소방본부의 경우 소방정감이 소방장, 인구 10만 미만의 소방본부의 경우 소방사령장이 소방장이 된다(https://www.fdma.go.jp/singi_kento/kento/items/kento241_16_220226_dai2_07.pdf. 최종접속일:2023.06.04.).

23) 富山地判令和2年5月27日判決(平成30年(行ウ)第1号).

24) 名古屋高金沢支判令和3年2月24日判決(令和2年(行コ)第8号).

2) 법원의 판단

지방자치단체 공무원이 상사 및 부하에 대한 폭행 등을 이유로 정직 2개월의 징계처분 정직기간 중에 위 폭행 등의 일부에 대한 사정을 알고 있던 동료 및 위 폭행의 피해자 중 1명인 부하에게 행한 행위를 이유로 하는 정직 6개월의 징계처분을 재차 받은 경우, (1) 동료들의 약점을 구실로 선행처분과 관련한 조사에 있어 원고에게 불이익한 행동을 하면 보복이 있을 것이라는 점, (2) 부하에게 어떠한 약점을 구실로 하여 협조하지 않으면 추후 고소 등의 보복이 있을 것이라는 점 등과 같은 사정 하에서는 위 처분이 재량권 범위를 일탈했거나 이를 남용한 위법한 것이라고 한 원심 판단에는 징계권자의 재량권에 관한 법령 해석을 잘못한 위법이 있다.

3) 해설

대상판결은 상사 및 부하에 대한 폭행 등을 이유로 하는 정직 2개월의 징계처분(제1처분)을 받고, 이후 그 정직기간 중에 정당한 이유 없이 폭행의 피해자에게 면회를 요구하는 등의 행동을 한 것을 이유로 정직 6개월의 징계처분(제2처분)을 받은 지방자치단체의 소방직원이 위 처분들의 취소 등을 구한 사안인데, 원심은 제2처분이 과도하다고 보아 이를 취소했음에 반해, 최고재판소는 X의 당해 행동은 징계제도의 적정한 운용을 방해하며, 심사청구절차의 공정을 해하는 행위이며, 그 비난의 정도가 상당히 높다고 평가하는 것이 불합리하다고는 할 수 없으며, 또한 당해 행동이 제1처분의 정직기간 중에 이루어진 것이며, 당사자가 전혀 반성하지 않고 있는 점 등에서 제2처분의 양정판단에 재량권 범위의 일탈 또는 남용은 없다고 했다.[25)]

대상판결은 공무원의 비위행위에 관한 사안으로서 대상판결에서도 원고의 행위가 국민 전체에 대한 봉사자라는 공무원 직무에 어울리지

25) 野呂充, 앞의 문헌, 29면.

않는 비행에 분명히 해당한다는 점을 언급하고 있듯이, 공무원이라는 점이 행위의 비난성(처분의 상당성) 판단에 영향을 주고 있다고 생각된다. 대상판결의 취지는 직장 내 괴롭힘과 같은 행위가 공무원에게만 해당하는 것이 아니므로, 민간기업의 근로자에게도 동일하게 적용될 수 있을 것으로 생각된다. 즉, 징계사유와 관련한 사실조사를 방해하는 행위의 중대함에 대해서 대상판결이 향후 다른 사안에 미칠 영향은 적지 않을 것이다.[26)]

라. 부하에 대한 폭언·폭행을 반복한 공무원에 대한 직권면직처분의 적법성(최고재판소 2022년 9월 13일 판결[27)])

1) 사안의 개요

X(원고·피항소인·피상고인)는 Y(나가토시(長門市)－피고·항소인·상고인)의 소방직원이며, 2004년 소방사장(消防士長), 2013년 4월에 소방사령보(消防司令補)가 되었으며, 같은 달 이후 소방서분대장, 소대장의 직에 있었던 바, 주로 2012년 이후 부하 등이었던 약 30명(Y의 소방직원 전체 인원 수의 약 절반에 가까운 숫자)에 대해 폭행, 폭언, 사생활 침해, 상대방을 불안하게 하는 언동 등을 행하였으며,[28)] 그 건수는 약 80건에 이르렀다(이하 '본건 각 행위'라 한다).

Y소방장은 본건 각 행위를 직장 내 괴롭힘으로 보아 2017년 8월 22일 X는 소방직원으로서의 자질을 결하며, 이는 용이하게 교정할 수 없는 소질·성격에 의한 것으로서, 배치전환을 포함하여 개선의 여지가 없는 점, 본건 각 행위는 직장의 인간관계 및 질서를 현저하게 교란시

26) 水町勇一郎, 앞의 문헌, 5면.

27) 最判令和4年9月13日判決(令和4年(行ヒ)第7号).

28) 구체적으로는 예컨대, 훈련 중에 구타 등의 폭행, '죽여버린다' 등의 폭언, 훈련 중 성적인 행동 및 명령, 사생활에 관한 사항을 무리하게 말하게 하는 행위 등이 있다(下井康史, "部下に対する暴言・暴行を繰り返した公務員に対する分限免職処分の適法性", 『令和4年度重要判例解説』, 有斐閣, 2023, 43면).

키는 것으로 Y의 소방조직 전체에 대한 영향이 큰 점을 이유로 지방공무원법 제28조 제1항[29] 제3호에 기초하여 X에 대해 직권면직처분(이하 '본건 처분'이라 한다)을 행했다. 이에 X는 심사청구 기각재결을 거쳐, Y를 대상으로 본건 처분의 취소를 구하며 제소했으며, 면직해야 하는 정도의 적격성 결여는 인정할 수 없다는 등을 주장했다.[30]

제1심 판결[31]은 청구를 인용하고, 원심인 항소심판결[32]은 X의 소방직원으로서의 소질, 성격 등에 문제가 있는 점을 전제로 하면서도, ① Y의 소방조직에 있어서 직원간 밀접한 인간관계가 형성되고, 직무상 상사가 부하에게 엄격하게 하는 경향이 있으며, 본건 각 행위도 이러한 직장환경을 배경으로 행해진 것이라는 점, ② X에게는 본건 처분에 이르기까지 자신의 행위를 개선할 기회가 없었던 점에 비추어, 본건 각 행위는 단순히 X 개인이 간단하게 교정할 수 없는 지속성을 가지는 소질, 성격 등에만 기인하여 행해진 것이라고는 보기 어려우므로, X를 직권면직하는 것은 과도하여 본건 처분의 취소청구를 인용해야 할 것이라고 했다. 원심은 X가 소방직원으로서의 적격성을 결한다는 점은 인정했지만, 면직은 과도하다고 보아 Y의 항소를 기각하여 Y가 상고했다.

2) 법원의 판단

최고재판소는 다음과 같이 판단했다. 지방공무원법 제28조에 기초

---

29) 지방공무원법 제28조 (강임, 면직, 휴직 등) ① 직원이 다음 각 호에 열거하는 경우의 어느 하나에 해당하는 때에는 그 의사에 반하여 강임하거나 면직할 수 있다.
1. 인사평가 또는 근무상황을 나타내는 사실에 비추어 근무실적이 좋지 않은 경우
2. 심신의 장애(故障)로 인해 직무수행에 지장이 있거나 이를 감당할 수 없는 경우
3. 전2호에 규정하는 경우 외에 그 직무에 필요한 적격성이 결여된 경우
4. 직제 혹은 정수의 개폐 또는 예산의 감소로 인해 폐직 또는 과원이 발생한 경우

30) 또한 X는 2018년 1월 4일 본건 각 행위의 일부에 대해 폭행죄에 의해 벌금 20만엔의 약식명령을 받았다.

31) 山口地判令和3年4月14日判決(平成30年(行ウ)第13号).

32) 広島高判令和3年9月30日判決(令和3年(行コ)第10号).

한 직권면직처분에 대해서는 임명권자에게 일정한 재량권이 인정되지만, 그 판단이 합리적으로 허용되는 한도를 초과한 경우, 재량권의 행사를 잘못하여 위법한 것으로 되며, 면직의 경우에는 공무원으로서의 지위를 상실하는 중대한 결과로 되기 때문에 그 판단은 특히 엄격하고 신중할 것이 요구된다(最判昭和48年9月14日判決(昭和43年(行ツ)第95号).

본건 각 행위의 내용은 폭행, 폭언 등 상대방을 불안에 빠뜨리는 다양한 언동 등이다. 그리고 본건 각 행위는 5년 넘게 반복되어 약 80건에 이르며, 그 대상이 된 소방직원도 약 30명에 이르는 다수이며, 위 지방자치단체의 소방직원 전체 수의 절반 가까이에 해당한다. 이와 같이 장기간에 걸친 악질적이고 사회상식을 결하는 일련의 행위에서 나타난 X의 품위 없는 성격을 볼 때, 공무원인 소방직원으로서 요구되는 일반적인 적격성을 결한다고 보는 것이 불합리하다고는 할 수 없다. 그리고 본건 각 행위의 빈도 등도 고려하면, X의 성격을 간단히 교정할 수 없으며, 지도의 기회를 주더라도 개선의 여지가 없다고 보는 것이 불합리하다고도 할 수 없다.[33]

이러한 점에서 본건 처분이 재량권 행사를 잘못한 위법한 것이라고는 할 수 없으므로, 본건 처분을 위법하다고 한 원심 판단에는 위법이 있으므로 원판결을 파기하고, 제1심판결을 취소하며 청구를 기각한다.

---

33) 본건 각 행위에 의해 Y 소방조직의 직장환경이 악화되는 것과 같은 영향은 공무 능률 유지 관점에서 간과하기 어려운 것이며, 특히 소방조직에 있어서는 직원 간에 긴밀한 의사소통을 도모하는 것이 주민의 생명이나 신체의 안전을 확보하기 위해서 중요한 것이라는 점도 고려하면, 위와 같은 영향을 중시하는 것도 합리적이다. 본건 각 행위 중에는 X의 행위를 상사 등에게 보고하는 자에 대한 보복을 시사하는 발언 등도 포함되어 있으며, 현재 보복을 우려하는 소방직원이 상당수에 이르는 것 등을 보더라도 X를 소방조직 내에 배치하면서 그 조직으로서의 적정한 운영을 도모하는 것은 곤란하다.

3) 해설

대상판결은 지방공무원법 제28조에 기초한 직권면직처분[34]에 대해서는 대체적으로 임명권자에게 일정한 재량권을 인정하지만, 그 판단이 허용되는 한도를 초과한 경우에는 재량권 행사를 잘못한 위법이 있음을 면할 수 없다고 한다(最判昭和48年9月14日判決(昭和43年(行ツ)第95号). 대상판결도 이러한 판단방식을 채택하여 처분청 재량판단의 합리성에 대해 심사한 것이다.[35]

지방공무원법 제28조 제1항 제3호의 적격성 판단의 경우, 강임에 대해서는 그 직원이 현재 임하고 있는 특정직에 대한 적격성이 문제됨에 반해, 면직의 경우에는 전직이 가능한 다른 직무 등도 포함하여 모든 직에 대한 적격성이 문제된다(最判昭和48年9月14日判決(昭和43年(行ツ)第95号). 또한 대상판결이 본건 처분을 적법하다고 한 것은 괴롭힘에는 엄격한 대처가 필요하다는 사회통념이 있다는 인식도 작용했을 것으로 판단된다.[36]

이와 같은 점들을 고려할 때, 대상판결은 공무원에 대한 직권면직처분의 적법여부에 대해 판단한 사례이기는 하지만, 최근 사회적으로 문제되고 있는 직장 내 괴롭힘을 둘러싼 징계처분이나 직권면직처분이 대두되고 있는 점을 보더라도, 향후 동종 사안에서 참고로 될 것이라고 생각한다.[37]

---

34) 직권면직처분은 일본에서 분한처분으로 언급되는데, 이는 근무실적불량, 심신의 장애, 적격성의 결여 등을 이유로 행해지는 처분을 말하며, 예컨대 국가공무원법 제78조 제1호부터 제4호까지에도 분한처분의 요건이 규정되어 있는데, 이 중 제4호는 실무상 상대적으로 명확히 판단할 수 있지만, 제1호부터 제3호의 '근무실적이 좋지 않음', '심신의 장애(故障)', '직무수행에 지장', '그 관직에 필요한 적격성을 결함'과 같은 부분은 객관적·일의적으로 판단하기 어려운 불확정법개념에 해당한다(芝池義一, 앞의 책, 65－66면).

35) 判例タイムズ1504号, 2023, 14면.

36) 石塚武志, TKC Watch 行政法 No.230, 2022, 4면.

37) 이외에도 각종 괴롭힘을 이유로 한 징계처분이 적법하다고 한 최근의 최고재판소

마. 급수정지로 인해 손해가 발생한 경우 수도사업자인 시의 책임을 정한 시수도사업급수조례 규정의 취지(최고재판소 2022년 7월 19일 판결[38])

1) 사안의 개요

X들(원고·항소인·상고인)은 오키나와현(沖縄県)에서 숙박시설을 경영하고 있는 자들이다. 이들은 오키나와현 내의 미야코지마시(宮古島市, 피고·피항소인·피상고인)가 수도사업자로서 행하는 수도사업에 대해 급수계약(이하 '본건 급수계약'이라 한다)을 체결했다. 본건 급수계약은 미야코지마시 수도사업급수조례(平成17年宮古島市条例第215号. 이하 '본건 조례'라 한다)에 따라 체결되었다. X들은 자신들이 경영하는 숙박시설에서 본건 급수계약에 기초하여 본건 조례가 정하는 급수조건에 따라 수도를 사용하고 있었다.

문제는 2018년 4월 27일부터 일부 지구에서 계속해서 단수가 발생했다. 본건 단수는 같은 해 5월 1일에 해결되었다. 그 이유는 같은 달 8일, 미야코지마시가 설치·관리하고 있던 배수지 내에서 수위를 조정하기 위한 장치(ball tap)의 파손(이하 '본건 파손'이라 한다) 때문이었다.[39]

X들은 단수로 인해 숙박시설 영업이익 손실 등의 손해가 발생했다고 주장했다. 이와 관련하여 미야코지마시에 대해 급수계약의 채무

판결인 最判平成30年11月6日判決(平成29年(行ヒ)第320号), 最判令和2年7月6日判決(平成31年(行ヒ)第97号), 전게 4번 판결인 最判令和4年6月14日判決(令和3年(行ヒ)第164号)과 같은 계보에 속한다고 평가된다(下井康史, 앞의 문헌, 44면).

38) 最判令和4年7月19日判決(令和3年(オ)第555号·令和3年(オ)第556号·令和3年(受)第678号·令和3年(受)第679号). 대상판결에 대해서는 判例タイムズ1501号, 2022, 47면 이하, 正木宏長, "一時保護した児童と両親につき児童相談所が行政指導として行った面会制限の適法性", 『令和4年度重要判例解説』, 有斐閣, 2023, 45면 이하, 最高裁判所民事判例集76巻5号, 2022, 1235면 이하 참조.

39) 또한 미야코지마시로부터 수도시설보전업무를 수탁받아 행하고 있던 주식회사 오키나와수도관리센터가 위 배수지에 대한 보수점검을 행했지만, 같은 해 1월에 행해진 점검에서는 위 장치에 대해 특별한 문제가 지적되지 않았다.

불이행 등을 이유로 총액 약 358만엔의 손해배상을 요구하며 제소한 사안이다.

본건과 관련한 법령은 수도법[40]과 본건 조례를 들 수 있다. 이에 대해 제1심 나하지방재판소 2020년 8월 7일 판결[41]은 설치 이후 40년 이상 경과한 볼탭에 대한 내용연수의 정함이 없다고 하면서 미야코지마시의 책임으로 보아야 할 사유가 없다고는 인정하기 어렵다고 한 후, 본건 조례 제16조 제3항 면책규정의 합헌성에 대해서 헌법 제29조의 재산권 보장과의 관계에서 '본건 면책조항은 수도시설의 손상이 미야코지마시의 경과실에 기초한 경우에 미야코지마시의 책임을 면제하는 것이며, 나아가 수도시설의 손상이 미야코지마시의 고의 또는 중과실에 기초한 경우에 대해서까지 그 책임을 면제하는 것은 아니다'라고 하는 한정해석을 했다. 그 후 미야코지마시에게 중과실은 없다고 하여 면책규정을 적용했다.

X들은 항소했으며, 항소심인 후쿠오카고등재판소 나하지부는 2021

---

40) 수도법 제15조(급수의무) 제1항은 '수도사업자는 사업계획에서 정하는 급수구역 내의 수요자로부터 급수계약의 신청을 받은 때에는 정당한 이유가 없는 한 이를 거부하여서는 아니 된다'고 규정하며, 제2항은 '수도사업자는 당해 수도로 급수를 받는 자에게 상시 물을 공급하여야 한다. 다만, 제40조 제1항에 따른 물 공급명령을 받은 경우 또는 재해 및 기타 정당한 이유가 있어 부득이한 경우에는 급수구역의 전부 또는 일부에 대하여 그 동안 급수를 정지할 수 있다. 이 경우에는 부득이한 사정이 있는 경우를 제외하고, 급수를 정지하고자 하는 구역 및 기간을 사전에 관계자에게 주지시키는 조치를 취하여야 한다'고 규정하고 있다.
또한 동법 제14조(공급규정) 제1항은 '수도사업자는 요금, 급수장치 공사비용의 부담구분, 그 밖의 공급조건에 대해 공급규정을 정하여야 한다'고 규정하고 있다. 미야코지마시는 위 공급조건 등을 정하는 것을 목적으로 하여 본건 조례인 미야코지마시 수도사업급수조례를 제정한 것이다.
본건 조례 제16조 제1항은 '급수는 비상재해, 수도시설의 손상, 공익, 기타 부득이한 사정 및 법령 또는 이 조례규정에 따르는 경우 외에 제한 또는 정지하지 않는다'고 규정하며, 동조 제3항은 '제1항의 규정에 따른 급수의 제한 또는 정지로 인한 손해가 발생하는 경우가 있다 하더라도, 시는 그 책임을 부담하지 않는다'고 규정하고 있다.

41) 那覇地判令和2年8月7日判決(平成30年(ワ)第588号).

년 1월 19일 판결[42]은 본건 급수계약의 채무불이행에 기초한 손해배상 청구를 기각했다. 원심판결은 본건 조례 제16조 제3항은 수도사업의 안정적이고 계속적인 운영을 유지하기 위해 급수의 제한 또는 정지의 원인이 된 수도시설의 손상이 미야코지마시의 고의 또는 중과실로 인한 경우를 제외하고는 미야코지마시의 급수의무 불이행에 기초한 손해배상책임을 면제한 규정이며, 이렇게 해석하는 한 동항은 정당한 목적을 위해 부득이한 제약을 마련한 것으로서 헌법 제29조에 위반하는 것은 아니다. 그리고 본건 단수에 이르는 사정을 고려하면, 본건 파손에 대해 미야코지마시에게 고의 또는 중과실이 있다고는 할 수 없으므로, 미야코지마시의 본건 단수로 인한 급수의무 불이행에 기초한 손해배상책임은 본건 조례 제16조 제3항에 따라 면제된다고 판단했다.

2) 법원의 판단

대상판결에서는 본건 조례 제16조 제3항이 수도사업자인 미야코지마시의 급수의무 불이행에 기초한 손해배상책임을 면제한 규정인지 여부가 쟁점으로 되었다.

최고재판소는 미야코지마시 수도사업급수조례 제16조 제3항은 수도사업자인 시가 수도법 제15조 제2항 단서(2018년 법률 제92호에 의한 개정 전의 것)에 따라 수도의 사용자에게 급수의무를 행하지 않은 경우, 당해 사용자와의 관계에서 급수의무 불이행에 따른 손해배상책임을 부담하지 않는 것을 확인한 규정에 불과하며, 시가 급수의무를 부담하는 경우에 동 의무 불이행에 기초한 손해배상책임을 면제한 규정은 아니라고 판단했다. 이에 대상판결은 원심판결을 파기했으며, 미야코지마시의 손해배상책임의 유무에 대해서는 본건 단수에 있어 수도법 제15조 제2항 단서의 '재해, 기타 정당한 이유가 있어 부득이한 경우'에 해당하는지 여부에 대해 더욱 심리를 다한 후에 판단해야 할 것이라고 하면서 본건

42) 福岡高那覇支判令和3年1月19日判決(令和2年(ネ)第68号).

을 원심에 환송했다.

3) 해설

대상판결은 급수정지로 인해 손해가 발생한 경우 수도사업자의 책임을 정한 본건 조례 제15조 제3항의 취지에 대해서 판단한 것인 바, 동항은 표준급수조례의 조문과 거의 동일한 문언이며, 이와 같은 취지의 규정은 다른 지방자치단체의 급수조례에도 다수 마련되어 있는 점에서 그 실무상 의의와 중요성이 있을 것으로 생각된다.[43]

수도법 제15조 제1항, 제2항에 규정하는 급수의무는 강행규정이며, 가령 급수조례에서 위 조항들에 반하는 규정이 있다면, 이는 강행법규 위반으로 무효라 할 것이다. 그렇다면 본건 조례 제16조를 해석함에 있어서는 수도법과 정합적인 해석을 도모하여야 할 것이다.[44] 본건 조례 제16조 제1항이 급수를 정지할 수 있는 경우로 규정하는 '비상재해, 수도시설의 손상, 공익, 기타 부득이한 사정 및 법령 또는 이 조례규정에 따르는 경우'는 수도법 제15조 제2항 단서에서 급수를 정지할 수 있는 경우로 규정한 '재해 및 기타 정당한 이유가 있어 부득이한 경우'와 동일한 내용을 의미하는 것으로 해석해야 할 것이다.[45]

요컨대, 대상판결은 본건 조례 제16조 제3항은 미야코지마시가 수도법 제15조 제2항 단서에 따라 수도의 사용자에 대해 급수의무를 '부담하지 않는' 경우에 당해 사용자와의 관계에서 급수의무의 불이행에 기초한 손해배상책임을 부담하지 않는다는 점을 확인한 규정에 불과할 뿐, 미야코지마시가 급수의무를 '부담하는 경우'에 동 의무의 불이행에 기초한 손해배상책임을 면제한 규정은 아니라고 해석하는 것이 타당할 것이다.[46]

---

43) 判例タイムズ1501号, 2022, 50면.
44) 判例タイムズ1501号, 2022, 49면.
45) 判例タイムズ1501号, 2022, 49면.
46) 判例タイムズ1501号, 2022, 49면.

바. 아동상담소가 행정지도로서 일시 보호하는 아동과 부모 간의 면회제한에 대한 적법성(도쿄고등재판소 2021년 12월 16일 판결[47])

1) 사안의 개요

X1(원고·항소인)·X2(원고·항소인＝피항소인)의 자녀인 A(2006년생)는 X1로부터 학대를 받아 Y현(피고·피항소인＝항소인)의 B아동상담소장이 2017년 1월 27일자로 아동복지법 제33조[48]에 기초하여 A를 일시적으로 보호한 후, 2017년 3월 31일자로 동법 제27조 제1항 제3호[49]에 기초하여 A를 아동보호시설에 입소시키는 조치를 취했다. 동 조치는 X1의 동의서를 받은 후에 이루어졌다.

B 아동상담소장은 일시 보호결정 이후, X들이 A와의 면회통신을 요구해도 이에 응하지 않았으며(이하 '본건 면회통신제한'이라 한다), 이 대응을 아동복지법 제11조 제1항 제2호 라목(二)[50] 소정의 '기타 필요한

---

47) 東京高判令和3年12月16日判決(令和3年(ネ)第2273号). 대상판결에 대해서는 横田光平, "一時保護した児童と両親につき児童相談所が行政指導として行った面会制限の適法性", 『令和4年度重要判例解説』, 有斐閣, 2023, 47면 이하, 井上浩平, "社会保障判例研究", 北大法学論集73巻4号, 2022, 125면 이하.

48) 예컨대, 「아동복지법」 제33조 제1항은 '아동상담소장은 필요하다고 인정하는 때는 제26조 제1항의 조치를 취하기까지 아동의 안전을 신속하게 확보하고 적절한 보호를 도모하기 위해, 또는 아동의 심신의 상황, 처해 있는 환경, 그 밖의 상황을 파악하기 위해 아동의 일시적 보호를 행하거나 적당한 자에게 위탁하여 당해 일시적 보호를 행하게 할 수 있다'고 규정하고 있다.

49) 「아동복지법」 제27조 ①도도부현은 전조 제1항 제1호에 따른 보고 또는 「소년법」 제18조 제2항에 따른 송치가 있는 아동에 대하여 다음 각 호의 어느 하나의 조치를 취하여야 한다.

3. 아동을 소규모 주거형 아동양육사업을 행하는 자 혹은 양부모(里親)에게 위탁 또는 유아원, 아동보호(養護)시설, 장애아 입소시설, 아동심리치료시설 혹은 아동자립지원시설에 입소시킬 것.

50) 「아동복지법」 제11조 ① 도도부현은 이 법률의 시행에 관하여 다음에 열거하는 업무를 행하여야 한다.

2. 아동 및 임산부의 복지에 관하여 주로 다음에 열거하는 업무를 행할 것.

지도'에 해당하는 것이라고 설명했다. X들은 2018년 5월 9일 B아동상담소 및 Y현에 대해 지도의 중지 등을 요구하는 내용증명 우편을 발송했다(이하 '본건 5월 9일 불협력표명'이라 한다). B아동상담소장은 지도의 중지 등의 요구에 따르지 않고 본건 면회통신제한을 계속했지만, X들과의 면회통신에 대한 A의 의향을 바탕으로 X2에 대해서만 2019년 2월 5일부터 면회를 시작하고, X1에 대해서도 2019년 12월 4일부터 면회를 시작했다. X들은 본건 면회통신제한 등으로 인한 정신적 고통에 대해서 손해배상청구소송을 제기했다. 즉, 본건 지도가 행정지도로서의 한계를 넘은 위법한 것이라고 할 수 있는지가 다투어진 사안이다.

제1심 판결[51]은 X1에 대한 손해배상은 부정했지만, X2에 대한 손해배상을 일부 인정했다. 재판소는 '행정지도 상대방의 불협력·불복종의 의사 표명이 있었는지', 그리고 '당해 불협력·불복종을 객관적으로 도저히 인정하기 어렵다고 할 만한 특별한 사정이 있었는가' 하는 2가지를 심사하여 최종적으로 X2에 대해 손해배상으로서 15만엔의 배상을 명령했다.

2) 법원의 판단

대상판결은 원심이 X2의 청구를 일부 인용하고, X2의 기타 청구와 X1의 청구는 기각하여 X들은 항소했으며, 한편, Y현이 항소했는데 X들이 위법행위의 종료일이라고 주장하는 날까지 가족지원 프로그램이 개시되지 않았다 하더라도, 법의 취지, 목적, 그 권한의 성질 등에 비추어 허용되는 한도를 일탈하여 현저히 합리성을 결한다고 할 수 있는 지원의무의 해태(부작위)가 있었다고 볼 수는 없으며, 가족의 재통합에 있어서 부모와 자녀의 면회통신이 중요한 역할을 하는 것을 바탕으로 보더

라(ニ). 아동 및 그 보호자에 대하여 다목(ハ)의 조사 또는 판정에 기초하여 심리 또는 아동의 건강 및 심신발달에 관한 전문적인 지식과 기술을 필요로 하는 지도, 기타 필요한 지도를 할 것.

51) 宇都宮地判令和3年3月3日判決(平成30年(ワ)第410号).

라도, X2의 면회통신을 요구하는 권리이익의 보호 요청은 후퇴한다고 할 수밖에 없으며,[52] 또한 A의 의사를 고려하지 않는 형태로 X2와의 면회통신을 인정함으로써 A를 정신적으로 불안정한 상태에 빠뜨리게 하는 등 오히려 부모와 자녀의 재통합 실현을 방해하고, 아동의 건강한 성장발달이라는 법의 목적에 반하는 결과를 초래할 수도 있다. 따라서 X에 대해서도 본건 지도에 대한 협력을 수인시키는 것이 타당하다고 할 특별한 사정이 존재한다고 할 수밖에 없는 점 등에서 X들의 청구는 모두 이유가 없으므로 이들의 항소를 모두 기각하는 동시에 원판결 중 피항소인의 패소부분을 취소하고, X2의 청구를 기각했다.

3) 해설

아동학대와 관련한 면회통신제한의 재판례는 본 판결이 4번째인데, 대상판결과 관련하여 원심판결은 법원이 면회통신제한을 위법하다고 평가하여 X들의 청구를 일부 인용한 점과 관련한 최초의 판례라는 점에서 의미를 가진다.[53]

대상판결은 행정지도에 대한 불협력 의사를 강하고 명확하게 표명하고, 불협력 의사의 표명 후 특별한 사정의 존부라는 판단방식을 이용하여 당해 아동을 학대했던 X1뿐만 아니라, 직접 학대하지 않았던 X2에 대해서도 학대를 방치했던 점이나 당해 아동 A가 면회에 적극적이지 않았던 점을 이유로 불협력 표명 후의 특별한 사정을 인정하여 면회통신제한이 적법하다고 판단했다. 이는 행정절차법 제33조[54]와 관련있

52) X2는 스스로 A에게 폭력을 행사한 사실은 인정되지 않지만, X1에 의한 학대를 방치했다 하더라도 과언이 아니므로 그 자체가 아동학대방지법 제2조 제3호가 규정하는 아동학대(ネグレクト,neglect)에 해당할 수 있으며, 나아가 X2는 A에 대한 학대를 초래한 것에 대한 스스로의 책임을 충분히 자각하고, 향후 이러한 사태를 재차 만들지 않기 위해 구체적 방법을 검토하는 등의 자세가 보이지 않았다(横田光平, 앞의 문헌, 47－48면).

53) 井上浩平, 앞의 문헌, 130면.

54) 행정절차법 제33조(신청과 관련한 행정지도) 신청의 취하 또는 내용의 변경을 요구하는 행정지도에 있어서 행정지도를 담당하는 자는 신청자가 당해 행정지도에 따

다 할 것이다. 그리고 여기서 말하는 의사표명은 진지하고 명확한 것이어야 할 것이며,[55] 반대로 행정지도에 따르지 않는 것이 사회통념상 정의의 관념에 반하는 경우에는 행정지도를 계속할 수 있다 할 것이다.[56]

이상에 따르면, 제1심 판결은 직접 학대하지 않았던 X2에 대해서 본건 면회통신제한의 위법을 인정했음에 반해, 대상판결은 X2에 대해서도 위법성을 부정했다. 그 근거로서 먼저 대상판결은 X2에 대해서도 아동학대라고 본 후에, 면회통신을 통해 부모와 자녀의 재통합을 목표로 하는 상황에 있지 않았다는 점을 언급한다.

이러한 점에서 부모에게 가족간 통합을 위한 면회통신권이 인정되지만, 그 판단에 있어 아동복지법 혹은 아동학대법을 기반으로 재통합이라는 점을 본다면, 면회를 인정하지 않는 '내재적 제약'이 작동한다고 해석할 수 있는 것이다. 그리고 아동상담소는 학대받은 아동의 의사를 세심하게 배려하여야 하며, 오히려 친권자의 요구대로 아동에게 면회통신을 강요하는 것이야 말로 아동복지법 제47조 제3항의 조치로서 아동의 복지에 반한다 할 것이다. 이러한 점에서 대상판결은 면회통신에 있어서 아동의 의견표명권의 보장(아동복지법 제2조 제1항)의 방식에 대해 판단을 내린 것으로 이해되며, 그 중요성을 가진다 할 것이다.[57]

를 의사가 없음을 표명하였음에도 불구하고, 당해 행정지도를 계속함으로써 당해 신청자의 권리행사를 방해하는 행위를 하여서는 아니 된다.

55) 最判昭和60年7月16日判決(昭和55年(オ)第309号ほか).

56) 芝池義一, 앞의 책, 167면.

57) 横田光平, 앞의 문헌, 48면. 한편, 학대와의 관계에서 생각하는 한, X1에 대해서는 아동복지법 제47조 제3항의 요건에 비추어 본건 면회통신제한이 적법하다고 하더라도, X2에 대해서는 왜 아동학대가 본건 면회통신제한을 정당화할 수 있는지 설명이 부족하며, 그 한에서는 제1심판결의 결론이 적절하다고도 생각된다. 일시보호 혹은 아동보호시설 등에 입소한 아동에 대해 각지(아카시시(明石市) 등)에서 합리적 이유가 없는 면회통신제한이 문제되고 있는 점을 보더라도, 안이하게 면회통신제한을 인정할 것은 아니라는 의견도 있다.

사. 예탁법 및 경품표시법 위반의 조사 결과에 관한 정보의 비공개정보 해당성(최고재판소 2022년 5월 17일 판결[58])

1) 사안의 개요

2011년 9월 X(원고·피항소인=부대항소인·피상고인=부대상고인)는 「행정기관이 보유하는 정보의 공개에 관한 법률」(2014년 법률 제67호에 의한 개정전의 것. 이하 '정보공개법'이라 한다)에 따라 소비자청 장관에 대해 주식회사 아구라(安愚楽)목장(이하 '본건 회사'라 한다)에 관한 행정문서의 공개(開示)를 청구한 바, 소비자청 장관은 공개청구와 관련한 행정문서 중 일부(이하 '본건 각 비공개부분') 정보[59]가 정보공개법 제5조 제6호 가목(イ)[60] 등의 비공개정보에 해당한다고 보아 일부만을 공개하는 취지의 결정을 했다. 이에 본건 각 비공개부분이라고 한 정보가 정보공개법

---

58) 最判令和4年5月17日判決(令和2年(行ヒ)第340号·令和2年(行ヒ)第341号). 대상판결에 대해서는 林晃大, "預託法および景表法違反の調査の結果に関する情報の不開示情報該当性", 『令和4年度重要判例解説』, 有斐閣, 2023, 49면 이하, 判例タイムズ1500号, 2022, 67면 이하 참조.

59) 비공개 부분 중 목록기재 1 및 2와 관련한 각 문서는 본건 회사가 민사재생절차개시의 신청을 한 후에 소비자청의 담당과 등이 본건 회사에 대해 예탁법상 취할 수 있는 조치를 검토하기 위해서 작성한 것이며, 목록기재 3~11과 관련한 각 문서는 농림수산성이나 소비자청의 직원이 본건 회사에 대한 예탁법 등 위반과 관련한 조사과정에서 취득·작성한 것이다.

60) 정보공개법 제5조(행정문서의 공개의무) 행정기관의 장은 공개청구가 있는 때에는 공개청구와 관련된 행정문서에 다음 각 호에 열거하는 정보(이하 '비공개정보'라 한다) 중 어느 하나가 기록되어 있는 경우를 제외하고, 공개청구자에 대하여 당해 행정문서를 공개하여야 한다.

6. 국가기관, 독립행정법인 등 지방자치단체 또는 지방독립행정법인이 행하는 사무 또는 사업에 관한 정보로서, 공개함으로써 다음에 열거하는 우려, 기타 당해 사무 또는 사업의 성질상 당해 사무 또는 사업의 적정한 수행에 지장을 줄 우려가 있는 경우

가(イ). 감사, 검사, 단속, 시험 또는 조세의 부과 혹은 징수와 관련한 사무에 관하여 정확한 사실의 파악을 곤란하게 할 우려 또는 위법 혹은 부당한 행위를 용이하게 하거나 그 발견을 곤란하게 할 우려

제5조 제6호 가목(イ) 소정의 비공개정보해당성(검사와 관련한 사무에 관해 정확한 사실파악을 곤란하게 할 우려 또는 위법 혹은 부당한 행위를 용이하게 하거나 그 발견을 곤란하게 할 우려의 유무)이 쟁점이라 할 것이다. 이에 X는 Y(국가－피고·항소인＝부대피항소인·상고인＝부대피상고인)를 상대로 각 결정 중 비공개 부분의 취소를 구하는 소송을 제기했다.[61)]

제1심 판결[62)]은 목록기재 1~11의 부분에 기재되어 있는 모든 정보가 정보공개법 제5조 제6호 가목(イ) 소정의 비공개정보에 해당한다고 보아 X의 소를 기각했다. 한편 원심 판결[63)]은 목록기재 3~11의 부분에 기록되어 있는 정보의 경우, 예탁법 등의 위반과 관련한 조사결과 내용이나 그 보고 등 객관적인 사실에 관한 것이기 때문에 정보공개법 제5조 제6호 가목(イ)의 비공개정보에 해당하지 않는다는 점 등을 언급하며 취소청구를 인용하고, 목록기재 1 및 2의 부분에 기록되어 있는 정보에 대해서는 정보공개법 제5조 제6호 가목(イ)의 비공개정보에 해당한다고 보아 취소청구를 기각했다. 즉 1심 판결과 원심 판결 모두 목록기재 1과 2는 비공개정보에 해당한다고 본 것이다.

2) 법원의 판단

최고재판소는 ①목록기재 3~11의 부분에 기록되어 있는 정보에 대해 판결요지대로 당해 정보가 예탁법 등 위반과 관련한 조사결과에 관한 것인 점에서 바로 정보공개법 제5조 제6호 가목(イ) 소정의 비공개정보에 해당하지 않는다고 한 원심의 판단은 위법하며,[64)] ②목록기재

---

61) 横田光平, 앞의 문헌, 49면; 判例タイムズ1500号, 2022, 67면. 본건 회사가 행하고 있던 와규(和牛)의 예탁상법에 관해서는 국가배상청구소송, 정보공개소송 등이 다수 제기되었는데, 본건 이외의 정보공개소송 판결은 하급심에서 확정되었다.

62) 東京地判平成31年3月14日(平成26年(行ウ)第80号).

63) 東京高判令和2年7月22日(令和元年(行コ)129号 · 164号).

64) 예탁법 등 위반과 관련한 조사의 담당자가 조사과정에서 조사결과를 정리한 보고서 등의 행정문서에 기록된 상기 정보의 내용에는 예탁법 등의 집행과 관련한 판단의 전제로 되는 사실을 파악한다는 조사목적이 반영되어 있다고 생각되기 때문에, 이것이 공개되는 경우, 예탁법 등의 규제 잠탈을 도모하고자 하는 것과 같은

1 및 2 부분에 기록되어 있는 정보에 대해 각각 일체적으로 정보공개법 제5조 제6호 가목(イ) 소정의 비공개정보에 해당하는지 여부를 판단한 원심 판단에는 위법이 있다고 하여 원판결 중 본건 각 비공개부분에 관한 부분을 파기하고, 본건 각 비공개 부분에 기록되어 있는 정보가 정보공개법 제5조 제6호 가목(イ) 소정의 비공개정보에 해당하는지 여부 등에 대해 더욱 심리를 하도록 하기 위해 상기 파기부분에 대해 원심으로 환송했다.

3) 해설

대상판결은 복수의 정보의 비공개정보해당성에 대해서 그 판단방법의 방향성을 제시한 것으로서 중요한 의의를 가지며,[65] 정보공개법 제5조 제6호 가목(イ)의 해석적용에 대해 최고재판소가 판단을 내렸다는 점에서 실무상으로도 의미가 크다 할 것이다.[66] '적정한 수행에 지장을 줄 우려'에 대해서는 행정기관의 장에게 광범위한 재량권을 부여하는 취지가 아니라, 그 요건해당성에 대해서는 객관적으로 판단할 필요가 있으며, 이는 공개가 초래하는 지장뿐만 아니라, 개시가 초래하는 이익과 비교형량할 필요가 있음을 말한다. 또한 '지장'의 정도는 명목적인 것으로는 부족하며, 실질적일 것이 요구되며, '우려'의 정도도 단순한 확률적인 가능성이 아니라, 법적으로 보호할 만한 정도의 개연성이 요구된다고 해석되고 있다.[67]

예탁 등 거래업자 등에게 있어서 당해 행정문서에 조사와 관련한 사실관계 중 어떠한 점에 중점을 두고 기재되어 있는지 등을 분석함으로써 상기 착안점이나 방법 등을 추측할 수 있는 경우가 있는 점은 부정할 수 없다. 그렇다면 예탁법 등 위반과 관련한 조사결과에 관한 정보에 대해서는 그것이 객관적인 사실에 관한 것이었다 하더라도, 당해 정보를 공개함으로써 장래의 조사와 관련한 사무에 관해 정확한 사실파악을 용이하게 하거나 그 발견을 곤란하게 할 우려가 있다고 할 수 있는 경우가 있을 수 있다고 판단한 것이다.

65) 横田光平, 앞의 문헌, 50면.

66) 判例タイムズ1500号, 2022, 70면.

67) 宇賀克也,『行政法概說Ⅰ』, 有斐閣, 2022, 214면.

원심은 이를 일률적인 판단기준으로서 제시한 후, 목록기재 3~11의 부분에 기록되어 있는 정보가 조사결과의 내용 등 객관적인 사실에 관한 것인 점을 이유로서 상기 개연성을 부정했다. 한편, 최고재판소는 이 정보들이 가령 객관적인 사실에 관한 것이었다 하더라도, 거기에는 법집행과 관련한 판단의 전제로 되는 사실을 파악한다는 조사목적이 반영되어 있다고 생각되는 점에서 이것들이 공개된 경우, 예탁법 등의 규제 잠탈을 도모하고자 하는 자에 대해 행정청의 판단에 관한 착안점 등을 추측하게 할 가능성을 줄 우려가 있기 때문에, 정보공개법 제5조 제6호 가목(イ)에 해당하는 경우가 있을 수 있다고 지적한 후에 이러한 관점들에서 심리를 다하지 않고 바로 비공개정보해당성을 부정한 원심의 판단에는 위법이 있다고 본 것이다.[68)]

아. 재외국민에게 차회(次回)의 최고재판소 재판관 국민심사에서 심사권 행사를 하지 못하게 하는 것의 위법확인을 구하는 소송의 적법성(최고재판소 2022년 5월 25일 대법정 판결[69)])

1) 사안의 개요

본건은 국외에 거주하며 일본 국내에 주소를 두고 있지 않은 일본 국민(이하 '재외국민'이라 한다)에게 최고재판소 재판관 임명에 관한 국민심사(이하 '국민심사'라 한다)와 관련한 심사권의 행사가 인정되지 않는 점에 대해 다투어진 사안이다.

재외국민인 X1은 Y(국가)에 대해 주위적으로 차회의 국민심사에서

68) 横田光平, 앞의 문헌, 50면.

69) 最大判令和4年5月25日判決(令和2年(行ツ)第255号·令和2年(行ヒ)第290号·令和2年(行ヒ)第291号·令和2年(行ヒ)第292号). 대상판결에 대해서는 判例タイムズ1501号, 2022, 52면 이하, 春日修, "在外国民に次回の最高裁判所裁判官国民審査で審査権の行使をさせないことの違法確認を求める訴えの適法性", 『令和4年度重要判例解説』, 有斐閣, 2023, 51면 이하, 最高裁判所民事判例集76巻4号, 2022, 711면 이하 참조.

심사권을 행사할 수 있는 지위에 있을 것의 확인을 구하며(이하 이 청구와 관련한 소송을 '본건 지위확인소송'이라 한다), 예비적으로 Y가 X1에 대해 국외에 주소를 가짐으로써 차회의 국민심사에서 심사권 행사를 인정하지 않는 것이 헌법 제15조 제1항[70], 제79조 제2항, 제3항[71] 등에 위반하여 위법하다는 확인을 구했다(이하 이 청구와 관련한 소송을 '본건 위법확인소송'이라 한다).

또한 2017년 10월 22일 당시 재외국민이었던 X1~X5(이하 'X들'이라 한다)는 Y에 대해 국회에서 재외국민에게 심사권 행사를 인정하는 제도(이하 '재외심사제도'라 한다)를 창설하는 입법조치가 취해지지 않았던 점(이하 '본건 입법부작위'라 한다)에 따라 그 날에 시행된 국민심사(이하 '2017년 국민심사'라 한다)에서 심사권을 행사할 수 없어 정신적 고통을 입었다고 하여 국가배상법 제1조 제1항에 기초한 손해배상을 청구했다.

제1심 판결[72]과 제2심 판결[73] 모두 최고재판소재판관 국민심사법(이하 '국민심사법'이라 한다)이 재외국민에게 심사권의 행사를 전혀 인정하지 않는 것은 2017년 국민심사 당시에 헌법 제15조 제1항, 제79조 제2항, 제3항에 위반된다는 취지의 판단을 했다. 그러나 제1심과 원심은 본건 지위확인소송 및 본건 위법확인소송의 적법여부나 손해배상청구의 타당여부에 대해 다른 판단을 했다.[74]

---

70) 일본국헌법 제15조 ① 공무원을 선정하고 이를 파면하는 것은 국민 고유의 권리이다.

71) 일본국헌법 제79조 ② 최고재판소 재판관의 임명은 그 임명 후 처음 실시되는 중의원의원 총선거 시 국민의 심사에 부치고, 그 후 10년이 경과한 후 처음 실시되는 중의원의원 총선거 시 다시 심사에 부치며, 그 후도 동일하다.
③ 전항의 경우, 투표자 다수가 재판관의 파면을 가(可)로 하는 때에 그 재판관은 파면된다.

72) 東京地判令和1年5月28日判決(平成30年(行ウ)第143号).

73) 東京高判令和2年6月25日判決(令和1年(行コ)第167号).

74) 제1심은 ①본건 지위확인소송 및 본건 위법확인소송에 대해 모두 법률상의 쟁송에 해당하지 않는다고 보아 소송들을 각하하는 한편, ②본건 입법부작위는 2017년 국민심사 당시에 국가배상법 제1조 제1항의 적용상 위법의 평가를 받은 점 등을 고

2) 법원의 판단

1. 최고재판소 재판관 국민심사법이 재외국민(국외에 거주하며 국내의 시정촌 구역 내에 주소를 가지고 있지 않은 일본국민)에게 최고재판소 재판관의 임명에 관한 국민심사와 관련한 심사권의 행사를 전혀 인정하지 않는 것은 헌법 제15조 제1항, 제79조 제2항, 제3항에 위반한다.

2. 국가가 재외국민에 대해 국외에 주소를 가지고 있는 점을 이유로 차회의 최고재판소 재판관의 임명에 관한 국민심사에서 심사권 행사를 인정하지 않는 것이 헌법 제15조 제1항, 제79조 제2항, 제3항 등에 위반하여 위법한 점의 확인을 구하는 소송은 공법상의 법률관계에 관한 확인의 소로서 적법하다.

3. 국회에서 재외국민에게 최고재판소 재판관의 임명에 관한 국민심사와 관련한 심사권 행사를 인정하는 제도를 창설하는 입법조치가 취해지지 않은 것은 다음의 (1)~(3) 등 판시사정 하에서는 2017년 10월 22일에 시행된 상기 심사 당시에 국가배상법 제1조 제1항의 적용상 위법의 평가를 받는다.[75)]

려하여 손해배상청구를 일부 인정했다(1인당 5000엔).

한편, 제2심은 ①본건 지위확인소송에 대해서 확인의 이익이 없다고 보아 이를 각하한 후, ②본건 위법확인소송에 대해서는 공법상 법률관계에 관한 확인의 소(행정사건소송법 제4조)로서 적법하다고 보아 그 청구를 인용하는 한편, ③2017년 국민심사 시점에 국회에서 재외국민의 심사권 행사를 인정하지 않는 국민심사법의 위헌성이 명백했다고 할 수 없다고 보아 손해배상청구를 전부 기각하여, X들 및 Y가 상고했다.

75) (1) 국회에서는 1998년 재외국민에게 국정선거의 선거권 행사를 인정하는 제도를 창설하는 법률안과 관련하여 재외국민에게 심사권 행사를 인정하는 제도에 대한 질의가 있었다.

(2) 2005년 최고재판소 대법정 판결에 따라 재외국민에 대한 선거권의 제약과 관련한 헌법적합성에 대해 판단이 내려지고, 이를 통해 2006년 법개정에 따라 재외국민에게 국정선거의 선거권 행사를 인정하는 제도의 대상이 확대되었으며, 2007년 재외국민에게 헌법개정에 대한 국민의 승인과 관련한 투표의 투표권 행사를 인정하는 법률도 제정되었다.

(3) 재외국민에게 심사권 행사를 인정하는 제도의 창설에 있어서 검토해야 할 과제

3) 해설

대상판결은 행정법 판례 중 당사자소송과 관련한 판결로 언급되며, 헌법에서도 중요한 의미를 가지는 판결이다.[76] 선거권과 동일하게 심사권 또는 그 행사의 보장에 중요한 의의가 있다는 점에 비추어 그 제한에 대해서 엄격한 기준에 따른 합헌성 심사가 행해져야 할 것이라고 판단한 것이다.[77]

그리고 대상판결은 국민심사법이 정하는 투표용지의 작성이나 투표방식에 관한 취급 등을 전제로 하면, 재외심사제도를 창설하는 것에 대해서는 재외국민의 국민심사를 위한 기간을 충분히 확보하기 어려운 등 운용상의 기술적인 곤란함이 있는 점을 부정할 수 없다고 하면서도, 현재 방식과는 다른 투표용지의 작성이나 투표방식 등을 채택할 여지가 없다고 단정하기 어렵다는 점을 지적하고, 재외국민의 심사권 행사를 가능케 하기 위한 입법조치가 전혀 취해지고 있지 않은 점에 대해서 부득이한 사유가 있다고는 할 수 없다고 보아 국민심사법이 재외국민에게 심사권 행사를 전혀 인정하지 않는 것은 헌법 제15조 제1항, 제79조 제2항, 제3항에 위반된다고 했다. 이에 본건 입법부작위는 2017년 국민심사 당시에 국가배상법 제1조 제1항의 적용상 위법의 평가를 받은 것이므로, Y에게 각 5,000엔 및 그 손해지연금의 지불을 명한 제1심 판단은 타당하다고 보았다.

그리고 국민심사법이 재외국민에게 심사권의 행사를 전혀 인정하지 않는 것은 위헌이기 때문에 본건 위법확인의 소를 인용한 점에서, 위 이유를 바탕으로 본건 위법확인의 소에 대해 법률상 쟁송성 및 확인의 이익을 인정했으며,[78] 본건 입법부작위가 국가배상법 제1조 제1항의

가 있었지만, 그 과제는 운용상 기술적인 곤란함에 그치며, 이를 해결하는 것이 사실상 불가능 내지 현저히 곤란했다고 하기는 어렵다.

76) 野呂充, 앞의 문헌, 31면.

77) 判例タイムズ1501号, 2022, 54면.

78) 判例タイムズ1501号, 2022, 54면.

적용상 위법의 평가를 받았다는 사례판단을 한 점에서, 이론적 및 실무적으로 중요한 의의를 가진다.79)

자. 해일에 의한 원자력발전소 사고방지를 위한 규제권한의 불행사와 국가배상책임(최고재판소 2022년 6월 17일 판결80))

1) 사안의 개요

후쿠시마 제1원자력발전소(이하 '본건 발전소'라 한다)는 2011년 3월 11일에 발생한 동일본대지진(이하 '본건 지진'이라 한다)에 의해 외부전원을 상실하고, 나아가 본건 지진에 수반된 해일(이하 '본건 해일'이라 한다)이 본건 발전소 부지의 동측 및 남동측으로 와서 주요 설비에 해수가 들어가 비상용전원설비가 전부 그 기능을 상실하고, 전원이 상실되는 사태가 발생했다. 운전정지 후에도 발열이 계속되는 로심의 냉각이 불가능하게 되고, 고온 등으로 인해 수소가스가 폭발하고, 대량의 방사성물질이 방출되는 사고(이하 '본건 사고'라 한다)가 발생했다.

본건은 X들(본건 사고로 인해 거주지가 오염되었다고 주장하는 자 등－원고·항소인·피상고인)이 경제산업대신이 전기사업법(2012년 법률 제47호에 의한 개정전의 것. 이하 같다)에 기초한 규제권한을 행사하지 않은 것이 위법하며, 이에 따라 손해를 입었다는 점 등을 주장하여 국가배상법 제1조 제1항에 기초한 손해배상 등을 요구한 것이다.81) 이외에도 본 사안

79) 判例タイムズ1501号, 2022, 55면.

80) ①最判令和4年6月17日判決(令和3年(受)第342号), ②最判令和4年6月17日判決(令和3年(受)第1205号). 대상판결에 대해서는 判例タイムズ1504号, 2023, 46면 이하, 桑原勇進, "津波による原子力発電所事故防止のための規制権限の不行使と国家賠償責任", 『令和4年度重要判例解説』, 有斐閣, 2023, 53면 이하, 津田智成, 福島第一原発訴訟, ジュリスト1579号, 2023, 86면 이하 등 참조.

81) 津田智成, 위의 문헌, 86면에서는 본건 사고를 이유로 하는 국가배상청구소송은 일본 전국 각지에서 제기되었으며, 대상판결이 내려진 시점에서 23건의 지방재판소·고등재판소가 판결을 내렸는데, 국가의 배상책임에 대해서는 긍정 12건·부정 11건으로 판결 수가 거의 비슷한 내용들을 소개하고 있다. 인정판결로서 ① 前橋地判平成29年3月17日判決(平成25年(ワ)第478号ほか), ③ 福島地判平成29年10月10日判決

에서는 국가배상법 제1조,[82] 전기사업법 제39조,[83] 동법 제40조[84]가

(平成25年(ワ)第38号ほか), ④ 京都地判平成30年3月15日判決(平成25年(ワ)第3053号ほか), ⑤ 東京地判平成30年3月16日判決(平成25年(ワ)第6103号ほか), ⑥ 横浜地判平成31年2月20日判決(平成25年(ワ)第3707号ほか), ⑧ 松山地判平成31年3月26日判決(平成26年(ワ)第124号ほか), ⑪ 札幌地判令和2年3月10日判決(平成25年(ワ)第1187号ほか), ⑭仙台高判令和2年9月30日判決(平成29年(ネ)第373号ほか), ⑰ 東京高判令和3年2月19日判決(平成29年(ネ)第5558号ほか), ⑱ 福島地いわき支判令和3年3月26日判決(平成25年(ワ)第46号ほか), ⑳ 福島地郡山支判令和3年7月30日判決(平成27年(ワ)第255号ほか), ㉑ 高松高判令和3年9月29日判決(令和元年(ネ)第164号ほか)와 같이 12건의 판결이 있었다.

한편 부정한 판결은 ② 千葉地判平成29年9月22日判決(平成25年(ワ)第515号ほか), ⑦ 千葉地判平成31年3月14日判決(平成27年(ワ)第1144号), ⑨ 名古屋地判令和元年8月2日判決(平成25年(ワ)第2710号), ⑩ 山形地判令和元年12月17日判決(平成25年(ワ)第178号), ⑫ 福岡地判令和2年6月24日判決(平成26年(ワ)第2721号), ⑬ 仙台地判令和2年8月11日判決(平成26年(ワ)第252号ほか), ⑮ 東京地判令和2年10月9日判決(平成26年(ワ)第5697号), ⑯ 東京高判令和3年1月21日判決(平成29年(ネ)第2620号), ⑲ 新潟地判令和3年6月2日判決(平成25年(ワ)第376号), ㉒ さいたま地判令和4年4月20日判決(平成26年(ワ)第501号ほか), ㉓ 福島地郡山支判令和4年6月2日判決(平成27年(ワ)第32号)과 같이 11건의 판결이 있었다.

82) 국가배상법 제1조 ① 국가 또는 공공단체의 공권력을 행사하는 공무원이 그 직무를 수행함에 있어 고의 또는 과실로 위법하게 타인에게 손해를 가한 때에는 국가 또는 공공단체가 이를 배상할 책임을 진다.

② 전항의 경우, 공무원에게 고의 또는 중대한 과실이 있는 때에는 국가 또는 공공단체는 그 공무원에 대하여 구상권을 가진다.

83) 전기사업법 제39조(사업용 전기공작물 유지) ① 사업용 전기공작물을 설치하는 자는 사업용 전기공작물을 경제산업성령으로 정하는 기술기준에 적합하도록 유지하여야 한다.

② 전항의 경제산업성령은 다음에 열거하는 바에 따라야 한다.

1. 사업용 전기공작물은 인체에 위해를 미치거나 물건에 손상을 주지 않도록 할 것.
2. 사업용 전기공작물은 다른 전기적 설비 및 그 밖의 물건의 기능에 전기적 또는 자기적인 장애를 주지 않도록 할 것.
3. 사업용 전기공작물의 손괴에 의해 일반 전기사업자의 전기 공급에 현저한 지장을 미치지 않도록 할 것.
4. 사업용 전기공작물이 일반 전기사업용에 제공되는 경우에 있어서는 그 사업용 전기공작물의 손괴로 인하여 그 일반 전기사업과 관련된 전기공급에 현저한 지장이 발생하지 않도록 할 것.

84) 전기사업법 제40조(기술기준적합명령)는 '경제산업대신은 사업용 전기공작물이 전

관련 있다.

두 사건의 원심(① 最判令和4年6月17日判決(令和3年(受)第342号)의 원심인 仙台高判令和2年9月30日判決(平成29年(ネ)第373号)과 ② 最判令和4年6月17日判決(令和3年(受)第1205号)의 원심인 東京高判令和3年2月19日判決(平成29年(ネ)第5558号)) 모두 Y(국가－피고·피항소인·피상고인)의 배상책임을 인정하여, Y가 상고했다. 대상판결의 주된 쟁점은 경제산업대신이 전기사업법 제40조에 기초한 규제권한(기술기준적합명령)을 행사하지 않은 것이 위법한지 여부였다.[85)]

2) 법원의 판단

최고재판소는 경제산업대신이 전기사업법 제40조에 기초한 규제권한을 행사하여 해일로 인한 후쿠시마 제1원자력발전소 사고를 막기 위한 적절한 조치를 강구할 것을 도쿄전력에게 의무화했다 하더라도 동일본대지진으로 인한 해일로 인해 대량의 해수가 그 부지에 들어오는 것은 불가피했을 가능성이 높고, 각 원자로시설이 전원상실 사태에 빠져 실제 발생한 후쿠시마 제1원자력발전소 사고와 동일한 사고가 발생하게 되었을 가능성이 상당하다는 등의 사정 하에서는 경제산업대신이 위 규제권한을 행사하였다면 실제로 발생한 사고 또는 이와 같은 사고가

조 제1항의 경제산업성령으로 정하는 기술기준에 적합하지 아니하다고 인정하는 때에는 사업용 전기공작물을 설치하는 자에 대하여 그 기술기준에 적합하도록 사업용 전기공작물을 수리, 개조 혹은 이전 혹은 그 사용을 일시 정지할 것을 명하거나 그 사용을 제한할 수 있다.'고 규정하고 있었다.

85) 사업용 전기공작물의 설치자는 사업용 전기공작물을 경제산업성령으로 정하는 기술기준에 적합하도록 유지해야 하며(전기사업법 제39조 제1항), 경제산업대신은 사업용 전기공작물이 상기 기술기준에 적합하지 않은 것으로 인정되는 때는 그 설치자에 대해 기술기준에 적합하도록 사업용 전기공작물을 수리할 것 등을 명할 수 있다(동법 제40조)고 되어 있었다. 그리고 상기 기술기준은 원자로시설 등이 해일 등에 의해 손상을 받을 우려가 있는 경우 내지 원자로시설 등이 예상되는 해일 등 자연현상에 의해 원자로의 안전성이 훼손될 우려가 있는 경우에는 적절한 조치를 강구해야 하는 것으로 되어 있었다.

발생하지 않았을 것이라고 하는 관계를 인정할 수는 없다 할 것이므로, 국가는 경제산업대신이 위 규제권한을 행사하지 않은 것을 이유로 국가배상법 제1조 제1항에 기초한 손해배상책임을 부담할 수 없다고 했다.

3) 해설

최고재판소는 2022년 6월 17일에 본건 사고를 이유로 하는 4건의 국가배상청구사건에 대해 판결을 내렸는데, 대상판결은 그 중 2개의 사건이다. ①사건은 전국에서 제기된 동종 사건 중에서 가장 원고수가 많은 대규모집단소송이다.

또한 대상판결에 대해서는 전술한 다수의견 이외에도 보충의견과 반대의견이 있다.[86] 다만, 대상판결은 예견가능성의 문제를 비롯하여 전술한 하급심판결에서 문제되었던 구체적 쟁점의 대부분에 관해 명확한 판단을 피하고 있으며, 그 논증을 최소한으로 하며, 논증의 과정도 충분히 설명하지 않은 채 국가의 배상책임의 부정이라고 하는 결론을 선행시키는 경향이 있다고 생각된다.[87]

86) 칸노 히로유키(菅野博之)재판관은 보충의견에서 상기 근거 ①, ②를 부연하는 형태로 시설이 압력에 견디는 것(水密化) 등의 침수를 예상한 방호조치를 포함한 다중적인 방호나 심각한 사고대책은 본건 사고를 교훈으로 하여 규제레벨이나 기술수준이 변화, 발전해 온 것이며, 본건 사고 이전은 합리적이고 확실한 해일대책으로서 방조제 등의 설치에 의해 부지의 침수를 막는 것이 적정한 기술수준으로 되어 있었지만 본건 지진이 너무 큰 지진이며, 본건 해일이 너무 큰 해일이었기 때문에, 본건 장기평가를 전제로 행동했다 하더라도, 본건 사고를 회피할 수 있었다고 판단하기에는 너무 무리가 크다는 점 등을 지적하고 있다.
이에 반해 미우라 마모루(三浦守)재판관의 반대의견은 상기 근거 ①,②에 관해서도 정반대의 판단을 하고 있다. 이에 특별히 주목되는 것은 이 의견이 근거①에 관해 다수의견이 장기간에 걸쳐 중대한 위험을 간과해 온 안전성평가 하에서 관계자에 의한 적절한 검토도 이루어지지 않은 사고방식을 그대로 전제로서 판단하고 있다고 비판했다. 다수의견의 판단이 이러한 '조사·검토의무'의 유무 등을 고려한 것인지는 분명하지 않지만, 가령 그것을 하고 있지 않다면 경우에 따라서는 섣불리 조사·검토를 하지 않는 편이 책임을 묻기 어렵다는 귀결을 초래할지 모르며, 행정에게 마이너스의 인센티브를 부여할 우려가 있다고 생각된다(津田智成, 앞의 문헌, 90면; 山下竜一, 앞의 문헌, 13면).

즉, 대상판결은 규제권한을 행사하더라도 본건 해일에 의한 손해발생은 방지할 수 없었기 때문에, 규제권한불행사를 이유로 한 배상책임을 국가는 부담하지 않는다고 한 것이다. 이러한 논리는 요약컨대, ①권한을 행사했다고 가정 → ②도쿄전력은 본건 시산해일과 같은 규모의 해일에 의한 부지침수를 방지할 수 있는 방조제 등을 설치했다 → ③본건 해일의 규모는 본건 시산해일의 규모를 초과하고 있기 때문에, ②의 조치로는 본건 해일에 의한 침수는 방지할 수 없다 → ④본건 사고와 동일한 사고가 발생했을 것이라는 방식이다.[88)]

규제권한 불행사의 위법판단과 관련하여 고려요소들이 있으며, 예견가능성과 결과회피가능성의 존재는 부작위를 위법으로 보는 불가결한 요건이라 할 것이다.[89)] 다만, 지금까지의 판결들은 중대한 피해가 발생한 후에 규제권한을 행사하여 피해확대를 방지할 수 있었는지가 문제된 사안임에 반해, 중대한 피해가 발생하기 전에 규제권한을 행사했어야 하는지가 문제된 사안이 후쿠시마 제1원자력발전소 사고와 관련한 국가배상청구소송이며, 규제권한 불행사의 위법을 인정한 바 있다.[90)]

규제권한 불행사의 위법성을 인정한 하급심 판결이 존재했던 것과 달리, 대상판결은 규제권한불행사가 위법한지 여부를 판단하지 않고 있다. 위 판시내용들을 볼 때, 가령 본건 시산해일과 같은 규모의 해일이 발생하고, 이에 따라 본건과 유사한 피해가 발생했다고 한다면, 적어도 권한불행사는 위법하다고 평가되었을 것이다.[91)] 이와 같이 대상판결은 전술한 바와 같이 비판적인 견해 등이 있지만, 일본의 원자력발전소에

---

87) 津田智成, 앞의 문헌, 90－91면.

88) 桑原勇進, 앞의 문헌, 54면.

89) 피침해법익, 예견가능성, 결과회피가능성, 기대가능성을 들 수 있다(宇賀克也, 『行政法概説Ⅱ』, 有斐閣, 2022, 463면).

90) 前橋地判平成29年3月17日判決(平成25年(ワ)第478号ほか), 福島地判平成29年10月10日判決(平成25年(ワ)第38号ほか).

91) 桑原勇進, 앞의 문헌, 54면.

서 지금까지 경험하지 못한 대량의 방사성물질이 방출된 중대 사고에 대한 국가의 국가배상책임 유무가 다투어진 사안이며, 하급심에서도 여러 사안에서 인정·부정이 팽팽하게 나누어진 문제에 대해 최고재판소가 내린 판단으로서 중요한 의미를 가진다 할 것이다.[92]

3. 마치면서

본고는 2021년 하반기부터 2022년 하반기까지 일본 행정법에서 중요하다고 언급되는 판결들을 중심으로 살펴보았다. 총 10개의 판결을 중심으로 살펴보며, 내용적으로는 크게 나누어 볼 때, 행정입법, 행정행위, 행정계약, 행정지도, 정보공개·개인정보보호, 당사자소송, 국가배상과 관련한 판결들이다.

일본의 경우 독립된 헌법재판소가 없는 대신 하급심을 포함한 모든 일반법원에서 헌법판단이 가능하기 때문에 상급심에서 파기되는 경우도 많지만 그대로 확정되는 경우도 있기 때문에 하급심의 판단도 살펴볼 가치가 크며, 국가를 상대로 하는 소송에서는 최고재판소가 특히 소극적인 태도를 많이 취해 왔다는 지적이 많고, 상대적으로 하급심에서 좀 더 진보적인 판단이 많이 나온다는 평가가 이루어져 왔다.[93] 본고에서 살펴본 내용들에서도 상급심에서의 소극적 판단에 대한 비판이 보인 원자력발전소와 관련한 사건도 있었다고 생각되며, 상급심과 하급심에서의 판단방식의 차이로 인한 결론의 상이함이 나타난 사건들도 있었다.[94]

코로나19와 관련한 국민들과 국가의 법적 문제는 여전히 상존하고

92) 判例タイムズ1504号, 2023, 50－51면.
93) 이혜진, 앞의 문헌, 245면.
94) 파기환송심들의 경우 추후 판결이 내려지면 주목할 필요가 있다고 보여진다.

있는 것이 세계적인 흐름으로 판단된다. 그리고 동일본대지진으로 인한 문제 역시 쟁점에 대해서는 차이가 있을 수 있겠지만, 국내외에서 논의되고 있는 사안이라 할 것이다. 또한, 정보공개와 관련한 문제에 대해서는 사실관계는 상이하지만, 종전[95]과 같이 중요성을 가지고 있다.

국가 간 정치적·사회적 상황 등에 있어 차이는 있지만, 국민의 생활과 관련한 부분, 우리 사회에서도 '갑질' 등과 관련한 문제와 유사한 부분, 아동학대에 대한 사회적 관심 등에 대한 논의는 비단 일본에서만 발생하는 것은 아니라고 판단된다. 이러한 내용들에 대해서는 향후 보다 합리적인 문제해결에 있어서 일본의 입법례를 참고할 필요가 있을 것으로 판단된다.

95) 이혜진, 앞의 문헌, 229면 이하.

참고문헌

대상판례

오사카지방재판소 2021년 2월 22일 판결(大阪地判令和3年2月22日(平成26年(行ウ)第288号ほか)).

도쿄고등재판소 2022년 3월 3일 판결(東京高判令和4年3月3日(令和3年(行コ)第180号)).

도쿄지방재판소 2022년 5월 16일 판결(東京地判令和4年5月16日(令和3年(ワ)第7039号)).

최고재판소 2022년 6월 14일 판결(最判令和4年6月14日(令和3年(行ヒ)第164号)).

최고재판소 2022년 9월 13일 판결(最判令和4年9月13日(令和4年(行ヒ)第7号)).

최고재판소 2022년 7월 19일 판결(最判令和4年7月19日(令和3年(オ)第555号ほか)).

도쿄고등재판소 2021년 12월 16일 판결(東京高判令和3年12月16日(令和3年(ネ)第2273号)).

최고재판소 2022년 5월 17일 판결(最判令和4年5月17日(令和2年(行ヒ)第340号ほか)).

최고재판소 2022년 5월 25일 대법정 판결(最大判令和4年5月25日(令和2年(行ツ)第255号ほか)).

최고재판소 2022년 6월 17일 판결(最判令和4年6月17日(令和3年(受)第342号), 最判令和4年6月17日(令和3年(受)第1205号)).

문헌

林晃大, “預託法および景表法違反の調査の結果に関する情報の不開示情報該当性”, 『令和4年度重要判例解説』, 有斐閣, 2023.

宇賀克也,『行政法概説Ⅰ』, 有斐閣, 2022.
宇賀克也,『行政法概説Ⅱ』, 有斐閣, 2022.
山下竜一, “国の責任を否定した最高裁判決の論理”, 環境と公害52巻2号, 2022.
森稔樹, “懲戒処分により停職期間中の公務員が行った同僚等への働き掛けを理由とする停職6月の懲戒処分の適法性”,『令和4年度重要判例解説』, 有斐閣, 2023.
桑原勇進, “津波による原子力発電所事故防止のための規制権限の不行使と国家賠償責任”,『令和4年度重要判例解説』, 有斐閣, 2023.
石塚武志, “懲戒処分にかかる関係者への威迫等につき第2の懲戒処分が行われた事例”, 新・判例解説Watch vol.32, 2023.
石塚武志, TKC Watch 行政法 No.230, 2022.
松本奈津希, “生活保護基準引下げと生存権(「いのちのとりで」裁判)”, 新・判例解説Watch vol.29, 2021.
水町勇一郎, “懲戒理由である暴行の被害者等への威迫行為を理由とする停職処分の適法性—氷見市(消防職員停職処分)事件”, ジュリスト1574号, 2022.
榊原秀訓, “厚生労働大臣による『生活保護法による保護の基準』改正の適法性”,『令和4年度重要判例百選』, 有斐閣, 2023.
野呂充, “行政法判例の動き”,『令和4年度重要判例解説』, 有斐閣, 2023.
野田崇, “映画出演者が麻薬及び向精神薬取締法違反により有罪判決を受けたことを理由とする助成金不交付決定処分の適法性”,『令和4年度重要判例百選』, 有斐閣, 2023.
日野辰哉, “新型インフルエンザ等対策特別措置法による飲食店の施設の夜間使用停止命令の適法性”,『令和4年度重要判例百選』, 有斐閣, 2023.
田代滉貴, “生活保護基準の引下げに係る厚生労働大臣の判断の違法性”, 新・判例解説Watch vol.29, 2021.
正木宏長, “一時保護した児童と両親につき児童相談所が行政指導として行った面会制限の適法性”,『令和4年度重要判例解説』, 有斐閣, 2023.

井上浩平, “社会保障判例研究”, 北大法学論集73巻4号, 2022.

芝池義一,『行政法読本[第3版]』, 有斐閣, 2013.

津田智成, 福島第一原発訴訟, ジュリスト1579号, 2023.

春日修, “在外国民に次回の最高裁判所裁判官国民審査で審査権の行使をさせないことの違法確認を求める訴えの適法性”,『令和4年度重要判例解説』, 有斐閣, 2023.

下井康史, “部下に対する暴言・暴行を繰り返した公務員に対する分限免職処分の適法性”,『令和4年度重要判例解説』, 有斐閣, 2023.

横田光平, “一時保護した児童と両親につき児童相談所が行政指導として行った面会制限の適法性”,『令和4年度重要判例解説』, 有斐閣, 2023.

最高裁判所民事判例集76巻4号, 2022.

最高裁判所民事判例集76巻5号, 2022.

判例タイムズ1500号, 2022.

判例タイムズ1501号, 2022.

判例タイムズ1502号, 2023.

判例タイムズ1504号, 2023.

判例タイムズ1505号, 2023.

이혜진, “최근(2020－2021) 일본 행정판례의 동향과 검토”, 「행정판례연구」 제27집 제1호, 2022.

국문초록

본고는 2021년 하반기부터 2022년 하반기까지 일본 행정법에서 중요하다고 언급되는 판결들을 중심으로 살펴보았다. 크게 나누어 볼 때, 행정입법, 행정행위, 행정계약, 행정지도, 정보공개·개인정보보호, 당사자소송, 국가배상과 관련한 판결들이다.

본고를 통해 국민들과 국가 간의 행정법과 관련한 문제는 어느 국가든지 사회의 다양한 영역에서 생활의 필수적인 부분과 관련하여 상시 발생하고 있다는 점을 알 수 있다. 예컨대, 코로나19와 관련한 국민들과 국가의 법적인 문제는 여전히 상존하고 있으며, 동일본대지진으로 인한 문제 역시 쟁점에 대해서는 차이가 있을 수 있겠지만, 국내외에서 논의되고 있는 사안이다. 또한, 국가에 대한 정보공개의 청구와 관련한 문제 역시 법적인 해석과 적용에 있어서의 중요성을 가지고 있다.

이외에도 본고에서 살펴본 바와 같이 국가가 생활수준에 따라 국민들에게 지급하는 생활부조비의 지급 등 국민의 생활에 있어서의 필수적인 부분과 관련한 내용, 재외국민에게 최고재판소 재판관에 대한 심사권의 행사를 전혀 인정하지 않는 것에 대한 문제를 볼 때, 우리나라에서도 국민들의 생활, 재외국민에 대한 권리보장에 대한 문제를 살펴봄에 있어 외국의 입법례로서 시사점이 있다. 뿐만 아니라 우리사회에서도 '갑질' 등과 같은 직장내 괴롭힘과 관련한 문제가 대두되고 있는데, 일본에서도 특히 공무원 사회에서 이러한 문제가 발생한 것과 관련하여 2개의 중요판결이 언급되고 있는 점을 보면, 한국과 일본에서의 유사한 사회문제 역시 향후 함께 참고하며 풀어가야 할 과제로 생각된다.

또한 우리나라에서도 최근 아동학대에 대한 사회적 관심 등이 더욱 높아지고 있다. 이와 관련하여 일본에서도 아동학대에 대한 논의를 살펴보고 있다는 점에서 향후 우리나라와 아동복지에 관한 행정에 있어서 참고할 사항이 있다고 보여진다. 최근 K-팝을 포함하여 다양한 형태의 K-컬쳐가 세계적으로 확산되고 있는데, 일본에서의 예술단체에 대한 지원과 관련한 점은 향후 우리나라에서도 유사한 문제가 발생하였을 때, 어떠한 결론을 도출할 수 있을지 관심이 생기는 부분이다.

향후 우리 사회에서 발생할 다양한 행정법 관련 문제를 해결하기 위한 방안을 검토함에 있어 일본 판례의 논의가 참고자료가 되기를 희망한다.

주제어: 일본 행정법 판례, 생활지원행정, 직장 내 괴롭힘, 급수정지, 정보공개청구, 국민심사법, 국가배상

Abstract

A Research and Review of the recent (2021－2022) Japanese Administrative law Cases

HWANG, Heon－sun*

This paper shows from the second half of 2021 to the second half of 2022 focused on important Japanese administrative law cases. A total of 10 cases are examined, and in terms of content, they are related to administrative legislation, administrative actions, administrative contracts, administrative guidance, information disclosure and personal information protection law, party suits, and state compensation.

Through this paper, it can be further realized that administrative problems between the people and the state are always occurring in relation to essential parts of life in various areas of society. For example, it is a global situation that the legal problems of the people and the country related to COVID－19, and the problems caused by the Great East Japan Earthquake may also differ on issues, but they are being discussed globally. In addition, issues related to claims for information disclosure to the state also have importance in legal interpretation and application. From the cases examined in this paper, it shows social importance as follows.

Although there are differences in social situations between countries,

* Ph.D. in Law. Korea Legislation Research Institute, Research Fellow.

it suggests that Korea should also consider the issue of guaranteeing the lives of the people and the rights to overseas citizens. In addition, problems related to "gapjil" are also being raised in our society, and in Japan, two important judgments are mentioned, especially in relation to the occurrence of such problems in the civil service society.

In addition, social interest in child abuse has recently increased in Korea. In this regard, Japan is also looking at discussions on child abuse, it seems that there are matters to be referred to in the administration of child welfare with Korea in the future. Recently, various types of K－culture, including K－pop, have been spreading around the world, and support for art organizations in Japan is an area of interest in what conclusions can be drawn when similar problems arise in Korea in the future.

It is hoped that discussions in Japanese cases will serve as a reference in reviewing ways to solve various problems that will arise in our society in relation to administrative law in the future.

Key words: Japanese administrative law cases, Life support administration, Workplace harassment, Suspension of water supply, Request for information disclosure, National examination law, National compensation

투고일 2023. 6. 9.

심사일 2023. 6. 25.

게재확정일 2023. 6. 29.

최근(2022) 프랑스 행정판례의 동향과 검토

박우경*

Ⅰ. 서론

프랑스 최고행정재판소 국사원(le Conseil d'État)은 2017년부터 2021년까지 연평균 약 10,200여 건, 2021년을 기준으로 하면 총 11,633건의 행정사건을 처리하였다.[1)] 국사원은 중요한 판결들을 판례집(le Recueil Lebon)에 수록하고, 중요한 쟁점을 담고 있는 판례들을 선별하여 "최근 판례"(Dernières décisions)라는 제목하에 웹에 게시한다.[2)] 2022년

* 사법정책연구원 연구위원, 법학박사

1) 자세한 통계는 아래 표와 같다. Conseil d'État, *Rapport public: Activité juridictionnelle et consultative des juridictions administratives en 2021*, La documentation Française, 2022, p. 35.

분류 \ 건수	처리건수 / 접수건수				
	2017	2018	2019	2020	2021
제1심행정재판소 (TA)	201,460 /197,243	209,618 /213,029	223,229 /231,280	200,411 /210,514	233,254 /241,384
행정항소재판소 (CAA)	31,283 /31,283	32,854 /33,773	34,260 /35,684	30,706 /30,229	34,006 /34,012
국사원 (CE)	10,139 /9,864	9,583 /9,563	10,320 /10,216	9,671 /10,034	11,633 /11,313

2) 국사원이 선정한 "최근 판례"는 국사원 웹사이트,

1월부터 12월까지 선고된 판결 가운데 국사원이 최근 판례로 게시한 판례는 총 12건[3]이다.

12건의 최근 판례 가운데 11건이 월권소송(le recours pour excès de pouvoir)에 해당하고([표 1] 참조), 1건이 완전심판소송(le recours de pleine juridiction)에 해당한다. 프랑스 행정소송의 유형은 월권소송과 완전심판소송으로 구분할 수 있는데, 월권소송은 행정의 행위의 위법성을 이유로 그 취소를 구하는 소송으로서[4] 우리나라의 취소소송에 상응하는 것으로 볼 수 있고,[5] 완전심판소송은 우리나라의 당사자소송에 상응하는 것으로 볼 수 있다.[6]

월권소송은 "행위에 대한 소송"으로서,[7] 객관소송의 성질을 띠며,

<https://www.conseil-etat.fr/decisions-de-justice/dernieres-decisions> 참조(2023. 5. 30. 최종확인). 2022년부터 달라진 점은, "A급으로 분류한 최근판례"(Sélection des dernières décisions fichées A)라는 항목하에 판례집에 수록된 판례들 가운데 최근 2개월 내 있었던 중요판례를 60여 개가 넘는 분야별로 나열하고 있다. 최근 2개월 내에 관련 판례가 없는 경우, 가장 마지막에 있었던 관련 판례를 기재하고 있다. 국사원이 선정한 "A급으로 분류한 최근판례"는 국사원 웹사이트, <https://www.conseil-etat.fr/decisions-de-justice/jurisprudence/selection-des-dernieres-decisions-fichees-a> 참조(2023. 5. 30. 최종확인). 이 글에서는 기존의 분석 틀을 안정적으로 유지하는 차원에서 국사원이 선정한 "최근 판례"를 검토 대상으로 삼는다.

3) 판결만을 포함하고, 가처분결정, 국사원의견(avis) 등은 제외한 수치이다. 판결 중에서도 징계청구사건1건은 제외하였다. 또한 판례 ⑤, ⑩, ⑪과 같이 하나의 테마로 묶인 동일한 날짜에 선고된 판결들의 경우, 균일한 통계를 위해 1건의 판결로 다루었다.

4) Camille BROYELLE, *Contentieux administratif*, LGDJ, 2019, n° 68 참조.

5) 국사원은 행정의 묵시적 거부결정도 월권소송의 대상으로 인정하고 있으므로, 월권소송은 우리나라 항고소송의 취소소송을 넘어 부작위위법확인소송까지도 포괄하는 소송유형이라고 할 수 있다. 조춘, "취소소송에 있어서 행정행위의 취소사유에 관한 연구: 프랑스 행정법상의 월권소송을 중심으로", 서울대학교 법학박사학위논문, 2001, 42-43면 참조.

6) 박정훈, 『행정소송의 구조와 기능』, 제4장 인류의 보편적 지혜로서의 행정소송, 박영사, 2006, 120, 124면 참조.

7) Edouard LAFERRIÈRE, *Traité de la juridiction administrative et des recours*

행정행위의 적법성을 지키는 그 공익적인 성격으로 인해 모든 '일방적 행정행위'(l'acte administratif unilatéral)를 대상으로 한다.[8] 그에 따라 월권소송에서 원고가 입증하여야 하는 '개인적이고 직접적인 이익'(l'intérêt personnel et direct)은 매우 넓게 인정되며,[9] 원고는 자신이 침해된 '권리'를 가지고 있다는 정도까지 입증할 필요가 없다.[10]

[표 1] 2022.1. - 2022.12. 국사원 최근 판례 목록

연번	선고일자 (연/월/일)	사건 번호[11]	사건내용	원고	피고(행정청)	결과	취소 소송 유형
①	22/01/28	449209	쿠키동의법을 위반한 구글에 1억 유로 벌금을 부과한 개인정보보호위원회 결정 취소청구	구글유한책임회사, 구글아일랜드 리미티드	개인정보보호위원회	기각	1-a
②	22/12/29	444887	대마초 전초로부터 추출한 칸나비디올의 수출입과 상공업적 사용을 금지한 총리의 묵시적 거부결정 취소청구 및 총리, 연대부장관, 농업부장관에 대한 명령(공중보건법전 R.5132-86조 및 1990년 8월 22일 아레떼 개정) 청구	담배판매인연합 등	총리, 연대부장관, 농업부장관	일부 인용	1-a
③	22/12/09	458440 (병합)	플라스틱 용기에 담아 판매할 수 있는 과일 및 야채 목록을 정한 제2021-1318호 데크레 취소청구 등	플라스틱합성재연합, 신선과일야채연합 등	총리, 생태부장관	인용	1-b
④	22/06/03	452798	외국인이 체류자격부여 신청을 온라인으로 하도록 규정한 제2021-313	프랑스변호사협회	내무부장관	일부 인용	1-b

---

contentieux, 1896, 560 참조(조춘, "취소소송에 있어서 행정행위의 취소사유에 관한 연구: 프랑스 행정법상의 월권소송을 중심으로", 서울대학교 법학박사학위논문, 2001, 13면에서 재인용).

8) 행정계약이나 행정계약의 이행을 위해 취하여진 조치 등은 월권소송의 대상이 되지 않고 완전심판소송의 대상이 된다. 그러나 계약절차상의 행정청의 결정들, 예컨대 시장의 계약체결행위, 시장으로 하여금 계약을 체결하는 권한을 부여하는 시의회의 의결, 낙찰자결정행위 등은 계약으로부터 분리될 수 있는 행위로 인정되어 월권소송의 대상이 된다. Charles DEBBASCH, Jean-Claude RICCI, *Contentieux administratif*, Dalloz, 2001, pp. 777-778 참조. 분리가능행위에 관한 상세로는, 강지은, 『프랑스 행정법상 분리가능행위』, 경인문화사, 2017 참조.

9) René CHAPUS, *Droit du contentieux administratif*, Montchrestien, 2008, p. 231.

10) Camille BROYELLE, *op. cit.*, n° 90.

연번	선고일자 (연/월/일)	사건 번호[11]	사건내용	원고	피고(행정청)	결과	취소 소송 유형
			호 데크레 및 내무부장관 부령 취소청구				
⑤-1	22/06/22	446917	공공의료법인 인턴과 의료인의 근로시간을 시간단위로 합산하는 제도도입 신청에 대한 총리의 묵시적 거부결정 취소청구 및 총리에 대한 명령(근로시간 관련 새로운 입법) 청구	젊은의사 노동조합	총리, 보건부장관	기각	2-a
⑤-2	22/06/22	446944	공중보건법전 제R.6153-2조 제II항 및 제III항 폐지 신청에 대한 총리의 묵시적 거부결정 취소청구 및 총리에 대한 명령(규정 폐지 및 공공의료법인 인턴 근로시간 관련 새로운 입법) 청구	전국대학병원인턴 노조연맹	총리, 보건부장관	기각	2-a
⑤-3	22/06/22	447003	공중보건법전 제R.6152-27조 제1항, 제R.6152-223조 제1항 및 제5항, 제R.6152-407조 제1항 내지 제3항 폐지 및 공공의료법인 의사 근로시간 관련 새로운 입법 신청에 대한 총리의 묵시적 거부결정 취소청구	의료인행동연합	총리, 보건부장관	기각	2-a
⑥	22/06/07	441056 (병합)	학위취득 요건으로 외부 공인영어능력인증(토익, 토플 등)을 규정한 제2020-398호 데크레 취소청구	외국어교수법전문가단체 등	교육부장관	일부 인용	2-b
⑦	22/04/26	453347	프랑스도핑방지청 제재위원회의 육상선수 클로드-복스베르줴에 대한 2년출전정지 결정 일부취소청구 등	프랑스도핑방지 청장	프랑스도핑방지청 제재위원회	일부 인용	3-a
⑧	22/10/07	443826	루이비통社의 2016-2017 재무제표 공개를 거부한 일드프랑스 도지사 결정 취소청구	반부패시민단체 앙티코르	일드프랑스 도지사	기각	3-a
⑨	22/12/30	465304	전국적 저항운동의 일환으로 법과대학을 점거한 학생들을 폭행하여 철수시키는 데 가담한 몽펠리에대학 교수(장-뤽 코로넬 드 보아스종)에 대한 국가고등교육위원회 징계결정 취소청구	교육부장관	국가고등교육위원회	인용	3-a
⑩-2	22/07/27	456131	모터가 달린 이륜차, 삼륜차 및 네바퀴 자전거에 대한 기술적 감독을 2023.1.1.부터 시행할 것을 규정한 제2021-1062호 데크레에 대한 교	숨을쉬라연합	생태부장관	인용	3-a

연번	선고일자 (연/월/일)	사건 번호[11]	사건내용	원고	피고(행정청)	결과	취소 소송 유형
			통부장관의 시행정지 결정 취소청구				
⑪-1	22/12/28	444845 (병합)	유럽형 가압경수로(EPR)를 도입한 플라망빌 원전 3호기 건설을 승인한 제2007-534호 데크레 등 폐지신청에 대한 총리의 묵시적 거부결정 취소청구	탈원전네트워크 등	총리, 에너지전환부장관	기각	3-a
⑪-2	22/12/28	447330	플라망빌 원전 원자로에 핵연료 주입을 승인한 원자력안전청(ASN)의 2020. 10. 8. 결정 취소청구	탈원전네트워크 등	총리, 에너지전환부장관	기각	3-a
⑩-1	22/07/27	457398	모터가 달린 이륜차, 삼륜차 및 네바퀴 자전거에 대한 기술적 감독을 2023.1.1.부터 시행할 것을 규정한 제2021-1062호 데크레 일부 취소청구 및 정부에 대한 명령(2022.1.1.부터 동 데크레 시행) 청구	차없는파리 등	총리, 생태부장관	일부 인용	3-b

11건의 월권소송에는 이행명령이 청구된 3건(판례 ②, ⑤−1, ⑤−2, ⑩−1)이 포함된다. 독일의 의무이행소송과는 달리 프랑스의 이행명령 청구는 모든 종류의 소송에서 주된 청구에 부수하여 제기할 수 있는 청구로서 독립적으로 제기할 수 없다.[12] 해당 사건들에서 이행명령청구는 취소청구 또는 부작위위법확인청구에 부수하여 제기되어, 이를 월권소송으로 분류하였다.

이 글은 국사원이 최근판례로 게시한 판례 가운데 월권소송에 해당하는 11건을 취소소송유형으로 나누고 각 유형에서 다룬 판례를 대상적격 및 원고적격의 측면(Ⅱ)으로 분석하고, 그에 이어 일부는 본안의 심사강도(Ⅲ) 측면에서도 분석한다. 월권소송에 해당하는 경우만을 검토하는 이유는, 완전심판소송의 비중이 상대적으로 낮기도 하지만 그

11) 병합된 사건의 번호는 부기하지 않았다.

12) Mattias GUYOMAR, Bertrand SEILLER, *Contentieux administratif*, Dalloz, 2017, p. 285.

종류가 국가배상소송, 계약소송, 선거소송, 조세소송 등으로 다양하여[13] 하나의 틀로 분석하기가 쉽지 않기 때문이다. 소송요건에 해당하는 대상 및 원고적격의 측면은 '취소소송의 4유형'[14] 유형화 방법론에 따라 분류하였다. '취소소송의 4유형'이라는 분석틀을 여기에 적용한 이유는, 다수의 판례를 토픽별로 분류하여 소개하였을 때보다 그 판례들이 분석틀을 통과하였을 때 객관소송으로서의 월권소송의 특징, 즉 대상적격의 측면에서는 행정입법의 위법성도 다툴 수 있다는 점, 원고적격의 측면에서는 단체도 그 설립목적 등을 고려하여 원고적격이 인정될 수 있다는 점 등이 더욱 입체적으로 드러나기 때문이다. 대상적격과 원고적격의 문제 외에도, 취소소송의 4유형을 통하여 판례를 살펴보았을 때에는, 유형별 쟁점과 고려사항을 정확히 파악하고,[15] 제1유형의 취소소송에서 제2유형, 제3유형을 거쳐 제4유형으로 발전하고 있는 행정소송의 역사적 발전단계를 함께 고려하는[16] 시각도 얻을 수 있다는 실익이 있다.

Ⅱ. 대상적격과 원고적격

우리나라 취소소송과는 달리, 프랑스 월권소송의 대상이 되는 일방

---

13) Jacques VIGUIER, *Le contentieux administratif*, Dalloz, 2005, pp. 78-84 참조.

14) 이 논문의 분석틀은 박정훈, 앞의 책, 제3장 취소소송의 4유형, 박영사, 2006, 63-99면의 유형화 방법론에 따른 것임을 밝힌다.

15) 구체적으로, 제1유형 '침익적 행정행위에 대한 취소소송'의 경우, '제소기간 도과 후의 (무효주장을 통한) 권리구제 수단의 확보'와 '행정법관계 조기확정을 통한 행정효율성 확보'라는 요청이 대립하지만, 제3유형의 경우 '수익적 효과를 받고 있는 직접 상대방의 신뢰이익 내지 법적 안정성'이 고려되어야 한다. 제2유형의 경우에는, 행정청이 스스로 기존의 수익적 행정처분의 무효를 주장하는 경우, 무효단순위법의 구별 문제에서 상대방의 신뢰이익 내지 법적 안정성이 주요한 요소로 고려되어야 한다. 박정훈, 위의 책, 67면.

16) 박정훈, 위의 책, 69면.

적 행정행위에는 행정의 개별행위(l'acte individuel)뿐 아니라 법규제정행위(l'acte de réglementaire)도 포함된다.[17] 따라서 데크레,[18] 아레떼[19] 등 특정 행정입법[20]의 위법성도 월권소송으로 다투는 것이 가능하다.[21] 이에 취소소송의 각 유형에서 '개별결정'에 대한 취소소송을 a유형으로, '행정입법'에 대한 취소소송을 b유형으로 분류하여 논의한다. b유형을 구체적으로 언급하면, 침익적인 행정입법의 취소를 구한 경우 제1-b유형, 수익적인 행정입법을 구하였는데 거부되어 그 취소를 구한 경우 제2-b유형, 행정입법의 직접수범자에게는 수익적 효과가 발생하나 직접수범자가 아닌 제3자에게는 침익적 효과가 발생하여 그 제3자가 해당 행정입법의 취소를 구한 경우 제3-b유형, 누군가를 규제하는 입법을 구하였는데 그것이 거부되어 그 취소를 구한 경우 제4-b유형에 해당하는 것으로 보았다.

제2-b유형과 제4-b유형으로 판례를 분류해볼 수 있는 이유는, 행정입법뿐 아니라 행정입법'부작위'도 월권소송의 대상으로 인정되기 때문이다. 즉, 원고의 행정입법 제정 또는 폐지 신청이 있은 지 2개월

---

17) Yves GAUDEMET, *Droit administratif*, LGDJ, 2018, n° 280 참조.

18) 데크레(le décret)는 대통령 또는 수상이 발동하는 명령이다. 대통령 또는 수상이 발동하는 명령은 간혹 아레떼의 형식으로 제정되기도 한다. Agathe Van LANG, Geneviève GONDOUIN, Véronique INSERGUET-BRISSET, *Dictionnaire de droit administratif*, SIREY, 2011, pp. 137-138 참조; 한국법제연구원, 『프랑스 법령용어집』, 2008, 283-284면 참조.

19) 아레떼(l'arrêté)는 대부분 각부장관, 도지사, 시장 등의 집행기관이 제정한 명령 또는 규칙에 해당한다. Agathe Van LANG, Geneviève GONDOUIN, Véronique INSERGUET-BRISSET, *Ibid.*, pp. 36-37 참조; 한국법제연구원, 『프랑스 법령용어집』, 2008, 87면 참조.

20) 프랑스의 행정입법제도 관련 상세로는, 김동희, "프랑스의 행정입법제도에 관한 소고", 서울대학교 법학 제23권 제4호, 1982; 오승규, "프랑스 행정입법 통제에 관한 고찰", 유럽헌법연구 제18호, 2015 참조.

21) 이와 관련하여 상세로는, 김수정, "취소소송의 대상으로서의 행정입법: 프랑스에서의 논의를 중심으로", 행정법연구 제13호, 2005; 전훈, "항고소송의 대상에 관한 비교법적 검토: 프랑스 행정소송을 중심으로", 공법학연구 제13권 제2호, 2012 참조.

간 행정청이 침묵하였다면 그러한 행정입법부작위도 원고의 신청에 대한 거부로 간주되어 원고는 2개월 내에 월권소송을 통해 그 묵시적 거부결정에 대한 취소를 구할 수 있다.[22)]

1. 제1유형: 침익적 행정행위에 대한 취소소송

이 유형은 행정이 개별·구체적으로 내린 작위·금지·수인하명 등의 침익적 행정행위에 대하여 상대방이 그 취소를 구하는 것이다.[23)] 판례 ①~②는 침익적 개별결정을 대상으로 하는 제1－a유형에 속하며, 판례 ③~④는 침익적 행정입법을 대상으로 하는 제1－b유형에 속한다.

(A) 제1-a유형: 침익적 개별결정에 대한 취소소송

이 유형은 행정이 개별·구체적으로 내린 침익적 개별결정에 대하여 상대방이 그 취소를 구하는 것이다. 이 유형에는 판례 ①~②가 해당한다.

(1) 판례 ①

(a) 사실관계 및 경과

이 사건은 2020. 12. 7. 개인정보보호위원회(Commission Nationale de l'Informatique et des Libertés, CNIL)가 구글社(이하 '원고')의 「정보, 파일 및 자유에 관한 1978년 1월 6일 제78－17호 법률」 제82조[24)] 위반을 이

---

22) Code des relations entre le public et l'administration, L.231－4; Code de justice administrative, R.421－1; CE, 13 juillet 1962, Kevers－Pascalis; CE, 23 octobre 1959, n° 40922; CE Ass., 3 février 1989, Cie Alitalia, n° 74052 등 참조.

23) 박정훈, 앞의 책, 67면.

24) 「정보, 파일 및 자유에 관한 1978년 1월 6일 제78－17호 법률」 제82조 (필자 번역)
① 전자통신서비스 사업자 또는 그 대리인은 전자통신서비스 가입자 또는 이용자에게, 그 이전에 통지한 바가 없다면, 반드시 다음 각 호의 사항에 관하여 명확하고 완전한 방식으로 알려야 한다.
1. 전자적 전송을 통해 가입자 또는 이용자의 전자통신단말기에 이미 저장된 정보에

유로 원고에게 과징금 총 1억 유로[25]를 부과한 결정(이하 '계쟁 결정')에 대하여 원고가 취소청구를 한 사건이다.

「정보, 파일 및 자유에 관한 1978년 1월 6일 제78-17호 법률」 제82조는 「전자통신 영역에서의 개인정보 처리 및 프라이버시 보호에 관한 2002년 7월 12일 유럽지침」(2002/58/EC)[26] 제5조 제3항을 국내법으로 전환한 것으로,[27] 전자통신서비스 사업자가 이용자의 단말기에 쿠키를 전송하기 전에 이용자에게 그러한 목적과 이를 거부할 수 있는 방법

접근하고자 하는 또는 그 단말기에 정보를 입력하고자 하는 모든 행위의 목적
2. 가입자 또는 이용자가 그러한 행위의 목적에 동의하지 않을 수 있는 수단
② 전항의 접근 또는 입력은 가입자 또는 이용자가 전항의 통지를 받은 후에 명시적으로 동의하였다는 조건하에 할 수 있다. 동의는 가입자 또는 이용자의 지배하에 있는 연동장치 또는 그밖의 다른 장치에 의한 매개로 이루어질 수 있다.
③ 사업자가 이용자의 단말기에 저장되어 있는 정보에 대한 접근 또는 해당 단말기에 정보를 입력하는 것이 다음 각호 중 하나에 해당하는 경우 동조는 적용되지 아니한다.
1. 전자통신을 가능하게 하거나 용이하게 하려는 목적만을 위한 경우
2. 이용자의 명시적인 요청에 따라 온라인 통신서비스 제공에 반드시 필요한 경우

25) 개인정보보호위원회는 미국 법규에 따라 운영되는 미국 기업인 구글LLC(Google LLC)에 6천 유로를, 아일랜드 법규에 따라 운영되는 아일랜드 기업인 구글 아일랜드 리미티드(Google Ireland Limited)에 4천 유로를 부과하였다.

26) Directive 2002/58/EC of the European Parliament and of the Council of 12 July 2002 concerning the processing of personal data and the protection of privacy in the electronic communications sector (Directive on privacy and electronic communications).

27) 「정보, 파일 및 자유에 관한 1978년 1월 6일 제78-17호 법률」은 1978년 1월 6일에 제정된 후 수차례 개정되어 오늘날에 이르고 있다. 동법은 「개인정보 처리에서의 자연인 보호 및 1978년 1월 6일 제78-17호 법률 개정에 관한 2004년 8월 6일 제2004-801호 법률」(Loi n° 2004-801 du 6 août 2004 relative à la protection des personnes physiques à l'égard des traitements de données à caractère personnel et modifiant la loi n° 78-17 du 6 janvier 1978 relative à l'informatique, aux fichiers et aux libertés)에 의거하여 「전자통신 영역에서의 개인정보 처리 및 프라이버시 보호에 관한 2002년 7월 12일 유럽지침」(2002/58/EC)을 국내법으로 전환하였다. 레지프랑스 웹사이트(https://www.legifrance.gouv.fr/)에서 법의 연혁을 살펴보았을 때, 현행 「정보, 파일 및 자유에 관한 1978년 1월 6일 제78-17호 법률」 제82조의 뿌리는 2004년 동법 개정 당시 제32조에 있는 것으로 보인다.

을 고지하고 이용자로부터 명시적인 동의를 받을 것을 규정한다. 2020. 3. 16. 개인정보보호위원회가 수행한 조사에 따르면, 구글은 이용자가 웹사이트에 접속하자마자 이용자의 컴퓨터에 7개의 쿠키를 전송하였고 그중 4개는 광고목적을 가지고 있었다.[28] 원고는 2020. 8. 17.부터 쿠키 사용 방식을 변경하였으나, 여전히 이용자에게 쿠키의 목적과 이를 거부할 수 있는 방법에 대해 명확하고 완전한 방식으로 알리지 않은 것으로 평가되었다.[29]

국사원은 개인정보보호위원회가 원고에 부과한 과징금 총액이 「정보, 파일 및 자유에 관한 1978년 1월 6일 제78－17호 법률」에서 정한 상한을 초과하지 아니하며, 광고목적을 갖는 쿠키로 원고가 얻은 수익과 원고의 프랑스에서의 시장지배력(90%)을 고려하였을 때 과도하지 않다고 보고, 원고의 청구를 기각하였다.

(b) 대상적격

계쟁 결정은 원고에게 침익적 영향을 초래하는 행정의 일방적 행위로서 월권소송의 대상이 된다.

(c) 원고적격

원고는 계쟁 결정에 대한 직접적이고 개인적인 이익을 갖는 직접 상대방으로서 계쟁 결정의 취소를 구할 원고적격이 있다.

(2) 판례 ②

(a) 사실관계 및 경과

이 사건은 담배판매인연합, 프랑스카나비노이드생산자연합 등의 관련단체들(이하 '원고')이 총리, 연대부장관, 농업부장관 등에게 「공중보건법전」(Code de la santé publique) 제R.5132－86조 폐지요청을 하였으나 총리, 연대부장관, 농업부장관 등의 묵시적 거부결정(이하 '계쟁 결정')이

---

28) CNIL, Délibération SAN－2020－012 du 7 décembre 2020, n° 68 참조.

29) CNIL, Délibération SAN－2020－012 du 7 décembre 2020, n° 88 참조.

있어 그에 대한 취소청구 15건이 병합된 사건이다. 그중 일부는 총리, 연대부장관, 농업부장관이 「공중보건법전」 제R.5132−86조와 「대마 관련 공중보건법전 제R.5181조 적용에 관한 1990년 8월 22일 아레떼」[30]를 개정하도록 명할 것을 함께 청구하였다.

「공중보건법전」 제R.5132−86조는 대마의 생산(경작을 포함), 운송, 수출입, 소유, 구매, 소비 등을 금지한다. 대마의 범위에는 대마초, 수액, 추출물 등이 포함된다. 한편 동 법전 제R.5132−86−1조는 향정신성 작용이 없는 대마의 경작, 수출입, 상공업적 사용은 농업부장관의 아레떼에 의해 허용된다고 규정하였다. 이 예외규정을 근거로 하여 「공중보건법전 제R.5132−86조 적용에 관한 2021년 12월 30일 아레떼」[31]는 델타−9−테트라하이드로칸나비놀(THC) 농도 0.3% 이하의 대마 품종에 한하여, 그 꽃과 잎을 추출물 생산을 위해 사용하는 것을 허용하였다. 그런데 동 아레떼는 동 품종을 천연 상태(허브티 등)로 소비자에게 판매하는 것을 금하였다.

국사원은 소량의 테트라하이드로칸나비놀(THC)을 함유하는 대마의 꽃과 잎을 천연 상태로 판매하는 것을 일반적·절대적으로 금지하는 것은 비례적이지 않다고 판시함으로써 계쟁 결정을 취소하였다.

(b) 대상적격

계쟁 결정은 원고에게 침익적 영향을 초래하는 행정의 일방적 행위로서 월권소송의 대상이 된다.

(c) 원고적격

원고는 계쟁 결정에 대한 직접적이고 개인적인 이익을 갖는 직접 상대방으로서 계쟁 결정의 취소를 구할 원고적격이 있다.

---

30) Arrêté du 22 août 1990 portant application de l'article R. 5181 pour le cannabis.
31) Arrêté du 30 décembre 2021 portant application de l'article R. 5132−86 du code de la santé publique.

(B) 제1-b유형: 침익적 행정입법에 대한 취소소송

앞서 언급한 바와 같이 프랑스의 월권소송은 행정의 개별결정뿐 아니라 행정입법도 그 대상으로 삼고 있다. 물론 행정입법은 그것이 원고의 법적 지위에 관계되는 경우에만 월권소송의 대상이 될 수 있다.32) 이 유형은 행정입법의 직접수범자가 해당 행정입법의 위법성을 주장하고 그 취소를 구하는 경우이다. 데크레와 아레떼에 대한 취소청구가 주를 이루는데, 이 유형의 소송들은 국사원에서 단심으로 심판한다.33) 판례 ③~④가 이 유형에 해당한다. 그중 전부인용된 판례 ③을 살펴보기로 한다.

(1) 판례 ③

(a) 사실관계 및 경과

이 사건은 플라스틱합성재연합, 신선과일야채연합 등 다수의 직업조합(이하 '원고')이 플라스틱 용기에 담아 판매할 수 있는 과일 및 야채 목록을 정한 「신선과일 및 야채 판매 시 그 전부 또는 일부에 플라스틱 포장재를 사용하지 않을 의무에 관한 2021년 10월 8일 제2021－1318호 데크레」34)(이하 '계쟁 데크레')의 취소를 청구한 사건들이 병합된 것이다.

「폐기물감축 및 순환경제에 관한 제2020년 2월 10일 제2020－105호 법률」35)(이하 '2020년 법률')에 따라 2022. 1. 1.부터 신선과일과 야채를 플라스틱 포장재로 포장하여 판매할 수 없게 되었다. 다만, 2020년 법률은 '포장하지 않고 판매하였을 때 부패하기 쉬운 과일과 야채'를 예

32) Charles DEBBASCH, Jean－Claude RICCI, *op. cit.*, p. 762.

33) Code de justice administrative, art. R.311－1 참조.

34) Décret n° 2021－1318 du 8 octobre 2021 relatif à l'obligation de présentation à la vente des fruits et légumes frais non transformés sans conditionnement composé pour tout ou partie de matière plastique.

35) Loi n° 2020－105 du 10 février 2020 relative à la lutte contre le gaspillage et à l'économie circulaire.

외로 규정하고, 정부가 이 예외사항을 데크레에서 구체적으로 정하도록 하였다. 그에 따라 정부는 계쟁 데크레에서 플라스틱 포장재로 포장하여 판매할 수 있는 약 40여 종의 과일과 야채의 목록과 그 기한을 각각 정하였다.[36)]

국사원은 2020년 법률에서 예외를 규정하고 그것을 데크레에서 정하도록 위임한 부분은 명확하고 적법하나, 계쟁 데크레에서 정한 목록에는 '포장하지 않고 판매하였을 때 부패하기 쉬운 과일과 야채'에 해당하지 않는 것도 있다고 판단하고 원고의 청구를 받아들여 계쟁 데크레를 취소하였다.

(b) 대상적격

계쟁 데크레는 원고에게 침익적 영향을 초래하는 행정의 일방적 행위로서 월권소송의 대상이 된다.

(c) 원고적격

원고는 계쟁 데크레에 대한 직접적이고 개인적인 이익을 갖는 직접상대방으로서 계쟁 데크레의 취소를 구할 원고적격이 있다.

2. 제2유형: 수익적 행정행위의 거부조치에 대한 취소소송

이 유형은 수익적 행정행위의 발급을 신청하였으나 그것이 거부된 경우, 그 거부조치의 취소를 구함으로써 해당 수익적 처분의 발급을 요구하는 것이다.[37)] 앞서 언급한 바와 같이 행정입법도 월권소송의 대상이 되므로, 이 유형에서는 수익적 개별결정의 거부조치뿐 아니라 수익적 행정입법의 거부조치에 대해서도 취소를 청구할 수 있다. 대상 판결

36) 예컨대, 계쟁 데크레는 「공중보건법전」 제D.541-334조 제Ⅱ항 제1호에 따라 살구는 2023. 6. 30.까지, 제4호에 따라 체리는 2024. 12. 31.까지 플라스틱 포장재로 포장하여 판매하는 것을 허용하였다.

37) 박정훈, 앞의 책, 68면.

들 가운데 판례 ⑤가 전자의 사안에 해당하고, 판례 ⑥이 후자의 사안에 해당한다.

(A) 제2-a유형: 수익적 개별결정의 거부조치에 대한 취소소송

(1) 판례 ⑤-1

판례 ⑤는 의료계종사자단체들이 공공의료법인[38]의 근로시간 상한 준수에 대해 문제를 제기하고, 「공중보건법전」 일부 규정을 취소하고 및 새로운 입법을 정부에 명할 것을 국사원에 청구한 사례들이다.

판례 ⑤－1[39]은 젊은의사노동조합이 공공의료법인 인턴과 의사의 근로시간을 시간단위로 합산하는 제도도입 신청에 대한 총리의 묵시적 거부결정의 취소를 구하면서 총리에게 그러한 제도를 도입하도록 명령하는 것을 부수적으로 청구한 사건이고, 판례 ⑤－2[40]는 전국병원인턴노조연맹이 「공중보건법전」 제R.6153－2조 제II항 및 제III항 폐지 신청에 대한 총리의 묵시적 거부결정의 취소를 구하면서 총리에게 해당 규정을 폐지하고 인턴 노동시간 관련 새로운 입법을 하도록 명령하는 것을 부수적으로 청구한 사건이며, 판례 ⑤－3[41]은 의료인행동연합이 「공중보건법전」 제R.6152－27조 제1항, 제R.6152－223조 제1항 및 제5항, 제R.6152－407조 제1항 내지 제3항 폐지 및 공공의료법인 의사 근로시간 관련 새로운 입법 신청에 대한 총리의 묵시적 거부결정에 대하

38) 프랑스의 병원은 공법인, 즉 보건공공시설법인(l'établissement public de santé)에 해당하는 공공의료법인과, 사법인에 해당하는 비영리의료법인 및 영리의료법인으로 나뉜다. 프랑스 보건사회 영역의 통계를 담당하는 조사연구평가통계국(Direction de la recherche, des études, de l'évaluation et des statistiques, DREES)의 통계에 따르면, 2020. 12. 31.을 기준으로 공공부문의 공공의료법인은 1,347개소(병상수: 237,941개), 민간부문의 비영리의료법인은 670개소(병상수: 55,605개), 영리의료법인은 972개소(병상수: 97,890개)가 있다. DREES, *Les établissements de santé – édition 2022*, Panoramas de la DREES, 2022, 39 참조.

39) CE, 22 juin 2022, n° 446917.

40) CE, 22 juin 2022, n° 446944.

41) CE, 22 juin 2022, n° 447003.

여 취소청구를 한 사건이다. 아래에서는 그 청구취지가 공공의료법인 인턴과 의사 모두의 근로시간을 대상으로 하는 판례 ⑤-1을 검토한다.

(a) 사실관계 및 경과

이 사건은 젊은의사노동조합(이하 '원고')이 공공의료법인 소속 인턴과 의사의 근로시간을 시간단위로 합산하는 제도를 도입하고 이를 위반하는 공공의료법인을 제재할 것을 신청 총리에게 신청하였는데, 총리가 이를 묵시적으로 거부하여 원고가 그 거부결정(이하 '계쟁 결정')의 취소를 구한 사건이다. 이와 더불어 원고는 법원이 총리에게 그러한 제도를 도입하도록 명령할 것을 부수적으로 청구하였다.

원고는 근로시간이 시간단위가 아닌 반일단위로 합산되는 현 제도가 「근로시간 체제에 관한 2003년 11월 4일 유럽지침」(2003/88/EC)[42] (이하 '2013년 유럽지침') 제6조 및 제16조 제b항에서 정한 '4개월 평균 주당 근로시간 48시간'이라는 상한을 준수하지 못하고 있다고 주장하였다. 또한 프랑스의 국내법 규정이 원고들의 근로시간을 측정하기 위한 "신뢰할 수 있고 객관적이며 접근성이 있는 장치"를 제공하지 못하고 있다고 주장하였다.

「공중보건법전」 제R.6152-26조 제2항은 공공의료법인 소속 의사가 상근인 경우 주당 반일 10회에 해당하는 시간을 근무할 의무가 있고 비상근인 경우 반일 5회 내지 9회에 해당하는 시간을 근무할 의무가 있다고 규정하며, 제R.6152-27조 제1항에서는 이러한 주당 근로시간은 48시간을 초과할 수 없으며 그 초과여부는 4개월 단위로 판단한다고 규정한다. 이와 더불어 동항은 야간근로의 경우 반일 2회로 계산한다고 규정한다. 「공중보건법전」 제R.6153-2조 제Ⅱ항과 제Ⅲ항은 공공의료법인 소속 인턴은 주당 반일 10회에 해당하는 시간을 근무할 의무가 있

42) Directive 2003/88/EC of the European Parliament and of the Council of 4 November 2003 concerning certain aspects of the organisation of working time.

는데, 여기에는 실습시간 반일 8회, 실습 외 연수시간 반일 2회가 포함되고, 야간근로의 경우 반일 2회로 계산하며, 이러한 주당 근로시간 역시 48시간을 초과할 수 없고 그 초과여부는 분기별(3개월 단위)로 판단한다고 규정한다. 「공중보건법전」은 반일이 몇 시간을 의미하는지를 규정하고 있지 않은데, 「공중보건법전」 제R.6152-26조는 공공의료법인 소속 의사의 근로시간의 구체적인 사항은 해당 공공의료법인의 내규로 정한다고 규정하며, 제R.6153-2-2조와 제R.6153-2-3조에서는 인턴의 근로시간은 그 전공지도전문의가 관리·감독하며 월단위 및 분기별로 센터장의 승인을 받는다고 규정한다.

국사원은 공공의료법인에서 근로시간을 반일단위가 아닌 시간단위로 합산하여야만 '4개월 평균 주당 근로시간 48시간'이라는 상한을 둔 2013년 유럽지침 및 프랑스 공중보건법전 규정에 부합하는 것으로 볼 수 없다고 판시하고 원고의 청구를 기각하였다.

(b) 대상적격

계쟁 결정은 원고에게 침익적 영향을 초래하는 행정의 일방적 행위로서 월권소송의 대상이 된다.

(c) 원고적격

원고는 계쟁 결정에 대한 직접적이고 개인적인 이익을 갖는 직접 상대방으로서 원고적격이 있다.

(B) 제2-b유형: 수익적 행정입법의 거부조치에 대한 취소소송

(1) 판례 ⑥

(a) 사실관계 및 경과

이 사건은 외국어교수법전문가단체 등 다수의 전문가단체들(이하 '원고')이 고등기술자격학위(le brevet de technicien supérieur, BTS) 취득 요건으로 외부 공인영어능력인증(토익, 토플 등)을 규정한 「고등기술자격학

위 후보자의 영어능력인증에 관한 2020년 4월 3일 제2020-398호 데크레」(이하 '2020년 데크레')[43]와 「학사학위, 전문학사학위 및 기술대학학위 후보자의 영어능력인증에 관한 2020년 4월 3일 아레떼」(이하 '2020년 아레떼')[44]에 대한 취소를 구하여 세 건의 청구가 병합된 사건이다.

정부는 2020년 데크레와 2020년 아레떼를 제정하여 고등기술자격학위, 학사학위 및 기술대학학위 후보자에게 공인영어능력인증을 요구하였는데, 원고는 그것을 요구하는 것이 「교육법전」(Code de l'éducation)에서 규정하는 학위취득 요건에 부합하지 않는다는 이유로 2020년 데크레와 2020년 아레떼의 취소를 구하였다.

「교육법전」 제L.613-1조 제2항은 국가에 의해 공인된 고등교육기관만이 국가학위를 수여할 수 있으며, 이러한 학위수여는 경력의 유효성을 확인해야 하는 경우를 제외하고 오로지 후보자의 지식과 능력을 국가가 공인한 고등교육기관이 평가한 결과에 따라 이루어져야 한다고 규정한다. 그러나 2020년 데크레와 2020년 아레떼에 따라, 고등기술자격학위, 학사학위 및 기술대학학위 후보자는 국가가 공인한 고등교육기관의 평가결과와 별도로, 국가에 의해 공인된 고등교육기관이 아닌 외부기관에서 영어능력인증을 발급받아야만 학위를 취득할 수 있게 되었다.

국사원은 2020년 데크레와 2020년 아레떼가 국가학위의 발급에 외부기관의 인증을 요건으로 하지 않는 「교육법전」 제L.613-1조 제2항과 상충된다고 보고 이를 취소하였다.

---

43) Décret n° 2020-398 du 3 avril 2020 relatif à la certification en langue anglaise pour les candidats à l'examen du brevet de technicien supérieur et modifiant le code de l'éducation.

44) Arrêté du 3 avril 2020 relatif à la certification en langue anglaise pour les candidats inscrits aux diplômes nationaux de licence, de licence professionnelle et au diplôme universitaire de technologie.

(b) 대상적격

2020년 데크레와 2020년 아레떼는 원고에게 침익적 영향을 초래하는 행정의 일방적 행위로서 월권소송의 대상이 된다.

(c) 원고적격

국사원은 첫 번째 청구(n° 441056) 원고단체들의 원고적격에 관하여, 원고는 그 정관상 목적으로부터 문제된 행정입법의 취소를 구할 수 있다고 판시하였다.

3. 제3유형: 침익적 제3자효를 갖는 이중효과적 행정행위에 대한 취소소송

이 유형은 상대방에게는 수익적 효과를 발생하나 제3자에게는 침익적 효과가 발생하는 이중효과적 행정행위에 대해, 침익적 효과를 받는 제3자가 그 취소를 구하는 것이다.[45] 이 유형에서도 행정입법이 월권소송의 대상이 되는 것은 마찬가지이다. 따라서 침익적 제3자효를 갖는 이중효과적 개별결정에 대한 취소청구가 있었던 경우는 제3-a유형으로, 침익적 제3자효를 갖는 이중효과적 행정입법에 대한 취소청구가 있었던 경우는 제3-b유형으로 분류할 수 있다. 대상판결들 중에서 제3-a유형으로 보이는 사례로는 판례 ⑦, ⑧, ⑨, ⑩-2, ⑪-1, ⑪-2가 있었고, 제3-b유형으로 판단되는 사례로는 ⑩-1이 있었다. 제3-a유형으로는 판례 ⑪-1을, 제3-b유형으로는 판례 ⑩-1을 검토하기로 한다. 제3-a유형에서 판례 ⑦, ⑨의 경우 원고가 진정한 의미의 제3자라기 보다는 행정청 내부의 견제작용으로도 볼 수 있고, 판례 ⑧의 경우 그 쟁점이 우리 제도에 주는 시사점을 상대적으로 덜 담고 있으며, 판례 ⑩-2의 경우 같은 쟁점을 공유하는 판례 ⑩-1을 제3-b

45) 박정훈, 앞의 책, 68면.

유형에서 살펴볼 것이기 때문이다.

(A) 제3-a유형: 침익적 제3자효를 갖는 이중효과적 개별결정에 대한 취소소송

(1) 판례 ⑪-1

(a) 사실관계 및 경과

이 사건은 탈원전네트워크(Réseau Sortir du nucléaire), 그린피스프랑스, 프랑스자연환경연합 등의 단체(이하 '원고')가 플라망빌 원전 3호기 건설 승인 관련 법률과 데크레 폐지신청에 대한 총리의 묵시적 거부결정의 취소를 구하여 두 건의 청구가 병합된 사건이다.

첫 번째 청구(n° 444845)에서 원고는 「유럽형 가압경수로(EPR)를 도입한 플라망빌 원전 3호기 건설을 승인하는 2007년 4월 10일 제2007－534호 데크레」(이하 '2007년 데크레') 폐지신청에 대한 총리의 묵시적 거부결정(이하 '계쟁 결정 ①')의 취소를 구하였다. 이와 더불어 원고는 법원이 총리에게 2007년 데크레 폐지를 명령할 것을 부수적으로 청구하였다.

두 번째 청구(n° 444846)에서 원고는 「유럽형 가압경수로(EPR)를 도입한 플라망빌 원전 3호기 건설을 승인하는 2007년 4월 10일 제2007－534호 데크레를 개정하는 2020년 3월 25일 제2020－336호 데크레」(이하 '2020년 데크레') 철회신청에 대한 총리의 묵시적 거부결정(이하 '계쟁 결정 ②')의 취소를 구하였다. 이와 더불어 원고는 2020년 데크레의 취소도 구하였다. 따라서 판례 ⑪-1은 제3－a유형과 제3－b유형 모두에 해당하는 사안이나, 첫 번째 청구와 두 번째 청구 모두 총리의 묵시적 거부결정의 취소를 구하였다는 점을 감안하여 제3－a유형으로 분류하여 검토하고자 한다.

2007년 데크레에 의거하여 프랑스 정부는 유럽형 가압경수로(EPR)를 도입한 플라망빌 원전 3호기 건설을 승인하였고, 프랑스전력공사

(EDF)가 그 수혜기업이었다. 정부는 용접 보수공사 및 기능시험을 위한 시간적 여유를 확보하고자 2020년 데크레에 의거하여 2007년 데크레를 개정하고 건설공사 기간을 2007년 데크레 제정일로부터 17년, 즉 2024년까지로 연장하였다.

원고는 건설공사 기간의 연장을 위해서는 새로운 환경영향평가가 있어야 한다고 주장하며 2007년 데크레와 2020년 데크레의 취소를 구하였으나, 국사원은 용접 보수공사로 인해 건설현장 외관의 실제가 변경되었거나 「환경법전」(Code de l'environnement) 제L.593－1조에서 규정하는 이익(안전, 공중보건, 자연과 환경)이 본질적으로 침해되는 것이 아니라고 보아 원고의 청구를 기각하였다.

(b) 대상적격

계쟁 결정 ①과 ②는 원고에게 침익적 영향을 초래하는 행정의 일방적 행위로서 월권소송의 대상이 된다고 볼 수 있을 것이다.

(c) 원고적격

「환경법전」 제L.141－1조에 근거하여, 최소 3년간 그 정관에서 규정한 활동을 하였고 정기적으로 이를 공표해 온 환경단체는 행정청의 승인을 받아 "승인된 환경보호단체"가 될 수 있다. 그리고 「행정소송법전」 제L.142－3－1조 제Ⅳ항 제2호에 따라, 그러한 승인을 받은 환경보호단체만이 행정법원에 소를 제기할 수 있다. 따라서 원고와 같이 소를 제기하여 그에 대한 법원의 판단을 받은 환경보호단체의 원고적격은 별도로 논할 필요가 없이 인정된다.

(B) 제3-b유형: 침익적 제3자효를 갖는 이중효과적 행정입법에 대한 취소소송

(1) 판례 ⑩-1

(a) 사실관계 및 경과

이 사건은 숨을쉬라(Respire), 오토바이는이제그만(Ras-le-Scoot), 차없는파리(Paris sans voiture) 등의 환경단체들(이하 '원고')이 ①「모터가 달린 이륜차, 삼륜차 및 사륜차에 대한 기술적 감독 시행에 관한 2021년 8월 9일 제2021-1062호 데크레」(이하 '계쟁 데크레')가 '모터가 달린 이륜차, 삼륜차 및 사륜차'(이하 'L유형 차량')에 대한 기술적 감독을 2023. 1. 1.부터 시행한다고 규정한 부분과 ② 등록차량의 기술적 감독을 차량의 등록시기에 따라 2004년에서 2026년까지 시차를 두고 시행하는 부분의 취소를 구한 사건이다. 이와 더불어 원고는 L유형 차량에 대한 기술적 감독을 2022. 1. 1.부터 하는 데 필요한 모든 조치를 국가가 취할 것을 명하고 이를 이행하지 않을 경우 2022. 1. 1.부터 매월 1백만 유로의 이행강제금을 부과할 것을 청구하였다.

「자동차와 그 이동식 주택의 정기검사에 관한 2014년 4월 3일 유럽지침」(2014/45/EU)[46](이하 '2014년 유럽지침')은 회원국이 2022. 1. 1.부터 L유형 차량에 대한 기술적 감독을 시행할 의무를 부과하면서, 회원국이 대체적인 도로안전조치를 실행하고 이를 EU집행위원회에 통지하는 경우에는 L유형 차량에 대한 기술적 감독의무를 면제해주는 예외를 허용하였다. 프랑스 정부는 계쟁 데크레를 제정하여 이륜차에 대한 기술적 감독을 시행하기로 하고 2016. 1. 1. 전 등록차량에 대하여는 기술적 감독의 시행일을 2023. 1. 1.부터로 정하고, 2016. 1. 1. 이후 등록차

---

46) Directive 2014/45/EU of the European Parliament and of the Council of 3 April 2014 on periodic roadworthiness tests for motor vehicles and their trailers and repealing Directive 2009/40/EC.

량에 대하여는 그 시행일을 2024. 1. 1./2025. 1. 1./2026. 1. 1.로 시차를 두는 방식으로 정하였다. 2021. 8. 12. 교통부장관은 계쟁 데크레의 시행을 중지하는 결정을 하였다.

원고는 계쟁 데크레에서 정한 시행일정이 도로안전, 공해방지 및 소음방지라는 공익을 침해할 수 있다는 이유로 국사원에 계쟁 데크레에 대한 가처분신청을 하였고, 이는 국사원의 2022. 5. 17. 결정에 의해 인용되었다. 국사원은 이 사건에 대한 본안에서 계쟁 데크레가 2014년 유럽지침에서 정한 시행일 2022. 1. 1.보다 뒤의 날짜로 그 의무이행 시점을 정한 부분에 한하여 계쟁 데크레를 취소하였다. 이와 더불어 국사원은 데크레의 시행 중지를 결정할 권한은 총리에게 있다는 이유로 교통부장관이 계쟁 데크레의 시행을 중지한 결정도 취소하였다.

(b) 대상적격

계쟁 데크레의 대상적격에 관한 언급은 없으나, 이는 원고에게 침익적 영향을 초래하는 행정의 일방적 행위로서 월권소송의 대상이 된다고 볼 수 있을 것이다.

(c) 원고적격

「환경법전」 제L.141-1조에 근거하여, 최소 3년간 그 정관에서 규정한 활동을 하였고 정기적으로 이를 공표해 온 환경단체는 행정청의 승인을 받아 "승인된 환경보호단체"가 될 수 있다. 그리고 「행정소송법전」 제L.142-3-1조 제Ⅳ항 제2호에 따라, 그러한 승인을 받은 환경보호단체만이 행정법원에 소를 제기할 수 있다. 따라서 원고와 같이 소를 제기하여 그에 대한 법원의 판단을 받은 환경보호단체의 원고적격은 별도로 논할 필요가 없이 인정된다.

4. 제4유형: 수익적 제3자효를 갖는 이중효과적 행정행위의 거부조치에 대한 취소소송

이 유형은 상대방에게는 침익적 효과를 발생하지만 제3자에게는 수익적 효과를 주는 이중효과적 개별결정을 제3자가 신청하였는데 그에 대한 거부조치가 있었던 경우, 제3자가 그 거부조치의 취소를 구함으로써 해당 이중효과적 처분의 발급을 구하는 것이다.[47] 이 유형도 수익적 제3자효를 갖는 이중효과적 개별결정에 대한 취소청구가 있었던 경우(제4-a유형)와 수익적 제3자효를 갖는 이중효과적 행정입법에 대한 취소청구가 있었던 경우(제4-b유형)로 나누어 살펴볼 수 있는데, 검토대상 판결 중 이 유형에 해당하는 사례는 없었다.

Ⅲ. 본안심사의 척도 및 강도

프랑스에서는 재량권한(le pouvoir discrétionnaire)과 기속권한(le pouvoir lié)을 판단할 때에, 법규의 요건과 효과를 구별하지 않고 법규 전체를 놓고 판단한다. 즉, 재량을 요건부분과 효과부분으로 나누어 논하지 않으며, 법규의 요건부분 혹은 효과부분 중 어느 부분이 불확정적인지가 중요하지 않다. 재량권한은 법률이 행정에 일정한 권한을 부여하면서 그 권한을 집행하는 방향을 자유롭게 선택하게 하고 있는 경우에 존재하고, 기속권한은 법률이 행정에 일정한 권한을 부여하면서 명령의 방식으로 그 권한이 행사되어야 하는 방향을 지시하고 있는 경우에 존재한다.[48]

월권소송에서 재량에 대한 사법심사를 할 때, 그 심사강도는 제한

47) 박정훈, 앞의 책, 68면.
48) Yves GAUDEMET, *op. cit.*, n° 230.

적 내지 최소심사(le contrôle restreint ou minimum), 통상적 내지 완전심사(le contrôle normal ou entier), 최대심사(le contrôle maximam)의 3단계로 나뉘는데, 재소자 징계처분(과실에 대한 제재인 경우) 사안에서는 최소심사를, 외국인 강제추방 처분(공공질서 위협을 이유로 하는 경우), 건축허가거부처분(경관을 해친다는 등의 사정이 있는 경우 등) 등의 사안에서는 통상심사를, 경찰법 영역(공공질서를 위한 조치와 관련된 내용인 경우 등), 수용과 관련된 도시계획법 영역 등에서는 최대심사를 하는 경향이 있다.[49] 오늘날 국사원이 제한적 내지 최소심사를 하는 경우는 예전만큼 많지 않으나, 중요한 재량권이 존재하는 행정청의 결정에 대한 제한적 내지 최소심사는 오랫동안 국사원의 원칙이었다.[50] 기본권과 관련된 경찰법 영역, 수용과 관련된 도시계획법 영역 등에서는 최대심사가 행해지고 있다. 아래에서는 3단계의 본안심사강도를 기준으로 불확정개념의 포섭·적용이 문제된 판례를 분류하여 몇 가지 구체적인 사안의 본안심사강도를 분석해본다.

1. 제한적 내지 최소심사가 이루어진 경우

대부분의 행정행위는 어느 정도 기속행위의 성격을 갖지만 법률이 정한 권한의 범위 안에서 행정은 재량의 방식으로 결정한다.[51] 따라서 행정은 자신의 재량권한을 행사하기 위해 이를 평가하지 않을 수 없다.

제한적 내지 최소심사(이하 '최소심사')를 하는 경우, 재판관은 행정이 사실관계를 어떻게 법적 요건에 포섭하였는지 여부, 즉 사실관계가 법규의 요건에 해당하고 그것에 충족되는지 여부에 대한 평가에 대해서

49) Pierre-Laurent FRIER, Jacques PETIT, *Droit administratif*, LGDJ, 2019, n° 1058 참조.
50) Yves GAUDEMET, *op. cit.*, n° 315; Pierre-Laurent FRIER, Jacques PETIT, *Ibid.*, n° 1057 참조.
51) Yves GAUDEMET, *Ibid.*, n° 230.

는 심사하지 않는다.[52] 다시 말해, 최소심사에서는 근거법규가 존재하는지와 행정이 사실관계를 정확하게 확정하였는지에 대해서는 심사하지만, '사실관계의 법적 파악'[53](la qualification juridique des faits)에 대해서는 '명백한 평가의 하자'(l'erreur manifeste d'appréciation)[54]가 있지 않은 한 심사하지 않는다.[55] 최소심사가 있었던 판례 가운데 판례 ①을 살펴본다.

이 사건의 쟁점은 개인정보보호위원회가 「정보, 파일 및 자유에 관한 1978년 1월 6일 제78-17호 법률」 제82조 위반을 이유로 원고에게 과징금을 부과한 결정이 과징금을 과도하게 책정하여 위법한지 여부이다.

국사원은 원고가 이용자의 단말기에 쿠키를 전송하기 전에 이용자에게 그러한 목적과 이를 거부할 수 있는 방법을 고지하고 이용자로부터 명시적인 동의를 받을 의무 위반 여부에 대한 개인정보보호위원회의 결정에는 평가의 하자가 없다고 보았다. 즉, 개인정보보호위원회는 원고가 이용자에게 쿠키의 목적과 이를 거부할 수 있는 방법에 대해 「정보, 파일 및 자유에 관한 1978년 1월 6일 제78-17호 법률」 제82조가 규정하는 '명확하고 완전한 방식'으로 알리지 않은 것으로 평가하였는데, 국사원은 이러한 사실관계의 확정에 평가의 하자가 없다고 본 것이다. 이 사건에서는 포섭에 대한 심사에 이르지 않은 최소심사가 있었다고 볼 수 있다.

52) *Ibid.*, n° 314; Pierre-Laurent FRIER, Jacques PETIT, *op. cit.*, n° 1053.
53) '사실관계의 법적 파악'은 법적용의 전통적 방법인 3단논법에 따르면 제3단계인 '포섭'단계에 해당하는 것으로 볼 수 있다. 박정훈, "불확정개념과 판단여지", 『행정작용법』 (중범 김동희교수 정년기념논문집), 박영사, 2005, 251, 258-259면 참조.
54) '명백한 평가의 하자'는 독일에서의 '판단여지의 하자'에 해당한다. 박정훈, 위의 논문, 259면.
55) Yves GAUDEMET, *op. cit.*, n°s 315-316 참조.

2. 통상적 내지 완전심사가 이루어진 경우

통상적 내지 완전심사(이하 '완전심사')의 심사대상에는 최소심사의 심사대상에 더하여 '사실관계의 법적 파악'(la qualification juridique des faits), 즉 포섭에 대한 심사까지 이루어진다.[56] 완전심사가 있었던 판례 가운데 판례 ⑩-1을 살펴본다.

이 사건의 쟁점은 ① 계쟁 데크레가 L유형 차량에 대한 기술적 감독을 2023. 1. 1.부터 시행한다고 규정한 부분과 ② 등록차량의 기술적 감독을 차량의 등록시기에 따라 2004년에서 2026년까지 시차를 두고 시행하는 부분이 적법한지 여부이다.

2014년 유럽지침은 원칙적으로는 회원국이 2022. 1. 1.부터 L유형 차량에 대한 기술적 감독을 시행할 의무를 부과하고, 다만 회원국이 대체적인 도로안전조치를 실행하고 이를 EU집행위원회에 통지하는 경우에는 L유형 차량에 대한 기술적 감독의무를 면제해주는 예외를 허용하였는데, 국사원은 계쟁 데크레가 2014년 유럽지침에 부합하였는지 여부를 판단하기 위해, 우선 정부가 2014년 유럽지침에서 '원칙'으로 정한 부분, 즉 L유형 차량에 대한 기술적 감독을 실행하는 방식을 택한 것인지, 아니면 '예외'로 정한 부분, 즉 대체적인 방식으로 이행하는 방식을 택한 것인지를 파악하였다. 국사원은 계쟁 데크레가 이륜차에 대한 기술적 감독을 시행하기로 하고 2016. 1. 1. 전 등록차량에 대하여는 기술적 감독의 시행일을 2023. 1. 1.부터로 정하고, 2016. 1. 1. 이후 등록차량에 대하여는 그 시행일을 2024. 1. 1.에서 2026. 1. 1.로 시차를 두는 방식으로 정하였다는 점에 비추어, 정부가 2014년 유럽지침에서 '원칙'으로 정한 부분에 따른 것으로 판단하였다. 따라서 계쟁 데크레가 기술적 감독의 시행일을 2023. 1. 1.로 정한 것은 2014년 유럽지침에서 시행

56) Pierre-Laurent FRIER, Jacques PETIT, *op. cit.*, n° 1057 참조.

일을 2022. 1. 1.로 정한 것에 부합하지 않으므로 위법하다고 보았다.

이 사건에서 국사원은 계쟁 데크레가 2014년 유럽지침 규정에 부합하는지 여부를 판단함으로써 사실관계의 법적 파악, 즉 포섭에 대한 심사를 한 것으로 볼 수 있다. 국사원이 포섭에 대한 심사까지 하였다는 점에서 이는 완전심사에 해당한다.

3. 최대심사가 이루어진 경우

최대심사에서는 완전심사에서 이루어지는 '사실관계의 법적 파악', 즉 포섭에 대한 심사와 더불어, 가치평가가 필요한 포섭에 대한 심사, 즉 형량심사까지 이루어진다. 부연하면, '사실관계의 법적 파악'에 관한 평가를 넘어 처분의 내용과 이를 정당화하는 법적 요건 간 적절성을 판단하는 비례성 심사가 이루어진다.[57] 최대심사가 있었던 판례 가운데 판례 ②를 살펴본다.

이 사건의 쟁점은 델타-9-테트라하이드로칸나비놀(THC) 농도 0.3% 이하 대마 품종을 천연상태로 소비자에게 판매하는 것을 금지한 「공중보건법전 제R.5132-86조의 적용에 관한 2021년 12월 30일 아레떼」(이하 '계쟁 아레떼') 제1조 제Ⅱ항이 적법한지 여부이다.

국사원은 이러한 금지규정은 공중보건의 목적에 비추어 정당하여야 하고 문제된 물질이 건강에 줄 수 있는 위협 대비 규제의 비례성이 지켜져야 한다고 보았다. 건강에 어느 정도의 위협을 줄 수 있는가에 대하여는 소비된 제품의 기능과 소비 방식에 델타-9-테트라하이드로칸나비놀(THC)의 양이 얼마나 영향을 미쳤는가에 달려 있다는 점을 고려하였고, 대마의 꽃과 잎의 다른 요소의 유해성은 밝혀진 바가 없다는 점도 언급하였다. 국사원은 조사과정에서 제출된 과학적 증거에 근거하

57) *Ibid.*, n° 1056 참조.

여, 일반적이고 절대적인 금지규정을 두는 것을 정당화할 정도로 델타-9-테트라하이드로칸나비놀(THC) 농도 0.3% 이하 대마 품종의 꽃과 잎의 소비가 공중보건을 위협한다고 볼 수 없다는 결론을 내렸다.

이 사건에서 국사원은 사실관계의 법적 파악과 더불어, 계쟁 아레떼에서 특정 대마 품종을 소비자에게 판매하는 것을 일반적이고 절대적으로 금지한 것이 공중보건에 주는 위협의 정도에 비추어 정당한 것인지를 형량심사를 통해 판단하였다. 따라서 이 사건에서 국사원은 최대심사의 강도로 본안심사를 한 것으로 볼 수 있다.

Ⅳ. 종합 및 결론

이 글에서는 2022년 1월부터 2022년 12월까지의 국사원 주요판례 12건 중 월권소송에 해당하는 11건을 '취소소송의 4유형'을 기준으로 분류하고, 대상 및 원고적격 차원에서 이를 분석하여 살펴보았다.

검토결과, 취소소송 유형별로 제1유형 4건, 제2유형 2건, 제3유형 5건이 있었다. 행정입법에 대한 취소소송은 제1유형에서 2건, 제2유형에서 1건, 제3유형에서 1건으로, 유형별로 대체로 고르게 나타났다. 전체사건을 검토대상으로 한 것이 아니고 검토한 대상판결의 수도 많지 않기 때문에 통계의 의미가 크지 않지만, 제4유형을 제외하고 각 유형에서 검토할 사례가 존재하였다는 점에 의의를 둘 수 있다.

검토대상 판결들 가운데 일부에서는 환경보호단체, 전문가단체 등 단체의 원고적격이 인정되어, 객관소송으로서의 월권소송의 특징이 구체적으로 드러난다. 특히 대상판결 중에서는 우리 판례에 따르면 신청권의 부존재로 처분성이 부정되어 인정되지 않을 유형의 취소소송에 해당하는 사안도 눈에 띈다.

이행명령청구 사건 3건 가운데 2건이 환경관련 소송인 점도 주목할 만하다. 대기오염과 소음에 관한 사건과 원전 건설기간 연장에 관한 사건이 있었다. 다른 한편에서는, 플라스틱 포장재를 사용하는 다수의 직업조합이 플라스틱 포장재의 사용을 규제한 데크레의 취소를 구한 사건도 있었다. 환경소송에서 주목할 만한 판례가 등장하는 최근의 동향을 고려하면, 환경분야 소송은 앞으로 꾸준히 증가할 것으로 전망된다.

참고문헌

강지은, 『프랑스 행정법상 분리가능행위』, 경인문화사, 2017.

김동희, “프랑스의 행정입법제도에 관한 소고”, 서울대학교 법학 제23권 제4호, 1982.

김수정, “취소소송의 대상으로서의 행정입법: 프랑스에서의 논의를 중심으로”, 행정법연구 제13호, 2005.

박정훈, “불확정개념과 판단여지”, 『행정작용법』 (중범 김동희교수 정년기념논문집), 박영사, 2005.

박정훈, 『행정소송의 구조와 기능』, 박영사, 2006.

오승규, “프랑스 행정입법 통제에 관한 고찰”, 유럽헌법연구 제18호, 2015.

전 훈, “항고소송의 대상에 관한 비교법적 검토: 프랑스 행정소송을 중심으로”, 공법학연구 제13권 제2호, 2012.

조 춘, “취소소송에 있어서 행정행위의 취소사유에 관한 연구: 프랑스 행정법상의 월권소송을 중심으로”, 서울대학교 법학박사학위논문, 2001.

BROYELLE, Camille, *Contentieux administratif*, LGDJ, 2019.

CHAPUS, René, Droit du *contentieux administratif*, Montchrestien, 2008.

CHABANOL, Daniel, *La pratique du contentieux administratif*, LexisNexis, 2018.

Conseil d’État, *Rapport public: Activité juridictionnelle et consultative des juridictions administratives en 2019*, La documentation Française, 2020.

DEBBASCH, Charles, Jean-Claude RICCI, *Contentieux administratif*,

Dalloz, 2001.

DREES, *Les établissements de santé – édition 2022*, Panoramas de la DREES, 2022.

FRIER, Pierre–Laurent, Jacques PETIT, *Droit administratif*, LGDJ, 2019.

GAUDEMET, Yves, *Droit administratif*, LGDJ, 2018.

GUYOMAR, Mattias, Bertrand SEILLER, *Contentieux administratif*, Dalloz, 2017.

VIGUIER, Jacques, *Le contentieux administratif*, Dalloz, 2005.

국문초록

프랑스 국사원은 지난 5년 동안 연평균 약 10,200여 건을 처리하였다. 이 글에서는 1년의 기간(2022. 1. ~ 2022. 12.)을 설정하여 해당 기간 동안 선고된 판결 가운데 국사원에 의해 주요판례로 선정된 판결 중 월권소송으로 제기된 11건의 판례를 '취소소송의 4유형' 분석방법론에 따라 분석하였다.

우리나라 취소소송과는 달리 프랑스 월권소송의 대상이 되는 일방적 행정행위에는 행정의 개별행위뿐 아니라 법규제정행위도 포함된다. 특정 행정입법의 위법성을 월권소송으로 다투는 것이 가능하기 때문에 그에 따라 취소소송의 유형도 세분화될 수 있다는 특징이 있다.

검토대상 판결들에서 원고적격을 넓게 인정하고 있는 점도 주목할 만하다. 월권소송을 제기하는 원고는 '개인적이고 직접적인 이익'을 입증하는 데 있어 자신이 침해된 권리를 가지고 있다는 정도까지 입증할 필요가 없다. 우리나라의 취소소송에서 법인이나 단체의 헌법소원심판 청구인적격은 원칙적으로 단체 자신의 기본권이 침해된 경우에만 인정되며 법인이나 단체가 그 구성원을 위한 청구를 할 수 없지만, 프랑스의 월권소송에서는 법인이나 단체가 방어할 임무가 있는 집단적 이익을 방어하는 소송을 제기하는 경우 해당 법인이나 단체의 설립목적 내지 정관상 단체의 목적 등을 고려하여 월권소송의 원고적격을 인정한다.

살펴본 사안들에서도 환경보호단체, 전문가단체 등의 원고적격이 인정되었고, 우리 판례에 따르면 신청권의 부존재로 처분성이 부정되어 인정되지 않을 사안도 찾아볼 수 있었다는 점에서, 객관소송으로서의 월권소송의 특징이 구체적으로 드러난다.

이행명령청구 사건 3건 가운데 2건이 환경관련 소송인 점도 주목할 만하다. 대기오염과 소음에 관한 사건과 원전 건설기간 연장에 관한 사건이 있었다. 환경소송에서 주목할 만한 판례가 등장하는 최근의 동향을 고려하면, 환경분야 소송은 앞으로 꾸준히 증가할 것으로 전망된다.

주제어: 국사원, 월권소송, 취소소송의 대상, 원고적격, 재판상 이행명령, 사법심사

Résumé

Analyse des décisions importantes du Conseil d'État français en 2022

PARK, Woo Kyung*

Cet article analyse les décisions rendues par le Conseil d'État, hors ordonnances, entre janvier 2022 et décembre 2022, qui ont été retenues comme «les dernières décisions», en utilisant la méthodologie d'analyse des «quatre types de contentieux de l'annulation».

La plupart des requérants dans ces affaires ont demandé au Conseil d'état d'annuler la décision attaquée par la voie du recours en excès de pouvoir. Le recours en excès de pouvoir est recevable pour les actes administratifs unilatéraux, y compris les actes réglementaires.

Il convient également de noter que l'intérêt à agir est largement reconnue dans les décisions examinées. Les requérants qui déposent un recours en excès de pouvoir n'ont pas à prouver la violation d'un droit subjectif, mais seulement qu'ils ont «un intérêt personnel et direct». Les actions de groupe sont réservées aux associations déclarées dont l'objet statutaire correspond aux intérêts auxquels il a été porté atteinte.

Dans les cas examinés, les caractéristiques du recours pour excès de pouvoir comme contentieux objectif se retrouvent dans la reconnaissance des actions exercées au nom de groupes, ainsi que des

* Research Fellow, Judicial Policy Research Institute

recours pour excès de pouvoir contre les décisions de rejet à double effet (destinataire et tiers), lesquelles n'auraient pas été recevables dans notre cas.

Il convient également de noter que deux affaires sur trois demandant des ordonnances d'injonction sont des litiges environnementaux. Compte tenu de la tendance récente des précédents notables dans les litiges environnementaux, on s'attend à ce que les litiges liés aux questions environnementales continuent de se développer à l'avenir.

Mots-clés: Conseil d'État, le recours pour excès de pouvoir, la recevabilité, l'intérêt à agir, l'injonction juridictionnelle, le contôle juridictionnel

투고일 2023. 6. 11.

심사일 2023. 6. 25.

게재확정일 2023. 6. 29.

附 錄

研究倫理委員會 規程

研究論集 刊行 및 編輯規則

「行政判例研究」 原稿作成要領

歷代 任員 名單

月例 集會 記錄

研究倫理委員會 規程

제1장 총 칙

제 1 조 (목적)

이 규정은 사단법인 한국행정판례연구회(이하 "학회"라 한다) 정관 제26조에 의하여 연구의 진실성을 확보하기 위하여 설치하는 연구윤리위원회(이하 "위원회"라 한다)의 구성 및 운영에 관한 기본적인 사항을 정함을 목적으로 한다.

제 2 조 (적용대상)

이 규정은 학회의 정회원·준회원 및 특별회원(이하 "회원"이라 한다)에 대하여 적용한다.

제 3 조 (적용범위)

연구윤리의 확립 및 연구진실성의 검증과 관련하여 다른 특별한 규정이 없는 한 이 규정에 따른다.

제 4 조 (용어의 정의)

이 규정에서 사용하는 용어의 정의는 다음과 같다.

1. "연구부정행위"는 연구를 제안, 수행, 발표하는 과정에서 연구목적과 무관하게 고의 또는 중대한 과실로 행하여진 위조·변조·표절·부당한 저자표시 등 연구의 진실성을 심각하게 해치는 행위를 말한다.
2. "위조"는 존재하지 않는 자료나 연구결과를 허위로 만들고 이를 기록하거나 보고하는 행위를 말한다.
3. "변조"는 연구와 관련된 자료, 과정, 결과를 사실과 다르게

변경하거나 누락시켜 연구가 진실에 부합하지 않도록 하는 행위를 말한다.

4. "표절"은 타인의 아이디어, 연구 과정 및 연구결과 등을 정당한 승인 또는 적절한 인용표시 없이 연구에 사용하는 행위를 말한다.
5. "부당한 저자 표시"는 연구내용 또는 결과에 대하여 학술적 공헌 또는 기여를 한 자에게 정당한 이유 없이 저자 자격을 부여하지 않거나, 학술적 공헌 또는 기여를 하지 않은 자에게 감사의 표시 또는 예우 등을 이유로 저자 자격을 부여하는 행위를 말한다.

제2장 연구윤리위원회의 구성 및 운영

제5조 (기능)

위원회는 학회 회원의 연구윤리와 관련된 다음 각 호의 사항을 심의 · 의결한다.

1. 연구윤리 · 진실성 관련 제도의 수립 및 운영 등 연구윤리확립에 관한 사항
2. 연구윤리 · 진실성 관련 규정의 제·개정에 관한 사항
3. 연구부정행위의 예방 · 조사에 관한 사항
4. 제보자 및 피조사자 보호에 관한 사항
5. 연구진실성의 검증·결과처리 및 후속조치에 관한 사항
6. 기타 위원장이 부의하는 사항

제6조 (구성)

① 위원회는 위원장과 부위원장 각 1인을 포함하여 7인 이내의 위원으로 구성한다.

② 위원장은 부회장 중에서, 부위원장은 위원 중에서 회장이 지명

한다.

③ 부위원장은 위원장을 보좌하고 위원장의 유고시에 위원장의 직무를 대행한다.

④ 위원은 정회원 중에서 회장이 위촉한다.

⑤ 위원장과 부위원장 및 위원의 임기는 1년으로 하되 연임할 수 있다.

⑥ 위원회의 제반업무를 처리하기 위해 위원장이 위원 중에서 지명하는 간사 1인을 둘 수 있다.

⑦ 위원장은 위원회의 의견을 들어 전문위원을 위촉할 수 있다.

제 7 조 (회의)

① 위원장은 필요한 경우 위원회의 회의를 소집하고 그 의장이 된다.

② 회의는 재적위원 과반수 출석과 출석위원 과반수 찬성으로 의결한다. 단 위임장은 위원회의 성립에 있어 출석으로 인정하되 의결권은 부여하지 않는다.

③ 회의는 비공개를 원칙으로 하되, 필요한 경우에는 위원이 아닌 자를 참석시켜 의견을 진술하게 할 수 있다.

제 3 장 연구진실성의 검증

제 8 조 (연구부정행위의 조사)

① 위원회는 구체적인 제보가 있거나 상당한 의혹이 있는 경우에는 연구부정행위의 존재 여부를 조사하여야 한다.

② 위원회는 조사과정에서 제보자·피조사자·증인 및 참고인에 대하여 진술을 위한 출석과 자료의 제출을 요구할 수 있다.

③ 위원회는 연구기록이나 증거의 멸실, 파손, 은닉 또는 변조 등을 방지하기 위하여 상당한 조치를 취할 수 있다.

제 9 조 (제보자와 피조사자의 권리 보호)

① 위원회는 어떠한 경우에도 제보자의 신원을 직·간접적으로 노출시켜서는 안 된다. 다만, 제보 내용이 허위인 줄 알았거나 알 수 있었음에도 불구하고 이를 신고한 경우에는 보호 대상에 포함되지 않는다.

② 위원회는 연구부정행위 여부에 대한 검증과정이 종료될 때까지 피조사자의 명예나 권리가 침해되지 않도록 노력하여야 한다.

제10조 (비밀엄수)

① 위원회의 위원은 연구부정행위의 조사, 판정 및 제재조치의 건의 등과 관련한 일체의 사항을 비밀로 하며, 검증과정에 직·간접적으로 참여한 자는 검증과정에서 취득한 정보를 누설하여서는 아니 된다.

② 위원장은 제 1 항에 규정된 사항으로서 합당한 공개의 필요성이 있는 때에는 위원회의 의결을 거쳐 공개할 수 있다. 다만, 제보자 · 조사위원 · 증인 · 참고인 · 자문에 참여한 자의 명단 등 신원과 관련된 정보가 당사자에게 부당한 불이익을 줄 가능성이 있는 때에는 공개하지 아니한다.

제11조 (제척 · 기피 · 회피)

① 위원은 검증사건과 직접적인 이해관계가 있는 때에는 당해 사건의 조사 · 심의 및 의결에 관여하지 못한다. ② 제보자 또는 피조사자는 위원에게 공정성을 기대하기 어려운 사정이 있는 때에는 그 이유를 밝혀 당해 위원의 기피를 신청할 수 있다. 위원회에서 기피신청이 인용된 때에는 기피 신청된 위원은 당해 사건의 조사 · 심의 및 의결에 관여하지 못한다.

③ 위원은 제 1 항 또는 제 2 항의 사유가 있다고 판단하는 때에는 회피하여야 한다.

④ 위원장은 위원이 검증사건과 직접적인 이해관계가 있다고 인정하는 때에는 당해 검증사건과 관련하여 위원의 자격을 정지할 수 있다.

제12조 (의견진술, 이의제기 및 변론기회의 보장)

위원회는 제보자와 피조사자에게 관련 절차를 사전에 알려주어야 하며, 의견진술, 이의제기 및 변론의 기회를 동등하게 보장하여야 한다.

제13조 (판정)

① 위원회는 위원들의 조사와 심의 결과, 제보자와 피조사자의 의견진술, 이의제기 및 변론의 내용을 토대로 검증대상행위의 연구부정행위 해당 여부를 판정한다.

② 위원회가 검증대상행위의 연구부정행위 해당을 확인하는 판정을 하는 경우에는 재적위원 과반수 출석과 출석위원 3분의 2 이상의 찬성으로 한다.

제4장 검증에 따른 조치

제14조 (판정에 따른 조치)

① 위원장은 제13조 제1항의 규정에 의한 판정결과를 회장에게 통보하고, 검증대상행위가 연구부정행위에 해당한다고 판정된 경우에는 위원회의 심의를 거쳐 그 판정결과에 따라 필요한 조치를 건의할 수 있다.

② 회장은 제 1 항의 건의가 있는 경우에는 다음 각 호 중 어느 하나의 제재조치를 하거나 이를 병과할 수 있다.

1. 연구부정논문의 게재취소
2. 연구부정논문의 게재취소사실의 공지
3. 회원의 제명절차에의 회부

4. 관계 기관에의 통보

5. 기타 적절한 조치

③ 전항 제 2 호의 공지는 저자명, 논문명, 논문의 수록 권·호수, 취소일자, 취소이유 등이 포함되어야 한다.

④ 회장은 학회의 연구윤리와 관련하여 고의 또는 중대한 과실로 진실과 다른 제보를 하거나 허위의 사실을 유포한 자가 회원인 경우 이를 제명절차에 회부할 수 있다.

제15조 (조사결과 및 제재조치의 통지)

회장은 위원회의 조사결과 및 제재조치에 대하여 제보자 및 피조사자 등에게 지체없이 서면으로 통지한다.

제16조 (재심의)

피조사자 또는 제보자가 판정결과 및 제재조치에 대해 불복할 경우 제15조의 통지를 받은 날부터 20일 이내에 이유를 기재한 서면으로 재심의를 요청할 수 있다.

제17조 (명예회복 등 후속조치)

검증대상행위가 연구부정행위에 해당하지 아니한다고 판정된 경우에는 학회 및 위원회는 피조사자의 명예회복을 위해 노력하여야 하며 적절한 후속조치를 취하여야한다.

제18조 (기록의 보관) ① 학회는 조사와 관련된 기록은 조사 종료 시점을 기준으로 5년간 보관하여야 한다.

부 칙

제 1 조 (시행일) 이 규정은 2007년 11월 29일부터 시행한다.

研究論集 刊行 및 編輯規則

제정: 1999. 08. 20.
제 1 차 개정: 2003. 08. 22.
제 2 차 개정: 2004. 04. 16.
제 3 차 개정: 2005. 03. 18.
전문개정: 2008. 05. 26.
제 5 차 개정: 2009. 12. 18.
제 6 차 개정: 2018. 12. 24.
제 7 차 개정: 2019. 04. 25.

제1장 총 칙

제 1 조 (目的)

이 규칙은 사단법인 한국행정판례연구회(이하 "학회"라 한다)의 정관 제27조의 규정에 따라 연구논집(이하 '논집'이라 한다)을 간행 및 편집함에 있어서 필요한 사항을 정함을 목적으로 한다.

제 2 조 (題號)

논집의 제호는 '行政判例研究'(Studies on Public Administration Cases)라 한다.

제 3 조 (刊行週期)

① 논집은 연 2회 정기적으로 매년 6월 30일, 12월 31일에 간행함을 원칙으로 한다.

② 전항의 정기간행 이외에 필요한 경우는 특별호를 간행할 수

있다.

제 4 조 (刊行形式)

논집의 간행형식은 다음 각 호의 어느 하나에 의한다.

1. 등록된 출판사와의 출판권 설정의 형식
2. 자비출판의 형식

제 5 조 (收錄對象)

① 논집에 수록할 논문은 다음과 같다.

1. 발표논문: 학회의 연구발표회에서 발표하고 제출한 논문으로서 편집위원회의 심사절차를 거쳐 게재확정된 논문
2. 제출논문: 회원 또는 비회원이 논집게재를 위하여 따로 제출한 논문으로서 편집위원회의 심사절차를 거쳐 게재확정된 논문
3. 그 밖에 편집위원회의 심사절차와 간행위원회의 의결을 거쳐 수록하기로 한 논문 등

② 논집에는 부록으로서 다음의 문건을 수록할 수 있다.

1. 학회의 정관, 회칙 및 각종 규칙
2. 학회의 역사 또는 활동상황
3. 학회의 각종 통계

③ 논집에는 간행비용의 조달을 위하여 광고를 게재할 수 있다.

제 6 조 (收錄論文要件)

논집에 수록할 논문은 다음 각호의 요건을 갖춘 것이어야 한다.

1. 행정판례의 평석 또는 연구에 관한 논문일 것
2. 다른 학술지 등에 발표한 일이 없는 논문일 것
3. 이 규정 또는 별도의 공고에 의한 원고작성요령 및 심사기준에 부합하는 학술연구로서의 형식과 품격을 갖춘 논문일 것

제7조 (著作權)

① 논집의 편자는 학회의 명의로 하고, 논집의 개별 논문에는 집필자(저작자)를 명기한다.

② 학회는 논집의 편집저작권을 보유한다.

③ 집필자는 논문 투고 시 학회에서 정하는 양식에 따라 논문사용권, 편집저작권 및 복제·전송권을 학회에 위임하는 것에 동의하는 내용의 동의서를 제출하여야 한다.

제2장 刊行委員會와 編輯委員會

제8조 (刊行 및 編輯主管)

① 논집의 간행 및 편집에 관한 업무를 관장하기 위하여 학회에 간행위원회와 편집위원회를 둔다.

② 간행위원회는 논집의 간행에 관한 중요한 사항을 심의·의결한다.

③ 편집위원회는 간행위원회의 결정에 따라 논집의 편집에 관한 업무를 행한다.

제9조 (刊行委員會의 構成과 職務 등)

① 간행위원회는 편집위원을 포함하여 회장이 위촉하는 적정한 수의 위원으로 구성하고 임기는 1년으로 하되 연임할 수 있다.

② 간행위원회는 위원장, 부위원장 및 간사 각 1인을 둔다.

③ 간행위원장은 위원 중에서 호선하고, 부위원장은 학회의 출판담당 상임이사로 하고, 간사는 위원 중에서 위원장이 위촉한다.

④ 간행위원회는 다음의 사항을 심의·의결한다.

1. 논집의 간행계획에 관한 사항
2. 논집의 특별호의 기획 등에 관한 사항
3. 이 규칙의 개정에 관한 사항
4. 출판권을 설정할 출판사의 선정에 관한 사항

5. 그 밖에 논집의 간행과 관련된 중요한 사항

⑤ 간행위원회는 다음 각 호의 경우에 위원장이 소집하고, 간행위원회는 위원 과반수의 출석과 출석위원 과반수의 찬성으로 의결한다.

1. 회장 또는 위원장이 필요하다고 판단하는 경우
2. 위원 과반수의 요구가 있는 경우

제10조 (編輯委員會의 構成과 職務 등)

① 편집위원회는 학회의 출판담당 상임이사를 포함하여 회장이 이사회의 승인을 얻어 선임하는 10인 내외의 위원으로 구성하고 임기는 3년으로 한다.

② 편집위원회는 위원장, 부위원장 및 간사 각 1인을 둔다.

③ 편집위원장은 위원 중에서 호선하고 임기는 3년으로 하며, 부위원장은 학회의 출판담당 상임이사로 하고, 간사는 위원 중에서 위원장이 위촉한다.

④ 편집위원회는 다음의 사항을 행한다.

1. 이 규칙에 의하는 외에 논집에 수록할 논문의 원고작성요령 및 심사기준에 관한 세칙의 제정 및 개정
2. 논문심사위원의 위촉
3. 논문심사의 의뢰 및 취합, 종합판정, 수정요청 및 수정후재심사, 논집에의 게재확정 또는 거부 등 논문심사절차의 진행
4. 논집의 편집 및 교정
5. 그 밖에 논집의 편집과 관련된 사항

⑤ 편집위원회는 다음 각 호의 경우에 위원장이 소집하고, 위원 과반수의 출석과 출석위원 과반수의 찬성으로 의결한다.

1. 회장 또는 위원장이 필요하다고 판단하는 경우
2. 위원 과반수의 요구가 있는 경우

제3장 論文의 提出과 審査節次 등

제11조 (論文提出의 基準)

① 논문원고의 분량은 A4용지 20매(200자 원고지 150매) 내외로 한다.

② 논문의 원고는 (주)한글과 컴퓨터의 "문서파일(HWP)"로 작성하고 한글사용을 원칙으로 하되, 필요한 경우 국한문혼용 또는 외국어를 사용할 수 있다.

③ 논문원고의 구성은 다음 각 호의 순서에 의한다.

1. 제목
2. 목차
3. 본문
4. 한글초록·주제어
5. 외국어초록·주제어
6. 참고문헌
7. 부록(필요한 경우)

④ 논문은 제1항 내지 제3항 이외에 편집위원회가 따로 정하는 원고작성요령 또는 심사기준에 관한 세칙을 준수하고, 원고는 편집위원회가 정하여 공고하는 기한 내에 출판간사를 통하여 출판담당 상임이사에게 제출하여야 한다.

제12조 (論文審査節次의 開始)

① 논문접수가 완료되면 출판담당 상임이사는 심사절차에 필요한 서류를 작성하여 편집위원장에게 보고하여야 한다.

② 편집위원장은 전항의 보고를 받으면 편집위원회를 소집하여 논문심사절차를 진행하여야 한다.

第13조 (論文審査委員의 委囑과 審査 依賴 등)

① 편집위원회는 간행위원, 편집위원 기타 해당 분야의 전문가 중에서 심사대상 논문 한 편당 3인의 논문심사위원을 위촉하여 심사를 의뢰한다.

② 제 1 항의 규정에 의하여 위촉되어 심사를 의뢰받는 논문심사위원이 심사대상 논문 또는 그 제출자와 특별한 관계가 명백하게 있어 논문심사의 공정성을 해할 우려가 있는 사람이어서는 안 된다.

第14조 (秘密維持) ① 편집위원장은 논문심사위원의 선정 및 심사의 진행에 관한 사항이 외부로 누설되지 않도록 필요한 조치를 취하여야 한다.

② 편집위원 및 논문심사위원은 논문심사에 관한 사항을 외부로 누설해서는 안 된다.

第15조 (論文審査의 基準) 논문심사위원이 논집에 수록할 논문을 심사함에 있어서는 다음 각 호의 기준을 종합적으로 고려하여 심사의견을 제출하여야 한다.

1. 제 6 조에 정한 수록요건
2. 제11조에 정한 논문제출기준
3. 연구내용의 전문성과 창의성 및 논리적 체계성
4. 연구내용의 근거제시의 적절성 및 객관성

第16조 (論文審査委員別 論文審査의 判定) ① 논문심사위원은 제15조의 논문심사기준에 따라 [별표 1]의 [논문심사서](서식)에 심사의견을 기술하여 제출하여야 한다.

② 논문심사위원은 심사대상 논문에 대하여 다음 각호에 따라 '판정의견'을 제출한다.

1. '게재적합': 논집에의 게재가 적합하다고 판단하는 경우
2. '게재부적합': 논집에의 게재가 부적합하다고 판단하는 경우

3. ‘수정후게재’: 논문내용의 수정·보완 후 논집에의 게재가 적합하다고 판단하는 경우

③ 전항 제 1 호에 의한 ‘게재적합’ 판정의 경우에도 논문심사위원은 수정·보완이 필요한 경미한 사항을 기술할 수 있다.

④ 제 2 항 제 2 호에 의한 ‘게재부적합’ 판정 및 제 3 호에 의한 ‘수정후게재’ 판정의 경우에는 각각 부적합사유와 논문내용의 수정·보완할 점을 구체적으로 명기하여야 한다.

제17조 (編輯委員會의 綜合判定 및 再審査) 편집위원회는 논문심사위원 3인의 논문심사서가 접수되면 [별표 2]의 종합판정기준에 의하여 ‘게재확정’, ‘수정후게재’, ‘수정후재심사’ 또는 ‘불게재’로 종합판정을 하고, 그 결과 및 논문심사위원의 심사의견을 논문제출자에게 통보한다.

제18조 (修正要請 등)

① 편집위원장은 제17조의 규정에 의해 ‘수정후게재 판정을 받은 논문에 대하여 수정을 요청하여야 한다.

② 편집위원장은 제17조의 규정에 의해 ‘게재확정’으로 판정된 논문에 대하여도 편집위원회의 판단에 따라 수정이 필요하다고 인정하는 때에는 내용상 수정을 요청할 수 있다.

③ 편집위원회는 집필자가 전항의 수정요청에 따르지 않거나 재심사를 위해 고지된 기한 내에 수정된 논문을 제출하지 않을 때에는 처음 제출된 논문을 ‘불게재’로 최종 판정한다.

제4장 기 타

제19조 (審査謝禮費의 支給) 논문심사위원에게 논집의 간행·편집을 위한 예산의 범위 안에서 심사사례비를 지급할 수 있다.

第20조(輔助要員) 학회는 논집의 간행·편집을 위하여 필요하다고 인정하는 때에는 원고의 편집, 인쇄본의 교정, 부록의 작성 등에 관한 보조요원을 고용할 수 있다.

第21조 (刊行·編輯財源) ① 논집의 간행·편집에 필요한 재원은 다음 각호에 의한다.

1. 출판수입
2. 광고수입
3. 판매수입
4. 논문게재료
5. 외부 지원금
6. 기타 학회의 재원

② 논문 집필자에 대한 원고료는 따로 지급하지 아니한다.

第22조 (論集의 配布) ① 간행된 논집은 회원에게 배포한다.

② 논문의 집필자에게는 전항의 배포본 외에 일정한 부수의 증정본을 교부할 수 있다.

附 則 (1999. 8. 20. 제정)

이 규칙은 1999년 8월 20일부터 시행한다.

附 則

이 규칙은 2003년 8월 22일부터 시행한다.

附 則

이 규칙은 2004년 4월 17일부터 시행한다.

附 則

이 규칙은 2005년 3월 19일부터 시행한다.

附 則

이 규칙은 2008년 5월 26일부터 시행한다.

附 則

이 규칙은 2009년 12월 18일부터 시행한다.

附 則

이 규칙은 2018년 12월 24일부터 시행한다.

附 則

이 규칙은 2019년 4월 25일부터 시행한다.

[별표 1 : 논문심사서(서식)]

「行政判例硏究」 게재신청논문 심사서

社團法人 韓國行政判例硏究會

<table>
<tr><td>게재논집</td><td colspan="2">行政判例硏究 제15-2집</td><td>심
사
일</td><td>2010. . .</td></tr>
<tr><td rowspan="2">심사위원</td><td rowspan="2">소
속</td><td rowspan="2"></td><td>직
위</td><td></td></tr>
<tr><td>성
명</td><td>(인)</td></tr>
<tr><td>게재신청논문
[심사대상논문]</td><td colspan="4"></td></tr>
<tr><td>판정의견</td><td colspan="4">1. 게재적합 ( ): 논집의 게재가 가능하다고 판단하는 경우
2. 게재부적합 ( ): 논집의 게재가 불가능하다고 판단하는 경우
3. 수정후게재 ( ): 논문내용의 수정·보완 후 논집의 게재가 가능하다고 판단하는 경우</td></tr>
<tr><td>심사의견</td><td colspan="4"></td></tr>
<tr><td>심사기준</td><td colspan="4">• 행정판례의 평석 또는 연구에 관한 논문일 것
• 다른 학술지 등에 발표한 일이 없는 논문일 것
• 연구내용의 전문성과 창의성 및 논리적 체계성이 인정되는 논문일 것
• 연구내용의 근거제시가 적절성과 객관성을 갖춘 논문일 것</td></tr>
</table>

※ 심사의견 작성시 유의사항 ※

▷ '게재적합' 판정의 경우에도 수정·보완이 필요한 사항을 기술할 수 있습니다.

▷ '게재부적합' 및 '수정후게재' 판정의 경우에는 각각 부적합사유와 논문내용의 수정·보완할 점을 구체적으로 명기하여 주십시오.

▷ 표 안의 공간이 부족하면 별지를 이용해 주십시오.

[별표 2: 종합판정기준]

	심사위원의 판정	편집위원회 종합판정
1	○ ○ ○	게재확정
2	○ ○ △	
3	○ △ △	수정후게재
4	△ △ △	
5	○ ○ ×	
6	○ △ ×	불게재
7	△ △ ×	
8	○ × ×	
9	△ × ×	
10	× × ×	

○ = "게재적합" △ = "수정후게재" × = "게재부적합"

「行政判例研究」 原稿作成要領

I. 원고작성기준

1. 원고는 워드프로세서 프로그램인 [한글]로 작성하여 전자우편을 통해 출판간사에게 제출한다.
2. 원고분량은 도표, 사진, 참고문헌 포함하여 200자 원고지 150매 내외로 한다.
3. 원고는 「원고표지 – 제목 - 저자 - 목차(로마자표시와 아라비아숫자까지) – 본문 – 참고문헌 – 국문 초록 – 국문 주제어(5개 내외) – 외국문 초록 – 외국문 주제어(5개 내외)」의 순으로 작성한다.
4. 원고의 표지에는 논문제목, 저자명, 소속기관과 직책, 주소, 전화번호(사무실, 핸드폰)와 e-mail주소를 기재하여야 한다.
5. 외국문 초록(논문제목, 저자명, 소속 및 직위 포함)은 영어를 사용하는 것이 원칙이지만, 논문의 내용에 따라서 독일어, 프랑스어, 중국어, 일본어를 사용할 수도 있다.
6. 논문의 저자가 2인 이상인 경우 주저자(First Author)와 공동저자(Corresponding Author)를 구분하고, 주저자·공동저자의 순서로 표기하여야 한다. 특별한 표시가 없는 경우에는 제일 앞에 기재된 자를 주저자로 본다.
7. 목차는 로마숫자(보기 : Ⅰ, Ⅱ), 아라비아숫자(보기 : 1, 2), 괄호숫자(보기: (1), (2)), 반괄호숫자(보기 : 1), 2), 원숫자(보기 : ①, ②)의 순으로 한다. 그 이후의 목차번호는 논문제출자가 임의로 정하여 사용할 수 있다.

II. 각주작성기준

1. 기본원칙

(1) 본문과 관련한 저술을 소개하거나 부연이 필요한 경우 각주로 처리한다. 각주는 일련번호를 사용하여 작성한다.

(2) 각주의 인명, 서명, 논문명 등은 원어대로 씀을 원칙으로 한다.

(3) 외국 잡지의 경우 처음 인용시 잡지명을 전부 기재하고 그 이후 각 주에서는 약어로 표시한다.

2. 처음 인용할 경우의 각주 표기 방법

(1) 저서: 저자명, 서명, 출판사, 출판년도, 면수.

번역서의 경우 저자명은 본래의 이름으로 표기하고, 저자명과 서명 사이에 옮긴이의 이름을 쓰고 "옮김"을 덧붙인다.

엮은 책의 경우 저자명과 서명 사이에 엮은이의 이름을 쓰고 "엮음"을 덧붙인다. 저자와 엮은이가 같은 경우 엮은이를 생략할 수 있다.

(2) 정기간행물: 저자명, "논문제목", 「잡지명」, 제00권 제00호, 출판연도, 면수.

번역문헌의 경우 저자명과 논문제목 사이에 역자명을 쓰고 "옮김"을 덧붙인다.

(3) 기념논문집: 저자명, "논문제목", 기념논문집명(000선생00기념논문집), 출판사, 출판년도, 면수.

(4) 판결 인용: 다음과 같이 대법원과 헌법재판소의 양식에 준하여 작성한다.

판결 : 대법원 2000. 00. 00. 선고 00두0000 판결.

결정 : 대법원 2000. 00. 00.자 00아0000 결정.

헌법재판소 결정 : 헌법재판소 2000. 00. 00. 선고 00헌가00

결정.

(5) 외국문헌 : 그 나라의 표준표기방식에 의한다.

(6) 외국판결 : 그 나라의 표준표기방식에 의한다.

(7) 신문기사는 기사면수를 따로 밝히지 않는다(신문명 0000. 00. 00.자). 다만, 필요한 경우 글쓴이와 글제목을 밝힐 수 있다.

(8) 인터넷에서의 자료인용은 원칙적으로 다음과 같이 표기한다.
저자 혹은 서버관리주체, 자료명, 해당 URL(검색일자)

(9) 국문 또는 한자로 표기되는 저서나 논문을 인용할 때는 면으로(120면, 120면-122면), 로마자로 표기되는 저서나 논문을 인용할 때는 p.(p. 120, pp. 121-135) 또는 S.(S. 120, S. 121 ff.)로 인용면수를 표기한다.

3. 앞의 각주 혹은 각주에서 제시된 문헌을 다시 인용할 경우 다음과 같이 표기한다. 국내문헌, 외국문헌 모두 같다. 다만, 저자나 문헌 혹은 양자 모두가 여럿인 경우 이에 따르지 않고 각각 필요한 저자명, 문헌명 등을 덧붙여 표기함으로써 구별한다.

(1) 바로 위의 각주가 아닌 앞의 각주의 문헌을 다시 인용할 경우
1) 저서인용: 저자명, 앞의 책, 면수
2) 논문인용: 저자명, 앞의 글, 면수
3) 논문 이외의 글 인용: 저자명, 앞의 글, 면수

(2) 바로 위의 각주에 인용된 문헌을 다시 인용할 경우에는 "위의 책, 면수", "위의 글, 면수"로 표시한다.

(3) 하나의 각주에서 앞서 인용한 문헌을 다시 인용할 경우에는 "같은 책, 면수", "같은 글, 면수"로 표시한다.

4. 기타

(1) 3인 공저까지는 저자명을 모두 표기하되, 저자간의 표시는 "/"

로 구분하고 "/" 이후에는 한 칸을 띄어 쓴다. 4인 이상의 경우 성을 온전히 표기하되, 중간이름은 첫글자만을 표기한다.

(2) 부제의 표기가 필요한 경우 원래 문헌의 표기양식과 관계없이 원칙적으로 콜론으로 연결한다.

(3) 글의 성격상 전거만을 밝히는 각주가 너무 많을 경우 약자를 사용하여 본문에서 그 전거를 밝힐 수 있다.

(4) 여러 문헌의 소개는 세미콜론(;)으로 하고, 재인용의 경우 원전과 재인용출처 사이를 콜론(:)으로 연결한다.

III. 참고문헌작성기준

1. 순서

국문, 외국문헌 순으로 정리하되, 단행본, 논문, 자료의 순으로 정리한다.

2. 국내문헌

(1) 단행본: 저자, 서명, 출판사, 출판연도.

(2) 논문: 저자명, "논문제목", 잡지명 제00권 제00호, 출판연도.

3. 외국문헌

그 나라의 표준적인 인용방법과 순서에 따라 정리한다.

歷代 任員 名單

■ 초대(1984. 10. 29.)

회　　장　金道昶
부 회 장　徐元宇·崔光律(1987. 11. 27.부터)

■ 제 2 대(1988. 12. 9.)

회　　장　金道昶
부 회 장　徐元宇·崔光律
감　　사　李尙圭
상임이사　李鴻薰(총무), 金南辰(연구), 朴鈗炘(출판), 梁承斗(섭외)
이　　사　金東熙, 金斗千, 金英勳, 金元主, 金伊烈, 金鐵容, 石琮顯, 芮鍾德, 李康爀, 李升煥, 趙慶根, 崔松和, 韓昌奎, 黃祐呂

■ 제 3 대(1990. 2. 23.)

회　　장　金道昶
부 회 장　徐元宇·崔光律
감　　사　金鐵容
상임이사　李鴻薰(총무), 黃祐呂(총무), 金南辰(연구), 朴鈗炘(출판), 梁承斗(섭외)
이　　사　金東熙, 金斗千, 金英勳, 金元主, 金伊烈, 石琮顯, 芮鍾德, 李康爀, 李升煥, 李鴻薰
(1991. 1. 25.부터) 趙慶根, 崔松和, 韓昌奎, 黃祐呂

■ 제 4 대(1993. 2. 23.)

회　　장　金道昶
부 회 장　徐元宇·崔光律
감　　사　金鐵容
상임이사　李鴻薰(총무), 金南辰(연구), 朴鈗炘(출판), 梁承斗(섭외)
이　　사　金東熙, 金英勳, 金元主, 朴松圭, 卞在玉, 石琮顯, 孫智烈, 芮鍾德, 李康國, 李康爀, 李京運, 李淳容, 李重光, 李鴻薰, 趙慶根, 趙憲銖, 千柄泰, 崔松和, 韓昌奎, 黃祐呂

■ 제 5 대(1996. 2. 23.)

명예회장　金道昶
고　　문　徐元宇·金鐵容
회　　장　崔光律
부 회 장　金南辰·徐廷友
감　　사　韓昌奎
상임이사　金東熙(총무), 金元主(연구), 李康國(출판), 梁承斗(섭외)
이　　사　金英勳, 朴松圭, 朴鈗炘, 卞在玉, 石琮顯, 李康爀, 李京運, 李淳容, 李升煥, 李重光, 李鴻薰, 趙慶根, 趙憲銖, 千柄泰, 崔松和, 黃祐呂

■ 제 6 대(1999. 2. 19.)

명예회장　金道昶
고　　문　徐元宇, 金鐵容, 金南辰, 徐廷友, 韓昌奎
회　　장　崔光律
부 회 장　梁承斗, 李康國
감　　사　金元主
상임이사　李鴻薰(총무), 金東熙(연구), 崔松和(출판), 金善旭(섭외)

이　　사　金東建, 金英勳, 南勝吉, 朴松圭, 朴鈗炘, 白潤基, 卞海喆, 石琮顯, 李京運, 李光潤, 李升煥, 李重光, 鄭然彧, 趙憲銖, 洪準亨, 黃祐呂

■ 제 7 대(2002. 2. 15.)

명예회장　金道昶
고　　문　金南辰, 金元主, 徐元宇, 徐廷友, 梁承斗, 李康國, 崔光律, 韓昌奎
회　　장　金鐵容
부 회 장　金東建, 崔松和
감　　사　金東熙
상임이사　金善旭(총무), 朴正勳(연구), 李光潤(출판), 李京運(섭외)
이　　사　金英勳, 金海龍, 南勝吉, 朴均省, 朴鈗炘, 白潤基, 卞海喆, 石琮顯, 李東洽, 李範柱, 李重光, 李鴻薰, 鄭夏重, 趙憲銖, 洪準亨, 黃祐呂

■ 제 8 대(2005. 2. 21. / 2008. 2. 20.) *

명예회장　金道昶(2005. 7. 17. 별세)
고　　문　金南辰, 金元主, 徐元宇(2005. 10. 16. 별세), 徐廷友, 梁承斗, 李康國, 崔光律, 韓昌奎, 金鐵容, 金英勳, 朴鈗炘, 金東熙
회　　장　崔松和
부 회 장　李鴻薰, 鄭夏重
감　　사　金東建, 李京運,
상임이사　李光潤(총무), 安哲相(기획), 洪準亨/吳峻根(연구), 金性洙(출판), 徐基錫(섭외)
이　　사　金善旭, 金海龍, 南勝吉, 朴均省, 朴秀赫, 朴正勳, 白潤基, 卞海喆, 石琮顯, 石鎬哲, 蘇淳茂, 柳至泰, 尹炯漢, 李東洽, 李範柱, 李殷祈, 李重光, 趙龍鎬, 趙憲銖, 崔正一, 黃祐呂,

金香基, 裵柄皓, 劉南碩
간　　사 李元雨 / 金鐘甫(총무), 李賢修(연구), 金重權(재무), 宣正源 / 李熙貞(출판), 권은민(섭외)

* 위 '회장', '부회장', '상임이사', '이사'는 2007. 4. 20. 제정된 사단법인 한국행정판례연구회 정관 제13조, 제14조, 제15조의 '이사장 겸 회장', '이사 겸 부회장', '이사 겸 상임이사', '운영이사'임.

■제 9 대(2008. 2. 15. / 2011. 2. 14.)

고　　문 金南辰, 金東熙, 金英勳, 金元主, 金鐵容, 朴鈗炘, 徐廷友, 梁承斗, 李康國, 李鴻薰, 鄭夏重, 崔光律, 韓昌奎

회　　장 崔松和

부 회 장 李京運, 徐基錫

감　　사 金東建, 金善旭

이사 겸 상임이사 慶　健(총무), 安哲相(기획), 朴均省(연구), 韓堅愚(출판), 權純一(섭외/연구)

운영이사 具旭書, 권은민, 金光洙, 金性洙, 金連泰, 金容燮, 金容贊, 金裕煥, 金義煥, 金重權, 金敞祚, 金海龍, 金香基, 金鉉峻, 朴正勳, 朴海植, 裵柄皓, 白潤基, 卞海喆, 石琮顯, 石鎬哲, 成百玹, 蘇淳茂, 申東昇, 辛奉起, 吳峻根, 劉南碩, 俞珍式, 尹炯漢, 李光潤, 李承寧, 李元雨, 李殷祈, 李重光, 鄭鍾錧, 鄭準鉉, 趙龍鎬, 曺海鉉, 趙憲銖, 崔正一, 洪準亨

간　　사 張暻源 · 李殷相·安東寅(총무), 鄭亨植 · 장상균(기획), 金泰昊(기획/연구), 金聖泰·崔善雄·鄭南哲(연구), 李熙貞 · 河明鎬·崔桂暎(출판), 林聖勳(섭외), 박재윤(총무)

■제 10 대(2011. 2. 15. /2014. 2. 14)

명예회장 金鐵容, 崔光律

고　　문　金南辰, 金東建, 金東熙, 金英勳, 金元主, 朴鈗炘, 徐廷友, 梁承斗, 李康國, 李京運, 鄭夏重, 崔松和, 韓昌奎

회　　장　李鴻薰

부 회 장　徐基錫, 李光潤

감　　사　金善旭, 蘇淳茂

이사 겸 상임이사　金重權(총무), 安哲相(기획), 劉南碩, 金容燮(연구), 金鐘甫(출판), 金敞祚, 金義煥(섭외/연구)

운영이사　姜錫勳, 慶　健, 具旭書, 權純一, 權殷旼, 琴泰煥, 金光洙, 金性洙, 金連泰, 金容燮, 金容贊, 金海龍, 金香基, 金鉉峻, 朴均省, 朴正勳, 朴海植, 裵柄皓, 白潤基, 卞海喆, 石琮顯, 石鎬哲, 宣正源, 成百玹, 申東昇, 辛奉起, 呂相薰, 吳峻根, 俞珍式, 尹炯漢, 李承寧, 李元雨, 李殷祈, 李重光, 李賢修, 李熙貞, 林永浩, 鄭南哲, 鄭鍾錧, 鄭準鉉, 鄭亨植, 趙龍鎬, 曺海鉉, 趙憲銖, 崔正一, 洪準亨, 韓堅愚, 河明鎬

간　　사　安東寅, 李羲俊(총무), 蔣尙均(기획), 金泰昊, 朴在胤(연구), 朴玄廷, 姜知恩(출판), 李殷相(섭외)

■제 11 대(2014. 2. 15./2017. 2. 14.)

명예회장　金鐵容, 崔光律

고　　문　金南辰, 金東建, 金東熙, 金英勳, 金元主, 朴鈗炘, 徐廷友, 梁承斗, 李康國, 李京運, 崔松和, 韓昌奎 李光潤, 徐基錫

회　　장　鄭夏重

부 회 장　安哲相, 朴正勳

감　　사　蘇淳茂, 白潤基

상임이사　李熙貞(총무), 鄭鎬庚(연구), 李承寧, 康鉉浩(기획) 金義煥, 鄭夏明(섭외), 鄭南哲(출판)

운영이사　姜錫勳, 慶　健, 具旭書, 權殷旼, 琴泰煥, 金光洙, 金國鉉,

金南撤, 金炳圻, 金性洙, 金聖泰, 金秀珍, 金連泰, 金容燮, 金容贊, 金裕煥, 金重權, 金鐘甫, 金敞祚, 金致煥, 金海龍, 金香基, 金鉉峻, 文尙德, 朴均省, 朴海植, 裵柄皓, 卞海喆, 石鎬哲, 宣正源, 宋鎭賢, 成百玹, 申東昇, 辛奉起, 呂相薰, 吳峻根, 兪珍式, 柳哲馨, 尹炯漢, 李東植, 李元雨, 李殷祈, 李重光, 李賢修, 林永浩, 張暻源, 藏尙均, 田聖銖, 田 勳, 鄭鍾錧, 鄭準鉉, 鄭亨植, 趙成奎, 趙龍鎬, 曺海鉉, 趙憲銖, 趙弘植, 朱한길, 崔峰碩, 崔善雄, 崔正一, 洪準亨, 韓堅愚, 河明鎬, 河宗大, 黃彰根

간　　사 房東熙, 崔允寧(총무), 崔桂暎, 張承爀(연구), 洪先基(기획) 桂仁國, 李惠診(출판)

■제12 대(2017. 2. 17./2020. 2. 16.)

명예회장 金鐵容, 崔光律

고　　문 金南辰, 金東熙, 金英勳, 朴鈗炘, 徐基錫, 徐廷友, 蘇淳茂, 李康國, 李京運, 李光潤, 李鴻薰, 鄭夏重, 崔松和, 韓昌奎

회　　장 金東建

부 회 장 朴正勳, 李承寧, 金重權

감　　사 李殷祈, 孫台浩

상임이사 金敞祚/李鎭萬(기획), 兪珍式/徐圭永(섭외), 李熙貞/張暻源(총무), 李賢修/河明鎬(연구), 崔瑨修(출판)

운영이사 姜基弘, 姜錫勳, 康鉉浩, 慶 健, 具旭書, 權殷旼, 琴泰煥, 金光洙, 金國鉉, 金南撤, 金炳圻, 金聲培, 金性洙, 金聖泰, 金秀珍, 金連泰, 金容燮, 金容贊, 金裕煥, 金義煥, 金鐘甫, 金致煥, 金海龍, 金香基, 金鉉峻, 文尙德, 朴均省, 朴海植, 房東熙, 裵柄皓, 白潤基, 石鎬哲, 宣正源, 成百玹, 成重卓, 宋鎭賢, 申東昇, 辛奉起, 安東寅, 呂相薰, 吳峻根, 柳哲馨,

尹炯漢, 李東植, 李元雨, 李重光, 林永浩, 張暻源, 藏尙均, 田聖銖, 田 勳, 鄭南哲, 鄭鍾錧, 鄭準鉉, 鄭夏明, 鄭亨植, 鄭鎬庚, 趙成奎, 趙龍鎬, 曺海鉉, 趙憲銖, 朱한길, 崔桂暎, 崔峰碩, 崔善雄, 崔允寧, 崔正一, 河宗大, 韓堅愚, 洪準亨

간 사 禹美亨/朴祐慶/金讚喜/金厚信(총무), 金判基(연구), 李眞洙/桂仁國/李在勳/李采鍈(출판)

■제13 대(2020. 3. 20./2022. 3. 19.)

명예회장 金鐵容, 崔光律

고 문 金南辰, 金東建, 金東熙, 金英勳, 朴鈗炘, 徐基錫, 徐廷友, 蘇淳茂, 李康國, 李京運, 李光潤, 李鴻薰, 鄭夏重, 韓昌奎

회 장 金善旭

부 회 장 朴正勳, 金國鉉, 金秀珍

감 사 金重權, 金義煥

특임이사 金敞祚/俞珍式

상임이사 金大仁(총무), 李眞洙/桂仁國(출판), 林 賢/朴玄廷(연구), 徐輔國/朴修貞/金亨洙(기획), 房東熙/李相悳(섭외)

운영이사 姜基弘, 姜錫勳, 康鉉浩, 慶 健, 具旭書, 權殷旼, 琴泰煥, 金光洙, 金南撤, 金炳圻, 金聲培, 金性洙, 金聖泰, 金連泰, 金容燮, 金容贊, 金裕煥, 金義煥, 金鐘甫, 金致煥, 金海龍, 金香基, 金鉉峻, 文尙德, 朴均省, 朴海植, 裵柄皓, 白潤基, 徐圭永, 石鎬哲, 宣正源, 成百玹, 成重卓, 孫台浩, 宋鎭賢, 申東昇, 辛奉起, 安東寅, 呂相薰, 吳峻根, 柳哲馨, 尹炯漢, 李東植, 李承寧, 李元雨, 李殷祈, 李重光, 李鎭萬, 李賢修, 李熙貞, 林永浩, 張暻源, 藏尙均, 田聖銖, 田 勳, 鄭南哲, 鄭鍾錧, 鄭準鉉, 鄭夏明, 鄭亨植, 鄭鎬庚, 趙成奎, 趙龍鎬, 曺海鉉, 趙憲銖, 朱한길, 崔桂暎, 崔峰碩, 崔善雄, 崔允寧,

崔正一, 崔瑨修, 河明鎬, 河宗大, 韓堅愚, 洪準亨

간사 朴祐慶/朴乾㬂/河敏貞(총무), 李在勳/李采鏌/姜相宇(출판),
張允瑛/金在仙(연구)

■제14 대(2022. 2. 21. /2024. 2. 20.)

명예회장 金鐵容, 崔光律
고 문 金南辰, 金東建, 金東熙, 金英勳, 朴鈗炘, 徐基錫, 徐廷友,
蘇淳茂, 李康國, 李京運, 李光潤, 李鴻薰, 鄭夏重, 韓昌奎
회 장 朴正勳
부 회 장 康鉉浩, 崔瑨修, 金國鉉, 李熙貞, 河明鎬
감 사 趙椿, 金秀珍
특임이사 金義煥, 鄭夏明
총무이사 徐輔國, 李殷相
연구이사 林賢, 成重卓, 崔桂映, 宋時康, 洪康熏, 朴玄廷
출판이사 桂仁國, 李承玟
기획이사 朴在胤, 安東寅, 金志訓
대외이사 丁相奎, 李相悳, 金炯秀
재무이사 李眞洙, 姜知恩, 朴祐慶
간사 禹美亨/李在勳/朴乾㬂/金厚信(총무), 金在仙/金慧眞/崔名芝/
文光珍(연구), 姜相宇/黃善勳/石浩榮/張允瑛(출판), 金讚喜(재무)

月例 集會 記錄

〈2023. 6. 현재〉

순번	연월일	발표자	발 표 제 목
1-1	84.12.11.	金南辰	聽問을 결한 行政處分의 違法性
-2		李鴻薰	都市計劃과 行政拒否處分
2-1	85.2.22.	崔世英	行政規則의 法規性 認定 與否
-2		崔光律	實地讓渡價額을 넘는 讓渡差益의 인정여부
3-1	3.29.	石琮顯	都市計劃決定의 法的 性質
-2		金東建	違法한 旅館建物의 건축과 營業許可의 취소
4-1	4.26.	徐元宇	當然無效의 行政訴訟과 事情判決
-2		黃祐呂	아파트地區내의 土地와 空閑地稅
5-1	5.31.	朴銳炘	林産物團束에관한法律 제７조에 대한 違法性 認定의 與否
-2		姜求哲	行政訴訟에 있어서의 立證責任의 문제
6-1	6.28.	金鐵容	酒類販賣業 免許處分 撤回의 근거와 撤回權 留保의 한계
-2		盧瑩保	國稅基本法 제42조 소정의 讓渡擔保財産의 의미
7-1	9.27.	金道昶	信賴保護에 관한 行政判例의 최근 동향
-2		金東熙	自動車運輸事業法 제31조 등에 관한 處分要

순번	연월일	발표자	발 표 제 목
			領의 성질
8-1	10.25.	李尙圭	入札參加資格 制限行爲의 법적 성질
-2		李相敦	公有水面埋立에 따른 不動産所有權 國家歸屬의 무효확인
9-1	11.22.	梁承斗	抗告訴訟의 提起要件
-2		韓昌奎	地目變更 拒否의 성질
10	86.1.31.	李相赫	行政訴訟에 있어서의 訴의 利益의 문제
11	2.28	崔松和	運轉免許 缺格者에 대한 면허의 효력
12	3.28	金道昶	憲法上의 違憲審査權의 所在
13	4.25.	趙慶根	美聯邦情報公開法에 대한 약간의 고찰
14	5.30.	張台柱	西獨에 있어서 隣人保護에 관한 判例의 최근 동향
15	6.27.	金斗千	僞裝事業者와 買入稅額 控除
外1	9.30.	藤田宙靖	日本의 最近行政判例 동향
16	10.31.	金英勳	注油所 許可와 瑕疵의 承繼
17	11.28.	芮鍾德	漁業免許의 취소와 裁量權의 濫用
外2	87.3.21.	鹽野宏	日本 行政法學界의 現況
		園部逸夫	새 行政訴訟法 시행 1년을 보고
18	4.25.	金道昶	知的財産權의 문제들
19-1	4.22.	李升煥	商標法에 관한 최근판례의 동향
-2			工場登錄 拒否處分과 소의 이익
20	5.29.	金南辰	執行停止의 요건과 本案理由와의 관계
21	9.25.	崔光律	日本公法學會 總會參觀 등에 관한 보고
22-1	10.30.	金道昶	地方自治權의 강화와 行政權限의 위임에 관한 문제
-2			
23	11.27.	金鐵容	不作爲를 구하는 訴의 가부

순번	연월일	발표자	발 표 제 목
24	88.2.26.	金時秀	租稅賦課處分에 있어서의 當初處分과 更正拒否處分의 법률관계
25-1	3.25.	徐元宇	최근 日本公法學界의 동향
-2		朴鈗炘	平澤港 漁業補償 문제
外3	4.29.	成田賴明	日本 行政法學과 行政判例의 최근 동향
26	5.27.	李尙圭	防衛稅 過誤納 還給拒否處分의 취소
27	6.24.	徐元宇	運輸事業計劃 변경인가처분의 취소
28	8.26.	金完燮	처분후의 事情變更과 소의 이익
29	10.7.	石琮顯	行政處分(訓令)의 법적 성질
30	10.28.	李鴻薰	土地收用裁決處分의 취소
31	11.17.	朴鈗炘	行政計劃의 법적 성질
32	89.1.27.	金東熙	載量行爲에 대한 司法的統制의 한계
33	2.24.	李碩祐	國稅還給申請權의 인정 여부
34	3.24.	朴松圭	國産新技術製品 保護決定處分의 일부취소
35-1	4.28.	金鐵容	독일 行政法學界의 최근동향
-2		千柄泰	제 3 자의 行政審判前置節次 이행 여부
36	5.26.	金善旭	公務員의 團體行動의 違法性
37	6.30.	金元主	租稅行政과 信義誠實의 원칙
38	8.25.	趙憲銖	國稅還給拒否處分의 법적 성질
39	9.29.	鄭準鉉	刑事訴追와 行政處分의 효력
40	10.27.	韓堅愚	行政規則(訓令)의 성질
41	11.24.	金斗千	相續稅法 제32조의2의 違憲 여부
外4	12.27.	小早川光朗	日本 行政法學界의 최근 동향
42	90.1.19.	金鐵容	豫防的 不作爲訴訟의 許容 여부
43	2.23.	李光潤	營造物行爲의 법적 성질
44	3.30.	南勝吉	行政刑罰의 범위

순번	연월일	발표자	발 표 제 목
45	4.27.	黃祐呂	法律의 遡及效
46	5.25.	朴均省	行政訴訟과 訴의 이익
47	6.29.	卞在玉	軍檢察官의 公訴權行使에 관한 憲法訴願
48	8.31.	成樂寅	結社의 自由의 事前制限
49	9.28.	辛奉起	憲法訴願과 辯護士 强制主義
50	10.26.	朴圭河	行政官廳의 權限의 委任·再委任
51	11.30.	朴國洙	行政行爲의 公定力과 國家賠償責任
52	91.1.25.	梁承斗	土地去來許可의 법적 성질
53	2.22.	徐元宇	建築許可 保留의 위법성 문제
外5-1	3.29.	南博方	處分取消訴訟과 裁決取消訴訟
-2		藤田宙靖	日本 土地法制의 현황과 課題
54	4.26.	吳峻根	遺傳子工學的 施設 設置許可와 法律留保
55	5.31.	金南辰	拒否行爲의 行政處分性과 "법률상 이익 있는 자"의 의미
56	6.28.	鄭然彧	無效確認訴訟과 訴의 이익
57	8.30.	金性洙	主觀的公權과 基本權
58	9.27.	金英勳	運轉免許 取消處分의 취소
59	10.25.	石琮顯	基準地價告示地域 내의 收用補償額 算定基準에 관한 판례동향
60	11.29.	朴銳炘	工事中止處分의 취소
61	92.1.31.	卞海喆	公物에 대한 强制執行
62	2.28.	李康國	違憲法律의 효력 – 그 遡及效의 범위와 관련하여
63	3.27	金善旭	公勤務에 관한 女性支援指針과 憲法上의 平等原則
64	4.24.	全光錫	不合致決定의 허용 여부
65	5.29.	崔正一	行政規則의 법적성질 및 효력

순번	연월일	발표자	발 표 제 목
66	6.26.	李琦雨	獨逸 Műnster 高等行政裁判所 1964.1.8. 판결
67	8.28.	朴鈗炘	地方自治團體의 자주적인 條例制定權과 規律문제
68	9.18.	金元主	讓渡所得稅 등 賦課處分의 취소
69	10.16.	洪準亨	結果除去請求權과 行政介入請求權
70	11.20.	金時秀	土地收用裁決處分의 취소
71	93.1.15.	金海龍	環境技術관계 行政決定에 대한 司法的 統制의 범위
72	2.19.	李重光	租稅法上 不當利得 返還請求權
73	3.19.	高永訓	行政規則에 의한 行政府의 立法行爲外
外6	4.16.	J.Anouil	EC法의 現在와 將來
74	5.21.	柳至泰	行政訴訟에서의 行政行爲 根據變更에 관한 판례분석
75	6.18.	徐元宇	原處分主義와 被告適格
76	8.20.	朴均省	國家의 公務員에 대한 求償權
77	9.17.	金東熙	教員任用義務不履行 違法確認訴訟
78	10.15.	盧永錄	建設業免許 取消處分의 취소
79	94.1.21.	徐廷友	無效確認을 구하는 의미의 租稅取消訴訟과 租稅還給金 消滅時效의 起算點
80	2.18.	洪準亨	判斷餘地의 한계
81	3.18.	裵輔允	憲法訴願 審判請求 却下決定에 대한 헌법소원
82	4.15.	金善旭	舊東獨判事의 獨逸判事任用에 관한 決定과 그 不服에 대한 管轄權
83	5.20.	李京運	學則의 법적 성질
84	6.17.	朴松圭	任用行爲取消處分의 취소
85	8.19.	金鐵容	公務員 個人의 不法行爲責任

순번	연월일	발표자	발 표 제 목
86	9.30.	卞在玉	日本 家永教科書檢定 第一次訴訟 上告審 判決의 評釋
87	10.21.	金香基	無名抗告訴訟의 可否
88	11.18.	李康國	行政行爲의 瑕疵의 治癒
89	95.1.20.	趙憲銖	取消判決의 遡及效
90	2.17.	朴秀赫	獨逸 統一條約과 補償法上의 原狀回復 排除規定의 合憲 여부
外7	3.17.	小高剛	損失補償에 관한 日本 最高裁判所 判決의 분석
91	4.21.	崔松和	行政處分의 理由明示義務에 관한 판례
92	5.19.	崔正一	石油販賣業의 양도와 歸責事由의 승계
93	6.16.	鄭夏重	國家賠償法 제5조에 의한 배상책임의 성격
94	8.18.	吳振煥	無效인 條例에 근거한 行政處分의 효력
95	9.15.	金敞祚	日本 長良川 安八水害 賠償判決
96	10.20.	黃祐呂	非常高等軍法會議 判決의 破棄와 還送法院
97	11.17.	白潤基	地方自治法 제98조 및 제159조에 의한 訴訟
98	96.1.19.	徐元宇	營業停止期間徒過後의 取消訴訟과 訴의 이익
99	2.23.	金海龍	計劃變更 내지 保障請求權의 성립요건
外8	3.19.	鹽野宏	日本 行政法 判例의 近年動向 - 行政訴訟을 중심으로
100	4.19.	金東熙	國家賠償과 公務員에 대한 求償
101	5.17.	梁承斗	敎員懲戒와 그 救濟制度
102	6.28.	金容燮	運轉免許取消·停止處分의 法的 性質 및 그 한계
103	8.16.	李京運	轉補發令의 處分性
104	9.20.	盧永錄	申告納稅方式의 租稅와 그 瑕疵의 판단기준
105	10.18.	金敞祚	道路公害와 道路設置·管理者의 賠償責任

순번	연월일	발표자	발 표 제 목
106	11.15.	金裕煥	形式的 拒否處分에 대한 取消訴訟의 審理범위
107	97.1.17.	裵柄皓	北韓國籍住民에 대한 强制退去命令의 적법성
108	2.21.	趙龍鎬	公衆保健醫師 採用契約解止에 대한 爭訟
109	3.21.	金鐵容	行政節次法의 내용
110	4.18.	趙憲銖	建築物臺帳 職權訂正行爲의 처분성
111	5.16.	鄭夏重	交通標識板의 법적성격
112	6.20.	裵輔允	違憲決定과 行政處分의 효력
113	8.22.	吳峻根	聽聞의 실시요건
114	9.19.	金善旭	옴부즈만條例案 再議決 無效確認判決의 문제점
115	10.17.	李光潤	機關訴訟의 성질
116	11.21.	朴正勳	教授再任用拒否의 처분성
117	98.1.16.	白潤基	當事者訴訟의 대상
118	2.20.	辛奉起	機關訴訟 주문의 형식
119	3.20.	洪準亨	行政法院 出帆의 意義와 행정법원의 課題
120	4.17.	宣正源	오스트리아와 독일의 不作爲訴訟에 관한 고찰
121	5.16.	李東洽	刑事記錄 열람·등사 거부처분
122	6.19.	金東建	環境行政訴訟과 地域住民의 原告適格
123	98.8.21.	金南辰	法規命令과 行政規則의 구별
124	9.18.	金敞祚	河川 管理 責任
125	10.16.	金容燮	行政審判의 裁決에 대한 取消訴訟
126	11.20.	徐廷友	垈地造成事業計劃 승인처분의 재량행위
127	99.1.15.	南勝吉	處分의 기준을 규정한 施行規則(部令)의 성격
128	2.19.	金裕煥	違憲法律에 根據한 行政處分의 效力
129	3.19.	鄭夏重	多段階行政節次에 있어서 事前決定과 部分許可의 意味

순번	연월일	발표자	발 표 제 목
130	4.16.	裵輔允	南北交流協力 등 統一에 관한 법적 문제
131	5.21.	康鉉浩	計劃承認과 司法的 統制
132	6.18.	俞珍式	行政指導와 違法性阻却事由
133	8.20.	朴正勳	侵益的 行政行爲의 公定力과 刑事裁判
134	9.17.	金東熙	建築許可신청서 返戾처분취소
		金南澈	行政審判法 제37조 제2항에 의한 自治權侵害의 가능성
135	10.15.	金炳圻	條例에 대한 再議要求事由와 大法院提訴
		權殷玟	公賣決定·通知의 처분성 및 소송상 문제점
136	11.19.	石鎬哲	羈束力의 범위로서의 처분사유의 동일
		金珉昊	직무와 관련된 不法行爲에 있어 공무원 개인의 책임
137	00.1.21.	尹炯漢	任用缺格과 退職給與
		裵柄皓	還買權소송의 管轄문제
138	2.18.	趙憲銖	個人事業의 法人轉換과 租稅減免
		金連泰	조세행정에 있어서 경정처분의 효력
139	3.17.	俞珍式	自動車運輸事業 면허처분에 있어서 競業, 競願의 범위
		慶 健	情報公開請求權의 憲法的 根據와 그 制限
140	4.21.	朴正勳	拒否處分 取消訴訟에 있어 違法判斷의 基準時와 訴의 利益
		金柄圻	行政訴訟上 執行停止의 要件으로서의 '回復하기 어려운 損害'와 그 立證責任
141	5.19.	洪準亨	不可變力, 信賴保護, 그리고 行政上 二重危險의 禁止
		康鉉浩	建築變更許可와 附款

순번	연월일	발표자	발 표 제 목
142	6.16.	趙龍鎬	寄附金品募集許可의 法的性質
		金容燮	行政上 公表
143	8.18.	朴松圭	盜難당한 自動車에 대한 自動車稅와 免許稅
		權殷玟	廢棄物處理業 許可權者가 한 '不適正通報'의 法的性質
144	9.22.	石鎬哲	公法的 側面에서 본 日照權 保護
145	10.20.	蘇淳茂	後發的 事由에 의한 更正請求權을 條理上 인정할 수 있는지 與否
		金光洙	土地形質變更許可와 信賴保護原則
146	11.17.	朴鈗炘	慣行漁業權
		宣正源	複合民願과 認·許可擬制
147	01.1.19.	崔松和	판례에 있어서 공익
		李光潤	도로가 행정재산이 되기 위한 요건 및 잡종재산에 대한 시효취득
148	2.16.	金鐵容	개발제한 구역의 시정과 손실 보상
		鄭夏重	부관에 대한 행정소송
149	3. 8.	金性洙	독일연방헌재의 폐기물법에 대한 결정과 환경법상 협력의 원칙
		李東植	중소기업에 대한 조세 특례와 종업원의 전출. 파견
150	4.20.	李京運	주택건설사업계획 사전결정의 구속력
		裵輔允	2000년 미국대통령 선거 소송 사건
151	5. 9.	李東洽	위헌법률에 근거한 처분에 대한 집행력 허용여부
		金珉昊	상속세 및 증여세법상 증여의 의미
152	6.15.	李元雨	정부투자기관의 부정당업자 제재조치의 법적

순번	연월일	발표자	발 표 제 목
			성질
		朴榮萬	군사시설보호법상의 협의와 항고소송
153	8.17.	崔正一	법규명령형식의 재량준칙의 법적성질 및 효력
		趙憲銖	유적발굴허가와 행정청의 재량
154	9.21.	金東熙	국가배상법 제5조상의 영조물의 설치·관리상 하자의 관념
		金東建	대법원 판례상의 재량행위
155	10.10.	吳峻根	행정절차법 시행이후의 행정절차 관련 주요 행정판례 동향분석
		柳至泰	공물법의 체계에 관한 판례 검토
156	11. 7.	白潤基	행정소송에 있어서 건축주와 인근주민의 이익의 충돌과 그 조화
		徐廷範	국가배상에 있어서 위법성과 과실의 일원화에 관하여
157	02.1.18.	金善旭	독일헌법상의 직업공무원제도와 시간제공무원
		朴正勳	처분사유의 추가·변경－제재철회와 공익상 철회
158	2.15.	辛奉起	일본의 기관소송 법제와 판례
		權殷玟	원천징수행위의 처분성과 원천징수의무자의 불복방법
159	3.15.	朴均省	환경영향평가의 하자와 사업계획승인처분의 효력
		金鐘甫	관리처분계획의 처분성과 그 공정력의 범위
160	4.19.	崔光律	농지전용에 관한 위임명령의 한계
		俞珍式	건축법상 일조보호규정의 私法上의 의미
161	5.17.	朴鈗炘	국가배상법 제2조 제1항 단서에 대한 헌법재

순번	연월일	발표자	발 표 제 목
			판소의 한정위헌결정 및 관련 대법원판례에 대한 평석
		宣正源	행정의 공증에 대한 사법적 통제의 의미와 기능의 명확화
162	6.21.	金元主	도로배연에 의한 대기오염과 인과관계
		康鉉浩	재량준칙의 법적 성격
163	7.19.	裵柄皓	회의록과 정보공개법상 비공개대상정보
		慶 健	공문서관리의 잘못과 국가배상책임
164	8.16.	金容燮	거부처분취소판결의 기속력
		金炳圻	보완요구의 '부작위'성과 재결의 기속력
165	9.13.	尹炯漢	기납부 택지초과소유부담금 환급청구권의 성질과 환급가산금의 이자율
		鄭夏明	미국연방대법원의 이른바 임시규제적 수용에 관한 새로운 판결례
166	10.18.	李鴻薰	공용지하사용과 간접손실보상
		金光洙	국가배상소송과 헌법소원심판의 관계
167	11.15.	徐元宇	행정법규위반행위의 사법적 효력
		李康國	조세채무의 성립과 확정
168	12.20.	蘇淳茂	인텔리전트빌딩에 대한 재산세중과시행규칙의 유효성 여부
169	03.1.17.	金敞祚	정보공개제도상의 비공개사유와 본인개시청구
		金聖泰	운전면허수시적성검사와 개인 정보보호
170	2.21.	金東熙	기속재량행위와 관련된 몇 가지 논점 또는 의문점
		曺海鉉	행정처분의 근거 및 이유제시의 정도
171	3.21.	白潤基	불합격처분에 대한 효력정지결정에 대한 고찰

순번	연월일	발표자	발 표 제 목
		宣正源	행정입법에 대한 부수적 통제
172	5.16.	李元雨	한국증권업협회의 협회등록최소결정의 법적 성질
		金容贊	정보공개청구사건에서의 몇 가지 쟁점
173	6.20.	金重權	이른바 "수리를 요하는 신고"의 문제점에 관한 소고
		洪準亨	평생교육시설 설치자 지위승계와 설치자 변경 신청서 반려처분의 적법 여부
174	7.18.	金鐵容	학교법인임원취임승인취소처분과 행정절차법
		金秀珍	성별에 따른 상이한 창업지원금신청기간설정과 국가의 평등보장의무
175	8.22.	鄭夏重	법관의 재판작용에 대한 국가배상책임
		金鐘甫	정비조합(재건축, 재개발조합) 인가의 법적 성격
176	9.19.	金炳圻	수익적 행정행위의 철회의 법적 성질과 철회사유
		朴榮萬	군사시설보호구역설정행위의 법적 성격
177	10. 9	朴正勳	취소판결의 기판력과 기속력
		李東植	구 소득세법 제101조 제2항에 따른 양도소득세부과와 이중과세 문제
178	11.21.	李東洽	최근 행정소송의 주요사례
		慶 健	하천구역으로 편입된 토지에 대한 손실보상
179	12.19.	朴均省	거부처분취소판결의 기속력과 간접강제
180	04.1.16.	李光潤	광역지방자치단체와 기초지방자치단체의 성격
		朴海植	행정소송법상 간접강제결정에 기한 배상금의 성질
181	2.20.	金海龍	행정계획에 대한 사법심사에 있어서 법원의

순번	연월일	발표자	발 표 제 목
			석명권행사 한계와 입증책임
		李賢修	영업양도와 공법상 지위의 승계
182	3.19.	俞珍式	기부채납부관을 둘러싼 법률문제
		鄭泰學	매입세액의 공제와 세금계산서의 작성·교부시기
183	4.16.	柳至泰	행정행위의 취소의 취소
		金致煥	통지의 법적 성질
184	5.21.	鄭準鉉	단순하자 있는 행정명령을 위반한 행위의 가벌성
		權殷玟	압류처분취소소송에서 부과처분의 근거법률이 위헌이라는 주장이 허용되는지 여부
185	6.18.	趙憲銖	사업양도와 제2차 납세의무
		金連泰	과징금 부과처분에 대한 집행정지결정의 효력
186	7.16.	金容燮	보조금 교부결정을 둘러싼 법적 문제
		林聖勳	영내 구타·가혹 행위로 인한 자살에 대한 배상과 보상
187	8.20.	李京運	교수재임용거부처분취소
		曺媛卿	국가공무원법 제69조 위헌제청
188	9.17.	鄭成太	법규명령의 처분성
		金敞祚	원자로 설치허가 무효확인소송
189	04.10.15.	崔正一	법령보충적행정규칙의 법적 성질 및 효력
		李湖暎	독점규제법상 특수관계인에 대한 부당지원행위의 규제
190	11.19.	金香基	재결에 대한 취소소송
		劉南碩	집행정지의 요건으로서 “회복하기 어려운 손해를 예방하기 위한 긴급한 필요”와 그 고려

순번	연월일	발표자	발 표 제 목
			사항으로서의 '승소가능성'
191	12.17.	尹炯漢	사전통지의 대상과 흠결의 효과
192	05.1.31.	鄭鎬慶	행정소송의 협의의 소의 이익과 헌법소원의 보충성
		金重權	국토이용계획변경신청권의 예외적 인정의 문제점에 관한 소고
193	2.18.	宣正源	하자승계론에 몇 가지 쟁점에 관한 검토
		李熙貞	공법상 계약의 해지와 의견청취절차
194	3.18.	安哲相	취소소송 사이의 소의 변경과 새로운 소의 제소기간
		康鉉浩	민간투자법제에 따른 우선협상대상자지정의 법적 제문제
195	4.15.	吳峻根	재량행위의 판단기준과 재량행위 투명화를 위한 법제정비
		李根壽	대집행의 법적 성격
196	5.20.	河宗大	금산법에 기한 계약이전결정 등의 처분과 주주의 원고적격
		金鐘甫	토지형질변경의 법적 성격
197	6.17.	朴海植	제재적 행정처분의 효력기간 경과와 법률상 이익
		李桂洙	공무원의 정치적 자유와 정치운동금지의무
198	8.19.	金容燮	재결의 기속력의 주관적 범위를 둘러싼 논의
		徐正旭	공시지가와 하자의 승계
199	9.16.	金鉉峻	용도지역 지정 · 변경행위의 법적 성질과 그에 대한 사법심사
		趙成奎	직접민주주의와 조례제정권의 한계

순번	연월일	발표자	발 표 제 목
200	10.21.	金光洙	공직선거법과 행정형벌
		崔桂暎	용도폐지된 공공시설에 대한 무상양도신청거부의 처분성
201	11.12.	鄭夏重	행정판례의 발전과 전망
		朴正勳	행정판례의 발전과 전망
		尹炯漢	행정재판제도의 발전과 행정판례
		朴海植	행정재판제도의 발전과 행정판례
202	12.16.	鄭泰容	행정심판청구인적격에 관한 몇 가지 사례
203	06. 1.20	朴均省	행정상 즉시강제의 통제 — 비례원칙, 영장주의, 적법절차의 원칙과 관련하여 —
		權殷玟	기본행위인 영업권 양도계약이 무효라고 주장하는 경우에 행정청이 한 변경신고수리처분에 대한 불복방법 등
204	2.17.	曺海鉉	민주화운동관련자명예회복및보상등에관한법률에 기한 행정소송의 형태
		金重權	사권형성적 행정행위와 그 폐지의 문제점에 관한 소고
205	06.3.17.	朴正勳	불확정개념과 재량 — 법규의 적용에 관한 행정의 우선권
		李相悳	한국지역난방공사 공급규정 변경신고를 산업자원부장관이 수리한 행위의 법적 성질
206	4.21.	俞珍式	공유수면매립법상 사정변경에 의한 매립면허의 취소신청
		林永浩	채석허가기간의 만료와 채석허가취소처분에 대한 소의 이익
207	5.19	嚴基燮	공정거래법상 사업자단체의 부당제한행위의

순번	연월일	발표자	발 표 제 목
			성립요건
		李賢修	납입고지에 의한 변상금부과처분의 취소와 소멸시효의 중단
208	6.16.	金鐘甫	재건축 창립총회의 이중기능
		鄭夏明	미국 연방대법원의 행정입법재량통제
209	8.17.	裵柄皓	개정 하천법 부칙 제2조의 손실보상과 당사자 소송
		金裕煥	공공갈등의 사법적 해결 — 의미와 한계
210	9.15.	金容燮	텔레비전 수신료와 관련된 행정법적 쟁점
		崔桂暎	행정처분과 형벌
211	10.20.	金海龍	처분기간이 경과된 행정처분을 다툴 법률상 이익(행정소송법 제12조 후문 관련)과 제재적
		石鎬哲	처분기준을 정한 부령의 법규성 인정 문제
212	11.17.	宣正源	입헌주의적 지방자치와 조직고권
		李熙貞	주민투표권 침해에 대한 사법심사
213	06.12.8.-		법제처 · 한국행정판례연구회 공동주관 관학협동워크샵
	9.	朴 仁	법령보충적 성격의 행정규칙의 현황과 문제점
		林永浩	법령보충적 성격의 행정규칙에 대한 판례분석
		鄭南哲	법령보충적 성격의 행정규칙의 정비방향과 위임사항의 한계
		金重權	민주적 법치국가에서 의회와 행정의 공관적 법정립에 따른 법제처의 역할에 관한 소고
		金海龍	국토계획 관련법제의 문제점과 개선방안
214	07.1.19.	張暻源	독일 맥주순수령 판결을 통해 본 유럽과 독일의 경제행정법

순번	연월일	발표자	발 표 제 목
		權純一	재정경제부령에 의한 덤핑방지관세부과조치의 처분성 재론-기능적 관점에서-
215	2.23.	鄭準鉉	소위 '공익사업법'상 협의취득의 법적 성질
		裵輔允	구 농어촌정비법 제93조 제1항의 국공유지양증여의 창설환지 등의 문제점
216	3.16.	朴榮萬	법령의 개정과 신뢰보호의 원칙
		金重權	행정입법적 고시의 처분성인정과 관련한 문제점에 관한 소고
217	4.20.	金容贊	국가지정문화재현상변경허가처분의 재량행위성
		李湖暎	합의추정된 가격담합의 과징금산정
218	5.18	金敞祚	공인중개사시험불합격처분 취소소송
		李宣憙	행정청의 고시와 원고적격
219	6.15.	李光潤	제재적 처분기준의 성격과 제재기간 경과후의 소익
		金暎賢	행정소송의 피고적격
220	07.8.17.	金義煥	정보공개법상의 공공기관 및 정보공개청구와 권리남용
		金秀珍	행정서류의 외국으로의 송달
221	9.21.	蘇淳茂	명의신탁 주식에 대한 증여의제에 있어서 조세회피목적의 해석
		慶　健	관계기관과의 협의를 거치지 아니한 조례의 효력
222	10.19.	成百玹	공특법상 '이주대책'과 공급규칙상 '특별공급'과의 관계
		金南澈	건축허가의 법적 성질에 대한 판례의 검토
223	11.16.	金性洙	민간투자사업의 성격과 사업자 선정의 법적

순번	연월일	발표자	발 표 제 목
			과제
224	12.21.	趙憲銖	병역의무 이행과 불이익 처우 금지의 관계
225	08.1.18.	金南辰	국가의 경찰법, 질서법상의 책임
		李殷祈	폐기물관리법제와 폐기물처리조치명령취소처분
		鄭成太	대형국책사업에 대한 사법심사(일명 새만금사건을 중심으로)
226	2.15.	辛奉起	한국 행정판례에 있어서 형량하자론의 도입과 평가
		鄭鍾錧	하천법상의 손실보상
227	3.21.	鄭夏重	사립학교법상의 임시이사의 이사선임권한
		林聖勳	행정입법 부작위에 관한 몇가지 문제점
228	4.18.	金光洙	자치사무에 대한 국가감독의 한계
		金熙喆	토지수용으로 인한 손실보상금 산정
229	5.16.	申東昇	행정행위 하자승계와 선결문제
		趙成奎	과징금의 법적 성질과 부과기준
230	6.20.	姜錫勳	위임입법의 방식 및 해석론에 관한 고찰
		鄭南哲	명확성원칙의 판단기준과 사법심사의 한계
231	8.22.	鄭泰學	조세통칙과 신의성실의 원칙
		李京運	부관으로서의 기한
232	9.19.	朴尙勳	시간강사의 근로자성
		金善旭	지방자치단체장의 소속공무원에 대한 징계권과 직무유기
233	10.17.	趙允熙	정보통신부 장관의 위성망국제등록신청과 항고소송의 대상
		金鉉峻	환경사법 액세스권 보장을 위한 "법률상 이익"의 해석

순번	연월일	발표자	발 표 제 목
234	11.21.	裵輔允	권한쟁의심판의 제3자 소송담당
		李賢修	공물의 성립요건
235	12.19.	金鐵容	행정청의 처분근거·이유제시의무와 처분근거·이유제시의 정도
236	09.1.16.	金炳圻	행정법상 신뢰보호원칙
		劉慶才	원인자부담금
237	2.20.	金聖泰	도로교통법 제58조 위헌확인
		林永浩	공매 통지의 법적 성격
238	3.20.	崔桂暎	위헌결정의 효력과 취소소송의 제소기간
		金尙煥	법규명령에 대한 헌법소원의 적법요건
239	4.17.	朴均省	직무상 의무위반으로 인한 국가배상책임
		金國鉉	사망자의 법규위반으로 인한 제재사유의 승계
240	5.15.	金容燮	택지개발업무처리지침 위반과 영업소 폐쇄
		金炅蘭	개발제한구역의 해제와 원고적격
241	6.19.	朴正勳	무효확인소송의 보충성
		曺海鉉	민주화운동관련자 명예회복 및 보상 등에 관한 법률에 의한 보상금의 지급을 구하는 소송의 형태
242	8.21.	鄭泰容	행정심판 재결 확정력의 의미
		安哲相	지방계약직 공무원의 징계
243	9.18.	金鏞甫	「도시 및 주거환경정비법」상 정비기반시설의 귀속 관계
		徐基錫	국회의 입법행위 또는 입법부작위로 인한 국가배상책임
244	10.16.	河明鎬	법인에 대한 양벌규정의 위헌여부
		趙龍鎬	표준지공시지가 하자의 승계

순번	연월일	발표자	발 표 제 목
245	11.20.	金連泰	한국마사회의 조교사 및 기수의 면허부여 또는 취소의 처분성
		金義煥	행정상 법률관계에 있어서의 소멸시효의 원용과 신의성실의 원칙
246	12.18.	朴鈗炘	주거이전비 보상의 법적 절차, 성격 및 소송법적 쟁점
247	10.1.15	林宰洪	출입국관리법상 난민인정행위의 법적 성격과 난민인정요건
		金泰昊	하자있는 수익적 행정처분의 직권취소
248	2.19	金南澈	국가기관의 지방자치단체에 대한 감독·감사권한
		權殷玟	미국산 쇠고기 수입 고시의 법적 문제
249	3.19	金聲培	수용재결과 헌법상 정교분리원칙
		姜相旭	건축물대장 용도변경신청 거부의 처분성
250	4.16	李宣憙	공정거래법상 시정조치로서 정보교환 금지명령
		金鍾泌	이주대책대상자제외처분 취소소송의 쟁점
251	5.14	鄭夏重	공법상 부당이득반환청구권의 독자성
		魯坰泌	관리처분계획안에 대한 총회결의 무효확인을 다투는 소송방법
252	6.18	金秀珍	합의제 행정기관의 설치에 관한 조례 제정의 허용 여부
253	8.20	白濟欽	과세처분에 대한 증액경정처분과 행정소송
		崔正一	경원자 소송에서의 원고적격과 사정판결제도의 위헌 여부
254	9.17	蔣尙均	승진임용신청에 대한 부작위위법확인소송
		金敞祚	강의전담교원제와 해직처분
		河宗大	행정처분으로서의 통보 및 신고의 수리

순번	연월일	발표자	발 표 제 목
255	10.15	최진수	징발매수재산의 환매권
		朴海植	주민등록전입신고 수리 여부에 대한 심사범위와 대상
256	11.12	金容燮	부당결부금지원칙과 부관
		朴尙勳	공무원에 대한 불이익한 전보인사 조치와 손해배상
257	12.10	金東熙	제재적 재량처분의 기준을 정한 부령
258	11.1.14	成智鏞	위임입법의 한계와 행정입법에 대한 사법심사
		安東寅	법령의 개정과 신뢰보호원칙 — 신뢰보호원칙의 적극적 활용에 대한 관견 —
259	2.18	崔桂暎	민간기업에 의한 수용
		金泰昊	사전환경성검토와 사법심사
260	3.18	金鉉峻	규제권한 불행사에 의한 국가배상책임의 구조와 위법성 판단기준
		朴在胤	지방자치단체 자치감사의 범위와 한계
261	4.15	金重權	민간투자사업의 법적 절차와 처분하자
		徐輔國	행정입법의 부작위에 대한 헌법소원과 행정소송
262	5.20	李熙貞	귀화허가의 법적 성질
		尹仁聖	독점규제 및 공정거래에 관한 법률 제3조의2 제1항 제5호 후단에 규정된 "부당하게 소비자의 이익을 현저히 저해할 우려가 있는 행위"에 관한 소고
263	6.17	朴均省	납골당설치신고 수리거부의 법적 성질 및 적법성 판단
		姜錫勳	재조사결정의 법적 성격과 제소기간의 기산점
264	8.19	金光洙	임시이사의법적 지원

순번	연월일	발표자	발 표 제 목
265	9.16	趙允熙	불복절차 도중의 과세처분 취소와 재처분금지
		鄭準鉉	개인택시사업면허 양도시 하자의 승계
266	10.21	김용하	잔여지 수용청구권의 행사방법 및 불복수단
		崔峰碩	과징금 부과처분의 재량권 일탈·남용
267	11.11	朴榮萬	군인공무원관계와 기본권 보장
		俞珍式	정보공개법상 비공개사유
268	12.16	주한길	행정소송법상 집행정지의 요건
		琴泰煥	최근 외국 행정판례의 동향 및 분석
		金致煥	미국, 일본, 프랑스, 독일
		田勳	
		李殷相	
269	12.1.27	李鴻薰	사회발전과 행정판결
		裵炳皓	재개발조합설립인가 등에 관한 소송의 방법
270	2.17	河明鎬	사회보장행정에서 권리의 체계와 구제
		朴玄廷	건축법 위반과 이행강제금
271	3.16	金善娥	출퇴근 재해의 인정범위
		金重權	국가배상법상 중과실의 의미
272	4.20	徐泰煥	행정소송법상 직권심리주의의 의미와 범위
		李湖暎	시장지배적사업자의 기술적 보호조치와 공정거래법
273	5.18	李玩憙	공정거래법상 신고자 감면제도
		李東植	세무조사 결정통지의 처분성
274	6.15	鄭基相	조세소송에서 실의성실원칙
		許康茂	생활대책대상자선정거부의 처분성과 신청권의 존부
		朴貞杹	기대권의 법리와 교원재임용거부 및 부당한 근로계약 갱신 거절의 효력
275	8.17	金敞祚	정보공개법상 비공개사유로서 법인 등의 경

순번	연월일	발표자	발 표 제 목
			영 · 영업상 비밀에 관한 사항
		成承桓	경찰권 발동의 한계와 기본권
276	9.21	金宣希	도시정비법상 조합설립인가처분과 변경인가처분
		李相憙	국가와 지방자치단체의 보조금 지원과 지원거부의 처분성
277	10.19	康鉉浩	건축법상 인허가의제의 효과를 수반하는 신고
		尹景雅	결손처분과 그 취소 및 공매통지의 처분성
278	11.16	金容燮	원격평생교육시설 신고 및 그 수리거부
		李義俊	사업시행자의 생활기본시설 설치 의무
279	12.21	琴泰煥	미국, 일본, 프랑스, 독일의 최근 행정판례동향
		金致煥	
		田　勳	
		李殷相	
		崔松和	행정판례의 회고와 전망
280	13.1.18	崔桂暎	행정처분의 위법성과 국가배상책임
		金泰昊	정보공개법상 비공개사유로서 '진행 중인 재판에 관련된 정보'
281	2.15	金致煥	주민소송의 대상
		朴在胤	체육시설을 위한 수용
282	3.15	金聲培	국가유공자요건비해당결정처분
		金東國	해임처분무효
283	4.19	徐輔國	압류등처분무효확인
		崔柄律	자동차운전면허취소처분취소
284	5.24	裵柄皓	국가배상청구권의 소멸시효
		朴海植	감면불인정처분등취소
285	6.21	朴均省	국방·군사시설사업실시계획승인처분무효확인 등

순번	연월일	발표자	발 표 제 목
		金慧眞	형의 집행 및 수용자의 처우에 관한 법률 제45조 제1항 위헌확인
286	8.16	俞珍式	여객자동차운수사업법 제14조 등 위헌확인 등
		김필용	증여세부과처분취소
287	9.27	慶建	정보공개청구거부처분취소
		이산해	과징금부과처분취소·부당이득환수처분취소
288	10.18	金裕煥	직권면직취소
		許盛旭	관리처분계획무효확인
289	11.15	金炳圻	완충녹지지정의 해제신청거부처분의 취소
		成重卓	조합설립인가처분무효확인
290	12.20	金聲培	미국, 일본, 프랑스, 독일의 최근 행정판례 동향
		金致煥	
		吳丞奎	
		桂仁國	
		鄭夏重	행정판례에 있어서 몇 가지 쟁점에 관한 소고
291	14. 1. 17	金相贊	국가공무원 복무규정 제3조 제2항 등 위헌확인
		金容河	사업시행승인처분취소
292	2.21	姜知恩	주택건설사업승인불허가처분 취소 등
		金世鉉	소득금액변동통지와 하자의 승계 판례변경에 따른 신뢰성 보호 문제
293	3.21	金重權	지방자치단체의 구역관할결정의 제 문제에 관한 소고
		李相悳	체납자 출국금지처분의 요건과 재량통제
294	4.18	俞珍式	정보공개거부처분취소
		金惠眞	백두대간보호에관한법률 제7조 제1항 제6호 위헌소원

순번	연월일	발표자	발 표 제 목
295	5.16	安東寅	토지대장의 직권말소 및 기재사항 변경거부의 처분성
		河泰興	증액경정처분의 취소를 구하는 항고소송에서 납세의무자가 다툴 수 있는 불복사유의 범위
296	6.20	金容燮	독립유공자법적용배제결정 - 처분취소소송에 있어 선행처분의 위법성승계
		李承勳	조합설립추진위원회 설립승인 무효 확인
297	8.22	鄭鎬庚	不利益處分原狀回復 등 要求處分取消
		이병희	解任處分取消決定取消
298	9.19	崔峰碩	職務履行命令取消
		文俊弼	還買代金增減
299	10.17	朴均省	行政判例 30年의 回顧와 展望: 행정법총론 I
		金重權	行政判例의 回顧와 展望-행정절차, 정보공개, 행정조사, 행정의 실효성확보의 분야
		洪準亨	行政判例 30年의 回顧와 展望-행정구제법: 한국행정판례의 정체성을 찾아서
300	11.21	康鉉浩	不正當業者制裁處分取消
		李承寧	讓受金
301	12.19	金聲培	美國의 最近 行政判例動向
		吳丞奎	프랑스의 最近 行政判例動向
		桂仁國	獨逸의 最近 行政判例動向
		咸仁善	日本의 最近 行政判例動向
		朴鋭炘	온실가스 배출거래권 제도 도입에 즈음하여
302	15. 1.23	金泰昊	수정명령 취소
		李羲俊	손해배상(기)
303	2.27	朴玄廷	정비사업조합설립과 토지 또는 건축물을 소유

순번	연월일	발표자	발 표 제 목
			한 국가·지방자치단체의 지위
		李義俊	건축허가처분취소
304	3.20	俞珍式	공공감사법의 재심의신청과 행정심판에 관한 제소기간의 특례
		金世鉉	명의신탁과 양도소득세의 납세의무자
305	4.17	朴均省	노동조합설립신고반려처분취소
		金海磨中	국세부과취소
306	5.15	崔峰碩	직무이행명령취소청구
		박준희	지역균형개발 및 지방중소기업 육성에 관한 법률 제16조 제1항 제4호 등 위헌소원
307	6.19	裵柄皓	인신보호법 제2조 제1항 위헌확인
		金東柱	생태자연도등급조정처분무효확인
		裵柄皓	인신보호법 제2조 제1항 위헌확인
		김동주	생태자연도등급조정처분무효확인
308	8.29		牧村 金道昶 박사 10주기 기념 학술대회
309	9.18	崔桂暎	정보비공개결정처분취소
		정지영	부당이득금반환
310	10.16	鄭夏明	예방접종으로 인한 장애인정거부처분취소
		郭相鉉	급여제한및 환수처분취소
311		鄭鎬庚	독립유공자서훈취소결정무효확인등
		김혜성	직위해제처분취소
312		金聲培	최근(2014/2015) 미국 행정판례의 동향 및 분석 연구
		咸仁善	일본의 최근(2014) 행정판례의 동향 및 분석
		吳丞奎	2014년 프랑스 행정판례의 동향 연구
		桂仁國	국가의 종교적·윤리적 중립성과 윤리과목

순번	연월일	발표자	발 표 제 목
			편성 요구권
		金海龍	행정재판과 법치주의 확립
313	16. 1.22	金泰昊	주민소송(부당이득 반환)
		朴淵昱	건축협의취소처분취소
314	2.26	李熙貞	보상금환수처분취소
		李羲俊	변상금부과처분취소
315	3.18	成重卓	영업시간제한등처분취소
		임지영	조정반지정거부처분
316	4.15	裵柄皓	하천공사시행계획취소청구
		李用雨	세무조사결정행정처분취소
317	5.20	金南澈	과징금납부명령등취소청구의소
		李煌熙	홍▽군과 태△군 등 간의 권한쟁의
318	6.11	金重權	환경기술개발사업중단처분취소
		崔瑨修	관리처분계획안에대한총회결의효력정지가처분
		강주영	시설개수명령처분취소
		角松生史	일본 행정소송법개정의 성과와 한계
319	8.19	咸仁善	조례안의결무효확인 ＜학생인권조례안 사건＞
		金世鉉	교육세경정거부처분취소
320	9.23	金容燮	독립유공자서훈취소처분의 취소
		李殷相	주유소운영사업자불선정처분취소
321	10.21	李光潤	부당이득금등
		이승민	형식적 불법과 실질적 불법
322	11.25	俞珍式	학칙개정처분무효확인
		윤진규	부당이득금
			채무부존재확인
323	12.15	李京運	교육판례의 회고와 전망

순번	연월일	발표자	발 표 제 목
		朴均省	사법의 기능과 행정판례
		咸仁善	일본의 최근 행정판례
		金聲培	미국의 최근 행정판례
		桂仁國	독일의 최근 행정판례
		吳丞奎	프랑스의 최근 행정판례
324	17. 1.20.	成奉根	취급거부명령처분취소
		尹焌碩	취득세등부과처분취소
325	2.17.	鄭永哲	도시계획시설결정폐지신청거부처분취소
		이희준	손해배상(기)
326	3.17.	朴在胤	직무이행명령취소
		정은영	습지보전법 제20조의2 제1항 위헌소원
327	4.21.	金容燮	시정명령처분취소
		장승혁	산재법 제37조 위헌소원
328	5.19.	박정훈	감차명령처분취소
		金世鉉	법인세등부과처분취소
329	6.16.	裵柄皓	조례안재의결무효확인
		송시강	개발부담금환급거부취소
330	8.8.	함인선	부당이득금반환
		김형수	개발부담금환급거부취소
331	9.15.	성중탁	출입국관리법 제63조 제1항 위헌소원
		이은상	보험료채무부존재확인
332	10.20.	유진식	정보공개청구기각처분취소
		김상찬	영업정지처분취소
333	11.24.	안동인	치과의사 안면보톡스시술사건
		김선욱	부가가치세경정거부처분취소
334	12.14.	김동희	행정판례를 둘러싼 학계와 법조계의 대화에

순번	연월일	발표자	발 표 제 목
			관한 몇 가지 생각
		정태용	행정부 공무원의 시각에서 본 행정판례
		함인선	일본의 최근 행정판례
		김성배	미국의 최근 행정판례
		계인국	독일의 최근 행정판례
		김혜진	프랑스의 최근 행정판례
335	18. 1.19.	성봉근	민사사건에 있어 공법적 영향
		박호경	조례무효확인
336	3.16.	김치환	산재보험적용사업장변경불승인처분취소
		신철순	폐업처분무효확인등
337	4.20.	박정훈	입찰참가자격제한처분취소
		신상민	건축허가철회신청거부처분취소의소
338	5.18.	최봉석	직권취소처분취소청구의소
		윤준석	증여세부과처분취소
339	6.15.	김대인	직권취소처분취소청구의소
		문중흠	증여세부과처분취소
340	8.17.	이혜진	정직처분취소
		김형수	이동통신단말장치 유통구조 개선에 관한 법률 제4조 제1항 등 위헌확인
341	9.28.	김현준	재직기간합산불승인처분취소
		김세현	양도소득세부과처분취소
342	10.19.	김창조	주민등록번호변경신청거부처분취소
		장현철	청산금
343	11.16	강현호	손해배상
		임성훈	부당이득반환등
344	12.21	김재선	미국의 최근 행정판례

순번	연월일	발표자	발 표 제 목
		계인국	독일의 최근 행정판례
		박현정	프랑스의 최근 행정판례
345	19. 2.15	박재윤	숙박업영업신고증교부의무부작위위법확인
		이은상	사업시행계획인가처분취소
346	3.15	정영철	입찰참가자격제한처분취소청구의소
		이승훈	부작위위법확인
347	4.19	박균성	사업계획승인취소처분취소등
		김혜성	종합쇼핑몰거래정지처분취소
348	5.17	김중권	전역처분등취소
		고소영	임용제청거부처분취소등
349	6.21	김판기	생활폐기물수집운반및가로청소대행용역비반납처분취소
		윤준석	증여세부과처분취소
350	8.23	배병호	지방자치단체를 당사자로 하는 계약에 관한 법률 시행령 제30조 제5항 등 위헌확인
		신상민	퇴교처분취소
351	9.20	김성배	사증발급거부처분취소
		박건우	보상금증액
352	10.18	김병기	교원소청심사위원회결정취소
		오에스데	징계처분등
353	11.15	강현호	의료기관개설신고불수리처분취소
		이수안	손실보상금증액등
354	12.19	신원일	일본의 최근 행정판례
		김재선	미국의 최근 행정판례
		계인국	독일의 최근 행정판례
		박우경	프랑스의 최근 행정판례

순번	연월일	발표자	발 표 제 목
355	20.2.21.	성중탁	변호인 접견 불허처분 등 위헌확인
		김근호	입찰참가자격제한처분취소청구
356	5.22	김태호	학원설립운영등록신청 반려처분취소
		이희준	수용재결취소등
357	6.19	김유환	도로점용허가처분무효확인등
		황용남	기타이행강제금부과처분취소
358	8.21	박재윤	제재조치명령의 취소
		주동진	급수공사비등부과처분취소청구의 소
359	9.18	김치환	도로점용료부과처분취소 · 도로점용료부과처분취소
		김후신	장해등급결정처분취소
360	10.16	정호경	고용노동부 고시 제2017-42호 위헌확인
		이용우	건축신고반려처분취소
361	11.20	김창조	사업대상자선정처분취소
		정은영	부당이득금부과처분취소등
362	12.17	손호영	일본의 최근 행정판례
		김재선	미국의 최근 행정판례
		계인국	독일의 최근 행정판례
363	21.2.19.	박우경	프랑스의 최근 행정판례
		이현수	대법원 2019. 7. 11. 선고 2017두38874 판결
		이산해	대법원 2019. 2. 28. 선고 2017두71031 판결
364	3.19.	이은상	대법원 2019. 10. 31. 선고 2016두50907 판결
		김근호	대법원 2019. 6. 27. 선고 2018두49130 판결
365	4.16.	하명호	대법원 2020. 12. 24. 선고 2018두45633 판결
		박호경	대법원 2020. 6. 25. 선고 2018두34732 판결
366	5.21.	김중권	대법원 2020. 6. 25. 선고 2019두52980 판결

순번	연월일	발표자	발 표 제 목
		맹주한	대법원 2020. 7. 9. 선고 2017두39785 판결
367	6.18.	김대인	대법원 2020. 7. 29. 선고 2017두63467 판결
		박정훈	대법원 2020. 9. 3. 선고 2020두34070 판결
368	8.20.	이윤정	부당해고구제재심판정취소
		이국현	물이용부담금과 재정책임
369	9.17.	서보국	종합소득세경정거부처분취소
		윤진규	관세등부과처분취소
370	10.15.	김유환	공급자등록취소무효확인등청구
		최명지	업무정지처분 취소청구
371	11.19.	김현준	이사회결의무효확인의소
		황정현	세무대리업무등록취소처분취소등
372	12.16.	이혜진	일본의 최근 행정판례
		김재선	미국의 최근 행정판례
		계인국	독일의 최근 행정판례
		박우경	프랑스의 최근 행정판례
373	22.2.18	최계영	사업종류변경처분등취소청구의소
		이용우	건축허가취소처분취소
374	3.18	이은상	국가배상법 제2조 제1항 위헌소원
		최미연	도선사업면허변경처분취소
375	4.15	강현호	건축허가신청반려처분취소
		이희준	전부금
376	5.20	이기춘	공무집행방해 · 일반교통방해 · 집회및시위에 관한법률위반/손해배상(기)
		김형수	시정명령등처분취소청구의소
377	6.17	박현정	채무부존재확인
		박가림	과징금부과처분취소

순번	연월일	발표자	발 표 제 목
378	8.26	하명호	행정소송법 개정의 필요성
		유진식	정부의 가상통화 관련 긴급대책 등 위헌확인
		윤진규	법인세등부과처분취소
379	9.23	송시강	민간특례사업제안수용결정취소처분등취소 및 중소기업창업사업계획승인불허가처분취소
		신철순	유족급여및장의비부지급처분취소
380	10.21	정훈	평택당진항매립지일부구간귀속지방자치단체 결정취소
		임재남	이주대택대상자제외처분취소
381	11.18	성중탁	구 토지구획정리사업법 제63조 위헌소원
		이수안	건축신고불수리처분취소
382	12.16	이재훈	육아휴직급여부지급등처분취소
		최승훈	요양급여비용환수처분취소
383	2.17	김혜진	도로교통법위반(무면허운전)
		이아영	시정명령등취소청구의소
384	3.17	박원규	조업정지처분취소
		정은영	손실보상금
385	4.21	김재선	업무정지처분취소
		신수빈	소유권이전등기
386	5.19	박종준	악취배출시설설치신고반려처분등취소
		허이훈	상수도시설분담금부과처분무효확인
387	6.16	이윤정	정부출연금전액환수등 처분취소청구
		이진형	제재처분의 집행정지

行政判例研究 Ⅰ~ XXⅧ-1 總目次

行政判例研究 Ⅰ～XXⅧ-1 總目次

[第 Ⅰ 卷]

Ⅰ. 行政上立法

Ⅱ. 行政裁量

Ⅲ. 行政行爲의 附款

Ⅳ. 行政行爲의 取消

Ⅴ. 行政節次

Ⅵ. 行政計劃

Ⅶ. 行政訴訟의 對象

Ⅷ. 行政訴訟에 있어서의 訴의 利益

Ⅸ. 行政訴訟의 執行停止

Ⅹ. 行政權限의 委任

Ⅺ. 公務員法

Ⅻ. 營造物法

XIII. 知的所有權·遺傳工學

XIV. 租 稅

XV. 違憲審査

[第 II 卷]

I. 個人的 公權

II. 行政上立法

III. 行政行爲

Ⅳ. 行政計劃

Ⅴ. 行政上爭訟 一般

Ⅵ. 行政訴訟에 있어서의 訴의 利益

Ⅶ. 行政訴訟의 類型

Ⅷ. 損害塡補

Ⅸ. 公 務 員

Ⅵ. 行政上爭訟 一般

Ⅶ. 行政訴訟의 類型

Ⅷ. 損害塡補

Ⅸ. 地方自治

Ⅹ. 違憲審査

[第 Ⅳ 卷]

Ⅰ. 行政行爲

Ⅱ. 行政計劃

Ⅲ. 行政節次

Ⅳ. 行政爭訟 一般

Ⅴ. 行政訴訟의 對象과 權利保護 必要性

Ⅱ. 行政行爲

Ⅲ. 行政計劃

Ⅳ. 行政節次

Ⅴ. 行政訴訟

Ⅵ. 損害塡補

Ⅶ. 公務員法

Ⅷ. 地方自治法

Ⅸ. 秩序行政法

Ⅹ. 租 稅

[第 Ⅵ 卷]

Ⅰ. 行政法의 基本概念

Ⅱ. 行政行爲

Ⅲ. 行政訴訟

Ⅳ. 給付行政 · 環境行政

Ⅴ. 租 稅

Ⅵ. 外國判例研究

[第 Ⅶ 卷]

Ⅰ. 行政行爲

Ⅱ. 行政行爲

Ⅲ. 行政節次

Ⅳ. 行政上 損害塡補

Ⅴ. 行政訴訟

Ⅵ. 建築行政法

Ⅶ. 環境行政法

[第 Ⅷ 卷]

[第 IX 卷]

Ⅰ. 行政行爲

Ⅱ. 行政節次

Ⅲ. 行政訴訟

Ⅳ. 地方自治法

Ⅴ. 租稅行政法

Ⅵ. 최근 行政訴訟判決의 主要動向

[第 X 卷]

Ⅰ. 行政立法

Ⅱ. 行政行爲

Ⅲ. 行政節次

Ⅳ. 行政上 損害塡補

Ⅴ. 行政訴訟

Ⅵ. 租稅行政法

[第XI卷]

Ⅰ. 韓國行政判例研究會 200회 特輯 紀念論文

Ⅱ. 行政行爲

Ⅲ. 行政의 實效性確保手段

Ⅳ. 行政訴訟

Ⅴ. 地方自治法

[第XIV卷]

Ⅱ. 行政行爲의 附款

Ⅲ. 行政行爲의 瑕疵

Ⅳ. 行政의 實效性確保手段

Ⅴ. 行政上 損害塡補

Ⅵ. 公務員法

Ⅶ. 外國判例 및 外國法制 研究

[第XV-1卷]

Ⅰ. 行政法의 基本原理

Ⅱ. 行政行爲의 槪念과 種類

Ⅲ. 行政行爲의 職權取消·撤回

Ⅳ. 取消訴訟의 對象

Ⅴ. 行政上 損害塡補

Ⅵ. 公務員法

Ⅶ. 地方自治法

Ⅷ. 經濟行政法

Ⅸ. 建築行政法

[第XV-2卷]

Ⅰ. 認·許可 擬制 制度의 效果와 立法의 方向

(2010. 6. 4. 韓國行政判例硏究會·法制處 공동세미나)

Ⅱ. 行政立法

Ⅲ. 行政行爲

Ⅳ. 行政訴訟

Ⅴ. 地方自治法

Ⅵ. 外國判例 및 外國法制 硏究

[第 XVI-1卷]

Ⅵ. 租稅行政法

[第XVI-2卷]

Ⅰ.行政行爲의 瑕疵

Ⅱ. 行政訴訟一般

Ⅲ. 行政訴訟의 類型

Ⅳ. 經濟行政法

Ⅴ. 外國判例 및 外國法制 研究

[第 XVII －1卷]

Ⅰ. 行政行爲의 附款

Ⅱ. 行政計劃

Ⅲ. 行政의 實效性 確保手段

Ⅳ. 取消訴訟의 對象

Ⅴ. 行政訴訟의 類型

Ⅵ. 地方自治法

Ⅶ. 經濟行政法

Ⅷ. 租稅行政法

[第 XVII -2卷]

Ⅰ. 行政行爲의 槪念과 種類

Ⅱ. 行政節次 및 情報公開

Ⅲ. 損害塡補

Ⅳ. 秩序行政法

Ⅴ. 經濟行政法

[第 XVIII －1卷]

[第 XIX－1 卷]

[第 XX－2 卷]

[第XXI-1卷]

[第 XXI－2 卷]

[第XXII-1卷]

[第XXII-2卷](第1卷)

[第XXII-2卷](第2卷)

[第XXIII-1卷]

Ⅰ. 行政法의 基本原理

Ⅱ. 行政의 實效性確保手段

Ⅲ. 行政爭訟一般

Ⅳ. 取消訴訟의 對象

Ⅴ. 行政訴訟의 類型

[第 XXIII-2 卷]

[第XXIV-1卷]

[第 XXIV－2 卷]

Ⅴ. 行政爭訟一般

Ⅵ. 取消訴訟의 對象

Ⅶ. 行政訴訟에 있어서의 訴의 利益

Ⅷ. 損害塡補

Ⅸ. 地方自治法

Ⅹ. 憲法裁判

Ⅺ. 外國判例 및 外國法制 研究

[第 XXV-1 卷]

[第 XXVI－1 卷]

主題別 總目次(行政判例研究 Ⅰ~XXVIII-1)

行政法의 基本原理

個人的 公權

行政立法

行政行爲의 槪念과 種類

行政行爲의 附款

行政行爲의 類型

行政行爲의 效力

行政行爲의 瑕疵

行政行爲의 職權取消·撤回

行政計劃

行政節次 및 情報公開

行政의 實效性確保手段

行政爭訟一般

取消訴訟의 對象

行政訴訟에 있어서의 訴의 利益

行政訴訟의 審理

行政訴訟과 假救濟

行政訴訟의 類型

損害塡補

行政組織法

公務員法

地方自治法

秩序行政法

公物·營造物法

環境行政法

助成行政法

經濟行政法

租稅行政法

建築行政法

土地行政法

敎育行政法

文化行政法

勞動行政法

憲法裁判

外國判例 및 外國法制 研究

行政訴訟判決의 主要動向

紀念論文

[特別寄稿] 行政法硏究資料

研究判例 總目次
(行政判例研究 Ⅰ ~ ⅩⅩⅧ - 1)

〔대 법 원〕

〔서울고등법원〕

1988. 3.17. 선고 87구1175 판결 I-79
1993. 2. 3. 선고 92구14061 판결 III-139
1994.10.25. 선고 94구1496 판결 IV-277
1998. 1.14. 선고 97누19986 판결 IV-243
1998. 7.16. 선고 97구18402 판결 V-435
1999. 9.29. 선고 99누1481 판결 VIII-147
2000. 8.29. 선고 99나53140(병합) 판결 VIII-193
2001. 3.16. 선고 2000누14087 판결 VI-55
2002.11.14. 선고 2002누914 판결 X-213
2006. 7.14. 선고 2005누21950 판결 XII-165
2007.12.27. 선고 2007누8623 판결 XVII-1-371
2010.12.16. 선고 2010누19449 XXVI-2-325, 327, 328, 329
2011. 9. 9. 선고 2010누43725 XXV-2-71
2013. 6.10. 선고 2012누16291 판결 XVIII-2-3
2015. 2.10. 선고 2014누5912 XXV-2-177
2015. 7.15. 선고 2014누61394 XXV-2-170
2015.11.19. 선고 2015누37442 XXV-2-177
2015.12. 9. 선고 2015누49032 XXVI-2-326
2016. 3.18. 선고 2015누48862 XXVI-2-327
2016. 7.26. 선고 2016누30929 XXV-2-350, 383
2016.10. 5. 선고 2016누35924 XXVI-2-303
2016. 10.13. 선고 2016누52165 XXVII-2-343
2017. 3.10. 선고 2016누30967 XXVI-2- 166
2017. 7.18. 선고 2017누41117 XXVI-2-307
2017. 8.23. 선고 2017나2005431 XXVI-2-82
2017.11.15. 선고 2017누54618 XXV-2-214
2018. 3.20. 선고 2017누77987 XXV-2-40
2018. 3.20. 선고 2017아1565 XXV-2-41
2018. 8.24. 선고 2016누64533 XXVII-2-10
2018.10.26. 선고 2018누49477 XXVI-2-215
2019. 4. 3. 선고 2018누70501 XXV-2-258
2019. 9. 4 선고 2019누30487 XXVI-2-120
2020. 1.21. 선고 2019누59259 XXVI-2-216
2020. 4.23. 선고 2019누54810 XXVI-2-200, 201
(춘천) 2020. 6.15. 선고 2019누1680 XXVII-2-109
2020. 7.16. 선고 2019누63814 XXV-2-246
2021. 3.17. 선고 2020누47092 XXVI-2-169
2021. 5.27. 선고 2020누53837 XXVI-2-217

〔부산고등법원〕

2012. 5. 8. 선고 2011나9457, 201나9464 (병합) XXV-2-303

〔대전지방법원〕

2016.10.12. 선고 2015구합105055 XXV-2-112

〔광주지방법원〕

2015.11.26. 선고 2015구합10773 XXV-2-406
2018.10.11. 선고 2018구합10682 XXVI-2-4

〔부산지방법원〕

2016.11.24. 선고 2015구합 22685 XXV-2-354

〔서울북부지방법원〕

2016.12.21. 선고 2016가합22251 XXVI-2-82

〔서울행정법원〕

2000. 6. 2. 선고 99두24030 판결 VI-175
2001. 8.30. 선고 2001구18236 판결 VII-165
2001. 3. 9. 선고 2000구32242 판결 VII-165
2003. 1.14. 선고 2003아95 판결 VIII-279
2010.11. 5. 선고 2010구합27110 XXV-2-71
2014. 8.28. 선고 2013구합28954 XXV-2-170
2014. 9.18. 선고 2014구합9257 XXV-2-178
2015. 1.22. 선고 2014구합62449 XXV-2-177
2015. 2. 5. 선고 2014구합64940 XXV-2-177
2015. 6. 5. 선고 2014구합11021 XXV-2-177
2016. 8.18. 선고 2014구합15108 XXVII-2-9
2017. 2.10. 선고 2016구합71447 XXVI-2-48
2017. 5.18. 선고 2016구합78271 XXV-2-214
2017.12.15. 선고 2016구합86098 XXV-2-235
2015.12.17. 선고 2015구합68796 XXV-2-383
2018. 5.10. 선고 2017구단35289 XXVII-2-385, 410
2018. 5.25. 선고 2014구합14204 XXVI-2-215
2018. 9.19. 선고 2017구단80458 XXVII-2-392, 410
2018.10.19. 선고 2018구단65753 XXV-2-258
2018.12.13 선고 2017구합6235 XXVI-2-120
2019. 9. 6. 선고 2019구합63843 XXVI-2-216
2020. 7.22. 선고 2019구단66302 XXV-2-259
2021.11.24. 선고 2020구단65886 XXVI-2-331

〔헌법재판소〕

〔EU판례〕

〔독일판례〕

연방행정법원 2010. 8.19. 판결 － 2 C 5/10 und 13/10 XVI－2－350
연방행정법원 2010. 9.23. 판결 － 3 C 32.09 XVI－2－336
연방행정법원 2010. 9.29. 판결 － 5 C 20/09 XVI－2－343
연방행정법원 2010. 10.27. 판결 － 6 C 12/09, 17/09 und 21/09 XVI－2－338
연방행정법원 2010. 10.28. 판결 － 2 C 10/09, 21/09, 47/09, 52/09 und 56/09 XVI－2－346
연방행정법원 2010. 11.4. 판결 － 2 C 16/09 XVI－2－348
연방행정법원 2010. 11.16. 판결 － 1 C 20/09 und 21/09 XVI－2－340
연방행정법원 2010. 11.18. 판결 － 4 C 10/09 XVI－2－326
연방행정법원 2010. 11.24. 판결 － 9 A 13/09 und 14/09 XVI－2－326
연방행정법원 2010. 11.24. 판결 － 8 C 13/09, 14/09 und 15/09 XVI－2－330
BVerwG, Urteile vom 13. Oktober 2011-4 A 4000.10 und 4001.10 XVII-2-593
BVerwG, Urteil vom 28. Juli 2011-7 C 7.10 XVII-2-595
BVerwG, Urteil vom 22. Juli 2011-4 CN 4.10 XVII-2-598
BVerwG, Urteil vom 23. Februar 2011-8 C 50.09 und 51.09 XVII-2-600
BVerwG, Urteile vom 17. August 2011-6 C 9.10 XVII-2-602
BVerwG, Urteile vom 31. August 2011-8 C 8.10 und 9.10 XVII-2-604
BVerwG, Urteile vom 25. August 2011-3 C 25.10, 28.10 und 9.11 XVII-2-606
BVerwG, Urteile vom 26. Mai 2011-3 C 21.10 und 22.10 XVII-2-608
BVerwG, Urteil vom 30. November 2011-6 C 20.10 XVII-2-610
BVerwG, Urteil vom 24. November 2011-7 C 12.10 XVII-2-611
BVerwG, Urteile vom 3. November 2011-7 C 3.11 und 4.11 XVII-2-613
BVerwG, Urteile vom 19. April 2011-1 C 2.10 und 16.10 XVII-2-615
BVerwG, Urteil vom 25. Oktober 2011-1 C 13.10 XVII-2-617
BVerwG, Urteil vom 1. September 2011-5 C 27.10 XVII-2-619
BVerwG, Urteile vom 3. Maz 2011-5 C 15.10 ung 16.10 XVII-2-621
BVerwG, Urteil vom 30. Juni 2011-2 C 19.10 XVII-2-622

BVerwG 7 C 1.14, 2.14 - Urteile vom 25. Juni 2015 XXI-2-416

BVerwG 7 C 10.13 - Urteil vom 23. Juli 2015 XXI-2-419

BVerwG 2 C 13.14, 15.14, 18.14, 27.14, 28.14, 5.15-7.15, 12.15 - Urteile vom 17. Sep. 2015 XXI-2-422

BVerwG 1 C 3. 15 – Urteil vom Apr. 2016 XXIII－1－443/439

BVerwG 2 C 4.15 – Urteil vom 21. Apr. 2016 XXIII －1－447/439

BVerwG 2 C 11.15 – Urteil vom 11. Okt. 2016 XXIII－1－448/439

BVerwG 3.C 10.14 – Urteil vom 6. Apr. 2016 XXIII－1－450/439

BVerwG 3 C 10.15 – Urteil vom 6. Apr. 2016 XXIII－1－451/439

BVerwG 3 C 16.15 – Urteil vom 8. Sep. 2016 XXIII－1－454/439

BVerwG 4 C 6.15 und 2.16 – Urteile vom 22.Sep. 2016 XXIII－1－455/439

BVerwG 6 C 65.14 und 66.14 – Urteile vom 16. März. 2016 XXIII－1－457/439

BverwG 7 C 4.15 – Urteil vom 30. Jun. 2016 XXIII－1－458/439

BVerwG 6 A 7.14 – Urteil vom 15. Jun. 2016 XXIII－1－459/439

BVerwG 2 C 59. 16 - Urteil vom 19. April 2018 XXIV-2-581

BVerwG 9 C 2.17 - Urteil vom 21. Juni 2018 XXIV-2-581

BVerwG 9 C 5.17 - Urteil vom 6. September 2018 XXIV-2-581

BVerwG 8 CN 1.17 - Urteil vom 12. Dezember 2018 XXIV-2-581

BVerwG 5 C 9.16 - Urteil vom 9. August 2018 XXIV-2-581

BVerwG 3 C 25.16 - Urteil vom 24. Mai 2018 XXIV-2-581

BVerwG 2 WD 10. 18 - Urteil vom 5. Juni 2018 XXIV-2-581

BVerwG 3 C 19.15 - Urteil vom 2. März 2017 XXIV-2-581

BVerwG 6.C 3.16 - Urteil vom 21. Juni 2017 XXIV-2-581

BVerwG 3 C 24.15 - Urteil vom 6. April 2017 XXIV-2-581

BVerwG 6 C 45.16 und 46.16 - Urteile vom 25 Oktober 2017 XXIV-2-581

BVerfGE 35, 263(276) = NJW 1973, 1491 XXV-2-421

BVerfGE 104, 1(11) = NVwZ 2001, 1024 XXV-2-421

BVerwGE 149, 117 Rn. 16 f. XXV-2-459

BVerfGK 4, 243 (257 f.) XXV-2-460

BVerwGE 146, 98 Rn. 29 XXV-2-460

BVerwG 6 A 7.18 - Urteil vom 18. Sep. 2019 XXV-2-462

BVerwG 6 A 1.17 - Urteil vom 39. Jan. 2019 XXV-2-463

BVerwG, 6 C 65.14 - Urteile vom 16. März 2016 XXV-2-464

BVerwG, 6 C 12.14 - Urteil vom 25. März 2015 XXV-2-464

BVerwGE 151, 348 Rn. 29 XXV-2-464

BVerfGE 20, 162 (174 ff.) XXV-2-464

BVerwG, 6 C 65.14 - Urteil vom 16. März 2016 XXV-2-465

BVerwG, 6 A 1.17 - Urteil vom 30. Januar 2019 XXV-2-465

BVerwG, 6 C 50.15 - Urteil vom 17. August 2016 XXV-2-465

BVerfGE 146, 1, Rn. 94 f., 109, 112 ff XXV-2-465

BVerwGE 47, 247 (253 f.) XXV-2-466

BVerwG, 7 C 22.08 - Urteil vom 29. Oktober 2009 XXV-2-467

BVerwG 6 C 18.18 - Urteil vom 30. Oktober 2019 XXV-2-467

VG Köln vom 2. September 2016 (Az: VG 19 K 3287/15) XXV-2-468

OVG Münster vom 16. Mai 2018 (Az: OVG 19 A 2001/16) XXV-2-469

BVerfGE 58, 1 (40) XXV-2-469

BVerfGE 51, 268 (284) XXV-2-470

BVerfGE 103, 142 (156 f.) XXV-2-470

BVerfGE 129, 1 (20 ff.) XXV-2-470

BVerwGE 138, 186 Rn. 42 XXV-2-470

BVerwGE 156, 75 Rn. 32 XXV-2-470

BVerwG, 6 C 17.14 - Urteile vom 14. Oktober 2015; 6 C 50.15 - Urteil vom 17. August 2016 XXV-2-470

BVerfGE 84, 34 (49 f.) XXV-2-70

OVG Berlin NVwZ-RR 1990, 195 XXVI-2-99

BVerwG NVwZ 1988, 184 XXVI-2-99

BVerwG NVwZ 2012, 1547 Rn. 39 f XXVI-2-99

Urteile vom 3. November 2020 - BVerwG 9 A 6.19, 7.19, 9.19, 11.19 - 13.19 XXVII-1-316

Urteil vom 14. Oktober 2020 - BVerwG 3 C 10.19 XXVII-1- 322

Urteil vom 5. Juni 2020 - BVerwG 5 C 3.19 D XXVII-1- 325

Urteil vom 8. Juli 2020 - BVerwG 7 C 19.18 XXVII-1- 328

Urteil vom 24. Juni 2020 - BVerwG 6 C 3.19 XXVII-1- 331

Urteil vom 27. Februar 2020 - BVerwG 7 C 3.19 XXVII-1- 334

LG Heilbronn, Urteil vom 29.4.2020(Az.: I 4 O 82/20) XXVII-1- 342

LG Berlin, Urteil vom 13.10.2020 (Az.: 2 O 247/20) XXVII-1- 343

LG Hannover, Urteil vom 9.7.2020 (Az.: 8 O 2/20) XXVII-1- 343

LG München I Urteil vom 1.10.2020(Az.: 12 O 5895/20) XXVII-1- 344

LG Hamburg, Urteil vom 4. 11. 2020(Az.: 412 HKO 83/20) XXVII-1- 344

LG Oldenburg, Urteil vom 14.10.2020,(Az.:13 O 2068/20) XXVII-1- 345

Urteil vom 26. April 2021 - BVerwG 10 C 2.20 XXVIII-1-342

Urteil vom 28. Oktober 2021 - BVerwG 10 C 3.20 XXVIII-1-348

Urteil vom 1. September 2022 - BVerwG 10 C 5.21 XXVIII-1-352

Urteil vom 23. Juni 2022 - BVerwG 10 C 3.21 XXVIII-1-359

Urteil vom 15. März 2022 - BVerwG 1 A 1.21 XXVIII-1-364

Urteil vom 24. Mai 2022 - BVerwG 6 C 9.20 XXVIII-1-370

〔프랑스판례〕

국참사원(Conseil d'État) 1951. 7.28. 판결(Laruelle et Delville, Rec. 464) II-243

국참사원 1957. 3.22. 판결(Jeannier, Rec. 196) II-243

국참사원 1954. 1.29. 판결(노트르담 뒤 크레스커 학교 사건)(Institution Norte Dame du Kreisker, Rec. 64) I-23

375081, 375090, 375091. XX-2-351

꽁세이데타, 29 décembre 2014, *Société Bouygues Télécom, no 368773.* XX-2-351

꽁세이데타, section, 28 avril 2014, *Commune de Val－d'Isère*, n° 349420. XX-2-351

꽁세이데타, section, 5 novembre 2014, *Commune de Ners et autres*, n° 379843. XX-2-351

꽁세이데타 CE, 17 juin 2015, sociééen commandite simple La Chaîe Info(LCI), n° 384826 ; CE, 17 juin 2015, sociééParis Premièe n° 385474. XXI-2-395

꽁세이데타 CE, 19 juin 2015, societe «Grands magasins de la Samaritaine－Maison Ernest Cognacq» et Ville de Paris, nos 387061, 387768. XXI-2-392

꽁세이데타 CE, 27 mars 2015, Commission nationale des comptes de campagnes et des financements politiques c/Mme C. et sociééèitrice de Méiapart, n° 382083. XXI-2-394

꽁세이데타 CE, 13 mai 2015, Association de déense et d'assistance juridique des intéêets des supporters et autres, nos 389816, 389861, 389866, 389899. XXI-2-393

꽁세이데타 CE, 5 octobre 2015, Association des amis des intermittents et precaires et autres, nos 383956, 383957, 383958. XXI-2-391

꽁세이데타 CE, 9 novembre 2015, SAS Constructions metalliques de Normandie, n° 342468. XXI-2-388

꽁세이데타 CE, 9 novembre 2015, MAIF et association Centre lyrique d'Auvergne, n° 359548. XXI-2-388

꽁세이데타 CE, section, 11 decembre 2015, n° 395002. XXI－2－383

꽁세유데타, CE 5 mai 2017, req. n 388902 XXIII －1－469/467

꽁세유데타, CE 30 juin 2017, req. n 398445 XXIII －1－471/467

꽁세유데타, CE Ass. 19 juillet 2017, req. n 370321 XXIII －1－474/467

꽁세유데타, CE 31 juillet 2017, req. n 412125 XXIII －1－477/467

꽁세유데타, CE 16 octobre 2017, req. nos 408374, 408344 XXIII －1－479/467

꽁세유데타, CE 25 octobre 2017, req. n 392578 XXIII －1－482/467

〔미국판례〕

〔일본판례〕

XVI-2-279

최고재판소 第2小法廷 平成25 (2013). 1. 11. 平成24年(行ヒ) 第279号, 判例時報 2177号, 35면. XIX-2-281

최고재판소 平成25(2013).4.16. 平24(行ヒ)第245号, 122면. XIX-2-281

최고재판소 平成25(2013).7.12. 平成24年(行ヒ) 第156号, 判例タイムズ 1396号, 2014.3, 147면. XIX-2-281

최고재판소 平成25(2013).11.20. 平成25年(行ツ) 第209号, 第210号, 第211号, 判例タイムズ 1396号, 2014.3, 122면. XIX-2-281

최고재판소 第一小法廷 平成25(2013).3.21. 平成22年(行ヒ)第242号, 民集 67巻3号, 438면, 判例タイムズ 第1391号, 2013.10, 113면. XIX-2-281

최고재판소 第一小法廷 平成25(2013).3.21. 平成23年(行ツ) 第406号, 民集67巻3号, 375면. XIX-2-281

최고재판소 第二小法廷 平成26(2014).7.18. 平成24年(行ヒ)第45号, 判例地方自治 386号, 78면. XX-2-311

최고재판소 第一小法廷 平成26(2014).9.25. 平成25年(行ヒ)第35号, 民集68巻7号, 722면. XX-2-311

최고재판소 第二小法廷 平成26(2014).7.14. 平成24年(行ヒ)第33号, 判例タイムズ 1407号, 52면. XX-2-311

최고재판소 第二小法廷 平成26(2014).8.19. 平成26年(行ト)第55号, 判例タイムズ 1406号, 50면. XX-2-311

최고재판소 第一小法廷 平成26(2014).10.9. 平成26年(受)第771号, 判例タイムズ 1408号, 32면. XX-2-311

최고재판소 第一小法廷 平成26(2014).10.9. 平成23年(受)第2455号, 判例タイムズ 1408号, 44면. XX-2-311

최고재판소 第三小法廷 平成26(2014).5.27. 平成24年(オ)第888号, 判例タイムズ 1405号, 83면. XX-2-311

최고재판소 第二小法廷決定 平成27(2015).1.22. 平成26年(許)第17号 判例タイムズ1410号 55頁. XXI－2－350

최고재판소 第二小法廷決定 平成27(2015).1.22. 平成26年(許)第26号 判例タイムズ1410号 58頁. XXI－2－350

최고재판소 第三小法廷 平成27(2015).3.3. 平成26年(行ヒ)第225号 民集69巻2号143頁. XXI－2－343

최고재판소 第二小法廷 平成27(2015).3.27. 平成25年(オ)第1655号 判例タイムズ1414号 131頁. XXI－2－356

최고재판소 第三小法廷 平成27(2015).9.8. 平成26年(行ヒ)第406号 民集69巻6号1607頁. XXI－2－347

최고재판소 大法廷判決 平成27(2015).12.16. 平成25年(オ)第1079号 判例タイムズ1421号 61頁. XXI－2－367

최고재판소 大法廷判決 平成27(2015).12.16. 平成26年(オ)第1023号 判例タイムズ1421号 84頁. XXI－2－360

최고재판소 最高裁判所第一小法廷 平成28年4月21日, 判例タイムズ1425号 122면 XXIII －1－414/407

최고재판소 最高裁判所第三小法廷 平成28年4月12日, 判例タイムズ1427号 63면 XXIII－1－ 419/407

최고재판소 最高裁判所第二小法廷 平成28年7月15日, 判例タイムズ1430号, 121면 XXIII－1－422/407

최고재판소 最高裁判所第一小法廷 平成28年3月10日, 判例タイムズ1426号, 26면 XXIII－1－426/407

平成16年4月27日最高裁判所第三小法廷判決 · 平成13年(受)1760号 XXIV－1－255

最判 1992· 10· 29 民集46巻 7号 1174頁 XXV-2-133, 157

最判 2006· 2· 7 民集 60巻 2号 401頁 XXV-2-135

長崎地判 平30. 7. 9. 判所ウェブサイト[平成27年 (行ウ) 第4号] XXV-2-548

最判 平18. 11. 2. 民集60, 9, 3249 [平成16年 (行ヒ) 第114号] XXV-2-550

最判 平25. 12. 10. 判時 2211, 3 [平24年 (受) 第1311号] XXV-2-2-576, 577
最判 平30. 7. 19. 裁判所ウェブサイト [平成28年 (受) 第563号] XXV-2-578
最判 平23. 6. 6. [平成22年 (オ) 第951号] XXV-2-579
最判 平23. 5. 30. 判時 2123, 2 [平成22年 (行ツ) 第54号] XXV-2-579
最判 平24. 1. 16. 判時2147, 127 [平成23年 (行ツ) 第263号] XXV-2-579
최고재판소 2021년 6월 4일(最高裁判所第二小法廷 令和3年6月4日判決, 令和2年(行ヒ)第133号) XXVII-1-212
최고재판소 2020년 6월 30일(最高裁判所第三小法廷令和2年6月30日判決, 令和2年(行ヒ)第68号) XXVII-1-216
최고재판소 2021년 5월 14일(最高裁判所第二小法廷令和3年5月14日判決, 令和2年(行ヒ)第238号) XXVII-1-219
최고재판소 2020년 11월 25일(最高裁判所大法廷令和2年11月25日判決, 平成30年(行ヒ)第417号) XXVII-1-222
최고재판소 2020년 7월 14일(最高裁判所第三小法廷令和2年7月14日判決, 平成31年(行ヒ)第40号) XXVII-1-225
최고재판소 2021년 6월 15일 판결(最高裁判所第三小法廷 令和3年6月15日 判決, 令和2年(行ヒ)第102号) XXVII-1 - 229
오사카지방재판소 2021년 2월 22일(大阪地方裁判所令和3年2月22日判決, 平成26年(行ウ)第288号, 平成28年(行ウ)第47号) XXVII-1-232
센다이고등재판소 2020년 3월 12일(仙台高等裁判所令和2年3月12日判決, 令和2年(ネ)第164号) XXVII-1-236
센다이고등재판소 2020년 9월 30일(仙台高等裁判所令和2年9月30日判決, 平成29年(ネ)第373号, 令和2年(ネ)第56号, 令和2年(ネ)第62号) XXVII-1-238
센다이지방재판소 2020년 10월 28일(仙台地方裁判所令和2年10月28日判決, 平成29年(ワ)第1175号) XXVII-1-239
오사카지방재판소 2021년 2월 22일 판결(大阪地判令和3年2月22日(平成26年(行ウ)第288号ほか)). XXVIII-1-382

行政判例研究 XXVIII-1

2023년 6월 25일 초판인쇄
2023년 6월 30일 초판발행

편저자 사단법인 한국행정판례연구회
대 표 박 정 훈

발행인 안종만 · 안상준

발행처 (주)박영사
서울특별시 금천구 가산디지털2로 53, 210호
(가산동, 한라시그마밸리)
전화 (733) 6771 FAX (736) 4818
등록 1959. 3. 11. 제300-1959-1호(倫)

편저자와 협의하여 인 지 를 생 략 함

www.pybook.co.kr e-mail: pys@pybook.co.kr

정 가 54,000원

ISBN 979-11-303-4342-6
ISBN 978-89-6454-600-0(세트)
ISSN 1599-7413 42